战争事典
058

莱特湾海战

史上最大规模海战，最后的巨舰对决

THE BATTLE OF LEYTE GULF

The Last Fleet Action

[英] H. P. 威尔莫特 著

马哈拉什维利 何国治 译

民主与建设出版社

·北京·

© 民主与建设出版社，2020

图书在版编目（ＣＩＰ）数据

　　莱特湾海战 : 史上最大规模海战，最后的巨舰对决 /
(英) H.P.威尔莫特著 ; 马哈拉什维利，何国治译. ——
北京 : 民主与建设出版社，2020.5
　　ISBN 978-7-5139-2978-3

　　Ⅰ.①莱… Ⅱ.①H… ②马… ③何… Ⅲ.①太平洋
战争 – 海战 – 史料 – 1944 Ⅳ.①E195.2

中国版本图书馆CIP数据核字(2020)第045162号

THE BATTLE OF LEYTE GULF: THE LAST FLEET ACTION by H. P. WILLMOTT
Copyright: © 2016 BY H. P. WILLMOTT
This edition arranged with INDIANA UNIVERSITY PRESS
through BIG APPLE AGENCY, INC., LABUAN, MALAYSIA.
Simplified Chinese edition copyright:
2020 ChongQing Zven Culture communication Co., Ltd
All rights reserved.

著作权合同登记图字: 01-2020-1242 号

莱特湾海战：史上最大规模海战，最后的巨舰对决
LAITEWAN HAIZHAN SHISHANG ZUIDA GUIMO HAIZHAN ZUIHOU DE JUJIAN DUIJUE

著　　者	[英] H.P.威尔莫特	
译　　者	马哈拉什维利　何国治	
责任编辑	彭　现	
封面设计	王　涛	
出版发行	民主与建设出版社有限责任公司	
电　　话	（010）59417747　59419778	
社　　址	北京市海淀区西三环中路10号望海楼 E 座7层	
邮　　编	100142	
印　　刷	重庆共创印务有限公司	
版　　次	2020年5月第1版	
印　　次	2020年5月第1次印刷	
开　　本	787毫米 ×1092毫米　1/16	
印　　张	22	
字　　数	335千字	
书　　号	ISBN 978-7-5139-2978-3	
定　　价	129.80元	

注：如有印、装质量问题，请与出版社联系。

中译本序

1944年10月的莱特湾海战颇有一种收官之战的意味。

从参战舰艇的吨位、战斗的时空跨度、胜利和失败的规模等几个角度考量，它堪称人类历史上规模最大的海战。虽然最著名的四场交锋集中在1944年10月24日和25日两天，但整场海战的体量显然不止于此。

从10月22日到10月28日，美日双方的近400艘主力水面舰艇、近2000架作战飞机卷入其中，舰艇总吨位超过200万吨；仅10月25日的苏里高海峡海战和恩加诺角海战两场战斗就东西横跨160英里、南北纵贯800英里，覆盖了至少12万平方英里的海域，而整场莱特湾海战覆盖的面积则超过了45万平方英里；经过六天的博弈，美军赢得了决定性胜利，击沉日军3艘战列舰、1艘舰队航母、3艘轻型航母、6艘重巡洋舰、4艘轻巡洋舰和11艘驱逐舰，总吨位高达305452吨——尤为值得一提的是，4艘日本航母是在一天之内沉没的，这样的战果在海战史上实属罕见。

对美军来说，这场胜利的意义不言而喻。它榨干了日本海军的剩余战力，这支曾经的"世界上最好的海军"再也无法构成一支战略力量，从此沦为可悲的海岸防卫部队。也正因为如此，莱特湾海战是二战中最后一次完整规模的舰队行动，它拉开了太平洋战争终章的序幕。

除此之外，莱特湾海战的头衔中还有两个"最后"和一个"第一"。它是人类历史上的最后一场战列舰对决，此役之后，抢T字头、战列线对轰的海战样式彻底成为历史。它还是二战中最后一场航母之间的较量，在可预见的未来人们将很难看到类似的海空对决。另外，10月25日，在萨马岛外海，日军发起了太平洋战争中第一次系统性的"神风"自杀攻击，成功地刷新了疯狂和绝望的底线。

70多年后，世界格局和战争形态已经发生了翻天覆地的变化。我们现在审视这场有史以来规模最大的海战，能够获得什么启示呢？作者在书中至少提到了两点。

首先，实力与野心，或者说能力与志向必须相互匹配。日本就是典型的反面教材，它的实力支撑不起野心。用作者的话来说，日本为了实现政治和外交上的"宏图大志"，进攻了世界上唯一一个与之相制衡的国家，也是唯一一个能打败它的国家，因此遭到对手的碾压。当然，这是对整场太平洋战争的总结。

其次，优势不会自动转化为胜利，胜利必须要主动争取，其过程可能艰苦卓绝。即便在开战之前对海上控制权的争夺就已经尘埃落定，即便在数量和质量上拥有绝对优势，美军还是付出了沉没1艘轻型航母、2艘护航航母、2艘驱逐舰、1艘护航驱逐舰，伤亡约3000人的代价，可以说世上没有轻而易举、唾手可得的胜利。

对喜欢连贯叙事的读者来说，作者夹叙夹议的写作手法和处处用典的英式表达可能会令人不太习惯。不过本书的字里行间饱含着作者的独到眼光和真知灼见，和行云流水般的叙事相比，这些无疑才是更加难能可贵的。读者朋友如果想理清莱特湾海战的基本脉络和基本事实，可以参考一些叙述性更强的作品，但是如果想对莱特湾海战乃至整场太平洋战争有更深刻的理解、聆听独有千秋的一家之言，本书就是不错的选择。

本书第一章至第五章正文和注释、第八章正文和注释，以及参考文献中的二手资料部分，由马哈拉什维利执笔翻译；第六及第七章正文和注释、附录，以及参考文献中的一手资料部分，由何国治执笔翻译。没有他们的付出和努力，这部充满英式智慧的作品就无法与读者朋友们见面。

为了提供原汁原味的阅读体验，我们尽最大努力保持了这本著作的原貌，书中所述并不代表本出版社的观点，请读者朋友在阅读时保持批判的眼光。

闲言少叙，让我们把目光转向70多年前西太平洋上的那片辽阔海域，一起来重温这场历史上规模最大的海战、最后的舰队行动、最后的战列舰对决、最后的航母较量吧。

目录

表格目录

图释目录

第一章
战争与胜利的本质

有人极力向人们提出这样一个忠告：在海军史的研究中只存在两大问题，那就是海军历史学家与海军军官。在海军力量及其历史的研究领域卓有成就的人，不可能既是海军历史学家又是海军军官，甚至很有可能两者皆非。那些了解海军力量的人，绝不可能出自军事理论家或是评论员的圈子，因为这两者只在乎舞文弄墨。尽管有一些令人尊敬的特例，但就大部分海军军官来说，所持看法与见解的高明程度，与他们学问的多寡成反比。对傲慢与无知的坚定执着，使得他们看起来完成了别人不可能完成的任务：那只能是，他们衬托出了陆军军官的开明见解与所受的良好教育。

阿尔弗雷德·塞耶·马汉（Alfred Thayer Mahan）不仅具备成为上述海军研究人员的条件，甚至还超过标准线一大截。依据对20世纪战争的理解，我很难去有意放大这位海军军官作品中的过时思想与恶劣影响。他在撰写关于海军力量的著作时，虽然并不能时时保持条分缕析，但大多数时候都能分辨出舰艇的战斗阵型。他还经常提道，对主动权的把握和对海洋控制力的运用是赢得战斗胜利的重要保证。对马汉来说，不同因素之间相互关联，且更为重要的是，它们相互之间给予的影响是不可动摇的。他总结出英国在海上的胜利是国民性格、国家与政府体制以及英国人本身做出的不可磨灭的功绩共同创造出的产物，其作用方式同卡莱尔学派（Carlyle School）培养学生的方式相称。马汉的著作中并没有提到英国人的胜利是由于他们在海上具备绝对优势——这种优势包括它所拥有的舰船数量、地理位置、国家经济实力。并且他也没有过度美化体系作战的现实意义和重要性，因为大家都十分确信一点："历史是与人息息相关的（History is about chaps）。"

莱特湾海战是一次异常独特的战斗。它的独特性体现在显而易见，却又时常被我们忽略的五大方面。

第一，莱特湾海战是一连串军事行动的集合，而不是单次战斗。

第二，作为一场海上战斗，莱特湾海战足足打了超过五天；在历史上，鲜有海战能持续两天以上。

第三，它的名字非常特殊——这场海战包括了一系列相互影响的军事行动，但之后却以其中一次军事行动的名字作为统称，而实际上没有任何一次行动是在莱特湾处展开的。"莱特湾海战"这个名字与当时的称呼并不相同，当时的名称是"1944年10月24日至25日的菲律宾之战"（The Battle of the Philippines，24-25 October 1944）。也许，它应该被人们称为"菲律宾海战"（The Naval Battle for the Philippines），且海战发生的时间也可能存在争议，但无论如何，菲律宾海战这个名称比我们熟知且流传数十年的叫法，在概括军事行动的本质方面，来得更为准确。

第四，更为重要的是，莱特湾海战的独特性还体现在，它是一次完整规模的舰队行动，并且此次舰队行动是在日美双方对海上控制权的争夺已经尘埃落定之后才展开的。

第五，莱特湾海战的最终结果清晰明显、差距悬殊。

大量的海军史叙述只涉及战斗在当时的意义与影响，但是美国海军在1944年10月间获得的胜利，其战斗性质和它连带产生的影响却具有一种双重的击沉效益：首先，美军的胜利将此次莱特湾海战中参与战斗的日方舰艇送入了海底；更进一层，则是美国在次月夺取了菲律宾的制空权和制海权后，击沉了众多的日方海军舰艇。在第二阶段里，美军在战区内击沉的日军舰艇，比在战斗过程中击沉的还要多。这一时期，由于失去掩护和支援，日军现役舰艇及商用船舶遭受了不可逆转的损失，甚至达到了战斗过程中损失的三倍以上。在此，一种基于战争真相的说法可能会让一些简单的分析与陈述陷入混乱。打个比方，如果一个人只看日本投降前的那个月（即1945年7月）损失的舰艇数量，他就会得出这样一个认识：在当时所有的123艘瘫痪的在役舰艇和商用船舶中，几乎只有三艘确定是在日本本土附近海域或中国东海海域失去战力的。我们可以通过舰艇的损失数量和瘫痪的地点来得出如下结论，即在战争的这一阶段，日本看起来已经失去了所有的战略机动能力。关于损失的统计数字不免带来这样一种讨论：这些舰船的损失到底是日本战败的罪魁祸首还是最终结果呢？答案当然是两者都是，而且我们有充分的理由相信，胜利与失败之间是可以相互转化的，战争进程不是一条单行线。日本在1945年7月的损失当然是前期战斗失败的结果，但这些失败又进一步加速了日本的战败。日本在莱特湾海战的失败，看起来像是1945年8月日本最终战败的原因，因为从时间上来讲，两者极为接近。但事实上，1944年10月日本帝国海军所遭受的损失却是前期失败的产物，而这个前期的失败就是日本决定向美国宣战。

如果1941年12月7日日军并未偷袭在珍珠港停泊的美国太平洋舰队的话，我们倒还可能对"日本是否在此时真正决定与美国开战"展开一定的讨论。在1943年11月，美军在中太平洋地区展开反攻。这次反攻中，强有力的美军确保了他们进攻的敌方目标，在陆基航空兵和海军舰队赶来增援前，是被完全孤立和压制的。因此，美军跨越中太平洋和西南太平洋战区发动的反攻，以及以此为跳板北上菲律宾的行动都代表了美方与时俱进且紧贴现实的战法。日本帝国海军已经无法组织有效的抵抗来还击美军的反攻。此时亟待解答的疑问是，日本即将经历的多次战败将要在何时发生、到底属于什么性质，以及日本人要在失败的过程中付出何种代价。而这些军事行动会产生积极的结果是毋庸置疑的，日本必然会节节败退。在这样的事态下，理解一个事实比听取任何一种对日本战败原因的解释都更为重要：虽然说日本帝国海军的战败导致日本作为一个国家输掉了战争，但是日本帝国海军不是被一支美国海军打败的，而是被两支美国海军击溃的。第一支美国海军是二战前的美国海军，他们静止不动，并且在长期"拉锯"中消耗和抑制了日本帝国海军的扩张；第二支美国海军是在1941年12月之后诞生的，拥有战时建造的强大舰队，是它们把战火烧到了日本人的家门口。

过于纠结这些话题也许看起来挺蠢的，不过可以通过参考一系列统计数据来找到纠结于这些话题的根本原因。这些数据采集自战斗过程中和战斗的终结处，且可以很好地解释战略优势与胜利的紧密联系。过去的一些作者，他们自然而然地把注意力放在了这场战斗中的航空母舰和舰艇战斗群上。在都被归入莱特湾海战中的诸多军事行动中，美国海军至少派遣了19个主力舰艇战斗群。这些战斗群总共包含9艘舰队航空母舰、8艘轻型航空母舰、29艘护航航空母舰、12艘战列舰、12艘重巡洋舰、16艘轻巡洋舰、178艘驱逐舰、40艘护航驱逐舰与10艘护卫舰。美军从战略优势走向最终胜利的这条道路是由一个重要事实打通的：美军的驱逐舰数量多于日本的舰载机数量。这一基本论点的合理性可以用如下事实来证明：1945年7月24日至25日，在对日本内海的大规模空袭行动中，盟军航母部署了1747架战机，并在本州岛日军机场上空进行空中巡逻，但最终效果却仍然很一般。在被提出之后，无论后人如何复述，这个观点始终保持不变。我们有理由注意这样一个显而易见的道理：虽然战略优势与胜利之间的紧密联系不能被否认，但是战略优势无法改变一个事实——胜利是需要通过战斗来夺取的。

因此，在关于莱特湾海战的最初思考中，我已经强调过重要的两点：莱特湾海战是在双方的海上争斗胜败已定的情况下爆发的；最终的结局清晰明显，差距悬殊。经过仔细考量后我们能够发现，它的胜利性质和美军在战斗之初掌握的优势一样：它们都是压倒性的。有人说我列举的特点和这场战斗的常规呈现格格不入，因为广为接受的战场还原无法为我提供有利的证据；不过也有人认为我的总结起到了抛砖引玉的作用，这场战斗还有许多其他的侧面需要我们去关注。

把莱特湾海战定义为"终结"可能会有些异想天开，但是其中的一次行动——在苏里高海峡（Surigao Strait）展开的那次——的确代表了巨舰大炮的终局。双方的主力舰在实力对等的情况下于海上寻找自己存在的价值，太平洋战争中一共有两个案例，而在整个第二次世界大战中则不超过六个。世界各国海军的战列舰在20世纪50年代仍在服役，但在这之后，只有美国耗尽巨资和人力，不断地将战列舰重新列装入役，直到1998年6月16日最后一艘战列舰"密苏里"号（USS *Missouri*，BB-63）停靠在珍珠港，类似的行动才告一段落。然而，在所有研究莱特湾海战的学者中，很少有人会注意到苏里高海峡行动那恰到好处的历史性结局。因为这次行动本身与1898年5月1日发生的马尼拉海战（Battle of Manila Bay）是严格对位的。马尼拉湾海战还没有涉及战列舰这一舰种，但我们能在其中看到无畏舰的源头。但这并不是最关键的，意义更为深刻的是，马尼拉湾海战是巨舰大炮的风帆时代的最后一场海战。在此次行动中，美国方面出动了5艘巡洋舰和2艘炮艇，而西班牙方面动用了4艘巡洋舰、3艘炮艇和3艘其他舰只。西班牙战舰由于火力不足和对自己的适航性不够自信，在有甲米地（Cavite）堡垒岸基火炮掩护的情况下仍然失去了动力。这次战斗以西班牙舰队的覆灭告终，但西班牙人也可以认为这是一种胜利，因为至少在两个月内，美军舰队无法在该地区活动，直到6月30日新的美军舰队来到菲律宾。根据其他战斗的案例以及基于比较对照的结果来看，1827年10月20日发生在纳瓦里诺（Navarino）的战斗以及1853年11月30日发生在锡诺普（Sinope）的战斗也与苏里高海峡海战遥相呼应，但这些战斗都过于简单。马尼拉湾海战之所以是风帆时代的收官之战，是由其本身具备的特性决定的。这次战斗中，既没有鱼雷、水雷和潜艇这样的海上力量，也没有飞艇和战机这样的空中力量，而且行动中的通信完全依靠旗语，因为那时没有无线电。所有我们能想到的20世纪海战因素，所有20世纪战争最为显著的特性，在1898年的马尼拉湾海战中统不存在。这次战斗双方呈纵队接触，却没有任何中央集成的火力控制系统，单个舰炮的射击诸元也仅仅靠目视装订。这次行动的特质很容易让我们想起历史上的如下战斗，因为它们同根同源：发生于1759年的基伯龙湾海战（Battle of Quiberon Bay）、发生于1798年的尼罗河海战（Battle of the Nile）、分别发生于1801年与1807年的第一次与第二次哥本哈根海战（Battle of Copenhagen）。即使所有舰艇都是蒸汽动力的，1898年5月展开的马尼拉湾海战依然更适合归到前一个时代的诸多较量中。

无畏舰时代的最鲜明特征是战斗类型按其呈现出的特性，而不是按爆发时间划分。这么说可能稍显武断，但是人们根据现实经验都相信这么一句话：任何人想要改变历史，必须先成为一个历史学家。于是，人们为了有效证明自己是历史学家，不惜欺骗性地先得出结论，然后再东拼西凑地寻找论据，拿来支持自己的观点，而不是基于战斗本身所呈现出的特征来总结。但经过客观的思考，每个人都会意识到莱特湾海战是现代历史上一次最宏大的海上作战，也是整个海战史中战果最辉煌的战斗。当然，就如谢尔比·福特（Shelby Foote）① 曾经顺带提到的那样，在历史长河中，这场战斗的呈现方式独具美国特色。但是从这些概念的一般原则出发，统计数字对我们理解事件和情境的帮助不大。因此，我将在描述莱特湾海战的交战双方时花更多的笔墨，至于1944年10月海战中的部队是不是比参与日德兰海战（Battle of Jutland）的部队多上个三四支，这类问题我想是无关紧要的。再者，参与到1944年10月第四周菲律宾周围海域作战的舰艇，很可能比勒班陀海战（Battle of Lepanto）或是萨拉米斯海战（Battle of Salamis）中的舰艇还要多，其中萨拉米斯海战是发生在公元前480年9月的一次作战。事实上，就总数而言，莱特湾海战中的舰艇，很可能比这两次发生在地中海的海战加在一起要少，但从另一方面来讲，我们讲述莱特湾海战，不是为了与这两次地中海海战做对比，也没打算呈现颓废的波斯人和奥斯曼人征服世界的梦想与愿望。在莱特湾海战后，美国人之前所保有的优势荡然无存。从这个角度来看，它与萨拉米斯海战和勒班陀海战相差甚远，却与日德兰海战更为相似。人们一定会承认统计数据的重要性，它们确实能引导我们了解事件背后的意义，但是数据本身很少告诉我们事件中有哪些决定性瞬间。统计数据与某些其他因素互相作用，后者才值得我们深入探究。因此，在叙述莱特湾海战的时候，我们要找到真正超越空间的、有价值的事物。

海上作战是由经度、纬度与时间标定的，这和空中作战一样，却和陆上作战相异。实际上，莱特湾海战重新定义了上述参考因素。1898年的马尼拉湾海战中，美军的战舰部署在香港和马尼拉之间628英里② 长的海域内，并且呈一字纵队行进。行动区域也许超过10平方英里，但绝不可能到达20平方英里。在莱特湾海战中，军队部署的区域超过45万平方英里。这样的面积，比法国、比利时、卢森堡、荷兰、德国、瑞士和奥地利加起来还要大。或者换成美国人熟悉的地

---

① 译注：谢尔比·福特是美国著名的历史学家和小说家，生于1916年11月，著有长达三卷的《美国内战：一份叙述》（The Civil War: A Narrative），直到PBS电视台在1990年播出相关的历史纪录片后，他才逐渐进入公众的视野。他于2005年去世，享年88岁。

② 编者注：绝大多数情况下，原书未对英里和海里这两个单位进行明显区分，统一写作mile，因此在翻译的过程中只能依据上下文和相关资料加以甄别，疏漏在所难免，诚望广大读者海涵并给予批评指正。

理概念，这样的面积超过犹他州、科罗拉多州、亚利桑那州和新墨西哥州的总和。同时，各场战斗间的连接区域，也超过11.5万平方英里。这样的面积大致比不列颠群岛稍小，比内华达州稍大。因此，在相关历史叙述中很少被提及的问题产生了：如何在如此庞大的行动区域内指挥战斗呢？个人在此次战斗中并没有发挥重要作用，真正重要的是参谋群体的群策群力、标准的行动流程和各个指挥与服务部门间的协同。有些历史著作意图弱化小威廉·哈尔西海军上将应承担的责任——1944年10月24日夜间他没有在通往米沙鄢（Visayans）的路上设置防御。如此解读对我们正确理解事件的起因并没有任何帮助，但这样的说法也是有理可循的。这既不是指挥问题，也不是责任问题或利益纠纷，而是一个人扮演的角色及其应发挥的功能的问题。掩护圣伯纳迪诺海峡（San Bernardino Strait）是哈尔西的职责，因为这个地区正位于西南太平洋战区司令部的管辖范围内。他本应该率领麾下的航母和打击编队掩护支援部队。他当时面临的关于距离测量和事件预测的问题，早在大航海时代便已经存在，且在这一世纪的海战中有所改善，但是作为一个指挥官，从物理层面讲，他并不比19世纪的指挥官好到哪里去。哈尔西和他的参谋人员本可以从多个渠道获取侦察报告和与日军接触的相关情报，陆基飞机、舰载飞机、潜艇、护航部队或是在岸上的友军，以及作用距离数千英里远的无线电，都可以为他提供情报。但是，他所在的物理空间，以及他旗舰内部的指挥设备，其实和1805年特拉法尔加海战（Battle of Trafalgar）中海军上将纳尔逊的"胜利"号（HMS *Victory*）没什么两样。

从某种意义上讲，莱特湾海战所呈现的作战样式和19世纪末的海战大同小异，后者早已存在了数千年，即目视距离内单一维度的作战。在20世纪刚来临之时，水雷、鱼雷和潜艇相继问世。它们的到来提醒着人们，过去海战的作战样式正在消亡。而在短短四年内，由人自主控制的、比空气还重的飞行器成功首飞。接下来的四十年，抢滩登陆这种作战样式开辟了海战的"四维空间"，以前的人们无法想象在没有足够的陆军和缺乏道路与铁路交通线的情况下该如何战斗。有一个事实显而易见，那就是莱特湾海战糅合了上述不同的作战元素，并把这些本该被淘汰的事物的功用发挥到极致。在新的海上作战样式中，核潜艇重新定义了何为海上力量。美国希望在战略威慑中充当中流砥柱，因此其核潜艇能够确保一个国家的二次反击能力。而外层空间被当作未来作战的新维度，也不过是过去十几年才出现的事。美国的航母及其作战舰艇介入了朝鲜战争和越南战争，并且在其他战争中扮演主人翁的角色，其中最出名的便是1962年10月的古巴导弹危机。在这些战争与危机中，美国派遣的船只很多都能追溯到二战时期，而且确实有许多舰艇参加了莱特湾海战。不过，莱特湾海战作为结束第二次世界大战的诸多战斗的一员，的确扮演了巨舰大炮时代终结者的角色，我们花了三十年时间才让它的作用得以显现。

从这个层面来讲，莱特湾海战从来没有被人们遗忘。我们确实花了很长的时间才将莱特湾海战胜利的原因公之于众，并且有人怀疑莱特湾海战胜利的真正原因不是美军指挥部门高层在整场战争中的广泛作用。从这一点来看，莱特湾海战与菲律宾海海战（Battle of the Philippine Sea）非常相似，后者发生在1944年6月19日至20日。虽然菲律宾海海战中各级舰艇（双方共有13艘舰队航空母舰和11艘轻型航空母舰）的受创规模比两年前中途岛海战中的战损小很多（中途岛海战中，美方损失一艘舰队航空母舰和一艘驱逐舰，日方损失四艘舰队航空母舰和一艘重巡洋舰），但它仍然是人类海战史上规模第二大的航母决斗，紧随莱特湾海战之后。就如本书开头叙述的那样，正是美国在1944年6月的胜利打通了进攻菲律宾的通道，这样菲律宾海海战和莱特湾海战才能将日本多种层面的失败结合起来，引导美军通往胜利。

日本在二战中完全战败是一个不争的事实。它在政治与外交方面的野心，它在经济和工业上的衰败，以及它失去了陆、海、空所有三个层面的胜利的可能，都导致了它的失败。这三个层面涉及的地区，囊括太平洋与东南亚的所有岛屿，以及印度北方、缅甸、中国等亚洲大陆国家和地区。日本的战败源于孤军奋战，它同时要面对世界上人口最多的中国、世界上最伟大的大英帝国、世界上海空力量首屈一指的美国以及世界上军力最强的苏联。日本的失败在于它在所占领的地区没有真正的朋友和支持者。这些被占领地区的人们，在战争中贡献的力量无足轻重，而且他们本身与日本这个民族也没有血脉上的关联。具体在什么时间点，在什么环节上可以确定日本失败之定局，其实是一件非常主观的事情。偷袭珍珠港是否能作为日本失败之定局，人们一直争论不休。这次作战是日本在整场太平洋战争中最接近集体自杀的行动。显而易见，大家对此没什么异议。因为日本在后来成为美国耻辱日的当天，进攻了世界上唯一一个与之相制衡的国家，也是唯一一个能打败它的国家——美国。从美国由最初的失败转入之后的节节胜利，以及在此过程中牵扯到的所有事件中，我们都能轻而易举地明白这样一个道理：美国被迫动用了强大的工业资源和军事力量，碾压式地将日本拖入了最终的彻底失败。

　　这样的观点看上去可能过分地紧贴学术正确，它既将人作为整体看待，又不丢失个人视角，而且似乎也来自战争的共性，没有一点瑕疵。但是，战争本身的执行过程却充满了痛苦与坎坷。战争中的双方绝不可能共同完成态势感知，然后评估行动的结果，再进行推进。胜利必须要获得，因为它不可能被人们任意操纵，所以战斗才必须打响。即便日本料事如神，能够在偷袭珍珠港后的某个时刻，事先预测所有事件的结局，并使之完全符合真实历史，它仍然要努力拼搏才能享受胜利的果实。这里，基于太平洋战争的本质特点和战事的发展，我们能发现1944年6月是一个相当关键的战争节点。正是从1944年6月开始，美国才能动用在印度和中国南部机场的空中力量，空袭日本本土；正是从1944年6月开始，美军登陆塞班岛（Saipan）并激怒了日本帝国海军，使其在菲律宾海与美军发生战斗。这场战斗中，日本的失败产生了以下三个方面的影响：一、日本帝国海军的航母战斗群在此次战斗中被完全撕成碎片，日本在余下的战争中无法获得这些舰船的替代品。二、日本帝国海军的三艘舰队航空母舰被击沉，其中只有"飞鹰"号（Hiyo）一艘死于舰载航空兵之手，其他两艘——"翔鹤"号（Shokaku）和"大凤"号（Taiho）分别被美军潜艇"鲭鱼"号（USS Cavalla，SS-244）和"长鳍金枪鱼"号（USS Albacore，SS-218）①击沉，作为航母编队外围的舰艇，它们履行了自己应尽的义务。三、这次战斗的失败使日本在政治上和战略上面临双重危机——政治上，将日本卷入战争的东条英机等内阁成员被迫下台；战略上，导致日本兵败海上的两个重要因素撞在了一起。

---

　　① 编者注：旧译"大清花鱼"号，显然"长鳍金枪鱼"号才是更准确的译法。

这两个重要的因素分别是海军的失败和海事的失败。前者自然是指主力部队的溃败，这是战斗的结果。在美军打击吉尔伯特和马绍尔群岛（Gilberts and Marshalls）与中太平洋的塞班岛之时，在美军肃清多个日军基地并孤立拉包尔（Rabaul）之时，在美军登陆新几内亚（New Guinea）北部并几乎到达多贝拉伊半岛（Vogelkop）之时，日本帝国海军的溃败就屡见不鲜了。在打击的过程中，美军不仅建立了滩头阵地，还建造了机场和基地等基础设施并将其作为下一阶段行动的前进基地。在这些进攻行动中，日本海事方面的失败非常值得我们重视，其海运能力不断衰退。西方国家对此的报道不尽透彻。在盟军打击日方的海运能力的报道之中，通常来讲有一点是极为关键的，那便是1943年11月日本海上护卫总司令部的编队结构。通过资料可知，日本曾意图建立缺少护航战舰的海运船队。这些船队要么缺少足够数量的护航战舰，要么缺少有效的反潜手段。更为致命的是，日本对海上运输的运作方式和目的缺乏真正的认识，而且他们也搞不清楚护航战舰和运输舰的比例关系。这一缺陷，导致日本的海运能力迅速瓦解。

太平洋战争爆发至1943年10月31日间，如果加上合计626893吨的199艘军用舰艇，日本因各种原因损失了149艘海军辅助舰艇（合计790088吨）、177艘陆军运输舰（合计725150吨）和214艘商船（合计792804吨）。将这些数字汇总之后我们可知：日本在此期间共损失2308042吨的舰艇，且平均每月损失25.93艘舰船（合计101451吨）。[①] 这样的损失要归功于美国舰载机那不值一提的微薄贡献，但是这样的成就足以改变从1943年11月至1944年6月，即战争的下一阶段的态势。日本在这短短八个月内损失的舰船，与它前两年的损失总和相差无几。军用舰艇损失196艘（合计335046吨），海军各类辅助舰艇损失225.5艘（合计1115389吨），陆军运输舰损失174艘（合计667333吨），商船损失154.4艘（合计519187吨）。换种说法，单单在美军冲破日军中太平洋防御圈并绕过拉包尔的八个月中，日方就损失了554艘各类舰艇（合计2301909吨），平均每个月损失69.25艘舰艇（合计287739吨）。虽然后八个月中，商船损失的数量和吨位要少些，但是从频率和时

　　[①] 编者注：原书这组数据似有误。若按22个月计算，则每月损失24.55艘（104911吨）；若按23个月计算，则每月损失23.48艘（100350吨）。

间上看损失反而是翻倍的，因为这些船只不得不在美军舰载机和潜艇的眼皮底下航行通过。这些舰载机和潜艇之所以被部署于此，正是因为它们需要支援美军的数个登陆行动。在战争的这一阶段，美军潜艇共击沉225艘现役的日舰（合计1099451吨）和89艘商船（合计367823吨）；舰载航空兵共击沉76.5艘现役的日舰（合计420337吨），却只击沉了3艘商船（合计4375吨），它们最显著的战果是在1944年2月打击楚克岛（Truk Island）时取得的。而岸基航空兵，其战果可以用屌丝逆袭来形容，共击沉了71艘日舰（合计202349艘）和23艘商船（合计56970吨）。

日本在1943年11月至1944年6月这段时期内损失大量舰船，这让其南方资源产地的安全首次受到了威胁。同时，美国打赢了菲律宾海海战之后，便可以直捣这里的日本占领区。1943年11月之前，在这片对日本的战争进程贡献卓著的资源胜地，日本每月使用35艘商船运走134613吨货物，只损失不到2艘商船。就算加上现役的海军舰艇，每个月的损失也不会超过5艘，也就相当于日本在战场上每六天才损失一艘舰艇。但日本在战争的第二阶段输掉了菲律宾海海战，此后每月的损失数增加到过去的四倍。然而，在1944年5月和6月间，日方的损失又降低了。因为美军为了准备登陆马里亚纳群岛，降低了潜艇的活动频率。即使到了7月，日军的损失也仍然较小，因为较低的活动频率带来的影响仍然在发挥余热。然而，现在美军已经做好了进军菲律宾的准备，日本本土与其南方资源产地间的任何来往，都在美军眼线的监控之下。日本如果想继续作战，它的运输船队就必须在这片海域战战兢兢地穿行。

就算将日本航空母舰排除在外，1944年8月日本海军舰艇和商船的损失都分别超过了100000吨。在接下来的9月中，仅仅被舰载航空兵送入海底的舰船就达到了200000吨，而该月损失的总吨位已经接近350000吨。这些统计数字代表的现实意义，可以通过和日本战前计算（不知准确与否）的对比来显现。日方认为他们能承受的极限是每月损失75000吨的舰船，但在1942年和1943年，日本每月的实际舰船下水量才勉强超过75000吨的一半。在1944年，日本造船厂确实将各类舰船的建造效率提高了两倍，但时局至此，日本也不可能通过召回舰船来改变它们的命运了。日方所承受的损失过于巨大，沉船速度远远超过了替代品的建造速度，而日方的资源进口早已在不断衰减，1945年时还达到了灾难性的进出口比例。

在1941年，日本的进口货物总量达到了48720000吨，而在1942年衰减到39840000吨。这个数字在1943年小幅下降到36400000吨，但却在1944年陡然下坠至21780000吨。在1945年的七个半月的战事中，日本进口货物的总吨位只有7710000吨。和前一年相比，1944年进口总吨位降幅超40%，1945年的降幅更加惊人。日本的经济崩塌，正是我们重新梳理各类事件的一个开端。当美军希望进入菲律宾并对日本人造成威胁，破坏后者的南方资源产地至其本土的补给线时，日本的经济崩塌确实能代表美军赢得菲律宾海海战之后的情势现状。

第二章
艰难抉择：美军在菲律宾海海战胜利后的战略态势

1944年6月，此时美国已经从菲律宾海海战的胜局中苏醒过来。我们经常从伟人的演讲中听到来源于战争的名言，除了一些陈词滥调和那些教导我们如何行动的单一警句之外，有这么两句格言也许能够紧贴当下的时局。第一句格言来源于80年前韦维尔（Wavell）的著作，那便是："战争是困境中的抉择。"最紧急、最直观的困境，便是与敌人正面接触，但是韦维尔认为类似的困境存在于战争的各个层面。第二句格言虽然来源未知，但却已经广为流传，那便是："战争永远无法解决问题。"战争本身也许可以转嫁问题或是改变问题的性质，但却永远无法提供解决问题的方案。

当人们回顾这些老生常谈的真理时，难免会受到战争中各类困境的打击。这些打击可能来自非常具体的物质层面，或者来自抽象的精神层面，既可能是人为原因，也可能是自然原因，但不管人们第一眼抓住的是战争中的战役问题还是战术问题，史学界必须首先将眼光放在战略上，或者我们使用20世纪中叶之前的专业术语——战争的宏观战略层面（Grand Strategic Level of War）。所有克劳塞维茨（Clausewitz）的后辈必须面对许多问题，因为他的三位一体理论必然包含理性主义、行为动机以及对国家政策架构的严格检视，甚至对军事同盟整体策略的精细把控。任何非理性的战争考量与计算评估都将迅速在实践中浮出水面。有人本能地认为，在发动战争的过程中，人们会在战略层面付诸理性，而我们可以相对轻松地通过对战争目标的识别、对行动优先级的排序和对资源分配的检视来检验，战略层面的理性是否真正存在。不论怎样，如果人们真的能在战略层面付诸理性的话，那韦维尔想必是大错特错了。

在宏观战略层面上，1944年6月美军在菲律宾海的胜利，包含两大出众的方面。该月，美国走出了一战后青春期般的稚嫩，终于长大成人，并且继承了全球超级大国这一前人的遗产。1944年6月，美军进入意大利首都罗马，而另一个方向上的美国军队与英国军队、加拿大军队，以及其他同盟国军队一起，在欧洲的西北方建立了滩头阵地；1944年6月，美国陆军第八航空队（8ᵗʰ Air Force）的重型轰炸机数量已到达2000架，它们首次从中国的机场起飞，空袭了日本本土；1944年6月，美军在离诺曼底半个地球之遥的地方，进行了第二次大型两栖登陆尝试，并引出了菲律宾海海战，太平洋战争中的第一场伟大海战。在航母、战列舰和巡洋舰的数量规模方面，它都是空前的。[1]1944年6月是历史上的关键节点，此时，改变历史轨迹的全球性事件正在发酵。那些被卷入事件的人们都明白，这一时刻具有不可或缺却又碾压一切的重要性。正是在这个月，盟军真正决定了德国和日本那无法逃避的战败结局，以及欧洲的没落；正是在这个月，美国称霸的时代到来了。以上便是美军的胜利在战略层面上的首道"风景"。第二道"风景"便是所有对日作战的问题接踵而来。在中国大陆和西太平洋两大地区，1944年6月比其他任何时候都更加刺眼，此时美国国家力量在国际事务中遇到了多种困境，美国因战争之复杂性而饱尝痛苦。在美国国家力量觉醒之时，人们可能将这些问题简单化了。

虽然今天已经距离那时近60年——这几乎是人的一生，但是我仍然很难厘清三件事的重要性和意义。这三件事发生在美国领导人必须要控诉日方战争罪行的时刻。第一件事是，1944年6月，美军指挥部门，特别是美国参谋长联席会议（Joint Chiefs of Staff）决定：未来对日作战，是建立在美国必须"假设"有必要进入日本本土，而不是建立在美国"真正觉得"进入日本本土是战争之必需的基础上的。在1944年7月的第一周，美国将他们的决定递交给伦敦方面。[2]第二件事是，处理与中国国民党的关系。1944年6月，国民党由蒋介石统率领导，当时日本已经对中国之腹地和南方的美军机场发动了首次反攻，但是美军却将把战火烧到日本本土之厚望，寄托在这些机场上。第三件事，便是确定在西太平洋地区的下一个任务目标。这可能是美军指挥人员最需要处理的问题，因为那些跨越千里来到西太平洋的人，绝不可能坐等美军分配战区内的任务。

　　以上三个事务都包含着对美国各项国家利益优先级的判断，而且每一项都和美国如何使用武装力量有关。美国对日作战之最终计划发生的转变，必然与美军在西太平洋战区的指挥调动有关，而这一调动牵扯出了另外两个早已存在的问题。第一，美军是应该在入侵日本本土前，先跨越太平洋和中国国民党碰头，还是从海军的立场出发，通过空袭和封锁迫使日本投降从而避免陷入陆上战斗？中国问题，更确切地说应该是中国困境，必然牵扯出两个其他问题，因为日本之战败必须分成两个方面来处理：一方面，美军必须直接支援国民党部队，并在中国本土将日本帝国陆军部队击败；另一方面，美国必须像向其本土民众承诺的那样，从中国机场起飞，对日本本土进行战略打击，促使其投降。中国困境牵扯出的第二个问题，虽然有基本的逻辑基础，但却包含了一个异常极端的观点：如果从中国的机场起飞一个由200架重型轰炸机组成的机群，对日本本土发起一次战略性空袭行动，日本也许会被迫投降。如此荒谬的看法，在美国军队内部引起了强烈反响，反应强烈者有约瑟夫·史迪威中将（LtG. Joseph W. Stilwell）和一些美国国务院的领头人物。他们害怕美国与国民党走得太近会造成可怕的后果，因为国民党政权贪腐盛行、疲软无能、战力羸弱。将这些问题联系起来必然会产生一个更为迫切的问题：美国是否要将自己的重心放在菲律宾的重建上？因为后者在战争开端就已战败，之后总是寄人篱下。与这个问题并行的是，美国陆军和海军两大军种在西太平洋地区争夺指挥职权，并且在军事行动的走向上存在分歧。

　　陆军与海军之间的大多数问题来自一个人的性格，这个人便是陆军上将道格拉斯·麦克阿瑟（General Douglas MacArthur），西南太平洋战区的盟军总司令。麦克阿瑟总是能引起别人的强烈反响，在对他的风评中，奉承和厌恶各占一半。而毋庸置疑的是，历史对一个将领或一名普通士兵的评价，往往是以其战时表现为依据的。我所要陈述的、与1944年6月的时局相关的事情，却是非常简单的。虽然有些人认为麦克阿瑟很早就已经跨入了美国英雄的行列，认为他的成就超越了别人对他的责备，但是事实上，美国陆军除了丢掉菲律宾以外，在太平洋战争中基本没起什么作用。在登陆塞班岛前，人们不可能在任何一次入侵行动中目睹有人对外声称："我上岸了。"美国陆军在太平洋战争中最重要的贡献来源于航空队（Army Air Force）和情报部门的努力。他们的努力虽然增强了美国的战略优势，但事实上却是事倍功半。从目前的行动报告来看，美国陆军即使在西南太平洋战区，也仅仅是做了一些边边角角的事情，而麦克阿瑟的贡献，从正义性和事件结果这两个角度看，都是存疑的。在菲律宾防御作战中的无能、艳俗的个人宣传、阴险狡诈的性格，以及在同盟国中获得的运气，本应该让他被陆军免职，但是他的"勇敢"却得到了美国的最高奖赏，他不仅以这样的身份出现，而且还在1942年春季被委任为西南太平洋战区的盟军指挥官。陆军参谋长乔治·马歇尔（George C. Marshall）曾经试图将麦克阿瑟任命为太平洋某一整个战区的最高长官，后来因为美国海军拒绝给一位陆军指挥官打下手[3]，乔治·马歇尔的意图才未能实现。太平洋战区实际上是由两大军种分而治之的。

　　麦克阿瑟在西南太平洋战区的滑稽表现、他向美军司令部下达命令的意图以及他令人作呕的自负，本该让他在1942年的任意时刻被陆军开除。或许他最奇葩的宣讲要属1942年5月那一回。当他花了老大的力气来确保自己的"指挥才能"得到公众的注意时，他充满渴望地手舞足蹈。他声称，西南太平洋战区司令部接到的、肃清拉包尔必备的军需品，本来应该是美国支援苏联军队以抵抗德军夏季攻势的补给。[4]即便如此，麦克阿瑟在任何时候都依然在岗，如果他继续自诩为国家政策的裁决者，我们确实需要另一位总统、另一个指挥部门或是另一场战争，把他从高位上拉下来。麦克阿瑟的问题在1942年之后一直持续发酵，可以说持续到了1944年1月，此时所有的战略难题从四面八方汇集而来，并且美军开始认识到从马里亚纳群岛（Marianas）出动 B-29 超级堡垒式轰炸机也是可以威胁到日本本土的。在1944年1月之前，美国的战略设想是从"日本的战败必须彻底、广泛，并且应当在亚洲大陆地区接受这一事实"出发的。这当然包括中国在内，因为中国既为美军提供了机场、帮助美国航空兵将战火烧到日本本土，又是日本帝国陆军的葬身之地，接受美军补给和武器装备的中国军队将会击败日本帝国陆军。这一战略性的策略是建立在英国军队已经肃清了缅甸地区的日军这一前提下的。因为只有这样，支援国民党军队的补给才能顺利地通过陆上运输落实到位。同时，这一策略也是建立在美国掌控台湾地区的主动权——这是整个西太平洋地区的优先事务——的基础上的。美军统帅部发现，如果中国军队在中国大陆沿海地区与美国海军相配合,将会形成最终进军日本的重要跳板,并且军种之间可以相互协同。比如,美军重型轰炸机从中国大陆的机场起飞后,可以支援对台湾岛的进攻行动。拿下台湾岛后,部队可以将其作为跳板,向中国大陆沿海地区拓展战线。

美军最高统帅部在1942至1943年设计了如此简单的战略框架,而这样的战略设想不仅支配着美国对日作战的实施,还包含了英美之间与中美之间的外交议程,不过英国和中国根本没有准备好接受美国给予他们的角色。英国对发动一场肃清缅甸的战役没有兴趣,也没有打通补给线、与重庆方面建立陆上联系的意图。英国并不相信美国指派给中国的任务目标能够完成,因为那时的中国既没有意图也没有能力重新夺回缅甸地区。中国国民政府更倾向于接受美国军方和民间的援助,不过当重庆方面发现日本即将战败之后,他们也做好了迎接其他势力、加速日本战败的准备。国民党当局也没有必要接受美方所分配的角色,因为这会让他们丢失大片的占领区。无论如何,国民党军队希望保存自身的实力,以对抗他们真正的敌人——共产党军队。国共内战将在日本战败后不久爆发。

最棘手的问题在于,美国统帅部拟定的战略目标优先级建立在"重型轰炸机能够从中国大陆起飞空袭日本本土"这一假设的基础上。美军重型轰炸机的维护和补给工作主要是在印度进行的,当然这是在外交上暗示英美的同盟关系。有了印度和中国作为前进基地,美军轰炸机不仅可以轰炸日本本土,还可以覆盖整个太平洋战区司令部和东南亚战区司令部的管辖范围,这仍然有隐喻同盟关系的企图。而中国本身的处境变得越来越艰难,一部分原因是史迪威与蒋介石的关系越来越僵化,但更主要的是:日本在1944年4月发现,自身在制空权方面相较美国处于绝对劣势,于是他们便向停放美军轰炸机的中国机场发动了陆上进攻。截至1944年5月下旬,日本已经占领了洛阳和郑州—汉口一线,并企图对广西、湖南和江西等省份发动进攻,以建立连接朝鲜至柔佛地区(Johore)的最基础的陆上交通渠道。此时,美国面临的问题非常简单,那就是史迪威和华盛顿的其他统帅一致认为,日本会继续对中国的机场发动进攻,而蒋介石的部队虽然接受了美军的补给,但仍然不具备与日军抗衡的能力。虽然国民党军队在衡阳保卫战中作战英勇，但衡阳还是失守了，深层原因是蒋介石不给自己那个小圈子之外的独立抗日团体提供任何军事协助。衡阳在1944年8月8日失守，而此时华盛顿与重庆深陷外交危机当中。华盛顿为了让中国国民党的军队改头换面，决定让史迪威接替蒋介石来担任指挥。华盛顿确实做得出格了，没有任何一个代表其本民族的国家军队会接受这样的请求，但是罗斯福政府既没有仔细思考这个主张的内容，也没有真正在私底下找到比华盛顿更好的、能够替代蒋介石的那些寡头的人选。中国人民和美国驻中国航空兵的游说演说足以挫败罗斯福的主张，因为两者都惧怕有一天美国停止支持中国，或是架空了蒋介石的统治，整个中国会发生崩溃。除非蒋介石愿意退出政治舞台，否则在1944年夏季，美国绝无可能通过自己的方式来支配中国。蒋介石打定主意，如果美国人不断向他施压，他就以自杀威胁美国人就范，罗斯福一定会向他妥协。华盛顿无法应对如此任性的外交手段，当蒋介石拒绝了美方的要求，当史迪威作为中国问题的制造者被从前线召回，美国除了顺从和掩盖外交上的灾难性转变外，别无他法。从此以后，华盛顿发现在美国的黄金三十年中，自己成了被国民党禁锢的囚犯。[5]

　　以上便是美国最高统帅部在1944年中期，意图梳理国家策略时的重要背景。虽然中国危机的产生过程异常漫长，但这一危机却是在1944年6月严重加深，并在1944年9月25日当天完全爆发的。当天蒋介石对美方的要求做出回应：只要史迪威不当他的参谋，他可以接受任何一个美国军官来顶替史迪威的位置。1944年10月18日，罗斯福总统勉强答应了蒋介石的要求。此次危机爆发时，美国在太平洋地区的军事上顺风顺水，却在外交领域面临空前的失败，这构成了莱特湾海战的序曲，这个序曲非同寻常。

　　在菲律宾海海战结束之后，莱特湾海战的序曲中包含着这样一个问题：美军在西太平洋地区的下一步动作到底是直接进攻菲律宾本土还是绕过它？西南太平洋战区司令部的全部精力都放在了反攻菲律宾上，因为在政治方面，菲律宾的解放能代表美国捍卫其主权的努力绝不会付诸东流。而在美国最高统帅部内部，特别是在海军看来，夺取菲律宾岛屿并不是当务之急。美国在太平地区的军事力量和他们的推进速度不断增加，使得光复菲律宾，特别是占领吕宋岛的战略价值可能大于占领其他岛屿（比如台湾岛）。直到美军统帅部开始单独思考在菲律宾的作战时，高层才开始琢磨到底该在哪个岛屿发动战役，以及应该发动何种战役。作为海军的参谋，海军上将欧内斯特·金（Ernest King）对进攻台湾岛的作战计划深感认同。支持进攻台湾岛方案的论据有三个：一、占领台湾岛能够加快中国大陆的战事，并且这也与之前界定的美国国家利益相吻合；二、台湾岛能够为下一阶段的对日作战提供重要的港口和机场；三、占领台湾岛后，美军的空中力量就可以覆盖日本本土与其南方资源产地间的航海路线。[6]在1944年3月上旬时，美军参谋长联席会议确定了进攻台湾岛的准确时间——1945年2月15日，而同时也规定入侵吕宋岛的时间绝不可能在进攻台湾岛当日，因为必须在进攻台湾岛之前就拿下吕宋岛。在战争进行到这一阶段时，美军参谋长联席会议并没有将吕宋岛和台湾岛区别对待，它们早已上了一条船，这样的决定的合理性在当时是毋庸置疑的。

　　1944年4月，在拿下荷属东印度的霍兰迪亚（Hollandia）与艾塔佩（Aitape）之后，美军的规划人员对进攻吕宋岛和进攻台湾岛的不同要求进行了深思熟虑。通过分析这两个方案的支持者的争论，规划人员发现进攻台湾岛并没有先前所想的那么可怕，但是进攻吕宋岛可能会迫使日军加强他们在荷属东印度的哈马黑拉岛（Halmahera）和菲律宾棉兰老岛（Mindanao）的防御，其中棉兰老岛是美军的意图所在。因此，进攻台湾岛显然变成了次要的选择，因为美军担心来自南方岛屿的威胁会让自身陷入长期的消耗战。此时，中国国内发生的事情也让美军部分失去了进攻台湾的兴趣，但为了在1944年6月上旬到来之前集中所有的军需物资，美军参谋长联席会议向太平洋战区司令部（Pacific Ocean Area Command）的切斯特·尼米兹（Chester W.Nimitz）海军上将和西南太平洋战区司令部（South West Pacific Command）的道格拉斯·麦克阿瑟陆军上将索要两者的计划日程。麦克阿瑟本人早就向最高统帅部提交过一份方案，方案中预定登陆多贝拉伊半岛的时间为1944年8月1日，预定登陆哈马黑拉岛的时间为同年9月15日，预定登陆棉兰老岛的时间为同年11月15日。在菲律宾海海战胜利之后，麦克阿瑟修订了原进攻方案，并且将内容做了一些拓展。他决定在1944年10月25日登陆棉兰老岛的萨兰加尼省，在同年11月15日进攻莱特岛，然后在1945年1月与2月分别登陆吕宋岛和民都洛岛。部队的进攻重点将会放在林加延湾（Lingayen Gulf），时间是1945年4月1日。[7]我们至少可以认为这份方案拟定的进攻节奏太过缓慢，它实在缺乏想象力，不仅海军无法接受，连华盛顿政府的高层也挥手拒绝。

　　在这种情况下，尼米兹给华盛顿提了一个建议，后者觉得并无不妥：麦克阿瑟手下的部分力量将被用于棉兰老岛的登陆作战。在该处建立新的前进机场有助于肃清日本部署在米沙鄢和吕宋岛的航空兵部队，而麦克阿瑟的主力部队将和来自中太平洋战区的部队一道前去进攻台湾岛。但是麦克阿瑟要求到华盛顿去，他将把对尼米兹的行动计划的反对意见记录在案。这样做其实完全没有必要，因为此时罗斯福正在进行"美国历史上最肮脏的总统竞选"。在此之前，他已经决定在芝加哥开完民主党大会之后，便前往夏威夷去解决某个政治问题，即处理太平洋两大战区司令部之间，以及两大军种之间的矛盾。在罗斯福前往夏威夷之前，欧内斯特·金在1944年7月13日和22日，分别在埃尼威托克环礁（Eniwetok）和塞班岛会见了尼米兹海军上将。虽然第三舰队（3rd Fleet）的参谋罗伯特·卡内海军少将（Robert B. Carney）极力反对欧内斯特·金的观点，并且认为应当将吕宋岛作为首选目标，但是欧内斯特·金和尼米兹在谈话后一致认为，应当将台湾岛作为首选的进攻目标。海军中将雷蒙德·斯普鲁恩斯（Raymond A. Spruance），即参与菲律宾海海战的第五舰队（5th Fleet）的指挥官，觉得进攻冲绳岛（Okinawa）也是个不错的选择，[8]当然，他本人也招来了不少无端的批评。但此时尼米兹海军上将并没有被完全说服，他并没有思考台湾岛和吕宋岛谁应当成为首选目标，而是在考虑是否应当恪守之前的承诺，即通过登陆安加尔岛（Anguar）、贝里琉岛（Peleliu）来削弱帕劳群岛（Palau）的日军，以及进攻雅蒲岛（Yap）与乌利西环礁（Ulithi）。但是，他们不断细化进攻台湾岛的行动计划时发现，台湾岛确实是一个"易于征服，难于固守"的地方。在尼米兹、麦克阿瑟与罗斯福那"值得庆祝的"会面（即1944年7月26日至29日在珍珠港的会面）到来之前，这些海军内部的争论已经让他们筋疲力尽。麦克阿瑟在会面中蹦出来说，罗斯福已经赢得了连任，并且进攻吕宋岛应先于进攻台湾岛，但事实是虽然进攻吕宋岛的方案要比进攻台湾岛的方案更易于接受，但是罗斯福并没有强制联席会议选定优先目标的意图。

　　整个8月和9月，目标的选定一直没什么进展。不过到9月29日，一次在旧金山召开的为期三天的会议有了结果。当时，尼米兹、斯普鲁恩斯、弗雷斯特·谢尔曼海军少将（Forrest P. Sherman，尼米兹手下的首席规划员）和欧内斯特·金，与陆军人员分庭抗礼。当陆军指出进攻台湾岛至少会损失9个陆军师（大约伤亡5万人）后，海军军官们终于放弃了率先进攻台湾岛的设想。在那时，进攻台湾岛的方案已经开始打水漂了。但是它被人们抛弃并不是某些人的个人意志导致的，比如斯普鲁恩斯建议向小笠原群岛（Bonin Islands）推进并逐渐拿下硫磺岛（Iwo Jima）、冲绳岛，最终打到日本本土。这个方案并不是导致台湾岛方案被抛弃的直接原因，是马克·米切尔海军中将（Marc A. Mitscher）指挥的第38特遣舰队（Task Force 38）于9月12日在菲律宾的成功袭击迫使人们放弃了台湾方案。因为菲律宾缺少抵抗，所以第三舰队的指挥官小威廉·哈尔西便建议取消所有进军菲律宾前的先期行动，而将登陆莱特岛的计划提前实施。哈尔西建议在登陆莱特岛和建立机场之时，航母战斗群应全权负责掩护，直到新建好的机场投入使用为止。哈尔西将这个建议传达到美国参谋长联席会议，接着该方案也在于加拿大魁北克（Quebec）召开的“八角会议”（Octagon Conference）中被双方讨论。会议讨论的结果是，那些原定于9月15日展开的登陆行动时间不变，而登陆莱特岛的时间变更为1944年10月20日。由于时间太近，9月15日进行的登陆行动无法取消，但是关于莱特岛的登陆计划，双方只交流了一个半小时便达成了共识。虽然并没有对“台湾岛和菲律宾谁更优先”的问题做出直接回答，但是从会议的成效上来看，盟军加强了对菲律宾的关注，海军又对登陆台湾岛的行动表现出了迟疑。看来，9月12日的会议促成了率先登陆吕宋岛这一结局。旧金山会议埋葬了登陆台湾岛的计划，且美国参谋长联席会议在10月3日发布了一道命令：美军应绕过台湾岛登陆吕宋岛。另外，该命令把登陆吕宋岛的时间定为12月20日，这原本是登陆莱特岛的日期。这份命令还中和了尼米兹的建议，即登陆吕宋岛后，美军将在1945年1月登陆硫磺岛，在3月登陆冲绳岛。[9]

　　就这样，美军被带领到了莱特岛。但是在这个计划接受现实的军事考验之前，有两件事值得我们注意。第一件事浅显一些，这便是军队官员谈论登陆台湾岛并将其与登陆吕宋岛做比较时，会流露出轻蔑的神情。登陆台湾岛会损失9个步兵师，约5万人，这一预估是由另一件事做支撑的。曾经有三位来自华盛顿的陆军高官，前往布里斯班与麦克阿瑟讨论战事，并得出了以下结论：

> 麦克阿瑟没有任何信心，他并不认为来自西南太平洋战区莱特岛或棉兰老岛的陆军航空兵部队，能够将部署在吕宋岛的日方航空兵力量完全消灭。他在谈及占领台湾岛的军事行动时提道："占领台湾岛是一个规模巨大的军事行动，不但需要付出极大的人力物力，而且后勤补给难以为继，消耗的时间也是无穷的。"他认为吕宋岛无论如何都要被拿下，如果能率先拿下，美军便可以绕过台湾岛。他愿意相信进攻吕宋岛造成的伤亡是微不足道的。他告诉乔治·马歇尔，以他个人作担保，吕宋岛战役花费的时间最多不超过6周。而且，只要他登陆林加延，整场战役将会在一个月内结束。[10]

我们很难对以上言论产生什么反对意见，因为它必然代表了对麦克阿瑟指挥能力最严厉的控诉，或者说他压根就没什么指挥才能。事实上，有十三个步兵师加入了菲律宾战役的进攻行动，而当日本在1945年8月投降时，吕宋岛北部的日军仍然没有被肃清。林加延湾的登陆行动是在1945年1月9日展开的，从太平洋战争的结束时间来看，战役推进的速度好像"稍微"比麦克阿瑟所担保的一个月，甚至六周要长一些。有意思的是，即使抛开莱特湾和萨马岛的战事，在菲律宾地区的军事行动中，美军的死亡人数也高达10380人，受伤人数则高达36550人，另外还有93410名非战斗人员在行动中负伤。[11]从现实事件的发展来看，我们很难相信欧内斯特·金的判断是错的。

第二件值得我们注意的事便是：一直以来，是不是欧内斯特·金的观点是错的，而斯普鲁恩斯的观点是正确的？其实这也不难推敲。诚然，斯普鲁恩斯提出的美军先登陆冲绳岛、再登陆硫磺岛的建议确实很吸引人，因为美军在那一段时间从来没有登陆这两个岛屿的打算。当美军突击这两个岛屿时，日军已经花费了数月的时间建立防御工事，并准备与美军在岛上打消耗战。尽管如此，美军在肃清这两个岛屿时付出的伤亡相对较小。[12]值得讨论的是，如果美军在1944年第三季度肃清这两个岛屿，所付出的代价是否也能与现实情况一样小呢？

那些支撑着"能够轻易夺取硫磺岛"这个观点的论据，在现实中也证明了自身的正确性的，要属美国航母战斗群的突出表现了。因为它们完全切断了小笠原群岛对硫磺岛的补给输送和各类支援。我们很难反驳这样一种观点：就算是世界上最谦虚的部队，只要参与到1944年第三季度或第四季度登陆硫磺岛的战斗中去并占领此处，就可以宣告大功告成了。但是在1945年，攻占硫磺岛的难点在于，硫磺岛战役与菲律宾海海战已经相隔长达八个月。

关于冲绳岛的争论不是十分激烈，各方都显得更为平和。就斯普鲁恩斯的提议来说，它的问题在于缺少给航母输送弹药的海上补给通道。如果美军航母在一场消耗战中得不到任何弹药支援，而日军却可以源源不断地朝冲绳岛输送人员和补给，那么战场的主动权将会易手。正如现实所折射的那样，更大的威胁可能还是日本的"神风"敢死队。极端点讲，1944年10月25日之后美国海军从菲律宾作战中习得的经验和技术，足以让他们在长达四个月的冲绳岛战役中生存下来。抛开其他因素不谈，日军在菲律宾战役中消耗了大约7000架各类战机，若将这些战机用于打击在1944年下半年登陆冲绳岛的美军的话，美国海军的伤亡将更加惨不忍睹。即便这样，如果进攻冲绳岛的计划能够通过并成功诸付实施的话，美军将会提前三四个月，甚至提前六个月，切断日本本土与其南方资源产地之间的物资通道。最后一艘运输船到达日本本土的时间，也肯定比现实中的1945年3月下旬要早。同样，在1945年攻占冲绳岛的难点在于，此时距菲律宾海海战结束已有九个月了。此时有人提出了另外一个观点，他的推测也许是正确的。如果美军在1944年9月或10月进攻冲绳岛，并迫使日本帝国海军与美国海军进行一次或多次正面"决战"，那么他们的航母和舰艇编队将会受到来自南北两方（即菲律宾和日本本土）的水面舰艇和空中力量的威胁。如果美军已经成功肃清了菲律宾地区的日军力量，那么冲绳岛战役中的日军将只会得到来自日本本土的直接支援，或许这样才能确保日军的力量尽早被遏制。

当美军结束了商议，并更改了进攻莱特岛的计划后，一系列军事行动与美军的商议结果形成了有趣的映衬。这些军事行动发生在菲律宾海海战之后至1944年10月上旬，大致可以分为两个部分：第一部分便是在1944年6月下半月如期进行的行动；第二部分则是在9月执行的行动，并且至少部分行动不在授权许可的范围之内。后者指的是第38特遣舰队航母战斗群的任务。它们在1944年8月28日从埃尼威托克环礁出发，最紧迫的任务便是发动多次空袭，为将来美军在莫罗泰岛（Morotai）和帕劳群岛的登陆作战铺平道路。但这些行动却意外覆盖了小笠原群岛和菲律宾全境。因此美军在魁北克"八角会议"的商讨结果的基础上，再次更改进攻菲律宾的时间。

其他一些军事行动，在时空上比预先的设想更为广阔。比较明显的例子便是塞班岛战役和军舰岛（Maniagassa）之战，前者在7月9日宣告结束，后者则是在7月13日。美海军陆战队于7月21日登陆关岛（Guam），于7月24日登陆提尼安岛（Tinian），而提尼安岛上的日军一直抵抗到8月1日才罢休。美军于8月10日声称肃清了关岛，但是该岛上的最后一名日军在1972年才与世人见面。在多贝拉伊半岛，美国陆军第六步兵师（6ᵗʰ Infantry Division）于7月30日在桑萨普尔角（Cape Sansapor）东侧的阿姆斯特丹岛（Amsterdam）和中堡岛（Middleburg）登陆，接着于次日在桑萨普尔角登陆。而在当天，登陆帕劳群岛的首次演练在夏威夷拉开序幕。

当这些军事行动正式实施之时，还有另外两组行动也在同时进行。虽然战事已经推进到新几内亚的北部海岸，但因为美军跳过了与驻守中央的日军打照面的机会，盘踞在艾塔佩和霍兰迪亚另一侧的日军没有遭受任何损失，7月底至8月初，他们在艾塔佩周围发动了一连串进攻。日军的进攻在8月4日被挫败，由于8月10日之后美军再也没有在艾塔佩地区发动过空袭，我们可以断定日军开疆拓土的努力最终以失败告终。显而易见，美军在此使用空中力量和绕行策略来节约陆上力量。这些战术已经用在了新几内亚北部海岸的行动中。随着战事的不断推进，美军丢弃了多个滩头阵地，不过他们使用中型轰炸机和战斗机来挫败日军夺取这些阵地的企图。日军部队被滞留于此，而许多美军固守的据点被澳大利亚军队接管，但是后者却被西南太平洋战区司令部无情地抛弃，因为司令部将注意力放在了腾出来的美军部队上。如果我们抛开政治因素，更直接地关注军事层面的话，就不难发现美国陆基航空兵的作战样式开始发生变化。1944年7月下半月，美军航空兵正在新几内亚的后方作战，但他们也时常前进到多贝拉伊半岛或是其他地方。B-24解放者式重型轰炸机在雅蒲岛和沃莱艾环礁

[Woleai，位于加罗林群岛（Caroline Islands）] 执行任务，与此同时，B-25米切尔式中型轰炸机和P-38闪电式战斗机将战火烧到了摩露加群岛（Moluccas）及其北端的哈马黑拉岛，莫罗泰岛和帕劳群岛自然也是它们的打击目标。随着行动的步伐逐渐加快，不断增加的美军轰炸机和战斗轰炸机也开始打击更多的目标。陆基航空兵的作战样式是在8月底发生转变的，此时，航母战斗群在小威廉·哈尔西的指挥下从埃尼威托克环礁出发，去执行一项具有决定性意义的任务。

在这之前，第58特遣舰队（Task Force 58）在斯普鲁恩斯的指挥下，执行了支援关岛登陆和削弱硫磺岛与父岛（Chichi Jima）日军的额外任务。这些行动将不同的航母战斗群牵扯了进来。6月23日至7月5日间，舰队麾下的两个航母战斗群加入了行动。7月6日至7月13日，它们有组织地对关岛和罗塔岛（Rota）发动了打击。在7月18日轰炸和支援编队加入前，特遣舰队中的所有四个航母战斗群在马里亚纳群岛全境发起了一系列的打击行动。美军肃清关岛和提尼安岛时，特遣舰队在岛屿的外围活动以确保岛上的抵抗力量无法得到外部援助，这也是进攻帕劳群岛的三个航母战斗群唯一一次动身去参加其他任务。此次行动还包含一个重要的照相侦察任务，美军需要对一系列的锚地，包括雅蒲岛和乌利西环礁进行侦察，为航母舰队选择一个进攻菲律宾的合适跳板。这次行动被迫中止，因为在8月4日至5日间，美军重启了对硫磺岛、父岛与母岛（Haha-jima）的打击。在对以上三岛的打击中，航空母舰发现了离岛的日军运输船队，于是将它们和护航舰艇悉数摧毁。[13]

当第38特遣舰队从埃尼威托克环礁出发时，它召集了数量庞大的舰艇以组成编队：第1支队（Task Group 38.1）包含2艘舰队航母、2艘轻型航母、3艘重巡洋舰、1艘轻巡洋舰和15艘驱逐舰；第2支队（Task Group 38.2）包含3艘舰队航母、2艘轻型航母、2艘战列舰、4艘轻巡洋舰和18艘驱逐舰；第3支队（Task Group 38.3）包含2艘舰队航母、2艘轻型航母、4艘战列舰、4艘轻巡洋舰和14艘驱逐舰；第4支队（Task Group 38.4）包含2艘舰队航母、2艘轻型航母、1艘重巡洋舰、1艘轻巡洋舰和11艘驱逐舰。这些舰艇组成的第38特遣舰队有三重任务：第一，在9月时，它需要在莫罗泰岛和帕劳群岛实施两栖登陆，并将其作为常规的削弱手段；第二，它将尝试压制菲律宾全境和前线地区的日方空中力量；第三，它要发起一系列的军事行动以诱骗日军，使对方相信它将注意力放在了莫罗泰岛和帕劳群岛。为了实现上述目标，第38特遣舰队必须具备空前的规模，其航母数量要多于菲律宾海海战中参战航母的数量，而各类战机的数量也将达到1077架。战机的总数还得加上第七舰队中用来支援莫罗泰岛登陆作战的6个护航航空母舰上的舰载机群，以及额外支援帕劳群岛登陆的11个护航航空母舰的舰载机群。伴随这些护航航空母舰的其他舰艇包括5艘战列舰、5艘重巡洋舰、5艘轻巡洋舰和14艘驱逐舰。

　　第38特遣舰队在8月28日时肃清了埃尼威托克环礁（见表格2.1）后，各支队便迅速分离。第4支队在8月31日至9月2日间对硫磺岛和父岛展开进攻，298吨的扫雷舰"第八利丸"号（Toshi Maru No.8）在进攻第一天即被击沉。特遣舰队中的轻型航空母舰"蒙特利"号（USS Monterey，CVL-26）与来自第12特遣舰队第5支队（Task Group 12.5）的重巡洋舰"切斯特"号（USS Chester，CA-27）、"彭萨科拉"号（USS Pensacola，CA-24）、"盐湖城"号（USS Salt Lake City，CA-25），驱逐舰"邓拉普"号（USS Dunlap，DD-384）、"范宁"号（USS Fanning，DD-385）和"里德"号（USS Reid，DD-369）共同组成编队，于9月3日对威克岛进行火力投送。两天后，"蒙特利"号的舰载机编队对岛屿目标实施了打击。

　　现在朝西面看。第38特遣舰队第4支队在9月6日进攻了雅蒲岛。9月6日是幸运三日中的第一天，在三天时间内，其余三个航母战斗群对帕劳群岛的进攻进展顺利。第4支队在9月9日返航以获取补给，其他航母战斗群在9日和10日两天中，向棉兰老岛的机场发动了进攻，特别关照了在萨兰加尼湾（Sarangani Bay）附近的日军目标。这三个战斗群发现日军的抵抗甚是微弱，于是便放弃了棉兰老岛上的目标，转而在9月12日至14日进入米沙鄢湾。而棉兰老岛则在9月14日起成为第38特遣舰队第1支队的日常打击目标。在这些空袭中，美军航母舰载机执行了多达2400个进攻任务，并声称摧毁了约200架日机。自从3月底进攻帕劳群岛以来，美军舰载机就一直没能与日舰接触，直到9月12日。当天，三个航母战斗群遇见了2艘扫雷舰、2艘炮艇、3艘驱潜艇、1艘布网舰、7艘支援舰（合计17350吨），以及2艘陆军运输船（合计4934吨）和5艘小型商船（合计5888吨）。所有这些日舰都在宿务市（Cebu City）周边海域被迅速击沉。两天后，第38特遣舰队第1支队的舰载机在达沃湾（Davao Gulf）击沉了一艘日军运输舰。

　　这个阶段，美军在菲律宾地区集中使用航母编队，因此日方无法预先判断9月15日美军将会进攻莫罗泰岛、安加尔岛和贝里琉岛（后两岛属于帕劳群岛）。在莫罗泰岛，第31步兵师（31ˢᵗ Infantry Division）麾下的三个步兵团登陆后未遭任何抵抗，美国海军编队也肃清了比图的机场和岛屿最南端的吉拉半岛。第38特遣舰队第1支队在此次军事行动中为众多的登陆作战提供支援，完成任务之后便撤退离开。护航航空母舰则一直守护于此，直到10月4日当地机场投入使用、第一架陆军航空队的军机在此降落才离开。[14]然而，帕劳群岛的战况却是极为不同的。美国海军陆战一师（1ˢᵗ Marine Division）于9月15日登陆贝里琉岛，两天后，美军第八步兵师（8ᵗʰ Infantry Division）登陆安加尔岛。安加尔岛在10月21日前后便完全落入美军手中，但是在贝里琉岛的战斗，或者更为准确地说，是在贝里琉岛乌莫布罗格山脊（Umurbrogol Ridge）的战斗，一直持续到11月27日，最后一名日本守军还是在圣诞节那天被击毙的。虽然两个岛屿都缺乏纵深，日本守军也放弃了任何反攻滩头的行动，但战斗仍旧很艰难。日军在防御工事中守株待兔，这些防御工事伪装到位，不仅具有防御纵深，而且具备有效的交叉火力。这场战役严峻又残酷，情况就和美军之前在塔拉瓦环礁（Tarawa）遇到的一样糟。大多数任务目标——包括肃清贝里琉岛的机场、歼灭巴伯尔道布（Babeldaob）的日本守军主力，以及清空帕劳群岛北方的科索水道（Kossol Passage），其完成时间都被美军记录在案：不是在九月第一周完成，就是在九月底完成。美军在这两个岛屿（贝里琉岛和巴伯尔道布岛）上碰到的困难，很可能是兵力投入不足所致。虽然一个步兵师完全可以击败日军，但战斗的过程却是漫长而难熬的。因此，用海军陆战队的话来说，贝里琉和塔拉瓦与硫磺岛是一路货色。事实上，美军在帕劳群岛的行动，并没有耽误他们于9月23日占领乌利西环礁。同时，第38特遣舰队第4支队在9月18日离开了此处，前往马努斯岛（Manus Island）接受燃油补给。它曾经在美军突袭帕劳群岛时，支援过10艘护航航母。其他编队则继续在菲律宾地区执行任务。[15]

　　这些任务便是9月21日、22日对吕宋岛的进攻，以及9月24日对米沙鄢的进攻。美军这次打击的对象仍然是日军机场及其战机，这些行动跟过去的打击任务一样顺利，而美军对日方舰船的打击，成效比9月12日更为显著。9月21

日，美军舰载机击沉了3艘战舰（合计2465吨）、2艘支援舰（合计20094吨）、8艘陆军运输舰（合计37144吨）、8艘商船（合计43788吨），只有两三个单位在马尼拉湾被美军俘获。次日，2艘驱潜艇与1艘小型炮艇（这三者合计749吨）、3艘陆军运输舰（合计13710吨）和5艘商船（合计6028吨）被击沉，其中大部分在吕宋岛西北海域遁入海底。9月24日，又有4艘战舰（合计3055吨）、3艘支援舰（包括一艘水上飞机母舰，合计18536吨）、5艘陆军运输舰（合计23621吨）和一艘商船（4658吨）被击沉。如果这些舰船被击沉的原因还存有争议的话，那么保守估计此月中航母舰载机至少击沉了19艘战舰（合计10887吨）、53艘支援舰与民用商船（合计199854吨）。这些舰载机也可能参与了对其他舰只的打击，在9月份的军事行动中，另外8艘战舰（合计2705吨）、5艘支援舰和民用商船（合计10718吨）的沉没也许和它们有关，但具体原因不明。[16]即便如此，9月24日或许是结束阶段性任务的日子，从此以后航母特遣舰队便分散开来。第38特遣舰队第3支队在9月27日到达了科索水道这一安全水域；第2支队在9月28日到达了塞班岛；第1支队则在9月29日到达了马努斯岛的避风港。

有人指出，上述军事行动的实施招致了四种不同的评价。第一种评价立场最为鲜明，虽然很早就被提出，但因为影响重大，所以一直被重复着。1944年9月13日，由于在前四天中美军并没有在菲律宾地区遇到日军陆基航空兵的实质性抵抗，哈尔西建议加速实施行动计划，暂时先搁置对莫罗泰岛和帕劳群岛的登陆行动，并将登陆莱特岛的行动提前至同年10月20日。虽然日军对美军在菲律宾的挑衅应对不利的部分原因，是受到了当地雨季的影响——这一点非常值得我们关注，但是大体说来，哈尔西对日军力量较为弱小的判断是正确的。虽然雨季对美军来说是一个重要的警告，但事实上美军的进攻使得日军处于不利地位。美军希望让日军保持这一被动性，进而强迫其做出"生存还是毁灭"的选择，不料日军选择了毁灭。美军在1944年9月的进攻打散了日军的兵力部署，其结果便是这些零散的部队被完全击败。日军还丧失了他们的空中力量，而对这股力量的集中使用，可以说是打赢任何一场防御作战的先决条件。在首次进攻中，美军摧毁了日军在菲律宾中部和南部的空中力量；在第二轮的多次进攻中，美军摧毁了菲律宾中部和北部的空中力量。在这些行动中，美军摧毁的日机数量大约已经接近四位数。[17]我们可以毫无疑问地认为：菲律宾地区日方空中力量的损失是美军在1944年10月的空战中取得胜利的关键因素之一，而美军空战的胜利是奠定莱特湾海战中美军优势的最重要因素。从个人出发，哈尔西对日军弱点的瞬间洞察，代表了他一生中最光辉的时刻。从哈尔西个人的职业声誉来看，如果他犯的错误和部队遇到的台风算是一种"问题"的话，那么在莱特湾海战及其之后的作战行动中，他确实是一个有"问题"的军官。但是在1944年9月执行的一系列行动，就好像1945年1月美军舰载机在中南半岛附近海域的激战那样，迫使日本人被动地做出反应并最终失去了平衡。哈尔西关键的战略洞见也是如此。

　　第二个评价经常和第一个一起口口相传，同样也是对哈尔西的褒扬，那便是哈尔西绕过帕劳群岛的建议是绝对正确的。绕过帕劳群岛的建议是哈尔西在9月13日提出的诸多建议中的一个，但当时并没有被采纳，因为当时最高统帅部认为他们来不及取消对帕劳群岛的登陆行动，部队应当按原计划实施打击。海军少将杰西·奥登多夫（Jesse B. Oldendorf），一位参与莱特湾海战并且在苏里高海战中使用经典阵型的将军，曾经这样说道：

　　　　如果军队的领袖（包括海军将领）具备预知未来的能力，那么毋庸置疑，他们便永远不会产生攻占帕劳群岛的念头。[18]

　　奥登多夫的想法和人们对哈尔西的总体评价无疑都是正确的。攻占帕劳群岛的计划早在1944年早期就已经制订完成，而当时跳岛战术还不十分成熟，帕劳群岛也成了美军进攻菲律宾的最大阻碍，而同时期美占岛屿则可以提供机场并成为有价值的前进基地。到了1944年9月，美军的步步推进及未来的方向选择，特别是因削弱马里亚纳群岛而获得的战略选择，都必然使帕劳群岛失去原有的重要地位，至少美军的规划人员是这么想的。那些在1944年3月遭袭、久病未愈的日军机场，以及日方在菲律宾海海战的失败，都展现了这样一个事实：日军无法将帕劳群岛作为阻挡美军进军菲律宾的绊脚石。美军对安加尔岛和贝里琉岛的进攻得不偿失，而从作战计划和其实施情况来看，美军在进攻帕劳群岛时唯一可取的地方，便是没有进攻主岛巴伯尔道布岛——这也是他们在规划阶段率先规避的目标。由于日军的主力盘踞在帕劳群岛的主岛上，如果进攻此处，精力和时间的巨大消耗都将成为美军的噩梦。

从事实出发，帕劳群岛的战略价值被削弱，是因为美军在推进中顺带占领了一个岛屿——乌利西环礁。美军在推进中占领此处的现实意义早在登陆冲绳之前就已经得到了证实，这个环礁至少囤积了617艘日军舰艇。在"冰山行动"（*Operation Iceberg*）开始前的另一天，第58特遣舰队和英国皇家海军太平洋舰队在此处集结。因为在1944年10月初，美军就开始将支援中队的战机从夸贾林环礁（Kwajalein）、马朱罗环礁（Majuro）和埃尼威托克环礁转移到乌利西环礁。和埃尼威托克环礁相比，乌利西环礁到菲律宾的距离近了1400英里。如果较近的距离能允许舰船加大航程，减少折返频率的话（以往的美舰便是如此运送战争资源的），那么将会有超出常规数量的油轮被部署至此。不仅油轮如此，其余的执行船只修理、打捞和维护任务的支援舰只也将被大量地转移至此。此时在乌利西环礁的美军，正享受着战争爆发两年半以来形成的巨大造舰计划的红利。他们现在正不断地集结护航航母、油轮以及弹药补给舰，这些舰船形成的补给编队便能够有效支持航母编队的日常开销。这种舰船调动的庞大规模正是要隐藏美军巨大的战略转变。在人类历史上，鲜有一个国家或者政权被海洋打垮。抛开城邦国家不说，只有两个例子与西班牙征服新大陆有明显的差异：东罗马帝国（Eastern Empire）征服汪达尔王国（Vandal Kingdom），以及诺曼人（Norman）征服盎格鲁·撒克逊的英格兰（Anglo-Saxon England）。历史上很少有人将海上力量上升到关键的战略维度，而将海上力量部署到大洋规模海域的例子就更为稀有了，后者展现出了非凡的意义。1944年的战事，正是美国使用海上力量吞没一个敌对国家的例子，就好比一场海啸正在撕碎敌人的防线。如果以上事实是一个显而易见的例子，尽管很少有人会将它如此定义，那么第三个评价将会产生，但是它会和一个基础军事定义相混淆，那就是克劳塞维茨谈到的关于进攻部队不断减少的概念。日本预料，美军在太平洋地区跨越越远，它自身的处境就会愈加困难，但随着舰只的集结规模越来越大，以及不断地占领前进基地（如乌利西环礁），美军却加快了进攻的步伐。在1944年10月6日，第38特遣舰队的两个支队从乌利西出发，前往菲律宾进行第二轮打击行动。第一个支队于11月23日回到了乌利西。第38特遣舰队于12月11日再度远航，但由于遇到了台风，进攻吕宋岛的行动被迫中止。他们于12月22日回到了乌利西。接着，第38特遣舰队于12月30日再次出发。他们在吕宋海峡、琉球群岛（Ryukyu Islands）、台湾岛和中国南海进行了一次海上屠杀，并最终于1月25日返回乌利西。1945年2月10日时，第38特遣舰队前去袭击东京。这一时期的美国海军舰队，似乎获得了这样的一个民间称号——"来这儿待着的舰队"。无论如何，这些舰队对岛屿的"忠贞不渝"为我们提供了一种海上作战的新样式，这种样式在风帆时代结束后便已经失传了。

第四个对1944年9月的一系列军事行动的看法，和被美军舰载机击沉的日舰数量有关——不仅仅是1944年9月份菲律宾地区的日舰沉没数量，还包含之后各大战事的战果。如果我们将目光落到1945年1月，那么在这段时期被舰载机击沉的日舰，至少包含了26艘战斗舰艇（合计31278吨）、10艘辅助舰艇与支援舰（加上一艘潜艇，共40096吨）、6艘陆军运输舰（合计36830吨）。另外，还有至少44艘商用船只（合计146977吨）和1艘未识别的船只被舰载机送入了海底。根据这段时间日本承受的损失，我们可以做出两种解读。

第一种解读便是日本在1944年9月承受的舰船损失在历史上没有任何先例，或者准确地说从商船和支援舰只的损失比例来看，历史上确实没有类似的战例。不可否认的是，日军于1944年2月17日、18日间，在特鲁克岛蒙受的损失比以上情况要严重得多。当时，日军共损失了6艘航母编队的作战舰艇（合计24077吨）、26艘辅助舰艇和支援舰（合计169787吨）、4艘陆军运输舰（合计19679吨）、两艘商船（合计7075吨），再加上其他4艘舰艇（9770吨）。此次行动中，日军一共损失了196541吨作战舰艇，这个结果因为以下两个方面而为人所知：一、日军如此规模的损失，并不是美军一个月的战果，而是一天的战果；二、这些日舰所面对的敌人，拥有五艘舰队航空母舰和四艘轻型航空母舰。以任何标准来看，美军于1944年2月在特鲁克岛取得的战果都是空前的，但是1944年9月日军上百艘支援舰艇和商船的损失（合计超过40万吨），也是前无古人的。日舰的损失预示了即将到来的战斗的结果。

关于日舰损失的第二种解读，便是如此巨大的损失是未来战斗中不得不面对的惨痛事实。因为日本在走向战争时相信自己每月能建造75000吨的舰船，即能弥补这样规模的战场损失。而这个数字代表日军在1944年9月的损失需要花近半年的时间来弥补。事实上，日本的海军船坞每月能建造超过75000吨舰船的假设，是建立在他们能有效地对既有舰艇进行大修和改装的基础之上的。1944年9月美军打击日舰的战斗，预示着战争进入了全新阶段，那便是美军舰载机可以为所欲为地打击日舰，而后者必须绕道而行的阶段。[19]1944年9月至12月，日军损失的舰艇，船坞需要花费18个月时间才能完全补足，而这也是日本走向战败的一个维度。

表 2.1 1944年9月至1945年3月，日方舰船的损失记录（左侧为数量，右侧为吨位）

时间 \ 舰艇种类	战斗舰艇		海军运输舰		陆军运输舰		民用运输船		每月运输舰船总和	
1944年9月	50	50337	29	105309	37	153971	56	155390	122	414670
1944年10月	63	347222	27	139028	28	105274	63	234187	118	478489
1944年11月	64	224429	29	126790	25	117445	43	165006	97	409241
1944年12月	35	61520	6	15519	12	50834	27	111324	45	177677
1945年1月	51	52904	18	68038	16	65227	72	229313	106	362578
1945年2月	31	21092	3	17962	5	14588	32	85522	40	118072
1945年3月	53	34144	21	69933	21	56768	46	92825	88	219526
合计	347	791648	133	542579	144	564107	339	1073567	616	2180253

表 2.2 1941年12月至1944年8月，美军舰载机造成的日舰损失（左侧为数量,右侧为吨位）

时间 \ 舰艇种类	战斗舰艇		海军运输舰		陆军运输舰		商船	
1941年12月至1942年4月30日	8	21407	1	6567	1	6143	—	
1942年5月1日至1943年2月28日	11.75	158664	—		1	6788		
1943年3月1日至1943年10月31日	—		—		—			
1943年11月1日至1944年6月30日	43	65399	64.50	381991	12	38346	3	4375
1944年7月1日至1944年8月30日	16.50	13024	8	22266	2	9736		
合计	79.25	258494	73.50	410824	16	61013	3	4375

第三章
寻求出路：日军在菲律宾海海战失败后的战略态势

一个国家及其海军在"决战"结束后应该何去何从？海军发动了战争且在斗争中获胜，而仰仗海军的国民是否也在斗争中获得了胜利呢，整个国家的安全到底有没有得到保障呢？显而易见，对日本来说唯一明智的选择便是寻找结束战争的方法，这样便可以避免在完全战败后才上谈判桌，但事实上日本并没有这么做。[1]国家政权经常在这样的境遇下不明事理、排斥理性。如果在1941年倾向于理性地与美国展开对话的话，那么日本也许就能解决自身的问题，而不会引燃珍珠港的火药桶。即便日本帝国海军于1944年6月的菲律宾海海战中开启覆灭之路，将准备与美军决一死战的航母战斗群全部拼光，站在日方领导层面前的仍旧是一个强大的对手。他可以在日本本土和东南亚的日占地区长驱直入，可以任意决定打击的地点、时间，投入部队的规模，以及下一步的走向。

下一步，美军将攻入敞开大门的日本本土和东南亚日占地区，这一重要事实点醒了日军领导层，让他们认清了日本的灾难性战败结局。就在菲律宾海海战毁灭性的失败后，日本大本营（以及之后的海军军令部）和联合舰队都"不知道将来能做什么"[2]。对军队参谋和规划人员来说，这不过是又一次失败而已。但是这灾难性的失败，却在滋养着一种病态的战略意图。一个月不到，未来作战的基本样式就已经确定了。

由于无法判断美军下一步的进攻方向，日本大本营被迫提出了四个不同的应变计划，以阻止美军在南菲律宾至千岛群岛（Kuriles）中的任何一个地区展开登陆行动。如此关键的战略预估中之所以会包含菲律宾地区，主要有两个显而易见的原因：第一个原因很好理解，因为菲律宾会引起美军的兴趣——在新几内亚北岸推进的美军和在加罗林群岛推进的美军，会大致在菲律宾诸岛方向会合。第二个原因十分重要，那就是菲律宾地区是日本本土及其南方资源产地之间的重要中转站。在战略方面，丢掉菲律宾就意味着日本本土将遭到美军的入侵和占领。[3]菲律宾地区对日本发动的战争具有十分重要的意义。在战争之初，如果菲律宾被占领，美军就会失去他们的战略位置优势，并且无法切断日本与南方之间的航运路线。

这样的基本意图构成了日本在菲律宾海海战后的战略构想中，三大要素中的一个。第二个和第三个要素目前还没有被纳入中心议题，但这一基础构想足以让人意识到，囊括日本本土和其征服区域的地缘战略，被两种矛盾的警告束缚着。在6月20日输掉菲律宾海海战后，大多数海军舰队撤退至南西诸岛（即冲绳岛和琉球群岛），并从那里返回日本内海。但即使是在1942年，在日本军事力量最为强大的时候，大部分海军舰艇仍然被部署在南方，因为日本的油料供给无法同时支持国家的开销和内海海军的消耗。坦率又不夸张地讲，日本在1941年12月走向战争，其目的便是肃清数个资源产地。而如果没有石油，整个国家将无法生存。但就算是在获取了巨大胜利的阶段，以及战败的萌芽还没有出土之时，日本也只能单独给国家供给石油，或是单独在近海给海军供给石油，无法同时向两个方向输出资源。日本在1942—1943年做出了妥协，因为强大的帝国海军舰队正部署在南方，所以这两年中舰队所需的燃油补给，更多地来自日占的资源产地，而不是日本本土。但到了1944年第三季度，到了日本商船，特别是油轮损失增加之时，海军在菲律宾海海战中受挫并退回了日本本土。为了获得足够的补给，海军舰艇不得不再次前往南方，以接近日占岛屿上的资源产地。[4]

以上两点合力构成了日本面临的矛盾，日本在做出决策时不得不面对它。日本对油轮数量的考虑，将会使更多的海军舰艇被派往南方，但至少有一个航母舰队必须留在近海。日本在菲律宾海海战中的损失是巨大的，因为有三艘舰队航母（"大凤"号、"翔鹤"号和"飞鹰"号）被美军击沉。但和损失航母相比，真正的灾难是舰载航空兵大队的毁灭。在战斗刚刚结束之时，日本公开宣布获得了菲律宾海海战的胜利，声称帝国海军击沉或击伤了9艘美军航母和5艘其他战舰，但就算这样的声明不是夸大其词，日本大本营（而非日本民众）也必须承认这样一个事实：日本需要花费至少一年的时间来补足此战的损失。[5]在菲律宾海海战中，帝国海军失去了自太平洋战争爆发以来的第三个舰载航空兵大队。日本在珊瑚海海战、中途岛海战和所罗门群岛的诸多海战中，失去了一个舰载航空兵大队。第二次损失发生在1943年11月乃至之后的战斗中，其结果便是美军肃清了拉包尔。1944年夏季，美军航母打击编队在菲律宾海的战斗是为了保护航母的安全，当然美军的目的也包含消灭日本的舰载航空兵。此时的日本舰载航空兵不仅飞机质量不佳、飞行员水平一般、组织能力较差，而且单个编队的战斗效率也非常低下。此外，美军航母打击编队还打了另一场胜仗。美军的大批战机，削弱了日本在马里亚纳群岛和小笠原群岛的陆基航空兵编队，而这些行动均发生在登陆塞班岛和菲律宾海海战之前。在这两场战斗发生之后，美军舰载机继续消灭任何敢于降落在这两个群岛的日军战机。美军通过以上行动敲定了一种军事打击的行动模式。这个模式在1943年11月进攻吉尔伯特群岛（Gilbert Islands）和埃利斯群岛（Ellice Islands）时就已经建立，并且在1944年1—2月袭击马绍尔群岛时被重复使用。美国使用如此庞大的舰载航空兵部队，其目的便是压垮任何一个单独的日军机场，并确保切断它的外来增援。日本在菲律宾海海战后面临的问题在于，他们必须花费很长的时间来弥补损失，而当日本参谋人员预估美军可能会在8月或9月登陆菲律宾时，帝国海军的一大棘手问题，便是海军的训练设施都在日本本土。[6]大部分航母舰队需要前往南方以靠近油田和炼油厂，但如果帝国海军需要重整他们的航空兵部队，那大部分航母就必须停留在近海以方便训练。撇开这点不谈，此时日本海军的训练并没有弥补自身在战机质量、飞行员水平和航空兵编制上的众多劣势，因为1944年6月后的联合舰队事实上被分成了三股力量。第一分支是海上护卫总司令部下辖的护航舰队，第二分支正在日本近海，而第三分支被部署在新加坡，以保卫苏门答腊（Sumatra）和婆罗洲（Borneo）的石油资源。

　　因此，若要对美军的入侵进行反击，菲律宾的日军就得威胁下属一定要勤奋苦干，并且他们也面临着三重困境。陆基航空兵，准确地说是日本海军的陆基航空兵要面对具有双重优势的敌人，美军不仅具有战机数量和质量的优势，同时在飞行员水平和编队组成方面也更胜一筹。与此同时，日本海军的水面舰艇和潜艇部队也正面临同样的困境，他们还要额外地同上千英里之外的部队协同作战。新加坡和东京相距3490海里（即4016英里），如此的距离不仅让日本的油轮疲于奔命，而且提升了作战难度——无论从事何种战斗，对日本来说皆为高难度的任务。为了应对进攻菲律宾的美军部队，日方将使用两个编队，每个编队均不如他们的对手，同时他们还得和远在千里之外的部队——在其行动能力有限的情况下——及时地进行协同。如果我们粗糙地看待日本的处境，那么我们将会发现，日本即使处在战事之顶峰，海军舰艇和作战飞机的质量和数量均高于对手，它也尚未具备赢得胜利的资本，而1942年5月的珊瑚海海战以及中途岛海战之后的情况便可以证明日本的能力。即使处在巅峰时期日本都无法确保胜利，那当面对一个在军事行动中的任何方面都占据绝对优势且充满战斗意志的敌人时，它又如何能变魔术般地营造未来的胜利图景呢？日本实现胜利的方法，已经超越了一般军事规则所能衡量的尺度了。

的确，不止这个阶段，日本在整个太平洋战争中一直是具备胜利之信心的，并且他们的军队标准和一般意义上的标准（即西方的标准）还不太一样。这些标准构成了日本在菲律宾海海战之后的战略构想中的第三要素。在我们谈到的三个要素中，第二个要素现在值得我们注意，因为这牵扯到日方的弱点。之前我也顺带提过，日方在美军进攻菲律宾时需要留意自身尝试弥补弱势的努力，需要通过各单位的协同回应美军的入侵并掩盖各项弱势造成的整体战略失势。第二个要素是对日军弱点的准确概括，日方单个方面的弱点就能影响全局。大部分西方的作者喜欢谈莱特湾海战中日军的数量劣势，以及日美双方的战力差距。如果人们真的想把握战略优势与胜利之间的关系的话，那么就一定要牢记胜利是战略优势的结果，我们只需要通过审视莱特湾海战即能窥探这两者之间的奥妙。然而，人们很少能领会到这样一个事实，即日本参与莱特湾海战的作战舰艇或多或少代表了日本在这一时期能够派遣的舰船之总和。

这一时期日本处于劣势，这人尽皆知。但这个劣势到底有多大，人们经常不会详加考察，很少有人谈及具体的细节。有人提出了这样一种不同的判断：日本海军几乎所有剩余的63艘舰艇均参与了此次行动。[7]事实上，在舰艇数量这个问题上可能会有一些争议，但相差不过是一两艘罢了。毋庸置疑，以下这个观点经过了美丽的包装：参与莱特湾海战的日方舰艇，代表了日本帝国海军仅存的

全部实力。二战远东战场，在1941年12月至1945年9月期间，美军服役了18艘
舰队航空母舰、9艘轻型航空母舰、77艘护航航空母舰、8艘战列舰、2艘战列
巡洋舰、13艘重巡洋舰、33艘轻巡洋舰、349艘驱逐舰、420艘护航驱逐舰、203
艘潜艇和73艘其他舰艇。[8]这还不包括已经服役并转手给同盟国的舰艇。以上所
述构成了"63艘日本帝国海军全部剩余舰艇"这样的言论的语境。不管人们选择
哪个时间段来制作部队编制的或是战斗训练表格，这些仅仅呈现数字的事物肯
定会被人认定是天生残缺、纯属误导。人们选择10月1日只是因为从时间上看
排列起来更为整洁罢了。或许这些表格的制作者们出于热诚，认为这样的时间
划分更为合适，但是选择10月1日却是在挽回日方的面子，使人们了解到日方
有多少舰艇准备参与战斗。根据日本海军集结的情况来看，舰队航母"瑞鹤"号
（Zuikaku）和"隼鹰"号（Junyo）都不适合在前线服役（后者是邮轮改装而来的）。
另外，日本帝国海军在8月完成了"天城"号（Amagi）航母和"云龙"号（Unryu）
航母，并在同年10月完成了"葛城"号（Katsuragi）航母，就算将它们没有舰载
航空兵这一事实抛在一边，这三艘航母仍旧不适合马上投入战斗，它们都太过
崭新了。日本海军还有轻型航母"龙凤"号（Ryuho）、"凤翔"号（Hosho）、"瑞
凤"号（Zuiho）、"千岁"号（Chitose）和"千代田"号（Chiyoda），但是较老的"凤
翔"号只作训练之用，而由潜艇支援舰改装的"龙凤"号没有装甲防护，其舰体
内部的分舱设计也过于简陋。如果我对它们的描述是正确的，那么它们都不适
合在前线作战。

　　在战列舰方面，日本在1942年11月损失了"比叡"号（Hiei）、"雾岛"号
（Kirishima），在1943年损失了"陆奥"号（Mutsu），此时日本海军仅剩的战列
舰有"榛名"号（Haruna）、"金刚"号（Kongo）、"扶桑"号（Fuso）、"山城"号
（Yamashiro）、"日向"号（Hyuga）、"伊势"号（Ise）、"长门"号（Nagato）、"武藏"
号（Musashi）和"大和"号（Yamato）。而巡洋舰方面，在10月1日时，日本帝国
海军丢失了4艘重巡洋舰：重巡洋舰"三隈"号（Mikuma）以及在所罗门群岛附近
沉没的"加古"号（Kako）、"古鹰"号（Furutaka）和"衣笠"号（Kinugasa）。他
们还剩下14艘重巡洋舰，分别是"青叶"号（Aoba）、"足柄"号（Ashigara）、"羽
黑"号（Haguro）、"妙高"号（Myoko）、"那智"号（Nachi）、"爱宕"号（Atago）、"鸟

海"号（Chokai）、"摩耶"号（Maya）、"高雄"号（Takao）、"熊野"号（Kumano）、"最上"号（Mogami）、"铃谷"号（Suzuya），以及两艘常用于远程侦察的"筑摩"号（Chikuma）与"利根"号（Tone）。此时的日本海军已经丢掉了13艘轻巡洋舰：1942年"由良"号（Yura）和"天龙"号（Tenryu）被击沉；1943年"神通"号（Jintsu）和"川内"号（Sendai）被击沉；1944年1月"球磨"号（Kuma）被击沉；同年2月17日"阿贺野"号（Agano）、"香取"号（Katori）和"那珂"号（Naka）在楚克岛被击沉；"龙田"号（Tatsuta）、"夕张"号（Yubari）、"大井"号（Oi）分别在同年3月、4月、7月被击沉；同年8月，"长良"号（Nagara）和"名取"号（Natori）被击沉。这样的损失表明日本帝国海军仅剩下9艘轻巡洋舰了，它们是"多摩"号（Tama）、"木曾"号（Kiso）、"阿武隈"号（Abukuma）、"鬼怒"号（Kinu）、"五十铃"号（Isuzu）、"能代"号（Noshiro）、"矢矧"号（Yahagi）、"酒匂"号（Sakawa）和"大淀"号（Oyodo）。另有3艘轻巡洋舰在战略考量之外："北上"号（Kitakami）在1944年2月遭重创，现在正在船坞内进行改装；"鹿岛"号（Kashima）和"香椎"号（Kashii）在建造之初被定位为训练舰，在1944年中期时正担负护航任务。[9]

驱逐舰的数量目前很难下定论，主要原因有两个。第一，较老的舰艇被调至二线岗位；第二，很难确定姊妹舰的等级归属。特别是秋月级（Akizuki-class），它是日方在战时建造的最后一级驱逐舰，在当时它的定位经常在大型驱逐舰和轻巡洋舰之间摇摆不定，不过按照之后的划分规则，它应该被归类至轻巡洋舰这一行列。方便起见，我们可以将这些舰艇纳入老式驱逐舰的行列当中：所有未安装24英寸口径鱼雷发射管的驱逐舰，以及装备该型鱼雷发射管，且在1941年至1942年被重新划分为快速运输舰的第一代驱逐舰。在1944年9月30日之前，日本帝国海军损失了11艘峰风级（Minekaze-class）驱逐舰中的6艘、6艘若竹级（Wakatake-class）驱逐舰中的4艘、9艘神风级（Kamikaze-class）驱逐舰中的6艘和12艘睦月级（Mutsuki-class）驱逐舰中的10艘。这些舰艇加上剩余的三艘枞级（Momi-class）驱逐舰都可以划归为老式驱逐舰。以上数据表明，41艘老式舰艇中，有26艘已经沉入海底，即在10月1日留给帝国海军的只有15艘老式驱逐舰。其中，"波风"号（Namikaze）于1944年9月8日，在鄂霍次克海

（Sea of Okhotsk）被鱼雷击中，现在正在维修，最终没能以驱逐舰的身份重新入役。事实上，以上所有老式驱逐舰都未参与1944年10月的战事，但"秋风"号（Akikaze），作为一艘诞生于1919年的极老的舰艇，在此次战斗中承担了为航母战斗群中的油轮护航的任务。[10]

在太平洋战争爆发之时，除去睦月级驱逐舰外，日本装备24英寸鱼雷发射管的驱逐舰只有87艘。其中有19艘为吹雪级（Fubuki-class），该级舰中的"深雪"号（Miyuki）在1934年6月因撞击而沉没。另外还有4艘晓级（Akatsuki-class）、6艘初春级（Hatsuharu-class）、10艘白露级（Shiratsuyu-class）、10艘朝潮级（Asashio-class）、18艘阳炎级（Kagero-class）和20艘夕云级（Yugumo-class）。总体来讲，我们还得加上孤独的"岛风"号（Shimakaze），它在1939年军备计划下设计建造，直到1941年8月才下水海试，1943年5月才正式服役。作为孤家寡人，没有姊妹舰的它很难被轻易地归到一个类别之下，不过也可以将它和这87艘舰放在一起，这样总数便达到88艘了。不过经过个别考量，我们还可以再增加8艘秋月级驱逐舰，另外4艘同级舰在1944年10月之后才建造完成。

在上述88艘驱逐舰中，只有29艘在1944年9月底之后可供日本帝国海军使用。我们对日本剩余舰船的具体数量可以再次进行斟酌，因为许多后期的驱逐舰下水不久即被击沉了。吹雪级驱逐舰此时有3艘，晓级和白露级驱逐舰分别只剩余1艘，初春级驱逐舰有3艘，朝潮级有4艘，阳炎级有7艘，夕云级有9艘，秋月级有6艘，再加上"岛风"号驱逐舰，以上所述便是1944年9月日本帝国海军可用的"新型"驱逐舰，一共35艘。另外那14艘老式驱逐舰在名义上也是可以使用的。[11]

以上细节本应该得到人们的关注，但却被长期忽视。在决战中战败后，日本帝国海军必须要做的下一步动作，相对来说很容易被我们理解。但重点在于下一部动作连带产生的一个附加疑问："海军和什么部队共同执行下一步动作？"在这些冲突事件中，特别是在莱特湾海战这一战例中，只有很少一部分人能明白这么一个事实：日本帝国海军参与此战的舰艇，几乎代了海军在战争这一阶段所能动用的一切力量。除去潜艇和护航舰艇外，1944年10月1日日本帝国海军的可用舰艇有81艘，而参与莱特湾海战的所有舰艇一共是65艘。

日本劣势之规模是不容忽视的，了解它是理解太平洋战争的关键。从日本帝国海军在菲律宾海海战后的准备情况来看，他们最多只能集结60艘主力舰艇来打第二次、滞后的"海上决战"。撇开其他因素不谈，在被归入莱特湾海战的众多行动开始的时候，美国海军的航母战斗群——第38特遣舰队的第1与第2支队便集结了比日本帝国海军更多的驱逐舰。对日方来说，现实情况比双方的"人头数量差异"更具有灾难性，因为舰船类型的平衡被打破了。在这个方面人们会问，日本帝国海军到底是想真正打一场仗，还是要让战列舰、航母、巡洋舰去给驱逐舰护航呢？这里最关键的舰艇，便是轻巡洋舰，它们生来就是驱逐舰的领导者。在莱特湾海战中，日本海军部署了4艘航空母舰、9艘战列舰、14艘重巡洋舰、31艘驱逐舰，但却只部署了7艘轻巡洋舰，并且每个编队在海上相距3000英里以上。

表 3.1　1944 年 10 月 1 日，日本帝国海军仅存的在役舰艇

	（1）	（2）	（3）	（4）
舰队航母	4	2	1	"隼鹰"号（见注释 A）
轻型航母	5	4	3	"龙凤"号（见注释 B）
战列舰	9	9	9	
重巡洋舰	14	14	14	
轻巡洋舰	8	8	7	"木曾"号
舰队驱逐舰	35	35	31	"响"号（Hibiki）、"天津风"号（Amatsukaze）、"凉月"号（Suzutsuki）、"冬月"号（Fuyutsuki）（见注释 C）
以上合计总数	75	72	65	（见注释 D）
老式驱逐舰	15	12	1	

说明：
（1）名义上 1944 年 10 月 1 日可以参与战斗的舰艇数量
（2）实际上 1944 年 10 月 1 日可以参与战斗的舰艇数量
（3）真正参与战斗的舰艇数量
（4）未参与作战行动的舰艇名称

注：
A. 统计总数并未包含舰队航母"云龙"号和"天城"号，两舰在此战前虽已经建造完毕，但未在1944年10月1日前服役。
B. 统计总数并未包含轻型航母"凤翔"号，因为它在此时担任训练舰。
C. "响"号、"凉月"号、"冬月"号此时无法参与作战。"响"号于9月6日被美军"鳕鱼"号（USS Hake，SS-256）潜艇的鱼雷击中；"冬月"号于10月12日被美军"海参"号（USS Trepang，SS-412）潜艇的鱼雷击中；"凉月"号于10月16日被美军"鲷鱼"号（USS Besugo，SS-321）潜艇的鱼雷击中。
D. 合计65艘舰艇中不包含第31驱逐战队的护航驱逐舰、"秋风"号以及油料补给编队中6艘负责护航的轻型护卫舰。

※ 资料来源：詹姆斯·A. 菲尔德，《日本人在莱特湾：捷号作战行动》（ The Japanese at Leyte Gulf: The Sho Operation ），第36—37页。《美国海军战斗舰艇词典》（ Dictionary of American Naval Fighting Ships ）第一卷第121页并未收录"鲷鱼"号潜艇的信息，不过提到了"凉月"号。然而西奥多·罗斯科（ Theodore Roscoe ）所著的《二战中的美军潜艇行动》（ United States Submarine Operations in World War Ⅱ ）短暂地提到了一场战事，其中日舰（被认为是一艘巡洋舰）名称不详。《美国海军战斗舰艇词典》第三卷第205页提及"鳕鱼"号，它发射鱼雷使一艘日军驱逐舰受创，但日舰名称、打击地点和日期均为未知。该词典第七卷第269页提到了"海参"号，说它击伤了一艘山城级战列舰，并且击沉了一艘驱逐舰，但这些事件的真实性无法得到证实。

　　除了舰船数量不足之外，日军的空中力量短缺问题也很严重。这些单独的问题汇集起来使得日方失去了解决它们的能力，原因非常简单：任何想要在美军进攻前先发制人的防御方案，都是以日本在千岛群岛和菲律宾地区之间保有完备的前进基地为前提的，这样经过训练且编制平衡的舰队才可以执行任务。美军掌握着决定战役时间、地点和规模的主动权，除非日本能够及时地预见美军的战略意图，否则等待他们的便是一场潮水般的灾难。因为美军撕碎陆基防御的能力已经众所周知，而日本需要时间来训练和重新武装他们的航空兵，另外他们还需要将战机分散开来，以避免因集中部署而遭受重创。

　　事实上，日本面临的空中力量短缺问题远比这空泛的文字叙述更为紧急。日本海军在战争打响之时具备两个航空舰队：第一航空舰队（ 1ˢᵗ Air Fleet ），主要给航母提供舰载机；第十一航空舰队（ 11ᵗʰ Air Fleet ），主要完成辅助性质的陆基航空兵建制任务。在1941年至1942年的入侵作战中，新的指挥部门也成功建立。但日本的航空部队始终被三个问题所困：缺乏战机，战机质量不断下降（美军的新机诞生后，日本无法生产相同水平的战机），以及飞行员、战机乘员的缺乏。日本需要在广袤的前线深入地投送战力，并且需要在登陆作战开始之前和之后集中动用巨大的空中力量。日本还需要数量可观同时质量也过硬的飞行员来与美国对抗，而后者在1945年战争结束之时拥有约4万架战机和6万名有经验的飞行员。

　　二战中的美国选拔并训练了一批海军人员和航空兵专家，这样的成就即便用最为严苛的标准来衡量也十分令人钦佩。这到底是怎样一种成就，人们可以列出许多基于不同指标的具体细节，但我们只需要关注两点就够了。1944年3月，即美国生产之顶峰时刻，工厂每295秒便能生产一架飞机。在整个太平洋战争中，美日产能之间的差距是巨大的：战机方面，美国与日本的数量分别为279813架与64800架；战机引擎方面，美国与日本的数量分别为728467台与104446台；战机机身方面，美国与日本的总重分别为1029911吨与126339吨。[12]简要来说，美国战机的数量大致超过日本的四倍，单机重量是日机的两倍多，而这还是美国将部分部队分派到欧洲作战后的统计结果。在防御能力方面，美国战机和日本战机没有可比性。无论日本人在太平洋战争开始之时具备什么样的优势，数量也好，质量也好，集中程度也好，现在他们已被时代甩到了后面。

日本面临的这些问题确实是无解的，但是日军最高统帅部在菲律宾海海战失败后决定采取三种不同的措施来确保自身的进攻能力，而这些措施在马里亚纳的失败中已经显露无遗。第一个措施便是建立一个新的编制——第二航空舰队（2nd Air Fleet），该舰队由第一航空舰队重新组织而成，基地位于菲律宾。同时，日本本土的中央区域和南部区域之防御任务交由第三航空舰队（3rd Air Fleet）管辖，而北海道（Hokkaido）和千岛群岛的防御任务则让第十二航空舰队（12th Air Fleet）承担。第二个措施是在菲律宾诸岛和日本本土间修建分散却成系统的机场网络。在菲律宾的建造任务计划于同年九月完成，而本土机场的建筑任务应在十月完成。最终，日本完成了大约70个机场和跑道，它们将在未来作战中投入使用，战机可以轻松到达莱特岛的滩头。正如塞班岛战役期间马里亚纳群岛和小笠原群岛的战事所显示的那样，日本意图在美军面前奉上数量众多、种类丰富的防御设施，使得美军无法消灭它们。[13]第三个措施便是让互为姐妹的两大军种的军职人员进行史无前例的合作，以应对美军将在西太平洋展开的行动。

日本帝国内部的两类军职人员——海军中的将军和陆军中的将军，他们互不合作，而且经常夸赞对方的美德。这种语汇更像是外交使节的备用辞令，臭名昭著、众所周知且不需要动脑就可以理解。不过有两点值得注意：第一，从战争爆发至此，太平洋地区的行动一直是海军主导实施的，但是在行动的下一个阶段，即防御日本本土和西太平洋地区的阶段，日本帝国陆军被迫与它的"好姐妹"付出相同的劳动；第二，在日本大本营的陆军部门中，将领们对情势都有一个基本认识（也是头一次那么思维清晰）——接下来的战斗形成的结果，不仅仅是一场战役或者几场关联战役的失败，而是整场战争的失败。一位日军军官说道：

日本的国家力量……将会逐渐地萎缩。尽管在今年结束前日本能够与美国打一场决战，可是它几乎不可能在明年或者后年应对任何强大的进攻，无论它做出何种努力。日本现在唯一的出路便是仔细琢磨敌人的动向。[14]

这就是日本帝国陆军与海军紧密合作的背后隐藏的基础行事逻辑。陆军甚至将其航空兵的三个航空大队交由海军指挥。美军向西太平洋的推进必须被阻止，为了防御菲律宾，日本需要倾尽全力。[15]事实上，上述逻辑是建立在"日本可以通过寻求一个折中的结束战争的方案来摆脱其当前困境"这一假设之上的，但是这种逻辑并不完善。也正是因为关于这个问题的争吵，东条英机（Tojo Hideki）在1944年7月18日告别了他的首相职位。陆军上将东条英机是太平洋战争的推动者，也是见证日本陆军与各个统帅间剑拔弩张的事件亲历者，他当然可以拍拍屁股走人，可是日本仍然要面对一个坚决抵抗、杀人不眨眼的对手。[16]

日本海军省参谋部曾经向东京大本营建议，应当进行一次远征以夺回塞班岛的控制权。这样过于武断的计划虽然看起来难以置信，但确实很讨大本营的喜欢。大本营最终放弃了这个计划，并在经过商讨后同意让陆军与海军联合行动。[17]但关键的问题在于：两军有多大的诚意同心协力，以及他们出于什么目的这样做；从军事角度出发，两军如何指挥不同的作战单位，他们要达成什么样的战果？从此，这一汪本来就不太干净的池水，迅速变得浑浊不堪。

日军要实现其战略意图，最基本的前提便是他们的陆基航空兵与舰载航空兵互给肩膀。换另一种方式来表达，便是双方必须要弥补对方的不足，特别是陆基航空兵要弥补海军舰队的局限。当时间不断流逝，日军大本营和帝国海军开始检视战略计划必须包含的细节时，最重要的一个因素渐渐浮出水面。在其他地方也讲过，日本帝国海军很久以前就做出了要和美军决一死战的承诺。事实上，这种军事思维成了日本帝国海军的中心思想。它曾经在菲律宾海海战时意图与美军决一死战，但却换来了灾难性的结局，现在它仍然想在美军登陆菲律宾时发动第二次决战。日本大本营最终用两份命令把他们的战略意图和对国家的定位落地了。第一份（编号431）在7月21日下发，第二份（编号435）在7月25日下发，这些作战指导大纲都使用捷号作战（Sho-Go）这一基本命名格式。其中，捷一号作战（Sho-Ichi-Go）的意图便是让日军与登陆菲律宾的美军展开决战；捷二号作战（Sho-Ni-Go）的区域在台湾岛或琉球群岛；捷三号作战（Sho-San-Go）的区域则在九州（Kyushu）、四国（Shikoku）、本州三个方向；最后的捷四号作战（Sho-Yon-Go）负责北海道和千岛群岛这两大区域。[18]主要的"补给品"便是作为中央预备队的战机，一旦美国人摊牌，它们将依据需要适时补充给各大战区。同时，位于新加坡以南130英里、邻近巴邻旁（Palembang）油田的林加群岛（Lingga Islands）处的海军舰队"将会前往菲律宾或暂时性地前往南西诸岛"。而位于日本近海的海军编队"将会以游击战术为应急手段打击美军……并与陆基航空兵协同作战，粉碎敌方舰队和前进部队"[19]。日本海军在8月1日发布了联合舰队行动命令（编号83），其中总结了他们对战略意图的解读：在日本帝国陆军航空兵的协同下，日本帝国海军的目标"是要在一场决战中阻截和摧毁海上进犯的敌军"[20]。但有这样一个简单的事实：在1944年6月的菲律宾海海战中，联合舰队拥有9艘航空母舰和9个完整建制的航空大队，在这种条件下都未能赢得决战的话，那么他们休想在1944年9月之后，或是在菲律宾进行第二次决战。因为那时海军只有一艘舰队航母可以执行任务，同时只有一两个航空大队可用。[21]当然，在决战中不动用舰队也是没问题的。在海军兵败菲律宾海之后，陆基航空兵就成了作战的核心，因为它也有可能给予敌军有效的打击。既然如此，海军舰队就无可避免地退居次要位置，进攻目标只是美军的两栖部队和支援舰只，美军的航母编队则主要由陆基航空兵来对付。

　　这样的任务安排招致了激烈的争论，没有一句话是好听的，因为人们觉得任务很难着手。言论中最鲜明的观点和支援陆基航空兵有关，特别是涉及当美军进入战区时被分派到菲律宾及其群岛的部队。第一航空舰队和第二航空舰队本应分别部署350架和510架战机，而在日本本土的第三航空舰队理应部署300架战机。日本帝国陆军将从菲律宾的第四航空军（4th Air Army）、台湾军（Formosa Army）和其他本土的训练队伍中抽调出约600架战机参与作战。在条件成熟的情况下，这600架飞机将与部署在马来亚与印度的第十二航空舰队和第十三航空舰队（13rd Air Fleet）的战机一道，参与对第一航空舰队和第二航空舰队的支援任务。[22]这样的安排，保守来说也是过于乐观的。最乐观的估计，这些不同的航空舰队至少有三分之一的战力处于正在形成的状态，其服役率、飞行员质量（无论是个人的还是单位的）都处于较低水平。在马里亚纳群岛和小笠原群岛的战事中，日本航空兵曾经经历过悲惨的结局，而这批新组建的航空兵的能力水平还不如前者。日方指望用这些部队歼灭美军航母战斗群，而且要赶在与海军水面舰艇协同打击美军两栖部队和运输舰船之前。这是完全没有实现可能的，对海军来说，这样的战役规划剥夺了他们与美国海军进行决战的能力。

这样的规划引起了怀疑，当捷号作战计划的大纲在参谋和军官中不断传递时，有人发出了反对的声音。因为这样的规划会错误地使用日本帝国海军的舰艇，它们的打击对象应当是美军的主力舰艇，而现在对单个编队和战舰的安排确实有损尊严。这样的声音得到了一些人的支持，而这些人便是在行动规划中被指定编入巡洋舰编队的人员。时任联合舰队参谋、海军少将草鹿龙之介（Kusaka Ryunosuke）对发表此类言论的群体深表同情，但在日本的作战规划方面，有两个更为宏观的维度需要注意。首先，日方已放弃组建有战列舰和巡洋舰的支援，并且能够给予美军航母战斗群有效打击的航母编队。这种迟到的现实态度是在航母指挥官小泽治三郎（Ozawa Jisaburo）发现他的编队在未来战斗中无法胜任后形成的。小泽指出，陆基航空兵在战斗中的支援以及巡洋舰编队对滩头部队的打击很可能无法落实，因此他建议将自己的航母与巡洋舰打击编队重新组合，这样舰载航空兵便可以在其上空提供支援。但更重要的是，小泽发现自己指挥的巡洋舰打击编队无法为自身的航母提供足够的掩护，他还意识到自己的指挥任务"三心二意"。于是，他想推掉所有的指挥任务，只留下必要的舰艇。[23]因此，他选择离开原先的巡洋舰编队和打击编队并越过它们前往南部海域。

小泽的务实方案与日军的决战意图有所重合，但将其做了某种转化。为了回应下属对战役计划的各类反对声音，打击编队的总指挥栗田健男海军中将争论道：日本帝国海军尚未具备与美军决战的战力，因此除了对美军的两栖部队、支援与补给编队发动突袭之外，我们别无选择。[24]如果抛开当时的一般情形，栗田健男的回答反倒是引出了更多的问题，对那些批评捷号作战计划的人来说，栗田健男的回应并没有解决分歧，而是将问题整合成一个并熄灭了其他不同的观点。经过十天的详细讨论，捷号作战计划在8月18日正式地映入大本营的眼帘，并在次日正式通过。[25]由于天皇本人亲自参与了这次裁定，海军中对此持有异议的军官自然就闭口了。

第二个值得关注的维度，便是现在的局势已经大有不同了。很多高阶的参谋和舰队军官意识到，如果日军对美军的两栖部队、支援与运输编队进行打击，其结果便是日军参战部队的覆灭。另外，许多日本军官，包括参与后续行动的海军将领都抱有必死的信念。他们对死亡张开双臂，乐于迎来自身部队的溃败。在这样的最后决战中，能够将以往犯的一切错误一笔勾销，并确保自身获得海军中被人遗忘的一件事物——军人的荣耀。[26]在10月18日大本营的联络会议上，当军部成员力劝反对派重新考虑捷一号作战方案之时，海军行动部门的首长问道：海军舰队及整个帝国海军，是否有能力找到"死亡的合适地点"以及把握"死亡之花绽放的时机"？——这便是海军最由衷的请求。[27]这样的语气、这样的请求，必然和海军本来要达成的目标格格不入，但这"最由衷的请求"也有另外一个角度可供解读：日本帝国海军不想和1918年11月的德意志帝国海军、1943年9月的意大利皇家海军一样可悲。战役规划军官已经认识到日本的战败，这是日本在菲律宾海海战战败和丢失塞班岛后不得不承认的事实。两场战斗的共同失败使日本本土处于美国驻马里亚纳的航空兵的打击范围之内。甚至当美军的胜算远远高于他们时，他们也要逆着形势使用自己的部队。以下便是联合舰队司令长官、海军大将丰田副武（Toyoda Soemu）在战后审讯中透露出的海军之最佳情况：

> 如果联合舰队不参与此次战斗，单靠菲律宾地区的陆军航空兵来迎击美军的话，那么战斗将不会有任何胜算，因此大家才打算赌一把，将整个联合舰队投入作战。如果事情发展顺利，我们也许会获得意料之外的可喜结局；但如果遇到最坏的情况，我们将有可能丢掉整个海军舰队。我感觉无论如何应当抓住此次机遇。[28]

以上文字也反映出丰田副武认识到了日军完全战败的可能性。在捷号作战计划的条文中，陆基航空兵本应该充当水面舰艇的开路先锋，但在联合舰队司令长官的眼里，水面舰艇的职责是加大陆基航空兵痛击美军航母编队时的获胜概率。不管怎么说，有许多海军军官害怕舰队在菲律宾地区的战斗中被完全摧毁，但另外一些人却相当愿意接受这样的现状并认为这才是应然的事实。

　　这些不同的战略侧重，如果可以这么说的话，都显得毫无条理。很明显，海军中的一派认为日本帝国海军必须与国家共存亡，他们认为派遣"大和"号战列舰是正当。这艘战舰采用了日本的古名，在1945年4月被派遣至琉球群岛，按常理来说它肯定是会被击沉的。[29]但除了上述派别外，另外还有一派，秉持着十分理性和现实的观点。在不同的争论中，这一派的观点具有海军参谋（包括联合舰队和军令部的参谋）的特色，他们想搭建一个桥梁，通过某一次战斗来与美军潜在的压倒性优势当面对峙。[30]然而，问题在于，无论海军选择什么战斗环境、做出什么样的安排，他们都无法摆脱一个基本的事实。日军大本营当时并没有认识到这个事实，而且在战后的六十年也没有厘清这个事实，其内容便是日军潜艇在当时毫无作为。1943年11月24日，美军护航航母"利斯康湾"号（USS *Liscome* Bay，CVE-56）在吉尔伯特群岛附近被日军潜艇"伊－175"（*I-175*）的鱼雷击沉；1944年10月24日，"普林斯顿"号（USS *Princeton*，CVL-23）轻型航母在菲律宾北部被日本的陆基战机重创。在上述两个时间点中间，日军的航弹、鱼雷和炮火均未消灭任何一艘美国海军的主力舰艇。除了1943年10月26日在新不列颠（New Britain）格劳斯特角（Cape Gloucester），美军一艘弗莱彻级（*Fletcher*-class）驱逐舰"布朗森"号（USS *Brownson*，DD-518）被空袭击沉之外，日军在此期间并未取得类似的战果。换句话说，当所有美军冲破日军在中太平洋的绝对国防圈，当美军的航母大闹西太平洋、在楚克岛（1944年2月17日、18日）和柯罗尔岛（Koror，1944年3月30日、31日）屠杀舰船之时，当美军在霍兰迪亚和艾塔佩登陆并在两个月内将新几内亚的战火烧到别处且最终在菲律宾海海战（1944年6月19日、20日）中取得决定性胜利的时候，日军所有的努力就只是击沉了一艘驱逐舰和一艘护航驱逐舰"谢尔顿"号（USS *Shelton*，DE-407），后者是同年10月3日在莫罗泰岛被日军"吕－41"号（*Ro*-41）潜艇击沉的。[31]前文也谈到过太平洋战争的定局，即如果1941年12月7日无法确定日本必然会战败的话，那么放眼1943年11月的局势，日本的结局便一目了然了。因为此时，美军以庞大的战斗群推进到了吉尔伯特群岛和埃利斯群岛，而日本败局已定。因此，当我们已经见证了整个太平洋战争中的各类战法的大量实践应用后，摆在我们面前的问题便是战争何时结束，以怎样的方式结束，以及在这个过程中要付出什么代价。但是，当人们已经找到了战争的重要节点，并根据美方具备的优点、做出的选择、获得的部队数量优势以及选择的战法等得出了美军必胜的结论之时，他们一定无法了解究竟是这些优势中的哪些因素或多或少让美军免于过多的损失。

　　以上讨论引申出的问题是，在1944年头九个月中美军在中太平洋和西南太平洋地区发动的攻势给日方造成了巨大损失，日方该如何来平衡战局。在战争中，日本大本营宣称击沉的美舰数量和吨位，甚至连美军造船厂的产能都无法填补。当然，日本所谓的战绩，严格来讲就是无中生有。因此，战列舰"比叡"号在瓜岛的损失（1942年11月12日、13日），可以被当作日本为获得胜利所付出的代价。"比叡"号击沉了5艘重巡洋舰、2艘防空巡洋舰、8艘驱逐舰和1艘鱼雷艇，同时它重创了两艘巡洋舰并给一艘驱逐舰造成中等创伤。[32]同样，日本宣称在1943年11月，发生在拉包尔和所罗门群岛北端的空战，日方击沉了10艘航空母舰、5艘战列舰、19艘巡洋舰、7艘驱逐舰和19艘运输舰。这样的结果不仅没有令他们产生怀疑，反而让他们甚为愉悦，高兴得连一点论证的时间都抽不出来。但是回想起来，有一点却是显而易见的：日本的陈述几乎故意要与现实唱反调。[33]随着时间的推移，它的荒谬性必然会浮出水面。1944年10月16日，东京宣称在4天前，日本击沉了10艘航母、2艘战列舰、3艘巡洋舰和1艘驱逐舰，3艘航母、1艘战列舰、4艘巡洋舰和11艘其他舰艇受创。就在广播结束一个半小时后，舰艇的击沉总数得到了修正。日军在吕宋岛东部又额外击沉了1艘航母，3艘以上的航母以及1艘战列舰（或者是巡洋舰）受创。10月17日，日本陈述了最终的统计数字：11艘航母、2艘战列舰、3艘巡洋舰以及1艘驱逐舰（或者是巡洋舰）被击沉，8艘航母、2艘战列舰、4艘巡洋舰、1艘驱逐舰（或巡洋舰）和13艘无法辨认类型的舰艇受创。所有这些战果均是在10月12日前获得的。[34]别的地方曾提道，事实上，美国海军只有一艘重巡洋舰"堪培拉"号（USS Canberra，CA-70）和一艘轻巡洋舰"休斯敦"号（USS Houston，CL-81）于1944年10月初在往返台湾岛和菲律宾北部岛屿时受创。和日本发布的声明截然相反，1943年11月在拉包尔和所罗门群岛北部执行任务的美国舰队并未损失任何一艘舰艇。在1942年11月发生的第一次瓜达尔卡纳尔海战中，有3艘美国巡洋舰和2艘美国驱逐舰被重创，海战结束后又有2艘美国驱逐舰被击沉，但是在整场战斗之中，美军只损失了一艘轻巡洋舰和两艘驱逐舰。

日本各大军种的航空兵中，并不是只有海军航空兵在坚持不懈地夸大胜利的果实，[35]但在整个第二次世界大战中，海军航空兵夸大事实的持续性和巨大规模，却是独一无二的。他们不仅仅是夸大胜利的成就，而且要把丢人的失败粉饰成压倒性的胜利。确实，日本对1944年10月12日至18日间战事的描述，被人称作"在拿破仑标榜自己在特拉法尔加摧毁了纳尔逊的舰队后，又一次充满谎言的空前的战役"[36]。真正奇葩的是，日本在如此境遇下对荒诞的战果声明采取绝对信任的态度。如果单个飞行员未能在战斗中存活，且既没有击沉一艘舰艇又未能电告上级，那么他们的上级便在道德上相信他们击沉了舰艇。很多航空兵指挥官都颇为享受在预备队的日子，在那里他们无须编造辉煌战果，但即使是这样日本仍然广泛夸大了美军的损失。[37]跟这件事相关的有两个要点：第一点很简单，那就是日军陆基航空兵当时还没有能力给美军航母编队造成可观、成规模的损失；第二点是第一点的补充，那就是日本人抓住了救命稻草——"特攻战术"（即"神风"敢死队的自杀式袭击）。尽管这种荒谬的做法与日本当时的认知背道而驰，可是事实上这样的战术也有它的合理性。特攻打击不仅仅给予日军挫败美军航母、两栖和支援编队的能力，还给日军提供了真正给美军造成毁伤的唯一机会。至少，"神风"特攻队取得的战果比十一个月击沉一艘舰艇要更出色一些。

这个问题事关空中力量的自我定位以及与水面舰艇编队的关系，是日军面对美军下一步攻势或所有未来的西太平洋战事时，要面对的三个最为关键的问题之一。这三个关键问题，有人认为在这个战略阶段中，大略具有同等的重要性。第二个是确定水面舰艇编队的组织结构及任务目标；第三个是对美军的意图进行预判。最后一点尤为重要，日本在整个太平洋战争期间对情报不够重视，我们也无法否认日本在每个阶段的战略意图均被美军掌握，因为帝国海军的通信在很大程度上已经暴露。但是在菲律宾海海战后，捷号作战方案的制订是基于美军可能的动向，而不是基于具体的进攻时间，这是日本第一次有针对性地形成作战预案，[38]并且高阶军官在进攻地点和时间两个方面，正确地预测了美军的动向。只有一个方面日军稍显笨拙：美军向莫罗泰岛和贝里琉岛的进攻，以及伴随此次进攻的航母编队对菲律宾的打击，清晰地表明美军将会在未来袭击菲律宾，但这一点日军并没有提前预料到。[39]1944年8月10日，日本海军军令部、联合舰队、南西方面舰队（Southwest Area Fleet）的指挥官及相关人员在马尼拉举行会晤。海军军令部的参谋预估美军下一个主攻方向将会是菲律宾，时间在10月下旬，而小泽治三郎预测美军的下一次进攻可能会发生在9月下旬。日军大本营在9月21日对帝国海军发布了第462号命令，令其在"10月下旬或之后"完成菲律宾地区的防御设施建设。[40]在马里亚纳群岛陷落和菲律宾海海战结束后的一周，日本数个参谋意图在原计划的基础上，将两个不同方面的部队整合在一起。空中力量将承担早期预警的职能，侦察部队将会在700英里外执行搜索任务。此任务极度重要，因为一旦发现美军的两栖及支援部队，其海军舰艇将会在很短时间内到达滩头区域，且依据日本的最初预估，舰艇将会在美军展开登陆行动后的48小时内赶到现场。[41]虽然根据一般的指令日本陆军应当保存与美军"决战"的战力而不应选择主动进攻，但如果美军部队成功建立滩头阵地，陆军将担负起歼灭美军部队的义务。日本情报部门认为精锐的第16师团（16th Infantry Division）将会与三个美军步兵师交手，而这个部队在现实中也承担着牵制莱特岛美军登陆部队的任务，这样便给日军的增援部队打开了部署的窗口。[42]

　　对日本帝国海军来说，当下最棘手的问题源于海军与陆军航空兵的协同。虽然后者与海军舰艇的基地和水面舰艇的编队相距甚远，但他们还是希望陆军航空兵能在最短的时间内到达战斗区域以进行支援，陆军航空兵与这两处的距离确实带来了真正的困境。美军在菲律宾地区的登陆行动，处在任何日军舰艇能"快速反应"的打击范围之外。莱特岛与林加岛锚地的经度差为20°，与日本内海之纬度差也为20°。这样的距离意味着，日本帝国海军的打击编队，不论是从南边还是从本土出发，至少要加一次油才能到达战场。这就意味着，这些编队必须要在文莱（Brunei）中转，或者前往科伦湾（Coron Bay）与派来的油轮碰面。科伦湾是一片延伸的水域，分隔了卡拉棉群岛（Calamian Group）的两大主岛。

从在役的油轮数量来看，如此的战略安排使得该阶段中日军的资源投送极为窘迫，而且任何意图进入菲律宾的日军主力部队，都将达到帝国海军管辖能力的极限位置。这主要是因为日本油轮及其船员的损失过于惨重，日本战舰无法在行进途中进行补给——这一点很少被人们正视。因此，燃油补给作业只能在港内进行，油轮如此稀缺，任何参与菲律宾作战的舰艇想要再次进攻，都必须要等待两个月。[43]

　　然而，更迫在眉睫的问题是该如何组织现有的部队以及要选择什么样的战斗样式。的确，在1944年8月，日本帝国海军内部就"是否要实施一般的军事行动来拖垮敌军"进行了讨论。对海军中将宇垣缠（Ugaki Matome）来说，使用部队的庞大数量优势来消耗敌军的战术是逃避现实。他的打击编队包含战列舰"大和"号、"武藏"号和"长门"号，他也是该编队的指挥官及"海上游击战争"这一短暂战术的信奉者。似乎这个战争样式并没有被准确定义，他对此战术的拥护也完全符合他对理想主义的执着。[44]不可否认的是，在1944年9月的战争游戏中，水面舰艇就算担负着对美军两栖部队和运输编队的搜索任务，也可以用来打击任何在途中遇到的美军航母编队。但是除了小泽治三郎之外，几乎所有将领都对整场游戏的进行过程和战略预估报以轻视的态度。在小泽治三郎的不断催促下，他的航母编队首先解散了一个巡洋舰支队，该支队包含2艘重巡洋舰、1艘轻巡洋舰、7艘驱逐舰，由海军中将志摩清英（Shima Kiyohide）指挥。之后，一个战斗编队也离航母而去，该编队包含2艘战列舰、1艘重巡洋舰和4艘驱逐舰。[45]本来，这个由海军中将西村祥治（Nishimura Shoji）指挥的战斗编队应当加入日军的作战主力，由栗田健男负责。志摩清英舰队的任务一开始并不明确，不过他最终受命通过苏里高海峡前往莱特湾。经过了冗长的海上机动后，他最终与身处文莱的栗田健男会合，并依照命令于10月25日早晨进入莱特湾。此时，西村祥治的编队也脱离了栗田健男的指挥，且受命单独通过苏里高海峡进入莱特湾。小泽治三郎一度抱怨过他的诱骗编队无法与栗田健男的舰队协同作战，而栗田的舰队应当接受联合舰队的直接指挥，[46]但无论是联合舰队还是栗田健男的舰队，都没有试图同步栗田健男和西村祥治两个舰队的行进步伐，也没有任何让两者进行适当的协作和集结的意图。[47]此外，栗田健男接到命令说应当越过圣伯纳迪诺海峡，在10月25日周三的早晨直接进入莱特湾，以便先发制人。但上级的命令却无视了一条基础的战略构想，为了实现这一战略构想，海军编队已经进行了数周的训练和战前准备。栗田健男的编队曾准备进行夜间行动，但他对美军航母编队和两栖部队的进攻却是在昼间进行的。

在经过数周谨慎的规划后事态仍旧发展到上述地步，这确实出乎日军意料。尽管战略规划人员想到了方方面面，可是在10月20日至21日，作战行动的主线已经丢失了。在造成上述情况的多种原因中，有一个原因最容易理解。美军航母从10月10日起，在琉球群岛、台湾岛和菲律宾地区执行了为期一周的打击任务，而10月10日早晨，联合舰队司令部命令部队执行捷二号作战。此次进攻尝试，在别处也提到过，只取得了微弱的战果，但其付出的代价和日军陆基航空兵被全歼没什么两样。在一周内，日军有1425架战机参战，它们从北方的日本本土和中国大陆飞来，为未来的作战行动提供支援，甚至小泽治三郎的舰载航空兵也参与其中。[48]总体说来，日军在头三天派遣了761架战机进攻美军航母，结果损失了321架战机。到1944年10月17日，第一航空舰队的战机数量骤减至98架，三天之后，在役战机的数量只有40架。在当天的打击任务中，第一航空舰队一次只能出动两架俯冲轰炸机和三架战斗轰炸机。10月18日，日美双方战机数量悬殊，这种差距简直史无前例。当日本的第一航空舰队使用17架战机进攻莱特湾的美方舰队时，美军的航空母舰出动了685架舰载机在莱特岛上空执行打击任务和近距空中支援任务，而这个数字还不包含执行战斗空中巡逻任务的战机的数量。到10月21日，日本第一航空舰队的战机数量减少到区区8架。[49]从日本帝国海军参与行动的舰艇来看，日军的最大侦察半径为700英里。当美军的登陆部队在到达这个范围前，捷号作战行动的两个组成部分就已经被彻底粉碎，而此时日军内部的战斗序列也开始发生变化。日军有三个舰队，每个舰队都有单独的指挥。其中栗田健男的舰队分为两部分，这两者相距数百英里，而志摩清英的舰队和西村祥治的舰队任务有重合。志摩清英并不了解西村祥治舰队的任务计划、行动意图、作战日程以及和陆基航空兵的联络细节。不论是对海军来说还是对陆军来说，这都是极其危险的。[50]在这一阶段，日方的指挥官大惑不解：美军丢失了那么多航母，从哪儿又冒出来那么多舰载机呢？[51]但是对日军来说真正的问题是，就算捷一号作战行动已经被完全搅黄，没有完成的可能，他们还是得继续执行这个计划，除此之外无路可走。以上情境便构成了日军大本营在10月18日开会时的背景态势，此时海军行动部门的首长问道：日本帝国海军是不是要寻求"死亡的合适地点"和把握"死亡之花绽放的时机"？日军已经做了四个月的准备，死亡之花绽放的时机已经到来了。

第四章
前期预热：1944年10月6日至18日的战事

　　1944年10月6日这个周五的下午，由海军少将杰罗德·博根（Gerald F. Bogan）指挥的第38特遣舰队第2支队和由海军少将弗雷德里克·谢尔曼（Frederick C. Sherman）指挥的第3支队从乌利西环礁出发了。海军中将约翰·麦凯恩（John S. McCain）的第38特遣舰队第1支队于10月4日从马努斯岛的鱼鹰港（Seeadler Harbor）起航，而海军少将拉尔夫·戴维森（Ralph E. Davison）的第4支队早在9月24日就已经出发，随后在帕劳群岛附近执行任务，直到10月5日。10月6日当天，第4支队中止了作战行动，准备在10月7日傍晚于马里亚纳群岛以西375英里处和其他三个支队会合。¹在这段时间内，战斗中的其他单位也逐渐开始现身。1944年10月6日，日军的第21号丙型海防舰（C.D. 21）和10241吨的"赤根丸"号（Akane Maru）在吕宋岛西北海域分别被美军潜艇"海马"号（USS Seahorse，SS-304）和"鲸鱼"号（USS Whale，SS-239）击沉。同时，美军潜艇"热带海鲈"号（USS Cabrilla，SS-288）在吕宋海峡的西部海域击沉了5154吨的"山水丸二号"（Yamamizu Maru No.2）。在槟城（Penang）附近海域，英国潜艇"接触"号（HMS Tally-Ho，P317）①击沉了一艘小型驱潜特务艇。次日，美国陆军的第十航空队（10th Air Force）的P-47雷电式战斗机、第14航空队（14th Air Force）的P-51野马式战斗机和P-40小鹰式战斗机空袭了中国和中南半岛的多个目标；远东航空队（Far East Air Force）的B-24解放者式轰炸机空袭了棉兰老岛

---

　　① 译注：Tally Ho，原为狩猎队伍遇到猎物的时候，告知友方目标位置用语，这与单兵战术中的Contact一词较为相似，因此译为"接触"号。

西部沿岸的三宝颜地区（Zamboanga），护航的战机也对内陆和沿岸的多个目标进行了打击；B-25米切尔式中型轰炸机空袭了西里伯斯岛（Celebes Island）的郎格万（Langoan）、桐帕索（Tompaso）、桐德吉桑（Tondegesang），并且打击了安汶岛（Amboina Island）西侧的多个陆基设施，以及日本设在新几内亚西端巴博（Babo）机场和多姆岛（Doom Island）上的据点；远东航空队的其他战机进攻了哈马黑拉岛北部的卡奥（Kao）和塞兰岛（Ceram Island）东部布拉（Boela）的油田；第七航空队（7th Air Force）的解放者式轰炸机从塞班岛出发，空袭了位于马库斯岛（Marcus Island）的地面目标和船只，但没什么实际成效。[2] 马库斯岛本身在10月9日遭到美军特遣舰队的打击，该舰队包含3艘重巡洋舰和6艘驱逐舰。10月8日，9艘油轮在北纬18°00′、东经138°00′ 处为航母提供补给，为即将来到的军事行动做好准备。[3]

这四天中的所有军事行动，加上其他的空袭以及对日军战斗舰艇、辅助舰艇和其他船只的打击，证明了战争具备的体量，并且也体现了一战和二战的样式特点。然而，如果有人要在全球范围内举出一个能体现战争体量的典型案例，他绝不会选择以上所述的任何一个，不过他也许有意愿引用空袭桐德吉桑的例子，该地区并未设防，且在战争中只遭到过一次轰炸。除了以上事件外，还有两次行动，很少在二战历史中得到人们的关注。10月5日当天，当第38特遣舰队第4支队完成了自己的任务以及第1支队正赶往战区时，德国潜艇U-168正准备返回德国本土。此时德国海军已经决定关闭其在槟城的基地并结束在印度洋的任务，但这艘潜艇却在10月6日，于南纬6°20′、东经111°28′ 的爪哇海北部区域被击沉。十二天后（10月17日），排水量2330吨的日军扫雷舰"严岛"号（*Itsukushima*）在南纬5°26′、东经113°48′，即中爪哇海的巴韦安岛（Bawaen Island）东南被击沉。一个是以"祖国"自居的国家，一个是以"帝国"自居的国家，两者的舰船都被荷兰潜艇"剑鱼"号（HNLMS *Zwaardvisch*）的鱼雷击沉。它当时在美军的命令下驻扎于澳大利亚的基地。我们不时会听到一些凄美的故事，比如一些参战的舰船或潜艇、空军中队和其他军事单位，在被占领区持续斗争、拒绝投降，为了自由和荣誉，他们经常战死他乡。但是这两件小事，即一艘荷兰潜艇在爪哇海击沉了一艘德国潜艇和一艘日本扫雷舰，确实能代表20世纪上半叶的战争的全球维度。

美军航母编队的这次集结，代表了美军头一回让超过1000架战机随舰远行。第38特遣舰队向西北方航行，穿过道格拉斯礁（Douglas Reef，现在被称为冲鸟礁）进而攻击琉球群岛中的首个目标。航空兵的进攻焦点被分散开来：一队战机前去打击在先岛群岛（Sakishima Gunto）出现的任何目标，另两队战机则在冲绳的大东群岛（Borodino Islands）外围打击目标，而剩余的战机负责奄美大岛（Anami Oshima）这一区域。一天中，美军航母舰载机就出动了1396架次，不仅击沉了数艘战斗舰艇、辅助舰艇和商船，还声称自己歼灭了超过100架日军战机。[4] 在10月11日下午，当第2支队和第3支队在接受12艘补给舰的加油时，第38特遣舰队第1支队和第4支队的61架战机空袭了吕宋岛北部阿帕里（Aparri）的机场和邻近目标。美军声称自身以损失7架战机的代价，摧毁了15架日军战机，航母战斗群的空中巡航战机在当天只消灭了3架日机。这些进攻没能带来深远的影响，美军也承认当天的努力确实浪费了资源，因为主要的目标都在台湾岛上，以上的行动让他们获得了一天的喘息。不可否认，来自第30特遣舰队第8支队（Task Group 30.8）的护航航母出动了61架战机以代替第38特遣舰队的战机，但是关键在于当天本应进行战斗准备。在17时48分之后，完成加油的第38特遣舰队将航向调整至西北偏北，并以24节的航速行进至放飞战机的位置。也许这是即将在当月第四周展开的主要进攻之前最为关键的阶段了。

美军对台湾岛的进攻开始于10月12日，当日美军出动了1378架次的战机。13日，美军出动了974架次的战机，而第38特遣舰队第1支队在14日早上出动了146架次的战斗机和100架次的轰炸机。14日，至少115架隶属第20航空队（20th Air Force）的B-29超级堡垒式轰炸机从成都机场起飞，前来增援美军机群。超级堡垒式轰炸机群的主要进攻目标是台湾岛西南高雄市（Kaohsiung）北部20英里处冈山区（Kang-shan）的战机工厂，而高雄港是部分轰炸机的预备目标。这是超级堡垒式轰炸机第一次以三位数的规模执行空袭任务，也是驻华美军航空兵和西太平洋的美国海军第一次联合行动。[5] 10月10日的空袭也是自1942年4月杜立特空袭（Doolittle Raid）后，美国首次出动航母舰载机将战火烧到日本本土及其占领区。航空母舰"企业"号（USS *Enterprise*，CV-6）和驱逐舰"格雷森"号（USS *Grayson*，

DD-435）是唯二两艘来自杜立特空袭编队，并在1944年10月部署至此的舰艇，曾与其并肩作战的另外两艘战舰——重巡洋舰"文森斯"号（USS *Vincennes*，CA-44）和驱逐舰"班汉"号（USS *Benham*，DD-397）就没这么幸运了。[①]

10月12日，美军在行动中错过了从冲绳起飞前往台湾岛的部分日机，但不管怎样，美军还是摧毁了83架日军战机，其中大约60架在地面上即被消灭。美军在行动中损失了21架战机，其中有9名航空兵获救。从10月13日日军战机和机场的摧毁情况来看，集中于当天上午的进攻行动收效甚微。事实上，当天美军发现至少有15座日军机场和跑道在作战区域内，而他们之前预估的数量只有4座。此外，在当天黄昏，美军航母"富兰克林"号（USS *Franklin*，CV-13）勉强躲开了两枚鱼雷的进攻。这2枚鱼雷由4架一式陆攻（G4M Betty）组成的编队投放，它们试图低空掠海飞行以规避雷达探测。"富兰克林"号还是被一架日本战机所伤，后者全速穿越了飞行甲板，造成轻度损伤，最终滑入航母右舷的海水中。[6]大概就在同时，重巡洋舰"堪培拉"号主装甲带以下的舰体被一枚鱼雷击中，4500吨海水灌进引擎室和锅炉房，使得该舰失去动力。但是"堪培拉"号免于沉没，它首先被重巡洋舰"威奇托"号（USS *Wichita*，CA-45）拖着前进，之后该任务转交给了拖船"蒙西"号（USS *Munsee*，ATF-107）。[7]10月14日，来自同一个特遣舰队的轻巡洋舰"休斯敦"号也在相似的情况下受创。它的主装甲带下方舰体被一枚鱼雷重创，海水灌入引擎室致使其失去动力。重巡洋舰"波士顿"号（USS *Boston*，CA-69）本来应该承担拖运任务，但拖船"波尼"号（USS *Pawnee*，ATF-74）取代了它。"休斯敦"号在10月16日下午晚些时候再次被一枚鱼雷击中，这一回船艉受创。[8]

美军第38特遣舰队第4支队从10月14日下午开始出动战机，空袭了吕宋岛北部阿帕里和拉瓦格（Laoag）的机场，但收效甚微，尤其是第二天和第三天的行动。[9]然而这三天的行动却让美国获得了意想不到的成果，因为行动激起的日

---

①　译注："文森斯"号和"班汉"号均参与了杜立特空袭，但是"文森斯"号在瓜达尔卡纳尔岛战役期间的萨沃岛海战（Battle of Savo Island）中被击沉，"班汉"号则在瓜达尔卡纳尔岛海战（Naval Battle of Guadalcanal）中被击沉。

方反应使得日军丢掉了空中优势，并将捷号作战的所有努力付之一炬。我们可以审视日方为应对美军进军西太平洋做准备时面临的诸多选择，从而找到招致失败的原因。捷号作战的各个方案囊括了所有可能的敌方目标，而美军对台湾岛的进攻使日军大本营提出了以下疑问：虽然情报显示美军会在菲律宾地区发动进攻，但是否应当及时回应美军航母编队的挑衅呢？

早在10月2日，日军在分析无线电通信后便了解到，美军在马里亚纳的航母编队已经开始机动。而美军的情报部门截获了两份日军的战略评估报告。日军的报告认为，美军要么直接进攻菲律宾北部，要么进攻台湾地区，抑或入侵菲律宾全境。在这些事件发生之前的9月下旬，东京的海军军令部内部达成了以下共识：美军下一个进攻的目标将会是菲律宾，时间在"10月下旬或之后"。[10]在10月初，日本国家和地方的指挥人员仍然相信美军将会在菲律宾登陆。[11]这样的战略预估和10月11日日方情报部门的判断相呼应，后者表明：美军第38特遣舰队包含4个航母战斗群，每个航母战斗群包含两艘舰队航母和两艘轻型航母，除4个支队外，特遣舰队还额外包含一艘舰队航母；特遣舰队的各类编队包含8至10艘战列舰、14至18艘重巡洋舰、60艘驱逐舰和一些护航航母。[12]以上只不过是一种预估，要确定情报的真实性还得排除一些干扰因素。从某一方面来说，日方预料到的巨大困难，便是美军将会直捣米沙鄢，并启用在莫罗泰岛和安加尔岛的机场以进攻菲律宾南部——这两个行动的执行时间不会早于11月。

很大程度上来说，在10月17日和20日美军登陆前，日军在菲律宾地区的战败已经是板上钉钉的事了，其原因便是美军航母编队在10月10日后的行动中获胜了。但长久以来，美军获胜的本质和程度以及胜利的原因，一直没有得到透彻理解和详细阐述，这种状况直到最近才有所改观。整体来讲，对美军胜利的理解依赖于美军的官方记录，或者准确来说是莫里森的记录。而莫里森的记录更倾向于宏大地描写"堪培拉"号和"休斯敦"号经受的严酷考验以及哈尔西在10月17日的著名开战信号，而不是解释事情的来龙去脉。[13]

究其原因（而非描写），日本在10月10日后的失败很大程度是因为在数天中零碎地使用自己的编队，而不是集中使用空中力量，也许后者能够给日本带来成功的机会。当美军在10月10日发起对琉球全境的进攻时，如果日军有还击的可能，那么他们便需要就如何还击做出决定。按照捷号作战计划，日本的计谋是让美军进攻位于琉球且几乎无人的机场。日本并未将琉球的机场视为未来的战场，而是将其作为一个处于本土、菲律宾和南部要地间的支线支撑点，并依此做了相应的战前准备，因此这样的计谋是没有任何前景的。正在台湾岛的联合舰队司令长官丰田副武无权决策，因此他的参谋草鹿龙之介便决定在9时25分正式实施捷一号作战和捷二号作战的航空兵打击计划。[14]

　　从两方面来说，这个决定是灾难性的。第一，部署在九州大分（Oita）海军基地的航空兵部队已经准备好同海军舰队一同行动，但草鹿龙之介命令该航空兵部队参与到捷一号作战和捷二号作战的空中打击中。这个决定立即遭到小泽治三郎和航母舰队参谋大前敏一（Ohmae Toshikazu）的质疑，尽管大前敏一本人亲自前往位于日吉（Hiyoshi）的联合舰队总部去质问，可是指令已经下达，航空兵也已经参与作战，并在10月12日后承受了灾难性的损失。既然航空兵已经遭到如此的毁灭，那么小泽治三郎的机动部队参与未来作战的合理性也不复存在了。小泽治三郎的舰队不可能仅凭自身的力量发动进攻行动，也不可能放飞几架战机，装装样子，来为伴随的舰队提供空中掩护。最好的情况是，小泽治三郎的舰队只负责诱敌，但他并不需要将所有单位都分配到诱敌任务中去。在空战结束后，志摩清英的编队便从小泽的机动部队中脱离并受命前往南方。

　　草鹿龙之介的决策的第二个灾难性后果——实际上也是这个决定让日本的希望破灭的原因，便是部署在本岛、琉球、台湾岛和菲律宾的航空兵部队过于分散。所有部署在以上地区的航空兵部队都未达到应有的战力，最好的情况也只是达到了完整编制的三分之二。[15]正是分散的部署、战机质量的缺陷和琉球、台湾地区岛屿零散的地理分布使日军不得不处于无望的劣势之中。尽管日军的战机总数占优，可是这没能改变眼前的态势。之前提到过，美军10月10日出动了1396架次的战机，[16]12日出动了1378架次的战机[17]——10月10日当天也正是日军进攻的首日。在10月11日后，日军每天为抵御美军而派出的战机数量永远达不到任务要求。在10月12日上午10时30分，草鹿龙之介批准执行捷二号作战行动，[18]但就算到了决策时间，草鹿龙之介做出的进攻努力还是被完全粉碎了，因为任何一支部署在琉球、台湾岛和菲律宾的日军部队，其单独出击都无法在规模上和美军部队处于一个数量级。比如说，10月14日，日军派遣了400架战机去空袭第38特遣舰队，在次日又派出170架。[19]总体说来，算上来自中国大陆的31架战机、来自日本本岛的250架战机、来自小泽机动部队的172架战机，以及来自台湾岛的约200架陆航战机，日军总共集结了761架战机对美军航母发动进攻。[20]日军在一周内投入的1425架战机，不论是单机还是团体，所做的进攻尝试，其规模远远超过美国海军在过去34个月中的任何阶段遇到的攻击，远远超过所罗门战役中美军遭遇的任何空袭，并且它们的数量是参加菲律宾海海战的日机数量的三倍。但重点在于，由于日军的进攻过于零散，美军轻蔑地对这些战机进行疯狂屠杀。美军在战斗中总共损失76架战机，另有13架因操作不当坠机。[21]但这些战机在行动中却击落了321架敌机，这些日本飞机当时只是想用鱼雷进攻两艘巡洋舰而已。

有许多因素促成了以上悬殊的战损和这些单独战斗的结局，但其中两样东西，即美军高水平的航空兵和高质量的战机应该是最为重要和显著的因素。不过，海军战争学院的分析报告对以上事例的分析更为重要：

> 日军的失败由以下三个因素造成：1.美军上乘的雷达；2.美军远程截击的能力；3.美军实施远程截击的方式。[22]

美军能够派遣强大的战机编队，从自身航母战斗群前出上百千米远，在日机还未看到（更别说进攻了）美军航母时便将其打散。这种能力和以上三点，便是赢得胜利的最关键因素。日本本可以在菲律宾海海战中吸取教训，但是日方对失败原因的掩盖、美军航母战斗群免疫攻击的能力（即防御效率）和日军实施行动的方式使得日方航空兵在菲律宾海海战和美军登陆菲律宾之前的战斗中获得了相似的结果。直到1944年10月的空战之后，日方才真正领悟到自身在技术上和行动实施上都已经落在了美方的屁股后面。

在琉球、台湾岛和吕宋岛的空战中最为关键的一点，便是捷号作战破产了。捷号作战的核心意图便是让日本陆军航空兵和海军协同作战，任何一方的努力都能够辅助另一方的战斗，但是10月10日至15日期间日军航空兵的溃败意味着，未来海军舰队将得不到任何来自陆基航空兵的实质性支援。前文也说过，小泽的航母编队绝不可能胜任任何进攻任务，因为他的舰载航空兵已经参与了10月10日台湾岛上空的作战，他的舰队只能执行诱敌任务。但另外两个情况也很重要。第一，在过去两年的倒退中，日本对胜利有急切的需求，但经过对日本海军军官的战后审讯，美方得知：很少有人相信1944年10月第二周日本获得了战斗胜利，当时的战事更倾向于产生别的结果。日本海军代表向天皇报告，日军在6天中击沉了16艘美军航母和总计超过50万吨的美军战舰。[23]天皇根据海军的报告，发布了一则胜利公告。之后，日本举国庆祝，驻菲律宾日本陆军指挥部也是如此。第二，在日本帝国海军声称获得胜利之信心的同时，日本帝国陆军开始拟订"捷号作战计划之激进修订方案"。[24]日本军队笼罩在一片自信之中，他们认为如果美军坚持在菲律宾地区展开进攻行动的话，即便日方最近承受了毁灭性的损失，也是时候给予美军最后一击了。事实表明，日本帝国海军在这样的战略评估下，并不准备使用潜艇来袭扰前去登陆的美军舰船，在现有的58艘潜艇中，只有16艘适合执行此类任务。[25]日军也并不准备使用陆基航空兵执行进攻任务，在这个关键时刻，他们也没有战机可用。在与美军交手后，日军便不断将更多的空中力量部署到菲律宾。为了不让美军歼灭航空兵部队从而导致海军舰艇失去空中掩护，日本把主要目标定为避免让航空兵部队过早地做出牺牲。[26]这仿佛一针迟到的镇静剂，这样使人保持清醒、客观的良药并未在过去的十天中产生，将这些不同的碎片，如日方的战略评估、作战计划和公开演说的内容拼贴在一起，确实是一件很棘手的事。而且帝国海军愿意并有能力欺骗自己和日本人民，甚至连日本的神鹤（Sacred Crane）也不放过。[27]

　　在这个阶段的开端，有两个小插曲导致了上述战斗表彰，我们应当对它们表示应有的感谢。第一个小插曲和海军中将福留繁（Fukudome Shigeru）有关。他最早是菲律宾地区海军航空兵的指挥官，后被调至台湾地区。他在了解了战斗中的故事后，如此反驳自己：

　　　　当我从司令部放眼望去，一次可怕的空战正在我头顶上展开。我们强大的截击机队伍向进犯的敌机猛扑过去。我们的战机表现得太棒了，我认为他们已经做到了极致。不一会儿，飞机一架架地往下掉，笼罩在一片火海之中。"太棒了！干得好！这是一次巨大的成功！"我鼓起掌来。哎呀！突然间我失望至极，在近距离观察后，我发现所有被击落的飞机竟然都是我们的，而那些居高临下盘旋的飞机全是敌人的！我们的飞机在敌人的编队面前简直就是鸡蛋碰石头。这样一次短促的交火以我方的全面战败告终。[28]

　　人们不太确定一次"近距离观察"怎么就可以让福留繁如此明晰地区别出敌我两队的飞机。人们对这种突然到来的或是迅速产生的洞察力也将信将疑，特别是因为这个小插曲的内容和第二个小插曲相违背。这是美军故意将"堪培拉"号和"休斯敦"号作为诱饵，吸引日军主力，然后将其全歼的结局。

　　福留繁的"观察"和返航日机飞行员的报告，使得丰田副武对福留繁下令：使用航空兵部队在10月14日下午彻底消灭美军航母舰队的"残部"。[29]福留繁并没有在递交给联合舰队司令部的报告中呈现"近距离观察"看到的冷峻现实，也没有在遵守上级指示的行动中表现出任何的严谨。[30]但在第二天早晨，福留繁的司令部收到了一份报告，报告显示美军的航母编队在马尼拉240英里外的海域有所动作。这个航母编队便是第38特遣舰队第4支队，当时正在对吕宋岛的机场进行打击。福留繁的第一反应是美军可能保有比日军航空兵更为强大的舰载机编队，但这并没有阻碍他在15日当天下达三波次进攻的指令。第一波次的战机从台湾的新竹（Hsinchu）机场起飞，但没能找到两艘受创的美舰（指"堪培拉"号和"休斯敦"号）；第二波次的战机与第38特遣舰队第1支队的舰载机在空中相遇，并且被后者拳打脚踢；第三波次的战机因为编队指挥官的引擎出现故障，被召回至原有的基地。除此之外，当天还有两场战斗。第一场战斗使航空母舰"富兰克林"号遭受轻微损伤。[31]第二场战斗中，日方从吕宋岛出动了约90架飞机，他们因为美军空中巡逻战机过高的战斗效率而无法接近第38特遣舰队第4支队的航母。但这并没能阻止日军谎报美军的航母遭受袭击。[32]次日，日军出动了超过100架战机，对美军发动了一次主要进攻。其战果便是之前提到过的：美军的"休斯敦"号被第二枚鱼雷命中。但更值得注意的是志摩清英命令海军舰艇前去消灭剩余的美军舰艇，这些舰艇快被前几天日机的成功打击消灭殆尽了。[33]日军声称击毁的舰船数量无从考证，而且很明显，被现实说服的志摩清英也并不相信那些战果报告，剩余的美军舰艇一定很多，仅凭一个由两艘重巡洋舰和一艘护航的驱逐舰组成的编队能达成什么样的战果呢？10月16日早晨，志摩清英的舰队在冲绳加过油后便返回日本近海。[34]当天下午，他收到情报：至少包含6艘航母的美军舰队正在台湾岛东部海域活动。[35]这份滞后的侦察报告至少有积极的一面，它使一个日军编队免于沉没。在那些日军的胜利声明中，有五件事值得一提。第一，两艘美军巡洋舰在距离台湾岛150英里的水域被鱼雷重创。但美军成功地追回了这两艘舰艇，它们在10月27日成功返航至乌利西环礁。[36]这个故事虽然不像1945年3月19日航空母舰"富兰克林"号的遭遇那么宏大①，但也算是一件感人的壮举、一次充满戏剧性的转变。第二件值得一提的事几乎在同时发生，哈尔西向尼米兹发送了一则报告，尼米兹因此发表了公开讲话：

> 尼米兹海军上将收到了来自哈尔西海军上将那令人欣慰的准信儿：东京广播电台报告第三舰队的所有舰船都被击沉，在沉船上的剩余物资被打捞上来之后，他决定退休养老。[37]

这份公开声明是基于日方的胜利宣言，具体来说是根据日本官方10月16日的广播讲话发布的。[38]当然，这份声明自然也被美国国家档案馆收录。第三件值得一提的事很简单，尼米兹发表讲话的当天，即10月17日，美军对菲律宾的首次登陆作战开始了。

如同1944年8月31日的第一份命令所概述的那样，美军的战役计划便是尝试夺取"棉兰老岛、莱特岛和萨马岛区域的目标，并在此建立航空兵、海军和补给基地以支援重返菲律宾的后续军事行动"。在这个阶段，登陆行动的日程安排如下：1944年11月15日，登陆棉兰老岛南部；1944年12月7日，登陆棉兰老

---

① 译注：在1945年3月19日执行空袭日本本土任务之时，一架日军俯冲轰炸机孤军深入，向"富兰克林"号俯冲并投下了两枚半穿甲航弹。此次袭击造成超过1200名舰员伤亡。在太平洋战争期间的美国舰艇中，"富兰克林"号的单舰伤亡人数仅次于"亚利桑那"号战列舰。

岛北部；1944年12月20日，登陆莱特岛和苏里高海峡区域内的岛屿。[39]如此简单的战役想定与日程安排，和美军最高统帅与参谋间激烈的争论，以及复杂的最终决策大相径庭，不过其中有三点值得注意。有意思的是，麦克阿瑟的命令中并未使用"收复菲律宾"这样的字眼，他使用的是"解放菲律宾群岛"。同样有趣的是，虽然菲律宾是不得不讨论的话题，但他的命令中并未提到菲律宾地区的进攻目标和对日军战争罪行的起诉。更重要的是，以上三个登陆行动的方案，对盟军登陆部队的补给问题只字未提，即便西南太平洋战区登陆部队的指挥官是一个澳大利亚人。既然战火已经烧到了西太平洋，那澳大利亚和新西兰的军队本应被部署到二线地区，但方案中并非如此。[40]

　　1944年9月，美军放弃了在菲律宾南部的登陆行动，以支持10月20日对莱特岛的打击。美军的战略意图是肃清莱特岛和萨马岛南部区域并将其作为跳板，以便在未来展开对菲律宾的陆上进攻和空中打击。美军还要肃清莱特岛附近的各个海峡以促使海军进入米沙鄢群岛。担任打击任务的部队为美国陆军第六集团军（6th U.S. Army），下辖两个军：第10军（X Corps）与第24军（XXIV Corps）。其中第10军下辖第1骑兵师（1st Cavalry Division）和第24步兵师（24th Infantry Division），第24军下辖第7步兵师（7th Infantry Division）和第96步兵师（96th Infantry Division）。其余两支部队——第32步兵师（32nd Infantry Division）和第77步兵师（77th Infantry Division）担任预备队。大约174000人能够加入到进攻莱特岛的第一波登陆行动中，而参与莱特岛作战的所有地面部队总人数大约为202500人。在第一阶段中，每个军各出动52000人，它们与剩余的技术类兵种共同组成第一批打击部队。第六集团军下辖的两个军在莱特岛北部率先揭开战役第一阶段的序幕，第24军将在杜拉格（Dulag）附近的马拉邦河（Marabang River）北部登陆，第10军将在离以上地点15英里远的北方，即帕洛（Palo）和圣里卡多（San Ricardo）之间，塔克洛班（Tacloban）、圣华尼科海峡（San Juanico Strait）和圣佩德罗湾（San Pedro Bay）的南部某处登陆。另外，从第24步兵师抽出来的一个加强团，将会在莱特岛南部和帕纳翁岛（Panaon Island）登陆。在第二阶段中，第10军将担任主力，穿过莱特山谷（Leyte Valley）直抵卡里加拉（Catigara）地区和同名港湾。该处山谷将会成为未来进攻吕宋岛的主要航空兵基地和补给基地。在行动的最后一个阶段，美军将会肃清莱特湾的阿布约（Abuyog）、莱特岛南部、柏柏（Baybay）、莱特岛西海岸的奥尔莫克（Ormoc）和萨马岛南部的赖特（Wright）地区。拉帕兹（La Paz）地区的滩头将会在行动第二阶段肃清。

先头行动将会在10月17日黎明展开，为莱特湾内的登陆行动做铺垫。第6游骑兵营（6th Ranger Infantry Battalion）将会肃清霍蒙洪岛（Homonhon Island）和迪内加特岛（Dinagat Island）的北端（当时被称为荒芜点，Desolation Point）。占领这些地点的目的是在这两处搭建港口灯光，以便让主力进攻编队进入莱特湾。美军相信，或者说是希望，苏禄安岛（Suluan Island）上的灯塔能通过灯光为舰队描绘出水雷的位置，因此该岛也被纳入进攻的地点之中。美军试图在上述前哨岛屿被肃清后部署扫雷舰和水下爆破小组（UDT），从而肃清莱特湾水域。因此，他们将会用两天时间来清除沿岸的防御工事。滩头炮击任务会在10月19日展开，而次日登陆部队将抢滩登陆。

上述战役计划使两件事变得尤为紧要：确定主力进攻舰队的停泊地点和出发的时间。一般来讲，有两个港口可供停泊——荷属新几内亚（Dutch New Guniea）的洪堡湾[Humboldt Bay，位于霍兰迪亚，现称查亚普拉（Jayapura）]和位于阿德默勒尔蒂群岛（Admiralty Islands）马努斯岛的鱼鹰港。这两个港口能够容纳庞大的登陆舰队。第一批进攻部队，即扫雷舰和测量船编队于10月10日离开马努斯岛，前往守卫莱特湾的岛屿和据点。当天，美军航母会对冲绳和琉球进行打击。由于航速相对较慢，坦克登陆舰早在4天前的10月6日，便在新不列颠西面格劳斯斯特角对面的克雷廷角（Cape Cretin）率先出发了。[41]以下部队的出发时间是例外：第24军突击舰队中的坦克登陆舰于10月11日从马努斯岛出发；北方运输舰群中的大部分舰船以及前往荒芜点的部队，于10月12日从霍兰迪亚出发；同日，近距支援编队和掩护编队，以及由海军少将托马斯·斯普拉格（Thomas L. Sprague）指挥的第77特遣舰队第4支队（Task Group 77.4）和部分前往北部海滩的运输舰，从马努斯岛出发；10月13日，第10军突击舰队中的剩余舰艇及它们的近距离支援部队，从霍兰迪亚出发；10月14日，南方运输舰群从马努斯岛出发；10月15日早上6时22分，两栖指挥舰"沃萨奇"号（USS Wasatch，AGC-9），即舰队司令托马斯·金凯德（Thomas C. Kinkaid）海军中将的旗舰，搭载着他本人和第六集团军司令沃尔特·克鲁格（Walter Krueger）陆军中将，从洪堡湾出发。第77特遣舰队的大部分舰船单位也伴随着他们远行。轻巡洋舰"纳什维尔"号（USS *Nashville*，CL-43）及其护航舰艇，搭载着麦克阿瑟，在3天之后加入了金凯德的队伍。[42]

美军在部队规模和质量上的优越性，使得他们占据了潜在优势，因此他们不再需要紧盯着战略机遇了。战略机遇是克劳塞维茨认为的战争基本元素之一，在未来的战事中会给美军留下深刻的印记。10月16日，当庞大的船队驶往莱特湾时，气压骤降，潮水渐涨，船队大部分时间都是在风暴中航行的。因为驶入台风之中，航母舰队在10月18日之前一直无法执行对米沙鄢群岛的进攻行动。[43]但以上所说的只是沧海一粟，有两个事实更为重要。当时，日军仅有的航空兵前往乌利西环礁和霍兰迪亚的洪堡湾执行侦察任务。此时洪堡湾已经送走了美军这位客人，日军没有发现美军的入侵舰队和莱特湾中的登陆部队。直到10月17日早晨，在轻巡洋舰"丹佛"号（USS *Denver*，CL-58）的舰炮支援下，美军向苏禄安岛发起登陆行动，日军才觉察到美军的踪迹。[44]

显然，情报证实，日军已经了解了美军的战略意图，也识别出了美方在莱特岛的进攻目标。但在不同的特遣舰队驶往莱特岛进行打击的节骨眼上，美方也厘清了以下事实：日方正沉浸在击败美军航母的胜利幻梦中，长醉不醒。日军单独的部分个体可能已经意识到之前官方的声明并不符合事实，但部署在菲律宾的大多数陆军和海军官兵仍然蒙在鼓里。那些清醒的个体对发现美军舰船的迟到报告做了以下解读：最后一支被风暴席卷的美军舰队残部，在战败后意图寻求安全；[45]或者，美军在遭受重创后犯二，意图发动对菲律宾的进攻。如果是后者的话，日军发动致命一击的机会就已经来临。不管日军打什么牌，他们在战略层面和战术层面，都对美军的到来感到震惊。日军以前并未使用潜艇对美军的锚地进行侦察，也尚未在美军可能通过的航道设立警戒线，以留意美军的动向。[46]10月17日发生的事件并没有改变日军的目标。苏禄安岛上的灯塔和据点，是一个32人的日军支队的驻扎地。他们被攻击后便电告上级指挥部，说遭到一个由2艘战列舰、2艘航母和6艘驱逐舰组成的美军舰队的打击。虚张声势似乎是日军水土不服的表征，因为参加打击的不过只有2艘轻巡洋舰、4艘驱逐舰和8艘高速运输舰。[47]并不是所有人都这么一惊一乍，在莱特湾执行侦察任务的飞机报告说，并未发现美军战列舰的踪迹。在风暴肆虐的情况下，日军没能找到任何美军部队。[48]对日本来说，这个阶段的侦察毫无结果，无疑是一个糟糕的开始。许多海军中的高阶军官还在幻想着用"决战"扭转过去两年的颓势。

之前，当我们谈到日军公开宣称取得了战斗的胜利时，曾说到有"五件事值得一提"。然而，当时只说了三件事，因此，我们现在以剩余的两件事做一个收尾。这并不是我发现自己不小心遗漏了内容，放在这里呈现，是经过深思熟虑的。

第四件值得一提的事，便是小泽治三郎的提议。10月17日，考虑到航母编队遭受的损失，小泽治三郎建议更改捷号作战计划的内容。对捷号作战计划的一系列修改，决定了日军作战计划的最终方案。这则建议是基于以下事实提出的，我曾经在别处提过：第三和第四航空战队，即航空母舰"瑞鹤"号、"千岁"号、"千代田"号、"瑞凤"号，以及航空母舰"隼鹰"号、"龙凤"号、航空战列舰"日向"号、"伊势"号，在过去一周的战斗中损失惨重，参战的300架战机损失过半，剩下的飞机加起来也无法完整列装单个第三航空战队。此外，第四航空战队的作战单位并不适合开赴前线，此时他们也停止统计能够参战的舰载航空兵数量了。"隼鹰"号在菲律宾海海战中受创，1944年6月至9月间不得不接受维修。"龙凤"号也参与了菲律宾海海战，不过它的飞行甲板较小，因而经常在日本近海负责军事训练，这是它在服役生涯中执行得最频繁的任务。这两艘航空母舰被日本海军当作运输舰来使用："龙凤"号搭载舰载机，于10月25日从佐世保（Sasebo）出发前往台湾岛；"隼鹰"号于10月30日从新加坡出发，通过文莱湾（Brunei Bay）驶往马尼拉。[49]至于"日向"号、"伊势"号，因为日本海军在谨慎考虑舰载航空兵问题，所以它们滞留了一段时间。无论在何种战事中，当航母正在建造之时，"日向"号和"伊势"号的地位都是不容置疑的。因此，这两艘航空战列舰，将负责支援小泽治三郎的航母编队。

10月17日，日军高层经过讨论后命令4艘在役的航空母舰，加上"日向"号与"伊势"号，前往位于日本内海的德山（Tokuyama）进行燃油补给，此后它们便朝大分空军基地驶去。这些航空母舰装载了它们的舰载机，之所以不让舰载机降落上舰，主要是考虑到飞行员技术较差。至于航母编队是否能够共同完成多个任务，现在显然要打个问号了。这一装载过程在10月20日结束，当时共有

52架战斗机、28架战斗轰炸机、29架鱼雷轰炸机、7架俯冲轰炸机被吊装至航母。另有两架紫云式水上侦察机（E15K Norm）被吊装至轻巡洋舰"大淀"号，与上述的116架飞机随编队航行。[50]

表 4.1 1944 年 10 月 18 日，参与菲律宾地区作战的日军航母及舰载机规模

舰载机 ＼ 航母	"瑞鹤"号	"千岁"号	"千代田"号	"瑞凤"号	合计
零式战斗机 （Type 00 A6M Zeke）	28	8	8	8	52
零式战斗轰炸机 （Type 00 A6M5 Zeke）①	16	4	4	4	28
彗星式俯冲轰炸机 （Type 2 D4Y1 Judy）	7	—	—	—	7
天山式鱼雷轰炸机 （Type 2 B6N2 Jill）	14	6		5	25
九七式舰上攻击机 （Type 97 B5N2 Kate）	—		4		4
合计	65	18	16	17	116

我们很容易读解出航母编队的战机容量。"瑞鹤"号可以容纳72架战机，而"瑞凤"号可容纳27架。另外两艘航母也能够搭载30架战机。加上"瑞鹤"号和"瑞凤"号可分别搭载12架和3架战机作为后备，4艘航母的战机运载量应该能达到174架，其中有159架能参与作战行动。[51]事实上，整个航母编队大约只装载了四分之三，且轻型航空母舰的装载量仅仅为满载的一半左右。

这个灾难性的事件，导致小泽治三郎于10月17日提议，应当对现有的海军作战方案，在以下三个重要方面进行重新构想：第一个方面，日军原有的方案所设想的，是使用诱敌舰队将美军航母编队调离菲律宾，将其骗至某个地点，使其无法有效应对日军航母舰载机的进攻。很明显，在航空兵遭受损失之后，原先指派给航母编队的任务只能终止，因此游击部队再待在北方海域是毫无用处

---

① 编者注：原文如此。此处原书似有误，表格中的"零式战斗机"应为 A6M5 型，即零式战斗机52型，"零式战斗轰炸机"应为 A6M2b 型，即零式战斗机21型。作者似乎将它们搞反了。

的。小泽治三郎在此建议让航母编队担任自我牺牲和诱敌的任务，让不必参与此任务的舰艇，从原有舰队中脱离且并入南方部队。实际上，"日向"号和"伊势"号在整场战争中一直被当作替补舰船来使用。日方在决定将这两艘战舰保留在小泽治三郎的舰队之后，也命令志摩清英的舰队前往南方，后者包含3艘重巡洋舰、两艘轻巡洋舰以及掩护它们的数艘驱逐舰。但日军并不打算让上述编队和其他编队协同作战，它们的步伐本该一致。当然，这是另外一回事了。

　　第二个方面，因为航母本身所承担的作战任务发生变化，所以意图穿越米沙鄢群岛，袭击位于莱特岛和萨马岛附近的美军航母编队的打击舰队，将得不到航母编队的直接或间接支援。这样的决策产生的即时结果是，日本放弃了这两个部队间的协同，它们展开作战的地点仿佛相距4000英里之遥。我们难以想象这样的作战计划还包含什么样的内容，不过我们很容易忽略这样一点，即作战计划的变化导致打击舰队在机动和接敌时依靠陆基航空兵为其提供空中支援。10月18日，联合舰队司令部最终下达实施捷一号作战的正式命令，[52]这一次作战行动本应包含作战计划中的全部内容，但是当日方展开行动时，关于陆基航空兵的内容是缺失的。在一天前，即10月17日，第一航空舰队在菲律宾的战机数量只有98架，3天之后的10月20日，这个数字降到了不足40架。[53]所以实际上，并不会有任何的陆基航空兵来支援日方的打击舰队，但根据后来的战事进展，特别是日方打击舰队通过米沙鄢群岛发送的信号来看，我们很难确定栗田健男的司令部是否被告知缺乏陆基航空兵的空中支援。

　　不断变化的战事决定了日方的作战样式并且催生出的一系列事件，重新构想后的海军作战计划的最后一个方面便与此有关：日方在莱特湾的所有作战尝试均起源于日方陆基航空兵和舰载航空兵的毁灭。日方在菲律宾海海战失败后，海军内部便发展出一派势力。他们抛弃了传统的进攻形态，转而支持"特攻"战术。日方第一次蓄意使用"特攻"战术是在10月15日的下午，海军少将有马正文（Arima Masafumi）发动了此次进攻，显然是因为日方意识到在过去的五天中自己航空兵遭受了惨重的损失，而美军的航母编队却完好无损。无须多言，这次进攻本来可以"引爆并在30秒内击沉"一艘航空母舰，但事实上日军的"特攻"战机却无法穿越美军的空中巡逻网。[54]

　　日方将"神风"敢死队当作救命稻草，似乎是因为意识到使用常规手段无法迎接美方的挑战，但事实上日方的指挥官只是无法真正领悟到自身的绝望处境。双方战力的差距实在是太大了。10月18日，菲律宾的日方编队出动了17架次的战机来对抗莱特湾的美军舰船，但同时期的美军却出动了685架战机，这还仅仅是用于进攻行动的。[55]使用"神风"敢死队是有些离经叛道，但和1943年日军航空兵的整体弱势相比，这也没什么稀奇的。日军航空兵的整体颓势，很少被日方统帅部觉察，同时这个问题在二战结束后的60年内，也很少受到别人的关注。在1942年10月27日至1944年10月23日期间，日方的陆基航空兵和舰载航空兵只击沉了四艘舰艇：重巡洋舰"芝加哥"号（USS *Chicago*，CA-29），它于1943年1月30日在所罗门群岛中部地区沉没；驱逐舰"迪黑文"号（USS *De Haven*，DD-469），它于1943年2月1日在埃斯佩兰斯角（Cape Esperance）沉没；驱逐舰"艾伦·沃德"号（USS *Aaron Ward*，DD-483），它于1943年4月7日在瓜达尔卡纳尔岛沉没；驱逐舰"布朗森"号（USS *Brownson*，DD-518），它于1943年12月26日在格劳斯特角沉没。就算把运输舰"麦考利"号（USS *McCawley*，APA-4）也计入日军航空兵的击沉记录，日军的战果也少得可怜、少得可悲。当美国已经突入日军的绝对国防圈时，[56]在接近两年的时间里，日军航空兵只击沉了1艘巡洋舰和3艘驱逐舰。日军之所以陷入绝境，也是同时期海军水面舰艇和潜艇没有创造比航空兵更好的战果导致的。在这段时间里，日本海军达成了以下战果：重巡洋舰"北安普敦"号（USS *Northampton*，CA-26）于1942年12月1日在塔萨法隆加海战（Battle of Tassafaronga）中被击沉；驱逐舰"斯特朗"号（USS *Strong*，DD-467）、轻巡洋舰"海伦娜"号（USS *Helena*，CL-50）、驱逐舰"格温"号（USS *Gwin*，DD-433）于1943年7月上半月在中所罗门地区的一系列军事行动中被击沉；驱逐舰"沙弗列尔"号（USS *Chevalier*，DD-451）于1943年10月7日在维拉拉维拉（Vella Lavella）附近被击沉。也许日本会出于某些原因，感到愤愤不平，因为他们没能在1942年12月击沉除"北安普敦"号之外的任何一艘美军舰艇，但更惨痛的事实在于，在1942年11月中旬的两次瓜达尔卡纳尔海战之后，海军舰艇的战果确实只有上述5艘舰船。在"沙弗列尔"号被击沉后的一年多时间里，日军水面舰艇没有击沉任何一艘美军舰艇，潜艇部队亦是如此。在整场太平洋战争中，日军潜艇击沉的美军驱逐舰只有4艘。除了护航航母"利斯康湾"号于1943年11月在吉尔伯特群岛被击沉，重巡洋舰"印第安纳波利斯"号（USS *Indianapolis*，CA-35）于1945年7月29日在菲律宾海被击沉外，自1943年10月26日起，日军潜艇并未击沉过任何一艘美军主力舰船。美军的损失如此"娇小"，美军为赢得胜利付出的代价如此廉价，这着实令人吃惊。这一点在美军进入欧洲大陆作战后体现得尤为明显。尽管如此，1944年10月的日军，就算没能完全理解自身的处境，也自知不具备抵抗美军的能力，于是抓住了"神风"敢死队这根稻草。就像我在别处所讲的那样，"特攻"战术并不是使美军遭受重大损失的最佳途径，而是能让美军遭受损失的唯一手段。

　　这个作战阶段的第五个要点，也就是最后一点，和美军的行动有关。首先值得留意的是参与作战行动的美军部队的规模。三个特遣舰队在不同的锚地（主要是霍兰迪亚、荷属新几内亚、马努斯岛和阿德默勒尔蒂群岛）集结。第77特遣舰队的183艘舰艇中，大部分都是战斗舰艇。来自第78特遣舰队、第79特遣舰队、北方特遣舰队、南方特遣舰队的总计518艘舰艇，都承担运输任务。总体来说，一共有6艘老式战列舰、5艘重巡洋舰、6艘轻巡洋舰、18艘护航航母、86艘驱逐舰、25艘护航驱逐舰、11艘护卫舰，总计157艘战斗舰艇，外加420艘运输舰艇参与作战。其中还包括5艘指挥舰、40艘攻击型运输舰、18艘高速运输舰（由驱逐舰改装而来）、10艘船坞登陆舰、151艘坦克登陆舰、79艘人员登陆艇和221艘坦克登陆艇。剩余的便是各类巡逻艇、扫雷艇、测量船和支援舰艇。这些编队和所有上述的舰艇，并不包括哈尔西航母编队的舰船，并且多数舰艇都是在菲律宾失守之后才入役的。[57]

　　这些舰艇的总体规模，将会在1945年1月林加延湾和4月冲绳岛的行动中，超过同时期部署至诺曼底的舰艇。当然，这些舰艇航行的里程也远远超过后者。它们在某种程度上还要依靠航母编队的空中掩护，但1944年6月执行"海王星行动"（*Operation Neptune*）的舰船却能自力更生。以下两个方面比这些单纯的数字更有现实意义：第一，参与1944年10月作战行动的舰艇，几乎都是在1941年之后入役的。这就印证了我在第一章里表达的观点，即日军犯下的最核心的错误之一，便是低估了对手。日本海军面对的不是一个敌军舰队，而是两个：间战舰队①和战时舰队。有一个容易忽略却非常显著的事实，便是日本帝国海军在与间战舰队的冲突中打得筋疲力尽。正在此时，美国全方位的工业能力、财政储蓄和坚持不懈的动力，使美军的战时舰队轻松超越了日本对手。正是这两个舰队——赢得了主动权的间战舰队和维持永恒的优势的战时舰队，奠定了美军胜利的基础。

　　此外，还有一个要点值得留意。与之前美军在中太平洋战区和西南太平洋战区展开的行动相比，美军在登陆莱特岛一周之前获得的胜利显得非比寻常。在吉尔伯特群岛、埃利斯群岛、马绍尔群岛、中所罗门地区、北所罗门地区、拉包尔以及新几内亚的东部，美军面对的是孤立的日军航空兵基地，它们与外界隔绝且被美军的航空兵压制，美军肃清这些地区的方式也是两栖登陆。在这些战斗中，不论是在战前准备阶段还是作战的当下，日军都缺少一支正在待命的舰队用以在驻军和机场遇袭时提供必要的支援。并且，每个日军机场具备的战力，远不及美军的空中力量。每个日军基地都可以被完全封锁，美军付出的代价很小，因此才产生了这样一句格言："投入越多，损失越少。"但是菲律宾地区的进攻行动却与之相异。这里有大量的航空兵基地和次级跑道，当然，琉球和台湾岛也有许多机场。如果抛开地理因素的话，呈现在美军面前的日军陆基航空兵力量，本质上和部署在内陆的航空兵力量没什么差别。这些岛屿显然不可能和内陆画等号，但在战略方面，美军面对的就是一片内陆地区，并且这些威胁无论用何种标准来衡量都应该被完全歼灭。在两次世界大战期间以及二战爆发的头三年内，人们有一个基本观念，那就是不论在数量上还是在质量上，航母舰载机都要亚于陆基飞机。日军在1941年至1942年展开的入侵行动表明，陆基战机的质量优势确实能形成战果，但在1944年10月，天平却倒向了另一边："高质量"的光环易主了。现在，是美军（而不是日军）拥有了比对方陆基战机更为先进的舰载机，光是这一点的优势，就足以抵消战机数量、协同指挥和管理设施等其他

---

　　①　译注：间战（Inter-War）指的是两次世界大战之间的时间段，间战舰队中的大部分舰船，均是按照《华盛顿海军条约》（Washington Naval Treaty）的规定建造的条约型战舰，通常在主炮口径、标准排水量等各类指标上有所收敛。

因素的影响了。美军在10月10日后发动的进攻是前无古人的：美国海军航空兵击败了在防御纵深和战略布局上均占优势的对手，这些优势导致日军无法迅速集中兵力，反倒成了阻碍。海军航空兵的胜利，肯定会被在两次世界大战期间鼓吹空中力量制胜的狂热信徒看在眼里，不过持这样的观点的人少之又少。有人说，早在1942年就有少数有识之士预见到了海军航空兵的成效；但也有人认为，美军无法预见海军自身能够免疫战损，因为这与空中优势理论相悖——这种理论强调空中力量的有效战力和遭受打击一方的脆弱战力。即便如此，截止于1944年10月第三周末尾的战事仍旧体现了美军在数量和态势上潜在的压倒性优势，以及日军分散、廉价的应对方式。

第五章

推进与接触：1944年10月18日至24日的战事

美军花费了两天时间扫荡和清除沿岸的日军据点，在此过程中损失了一艘人员登陆艇，另有一艘水上飞机母舰和两艘驱逐舰受创。[1]在突袭滩头的首日，美军只向内陆推进了不超过1英里的距离，不过直到第三天，他们才遇到真正的抵抗。最终，美军以49条生命的代价肃清了塔克洛班的机场并连接了17英里前线上的各个滩头。[2]塔克洛班城区和杜拉格机场在次日被肃清，接着美军便沿着两条不同的路径推进：一条是南进阿布约，随后前往柏柏（11月1日）；另一条是穿过莱特岛腹地前往卡里加拉。因此，就算麦克阿瑟认为第77步兵师没有参战的必要并在10月29日让其转为预备队，莱特岛的战役也真正打响了。[3]

美军在莱特岛近海岛屿的登陆行动触动并引出了日本帝国海军，其结果便是莱特湾海战。确实，日本主力舰队，即栗田健男的打击舰队于10月18日1时便从林加岛的锚地出发了。[4]美军在10月20日破解了日本海军19日发送的电报，电报中日军命令两艘在海南岛的油轮前往科伦湾，去给栗田健男的舰队送补给。[5]美军早早地警示各个部队日军即将发动进攻，他们在10月16日至19日期间，给所有4支航母特遣舰队加满了油，确保它们在10月20日的行动中能尽全力支援登陆。第38特遣舰队第1支队和第4支队，这两支部队正防守着莱特岛，并处于能够打击日军机场和米沙鄢群岛中的各个日军部队的进攻位置。特遣舰队的其他支队，被部署在北纬15°30′、东经128°00′，即冲绳岛南部和吕宋岛东部的区域之内。10月17日，航母编队对吕宋岛进行了一系列的打击后，美军便在战区中占据了绝对的数量优势。10月20日，吕宋岛的日军只进行了两次针对美军舰队的打击行动。一次只出动了一架战机，另一次则出动了三架战机。[6]

在检视了日军主力和次级部队之后，有人提出了如下说法：（日军的）部队越弱，其人数就越多。日军在菲律宾地区的战斗中投入了六个不同的特遣舰队，并在10月12日至25日期间投入了至少三个航空舰队。日军准备于10月25日正式实施捷号作战，他们前往菲律宾的空中支援部队，必须早一天到达战位，以便水面舰艇编队发挥出最大的战力。我们从中可以看出日军战役布局的复杂性。对由第二航空师团（2nd Air Division）加强而来的第四航空军来说，以上事实意味着，他们必须集中使用吕宋岛上利巴（Lipa）和克拉克机场（Clark Field）中的重型轰炸机和轻型轰炸机，以及位于内格罗斯岛（Negros Island）北部巴科洛德（Bacolod）附近基地的短程战斗机、战斗轰炸机和侦察机。从实际情况出发，这就意味着位于吕宋岛上和来自台湾岛、西里伯斯群岛、北婆罗洲的日机编队，必须全部被部署到巴科洛德地区，而这让日军迅速步入了尴尬的境地。来自日本本岛和中国大陆的日本战机前往克拉克机场，来自台湾岛和西里伯斯的轰炸机则前往利巴，来自台湾岛和遥远的马来亚的重型轰炸机也开始奔袭至克拉克机场。与此同时，第二航空舰队的舰载机进驻菲律宾。截至10月23日晚间，日军在菲律宾地区集结了400余架陆基战机和舰载战机。日军在前两周便完成了战败之前如此辉煌的壮举；[7]在前七周，奉命集结的日机数量有增无减。不管日军如何集结空中力量，美军舰载机在数量上都碾压日机。日军面对的是一次全面失败，因为美军于1944年9月在菲律宾地区集结的兵力，以及于1944年10月中旬在琉球、台湾岛和菲律宾地区集结的兵力，都对日军形成了压倒性优势。

以上调度反映的是这样一个事实：当美军接近莱特岛沿岸之时，日本陆军意图将所谓的"决战"设定在莱特岛，而非吕宋岛，而后者在之前被广泛认为是合适的、发生"决战"的地点。日本的"决战"意图以及他们将把航空兵部队部署到菲律宾作为"决战"的一环，导致日本海军只能一条道走到黑。但日本海军通过各类决策形成了一个模糊的共识："决战"不能发生在莱特岛附近。该论点的核心便是这样的一条推理路线：如果打击舰队要对抗美军在滩头部署的两栖、支援和掩护舰队的话，日本海军必须在美军登陆的两天内完成此项任务，即任务完成的时间不能晚于10月22日。日本海军估计美军最多会花费两天时间来卸载人员与物资并肃清滩头区域。[8]如果我们快进一下，就会发现日本海军的判断是准确的。10月24日16时，美军第六集团军的司令部在滩头成功建立，这标志着美军的两栖登陆已告一段落。而在10月24日23时59分之前，部署在莱特湾的美军只有3艘主力战舰、1艘攻击型运输舰、23艘坦克登陆舰、2艘中型登陆舰和28艘自由舰（Liberty Ships）①。摧毁这些舰艇几乎不可不被算作"决战"中的一环。[9]现在，日本帝国海军的基本判断引发了一堆问题，因为显而易见，菲律宾地区没有任何一个美军可能登陆的滩头，是日本海军编队两天内能赶到的。

日本帝国海军无法及时赶到滩头迎击美军，它的无能是这样一个现实导致的：散落各处的日本舰队要穿过数千英里来迎击一个具有绝对优势的敌人，这个敌人拥有强大的决策能力，在天时、地利和人和方面都具备打赢一场战役的能力。日军部队，不仅被剥夺了先发制人的优势，且防御过于分散。他们根本无法集中兵力，在短时间内穿越35个纬度、40个经度这么远的距离，去给美军造成真正的威胁。而美军却有可能出现在这个范围内的任何一个地点。如果说这是日本在任何情境下都无法颠覆和改变的现状的话，那么另有一件事加剧了日军的颓势，那就是日本在油料补给、油轮数量上捉襟见肘。日本海军的海上补给能力不断被削弱，舰艇航程和航速也进一步限制了他们的战略机动能力。

对日本海军来说，他们只在1941年年末时才真正具备海上补给能力。在袭击美国太平洋舰队的日本海军单位从千岛群岛的择捉岛（Etorofu Island）出发三周之前，日本帝国海军才进行首次海上补给作业。但这种海上补给作业并未普及至每个舰队，而且在1944年秋季，日本帝国海军或多或少失去了这种

---

①　译注：自由舰（Liberty Ships）其实是运输舰的一种，是美国海军为了适应战时工业需要采购的一系列结构简单、价格低廉的运输舰艇。其中一部分用来替代被德国U型潜艇击沉的旧舰，一部分承担对苏援助任务，另一部分则参加了太平洋战争中的诸多战役。

能力。这样的事态是在战争进行到这个阶段时，由四种不同的状况交织造成的。第一，日军永远缺少油轮。现存的油轮数量无法同时满足国家和军队的需要，而日本帝国海军仅剩的油轮，又与当时他们训练、运输和作战的需求相悖。第二，油轮损失数量的增加，使日本海军不得不启用民用油轮。这些在1941年之前建造的民船，无法适应海上机动补给的环境。不断下降的船艺标准，以及在数量和质量上共同下滑的劳动力水平，都给民用油轮的补给能力造成了极大的限制。第三，即便日本海军的主力舰不断沉入海底，驱逐舰的数量仍旧不够，无法为主力舰艇提供有效的掩护。当主力舰正在进行海上补给作业时，驱逐舰的缺席往往会导致灾难性的后果，6月19日马里亚纳群岛附近的战事便是铁证。第四，美军空中力量不断增强，无论是陆基航空兵还是舰载航空兵，其实力的上升使日本海军不敢将油轮部署到战斗前沿地点。日本绝不能丢弃海上补给作业的科目知识和宝贵经验，但是当1944年春季和夏季日本海军的战损不断上升时，他们便开始摆脱战略机动能力的"束缚"。1944年5月，日军丢失了两艘大型油轮；6月，他们丢失了两艘大型油轮和4艘小型油轮；7月，又丢失了一艘大型油轮和一艘小型油轮；8月和9月，总共丢失了四艘油轮。8月损失的舰艇中包含军队内部吨位最大的两艘油轮。[10]18艘油轮（合计167976吨）的损失实在是太巨大了，我们可以通过如下数据来衡量上述损失的现实意义：在战前，日本总共拥有49艘油轮，每艘油轮大约2000吨左右或稍微大一些，而日本帝国海军只专门建造了12艘油轮，这个数字不包括军方征用的民船。1944年春季和夏季的油轮损失，极大地削弱了日本海军的海上补给能力，不过另有一点我们要注意，在1944年10月下半月，栗田健男的舰队依据计划，进行了一系列的海上补给演练。[11]显然，日军试图恢部分复战略机动能力，以为未来的"决战"做好准备。

　　当日军将航母编队部署在近海，而将打击舰队部署在新加坡南面，即林加岛的港口时，美军在菲律宾地区的任何行动都会让日本最高统帅部束手无策。对打击舰队来说，需要航行近1600英里才能到达民都洛岛。也许打击舰队能在途中重新加油，或是在某个舒适的港湾，比如北婆罗洲的文莱湾、巴拉望中部北岸的乌卢甘湾（Ulugan Bay），或位于巴拉望和民都洛之间的卡拉棉群岛的科伦湾进行燃油补给，[12]但一旦爆发冲突，舰船航速就会飙升，油料消耗就会随之大幅增加，燃油补给仍旧是个问题。战列舰和重巡洋舰没有这样的顾虑，因为它们往往存有足够的燃油，而且在长时间维持经济航速之后，仍然可以应付高机动性的作战行动，但轻巡洋舰和驱逐舰可就没有这种本事了。如果打击舰队并不具备海上补给能力的话，它们就不得不在某个港湾进行补给，所需的时间成本是难以接受的。

面对即将到来的战斗，日军统帅部指派了6艘油轮，编入栗田健男的舰队。它们是"严岛丸"号（Itsukushima Maru）、"日荣丸"号（Nichiei Maru）、"御室山丸"号（Omurosan Maru）、"良荣丸"号（Ryoei Maru）、"万荣丸"号（Banei Maru）和"雄凤丸"号（Yuho Maru）。此后，日本海军还获得了另外两艘油轮——"八纮丸"号（Hakko Maru）和"日邦丸"号（Nippo Maru）。这两艘船原属于陆军，但在双方参谋进行了激烈的讨论后被海军征用。除了位于海南岛的"日荣丸"号和前往澎湖列岛（Pescadores）之马公（Makou）的"良荣丸"号外，所有其他的油轮在栗田健男舰队受命出发之时，都位于新加坡。因此，在10月17日11时25分，栗田健男命令"八纮丸"号和"雄凤丸"号前往文莱湾去给自己的舰队提供补给，并从自己的舰队中抽出"满潮"号（Michishio）和"野分"号（Nowaki），让两者为油轮护航。[13]之后，栗田健男命令"万荣丸"号和"严岛丸"号，与"千振"号（Chiburi）海防舰和第19号海防舰（C.D.19）会合；命令"御室山丸"号和"日邦丸"号，在"由利岛"号（Yurijima）和第27号海防舰（C.D.27）的护航下，与前面的编队共同前往文莱湾。两个编队分别在19日与20日出发，但它们也仅仅能保证在战斗过后给栗田健男的舰队供油。这些编队在10月22日到达文莱湾，那时栗田健男的舰队已经离开了。[14]与此同时，联合舰队司令部命令"日荣丸"号油轮，在"仓桥"号海防舰（Kurahashi）和第25号海防舰（C.D.25）的掩护下，前往科伦湾。这一编队在10月18日18时30分出发，但该编队的护航指挥官却建议其前往乌卢甘湾，即位于巴拉望中部北岸的锚地，因为科伦湾的锚地正处于美军陆基航空兵的打击范围之内。"日荣丸"号和它的"护花使者"在10月22日到达乌卢甘湾。"日荣丸"号于两天后前往科伦湾，并在10月25日至28日在此处驻留。接着，它前往马尼拉并逗留一天，然后回到了新加坡。[15]

　　日军油轮的部署计划和具体位置，显然对作战行动极为重要，而补给燃油只是栗田健男舰队到达文莱湾后，展开的两大主要军事活动中的一个。西方对这些行动的解读不仅无法自圆其说，还经常令人迷惑，但其实我们可以很简单地把这件小事说通。栗田健男的舰队在10月20日到达文莱湾附近海域，他本人在9时18分命令舰船在港内锚地自行停泊，所有的舰船都在11时至12时30分这个时间段完成了驻港停靠。因为"八纮丸"号、"雄凤丸"号和它们的护航舰艇尚未到达，栗田健男遂命令重巡洋舰向驱逐舰输送燃油，战列舰则向重巡洋舰输送燃油。战列舰为每艘重巡洋舰提供约五六百吨燃油，重巡洋舰向每艘驱逐舰提供两百吨左右的燃油，栗田健男的舰队需要总计16000吨左右的油料。到达文莱湾后，"八纮丸"号先给战列舰"武藏"号补充油料，然后再照顾重巡洋舰"最上"号；"雄凤丸"号先给战列舰"大和"号补充油料，然后再照顾重巡洋舰"利根"号。整个舰队的补给在10月22日早上5时告一段落，约3个小时后日军舰队便出发远行了。[16] 日军的行动看起来是稳步推进，他们的舰船也似乎装满了燃油，但我为了反对这样的观点，不得不揪出一些容易被忽略的额外细节。如果走圣伯纳迪诺海峡的话，那么从文莱湾到莱特岛需要航行1400海里。夕云级驱逐舰能够以18节航速航行5000海里，表面上看从文莱湾到莱特岛的距离尚在其航程之内，但若从现实出发，考虑到在与美舰正面冲突时需要提高航速，萨马岛和莱特岛则几乎是舰队航程的极限。栗田健男在电告联合舰队总部时谈道，如果他的舰队要赶在10月24日入夜前到达莱特湾，航速就必须维持在16节，油料剩余约五分之三；但如果要赶在10月24日早晨到达莱特湾的话，舰队则必须提速至20节，最终只能剩下一半的油料。舰队可能需要在返航途中，在科伦湾或者乌卢甘湾重新加油。[17] 虽然栗田健男也能调配另外的油轮，但关键在于，他的舰队已经失去了在萨马岛和莱特岛相关海域执行高速作战行动的能力。

　　人们在谈及相关历史和战役时，很少注意到上述因素。油轮、文莱湾的补给行动及相关的话题，总是被搁置在一旁。大家更关心发生在文莱湾的另外两件事：日军编队在重新集结后收到了捷号作战的最终命令，以及在舰队离开前头天晚上，栗田健男与各位高阶军官举行了会议。

　　在捷号作战的最终命令大纲和日军战斗序列的变更之中，我们能概括出日军做的三个主要决定：第一，确定作战行动的时间——日军打击舰队将会在10月25日早晨到达莱特岛和萨马岛相关海域。[18]第二，栗田健男的部队拆解为两个不同的舰队，他本人指挥第一和第二部队，西村祥治指挥第三部队。后者的力量最为薄弱，只包含2艘战列舰、3艘重巡洋舰和3艘驱逐舰。这支舰队将通过苏里高海峡前往莱特岛。同时栗田健男的舰队会穿越米沙鄢群岛北部，通过圣伯纳迪诺海峡来到莱特岛。[19]第三，由于小泽治三郎的舰载航空兵损失惨重，已无任何执行其他任务的可能，只能承担诱骗美舰的职能，志摩清英的游击部队与其脱离，归属南西方面舰队，并通过苏里高海峡进入莱特岛附近的作战区域。[20]

　　栗田健男和海军高阶军官的会晤于10月21日17时至20时在"爱宕"号重巡洋舰上举行。这是作战开始前的最后一次舰队间的简报陈述。[21]在最终命令下达后，各阶海军军官各持不同观点，主要分为三派。这是该会议最为鲜明的特征。人们难以置信，原先在夜战方面进行过刻苦训练的打击舰队，竟然要在大白天进攻。同时，人们也相信：如果这次行动真的如之前陈述的那样重要，那么联合舰队司令长官丰田副武，就应当亲自坐镇指挥。[22]不过更为实际的是，人们广泛地意识到日军应当搜寻在莱特岛附近的美军运输舰队和两栖登陆部队。但也有人指出这个任务有损海军的尊严，因为海军寻求的任何一次"决战"，其作战对象必然是美军的主力舰队，即美军航母战斗群。栗田健男在演讲中就战斗的所有的细节，回复了后者这一疑虑：

　　　　我知道你们中有很多人强烈反对这样的部署方案。但是战事之紧急却远远超出你们的认知。当我们的国家分崩离析之时，我们的舰队却完好无损，这难道不是耻辱吗？我相信本国大本营给予了我们一次光荣的作战机会。我知道战况到底有多么严峻，因此我愿意接受这项使命，即使最终方案是直入莱特湾。

　　　　你们必须铭记，在这世上存在着奇迹。是谁说我们失去了通过"决战"卷土重来的机会？我们必须创造与敌人接触的机会，我们必须打击他们的特遣舰队。我希望你们不要轻视自己的职责。我知道你们一定会忠实于自己的责任并得胜归来。[23]

　　这次演讲消除了人们的疑虑，并收获了经久不衰的掌声和"万岁"呼啸。这次演讲也广泛地被历史学家引用。显然，我们不难理解日军为何会步入如此境地，不过很可能在栗田健男的听众之中，有个别军官持有异议。1941年的日本帝国海军，根据其航母和战列舰的作战表现来看，很可能是当时世界上最好的海军，这支队伍一战成名。但是1944年的日本帝国海军却无法颠覆双方差距巨大的力量对比。美军具备全面的作战能力，不仅能有效阻止日方的进攻，而且在数量和质量上均有压倒性优势；日军即使获得了重大胜利，也无法在作战行动中对美军造成重大或深远的影响。

　　栗田健男的演讲和日军舰队的重新集结，模糊了一系列相关的作战细节。第一个细节，便是日军部队的平衡性发生了改变。表5.1展示了10月14日日军舰队的部署情况：

表5.1 1944年10月14日，日军舰队和舰船单位的部署情况

| | 航空母舰 | | 战列舰 | 巡洋舰 | | 驱逐舰 | |
	舰队航母	轻型航母		重巡洋舰	轻巡洋舰	舰队驱逐舰	护航驱逐舰
小泽舰队	1	3	—	—	2	4	4
志摩舰队	—	—	—	2	1	3	—
北方部队	1	3	2	3	4	12	4
一游第一部队	—	—	3	6	1	9	—
一游第二部队	—	—	2	4	1	5	—
一游第三部队	—	—	2	1	—	3	—
南方部队	—	—	7	11	2	17	—
分支单位	—	—	—	—	—	2	—
合计	1	3	9	14	6	31	4

　　10月17日之前，日军在作战意图改变后接纳了不同的声音，表5.2展示了日军部署的变化：

表 5.2 1944 年 10 月 17 日，日军舰队和舰船单位的部署情况

	航空母舰		战列舰	巡洋舰		驱逐舰	
	舰队航母	轻型航母		重巡洋舰	轻巡洋舰	舰队驱逐舰	护航驱逐舰
小泽舰队	1	3	—	—	2	4	4
志摩舰队	—	—	—	2	1	7	—
北方部队	1	3	2	2	3	11	4
一游第一部队	—	—	3	6	1	9	—
一游第二部队	—	—	2	4	1	5	—
一游第三部队	—	—	2	1	—	3	—
伴航单位				1	1	1	
南方部队	—	—	7	12	3	18	—
分支单位	—	—	—	—	—	2	—
合计	1	3	9	14	6	31	4

在10月22日之前，"大淀"号加入小泽舰队之后，志摩清英的舰队前往南方并分派出3艘驱逐舰执行当地的任务。栗田健男的舰队一分为二，但是当两艘之前给油轮护航的驱逐舰回到原来的舰队之后，日军又将作战重心从南方迁移至别处，表5.3可以体现这一变化：

表 5.3 1944 年 10 月 22 日，日军舰队和舰船单位的部署情况

	航空母舰		战列舰	巡洋舰		驱逐舰	
	舰队航母	轻型航母		重巡洋舰	轻巡洋舰	舰队驱逐舰	护航驱逐舰
小泽舰队	1	3	2	—	3	4	4
一游第一部队	—	—	3	6	1	9	—
一游第二部队	—	—	2	4	1	6	—
中央部队	—	—	5	10	2	15	—
分支单位	—	—	—	—	—	3	—
一游第三部队	—	—	2	1	—	4	—
志摩舰队	—	—	—	2	1	4	—
南方部队	—	—	2	3	1	8	—
分支单位	—	—	—	1	1	1	—
合计	1	3	9	14	7	31	4

　　日军在最终的作战计划中重组舰队的原因在于他们想让两支不同的舰队包围莱特湾并在此处合并为一支舰队。其中一支舰队走圣伯纳迪诺海峡，另一支穿过米沙鄢群岛南部，走苏里高海峡。这样的舰队部署，以及伴航舰队的分离，正是日军随机应变的表现。但日军的战略安排却让人们很容易、很快速地形成了这样的观点：西村祥治的指挥过于蹑手蹑脚，就算日方占据天时地利，我们也很难预见他能完成什么样的任务。而所谓的天时地利，在西村舰队通过苏禄海（Sulu Sea）这个充斥着美军陆基侦察机的地区之时，根本不可能存在。另外，栗田健男原有的指挥权被分割，这一举措不论是在人事管理层面，还是在战术层面，都缺乏合理性。将战列舰"扶桑"号和"山城"号分离出去并设立单独的指挥官的做法看似合理——否则这两舰会拖慢舰队的整体航速，但事后我们发现战列舰"长门"号却仍然留在了栗田健男的舰队之中，它仍然会拖舰队的后腿。西村祥治的战列舰从1942年起就一直负责训练任务，[24]它们对即将到来的舰队行动准备得最为不足。除非将西村祥治的舰队从舰队主力中抽调出来，否则所谓的战略规划就是无理可据的。但我们也很难知晓到底什么神秘力量能保证栗田健男舰队的完整性。西村祥治的舰队本来甚是低调，在出发之时西村才了解到自己舰队的组成和相关任务。同时，伴随西村祥治舰队的重巡洋舰和驱逐舰，并不能在该舰队前往莱特湾痛击美军的过程中，采取有效措施来避免舰队遭遇美军潜艇和空中力量的打击。相同的问题也存在于第16战队（16th Cruiser Division）的部署安排中。此时，该战队包含重巡洋舰"青叶"号、轻巡洋舰"鬼怒"号和驱逐舰"浦波"号。这三条船隶属南西方面舰队，它们于10月18日从林加岛的锚地出发，为栗田健男的编队伴航。当日，联合舰队司令部也命令这些舰船为正在前往莱特岛的陆军运输舰提供支援。重巡洋舰"青叶"号于10月24日在马尼拉外围海域被美军潜艇"欧鳊鱼"号（USS Bream，SS-243）发射的鱼雷击中。它身边的左右手也在10月26日被美军舰载航空兵击沉。"鬼怒"号在马斯巴特岛（Masbate Island）附近沉没，"浦波"号在班乃岛附近沉没。[25]人们围绕它们的集体损失争论不休，尽管这次任务关系到两大军种间的关系，可是它们待在栗田健男的舰队中也许会死得更有价值，至少不会在一个次要或者三线任务中丢掉性命。

更严肃地讲，志摩清英的舰队也面临着类似的问题。如果西村祥治的舰队作为诱饵，在栗田健男的舰队穿过锡布延海（Sibuyan Sea）进入圣伯纳迪诺海峡时，前去吸引注意力并拖住美军的话，那么日军就不需要另一支部队来诱骗美军了。按照当时日军的常规作法，这个任务只要数量可观的驱逐舰便能完成。关于志摩清英和西村祥治两支舰队间无法协同，人们经常将其归咎于两人性格不合。普遍认为两支舰队之所以不愿相互配合，是因为西村祥治不希望自己受志摩清英的管辖。志摩清英的部队能取得的战果，并不比西村祥治的舰队好到哪里去。如果西村祥治的舰队遭遇不测，志摩清英的舰队也只能干瞪眼。

穿过苏里高海峡前往莱特湾的两支舰队缺乏协同，还可以归咎于西村祥治和栗田健男配合失当。他们本是老朋友，但此时却自扫门前雪。向莱特岛进发的时间定在10月25日的早晨，除此以外，舰队间便没有其他安排了。这三个要在菲律宾附近迎战美军的舰队互相不打招呼，这不仅"超凡脱俗"，而且也经常成为历史学家们的谈资。但还有一件事从未成为人们关注的焦点，那就是日军的作战意图是将打击舰队派往萨马岛和莱特岛附近海域，而这些海域却经常被在吕宋岛集结的美军航空兵光顾。既然事实如此，那么日军让主力舰队穿过锡布延海和圣伯纳迪诺海峡，以及让次要舰队和诱敌舰队穿过苏禄海就在一定程度上缺乏可行性。初步看来，以下两种做法都可以作为解决方案：一是将部署方案颠倒过来，二是让栗田健男的舰队保持完整，当志摩清英的巡洋舰和护航舰艇挂靠在栗田健男旗下时，让其代替其他舰队穿越苏里高海峡。后者的魅力显而易见，但缺陷也一目了然：当栗田健男的舰队于10月25日穿过圣伯纳迪诺海峡到达萨马岛附近海域时，上述方案并不比实际发生的事更有前景。但是颠倒部署会导致美军的6艘老式战列舰在更佳的作战位置和更先进的雷达的加持下与日军仅剩的9艘战列舰中的7艘发生战斗，这无疑是最具戏剧性的一幕——日军的7艘战列舰中包括"大和"号和"武藏"号，它们将在10月24日至25日夜间穿过苏里高海峡。

日军的战略部署和作战意图严重影响了后续事件的发展，不过事态并非对日本海军有利。当栗田健男的舰队从林加岛出发前往文莱湾并在此处补充燃油之时，当志摩清英的舰队向南航行之时，对美方来说，有两个重要的因素决定了事件的发展。第一，美军的侦察机在栗田健男的舰队前往文莱湾的途中发现了其踪迹，但是侦察报告并不完整，而且被美军统帅部忽略，此时美军并不知晓日军的打击舰队正在何处。第二个因素理解起来会有些许的困难，并且人们在叙述整场战斗时往往会视若无睹。

美军的侦察报告竟然被忽略了，但这不是没有原因的。美国海军情报部门并不知道日军打击舰队的下落，但他们知道该舰队自1944年3月起就停靠在新加坡。第七舰队的情报部门总结道：从新加坡出发的任何日军舰队，必须要在途中接受补给，才能到达菲律宾。于是，当美军截获了日军的无线电信号，并从中解读出日舰离开台湾岛、停靠科伦湾和驻留文莱湾等关键信息时，其特种侦察飞机已经掌握了日舰的踪迹。10月20日早晨，当栗田健男的舰队到达文莱时，美军发现了它们，并将这一发现电告总部。日军至少窃听到9份侦察报告，这些电报在瓦胡岛和阿德默勒尔蒂群岛的无线电站间中转，因此日军假定自身的舰队已经暴露。实际上，因为只识别出1艘战列舰、3艘轻巡洋舰、3艘驱逐舰和6艘其他战舰，所以这份报告没有受到重视。[26]美军似乎也并不想真正知晓日舰的具体类型和数量，所以并未派出额外的侦察机。实际上，第七舰队的情报部门及其人员真正关心的，是之前派往文莱湾的侦察机为何没有传回侦察报告，告知日舰此时或在一个大致时间段内位于何处——就算报告中关于日舰编制和规模的信息可能与现实有出入，日军舰队中至少也会包含一艘战列舰。

人们严重夸大了此次侦察失误造成的影响。美军在10月23日找到了栗田健男的舰队，在当天和次日，该舰队都蒙受了重大损失。事实上，哈尔西和金凯德都收到了持续两天的关于日军部署情况的情报。从某个方面来讲，美军在10月23日之前损失两三天用于告警的时间无关大局。美军拥有足够的时间采取基本的预警手段并给予日舰重大打击。有两件事我之前提过，却没有阐明其重要性。所有关于莱特湾海战的报告不可避免地会关注它们：第一，在10月24日至25日的夜间，哈尔西并未派出任何一个舰队去守护圣伯纳迪诺海峡。第二，10月25日早晨，栗田健男的舰队在于萨马岛附近与美军航母战斗群相遇时选择了规避。所有关于此战的报告都在质问哈尔西：当栗田健男的舰队出现在文莱湾的关键时刻，他为什么命令四个航母支队中的两个返回乌利西环礁休整补充？哈尔西在10月21日的确下了这个命令。当时，美军的情报首次表明，日军很有可能出人意料地把菲律宾当作作战地点。[27]而哈尔西对当时的日军舰队——不论是北方部队还是南方部队——的下落，一无所知。就算这个情报有些夸张，哈尔西最起码也应当让所有航母原地待命，直到有确凿的情报证明日军舰队不会干扰莱特湾的登陆之时，再安排下一步行动。[28]

评判这个决定时，我们应当尤为谨慎。所有批评哈尔西在了解日军动向之前遣离两个航母战斗群的言论，都得到了如下的回馈：如果美军可以遣离编队，那么唯一可以下达命令的时机，肯定是在了解日军动向之前。批评或质疑这个决定之前肯定需要再三斟酌，但这个决定本身，以及史学界对该决定的态度，却显得不合情理。

10月11日至16日，美军为支援米沙鄢群岛的先期登陆行动，在台湾岛附近与日军展开空战。之所以发起米沙鄢群岛的先期登陆行动，是为了给10月17日至20日登陆莱特岛的行动做前期准备。哈尔西做出这个决定是在上述空战和登陆行动之后。在行动的第二阶段，美军希望在短时间内进行一次诱骗行动。执行此行动的舰船，包括重巡洋舰"堪培拉"号和"休斯敦"号。拟订行动计划浪费了大量的时间，此时美军的护航航母"桑加蒙"号（USS Sangamon，CVE-26）、澳大利亚海军重巡洋舰"澳大利亚"号（HMAS Australia，D84），以及美国轻巡洋舰"檀香山"号（USS Honolulu，CL-48）正在滩头附近海域遭受打击。[29]第38特遣舰队的四个航母战斗群在重新补给之后便发动了一连串的打击，它们的主要目标是吕宋岛的北部地区。美军的作战意图是让所有的四个航母战斗群在10月20日登陆莱特岛的过程中，以及登陆完成之后保持战位。[30]然而，在行动过程中，哈尔西拒绝让第38特遣舰队的航母于10月18日至19日间继续在吕宋岛南部和米沙鄢群岛区域执行任务。哈尔西将他的编队放置于吕宋岛的东北部海域，因此消灭米沙鄢地区日军航空兵的任务就交由第77特遣舰队的护航航母来完成了，但是这些护航航母更适合给登陆莱特岛的两栖部队提供空中掩护和近距支援。[31]在美军登陆部队肃清滩头阵地后，哈尔西命令第38特遣舰队第1支队和第4支队进行燃油补给。第1支队在10月22日前往乌利西环礁，第4支队于次日前往。[32]10月22日，舰队航母"汉考克"号（USS Hancock，CV-19）从第2支队转移至第1支队。[33]次日，舰队航母"邦克山"号（USS Bunker Hill，CV-17）从第2支队脱离，前往乌利西环礁获取更多战机。[34]轻型航母"考伯恩斯"号（USS Cowpens，CVL-25）和"卡伯特"号（USS Cabot，CVL-

28）于10月20日分别返回第1支队和第2支队。第30特遣舰队第3支队在重巡洋舰"堪培拉"号和"休斯敦"号收到前往马努斯岛的命令之后，于10月27日到达乌利西环礁。[35]这一系列的举动表明，哈尔西想让两个航母战斗群处于待命状态。第一个航母战斗群便是第38特遣舰队第3支队，包含舰队航母"埃塞克斯"号（USS Essex，CV-9）、"列克星敦"号（USS Lexington，CV-16）和轻型航母"兰利"号（USS Langley，CVL-27）、"普林斯顿"号（USS Princeton，CVL-23）。第二个是第38特遣舰队第2支队，原本是该特遣舰队中战力最强的支队，但被削弱到只剩下舰队航母"无畏"号（USS Intrepid，CV-11）和轻型航母"独立"号（USS Independence，CVL-22）了。不过"卡伯特"号被及时召回，完整参与了10月24日的战事。

在审视更改战斗序列、补给燃油和执行各类打击的过程时，我们很容易忽视一个鲜明的细节。哈尔西的命令下达之后，在第一次打击行动中集结了9艘舰队航母、8艘轻型航母和1077架战机的特遣舰队，此时已经被削减到只剩下3艘舰队航母、4艘轻型航母和约400架战机。就算美军允许第4支队回来参战，特遣舰队的整体战力也不过是5艘舰队航母、5艘轻型航母和大约600架战机而已。战机数量的整体削弱，导致特遣舰队的战机编制缩减为原先的五分之二，而火力最为强大的第2支队在如此关键的阶段却变现得"心不在焉"。（参见表5.4）

表5.4 1944年10月9日与24日，第38特遣舰队及其麾下各航母战斗群的舰艇组成

	舰队航母	轻型航母	战列舰	重巡洋舰	轻巡洋舰	驱逐舰
1944年10月9日0时01分						
第38特遣舰队第1支队	2	2	—	4	—	14
第38特遣舰队第2支队	3	2	2	—	3	18
第38特遣舰队第3支队	2	2	4	—	4	14
第38特遣舰队第4支队	2	2	—	1	1	11
合计	9	8	6	5	8	57
1944年10月24日0时01分						
第38特遣舰队第2支队	*1*	2	2	—	4	18
第38特遣舰队第3支队	2	*1*	2	2	3	11
第38特遣舰队第4支队	2	2	2	2	—	12
合计	5	5	6	4	7	41

在10月23日美军接到发现日军打击舰队的侦察报告并与之接触之前，多达一半的美军航母奉命前去肃清菲律宾。这样的态势发展，实在是非同寻常。肃清菲律宾的命令似乎与美军的真实需要脱节。第38特遣舰队第1支队和第4支队重新加入到混战队伍中并在军事行动扮演重要角色。美军在当天的行动中遭受的损失很有限，在台湾岛上空的空战使美军快速航母编队损失了76架战机，另有3架飞机因操作不当而损毁。在10月17日至23日间，美军总共只损失了36架战机，其中25架是在17日、18日两天内被击落的。[36] 舰载机的损失，在均摊到舰队中的9艘舰队航母和8艘轻型航母身上之后，可以说微乎其微，美军根本不需要派遣一到两个航母编队返回乌利西环礁去搭载更多的战机。第38特遣舰队第1支队在10月24日当天的缺席对战事的发展来说极为关键。首先，美军如果能妥善处理10月20日的侦察报告并将其作为后续决策的根据的话，两个航母战斗群就不会接到返回乌利西环礁的命令，如果事态如此发展，那么所有四个航母战斗群就都会在10月24日至25日原地待命。哈尔西便会在前往北方搜寻小泽治三郎的航母编队的同时留下一个航母战斗群来防守圣伯纳迪诺海峡。其次，有人好奇地假设：当栗田健男的舰队穿越锡布延海，但还没有通过圣伯纳迪诺海峡之时，如果第38特遣舰队的所有四个航母战斗群都在10月24日当天整装待发，战事到底会走向何方。

后一个假设可能与现实更为相关，理由也非常简单，即它更符合集中用兵的原则。无脑地死守这一战争规则大概意味着如下的事态：在10月24日至25日，哈尔西会把四个航母战斗群全部派遣至北方，而不是留下一个航母战斗群。根据之前的推演，两个假设之中，前一个可能更难解释得通。人们广泛认为锡布延海战使美军获得了重大的战略优势，尽管这一优势和作战当天舰载航空兵以为的不同。在海战中，只有一艘日军战列舰——"武藏"号被击沉，但值得推敲的地方在于：在作战行动之初，三个航母战斗群拥有的战机数量大概是四个战斗群的五分之三左右，但是反舰战机所占的比重却只略多于原有编制的一半。原有编制包含274架SB2C地狱俯冲者式俯冲轰炸机和234架TBF复仇者式鱼雷轰炸机，但这三个航母战斗群却只有148架和144架同类战机。三个航母战斗群中规模最小的那个（只包含一艘舰队航母、一艘轻型航母和一艘能适应夜间作战的"独立"号航母）在10月24日处于待命状态，它也是离圣伯纳迪诺海峡最近的一个航母战斗群。另外，第38特遣舰队第4支队曾经参与了米沙鄢群岛的各类行动，且在此时并未进攻栗田健男的舰队。哈尔西依据这两个战斗群的规模和位置，做出了在与日军接触之前遣离两个航母战斗群的决定。这一决定产生了不幸的后果。之所以这样定性，一方面是基于这样一个假设——美军如果集中使用航母战斗群的作战力量，本可以取得更大的战果，另一方面也是基于历史研究得出的结论。[37]

10月22日早晨8时05分，栗田健男的舰队从文莱湾起航，[38]而在7个小时之后，即15时，西村祥治的舰队也开始远行。这两个舰队出港之时，另外两个舰队航行已久，并重新展开了在菲律宾的空战。它们在经历了失败后，已经准备好以完全不同的方式来夺取胜利。小泽治三郎的舰队在10月20日夜间离港。它在日本内海从不同的港口集结了多艘舰只，然后在由轻巡洋舰"五十铃"号和4艘驱逐舰组成的护航编队的指引下，穿过丰后水道（Bungo Strait）的东侧通道。[39]该舰队接到的指令在人类海战史上也是独树一帜的：

> 为了与友舰进行协同作战，航母舰队……的目的在于……冒着生命危险，以自我牺牲的精神转移吕宋岛东部的敌军航母特遣舰队的注意力，并将它们引向北方和西北方向。这样即可保证第一部队和第二部队成功突入敌军发动两栖登陆的相关海域。[40]

一系列探查到美军潜艇的虚假报告，将刚刚出海的日军舰队搞得甚是被动。当美军潜艇"鲷鱼"号在台湾空战期间使用鱼雷打击驱逐舰"凉月"号的时候，[41]正在海峡附近活动的由美军潜艇"鲷鱼"号、"牛鼻鲼"号（USS Gabilan，SS-252）和"隐棘鲥"号（USS Ronquil，SS-396）组成的巡逻队却错过了侦测日舰的机会。"鲷鱼"号和"隐棘鲥"号奉命向西，而"牛鼻鲼"号则向东航行至纪伊水道（Kii Strait）处。另外，本来应执行侦察任务的潜艇，却转而进攻日本的商船。任务性质的转变使得丰后水道的东侧无人值守，这便导致小泽治三郎的舰队侥幸逃脱了美军潜艇的侦测并毫无顾虑地前往南方，以实现自我牺牲。[42]在头三天中，舰载航空兵的活动非常冷清，舰队遵守无线电静默的规定，而它包含双重目标的空中任务，将会在10月23日展开。[43]

　　10月20日，在南面的马公岛附近活动的，是志摩清英指挥且被安上大名的第五舰队（5th Fleet）。当美军部队在10月17日登陆苏禄安岛之时，第五舰队刚刚结束在台湾岛的简短混战，赶到了琉球北部的奄美大岛。[44]该舰队在10月20日到达马公岛，由当日上午9时30分到港的"良荣丸"号补给舰负责加油。[45]此时，志摩清英接到了让其放弃驱逐舰编队的命令。这样，驱逐舰"若叶"号（Wakaba）、"初春"号（Hatsuharu）和"初霜"号（Hatsushimo）组成的编队，便能够将航空兵、地勤人员和装备从台湾岛运送到菲律宾。[46]当战事发展至此时，第五舰队余下舰艇的任务目标却并不明确。志摩清英本人更希望将舰队拉回本土，不过他并没有立即如愿，尽管联合舰队司令部命令小泽与正在前往圣伯纳迪诺海峡的栗田舰队汇合，可是舰队参谋越来越倾向于让志摩清英的舰队穿过苏里高海峡前往莱特湾。毫无疑问，日军的其他舰队，即西村舰队受命从南面航路进入莱特湾。志摩清英的舰队本来也该这么做，[47]但情报显示美方有2艘战列舰、5或6艘巡洋舰和至少10艘驱逐舰正在海峡内活动，[48]在这些军舰的眼皮底下大摇大摆地航行，这显然是不现实的。西村舰队的规模较小、易于隐蔽，所以相对来说更容易穿过这条航路。10月21日下午16时，志摩舰队到达了科伦湾，此时西村舰队已经从栗田舰队中脱离并进入指定航道。[49]"日荣丸"号此时正在乌卢甘湾，而卡拉棉群岛附近海域没有油轮可以提供补给，这就意味着志摩舰队中的巡洋舰必须在10月24日凌晨2时舰队出航之前，向驱逐舰输送油料。[50]由于志摩清英并不清楚西村祥治的作战计划，志摩舰队的出航或多或少带有孤军奋战的性质。

　　曾经在志摩清英旗下的巡洋舰编队，指挥权被转交给了栗田，但它们从未真正编入栗田的舰队。这些巡洋舰在10月21日的下午从马公岛出发，前去给前往莱特湾的舰队护航。[51]正如我之前提到的，10月22日早晨，栗田舰队起航，西村舰队在午后跟进。西村舰队在绕过北婆罗洲之后会通过巴拉巴克海峡（Balabac Strait）进入苏禄海。由于其他海域充满了礁石和浅滩，两支走北线的舰队必须穿过巴拉望航道。这两支舰队将会在不同的时间和不同的地点，经历类似的事件。巡洋舰编队失去了一艘重巡洋舰——因为潜艇的攻击，它失去了战斗力但却并未沉没。同时，栗田舰队中有两艘重巡洋舰被击沉，第三艘重巡洋舰在遭受重创后被迫撤至新加坡——这同样也是因为潜艇的进攻。所有这些损失都是在10月23日早晨发生的。

栗田健男对航线的选择，招来了一大堆议论，很少有人对这位海军将领持肯定态度。所有关键性的意见都指向一处，即栗田健男在行动实施过程中对舰船单位的部署有问题。由于水上飞机均被派遣至萨马岛附近海域执行侦察任务，在航行途中舰队便损失了重要的反潜力量，整只舰队也并未做好应对潜艇偷袭的准备。[52]我们很难准确地判断，到底在什么时候应该让舰队做好反潜准备。在数月之前，所有日军的主力战舰均装备了雷达，其中有些装备的是搜索雷达，但也有人怀疑日舰的弱点并非全在武器装备上，他们的训练水平和战斗经验也很成问题。一言以蔽之，当美军潜艇"欧鳊鱼"号浮在水面之上，航行至离"青叶"号800码时，日军并未察觉到它的到来。另外，美军潜艇"鲦鱼"号（USS *Dace*，SS-247）和"镖鲈"号（USS *Darter*，SS-227）在水面上航行了5小时，在入水前与栗田舰队打了7分钟的照面，对方还是无动于衷。[53]显然，日舰的防御措施和反潜能力并不一直处于在线状态。

　　然而，历史学界很少关注这些现象，他们通常将注意力放在舰艇的编制构成、舰队巡航缺少预警措施和栗田健男本人上面。关于栗田健男在分配游击部队时造成的编制构成问题，一般的批评都已经达成了共识。[54]

　　栗田舰队的15艘驱逐舰中，至少有5艘并未固守舰队的外延，而是处于战列舰和巡洋舰的夹缝地带，同时整个舰队也缺少驱逐舰来指引航向，这些问题都导致了舰队在遇到突发状况时犹豫不决的心态。实事求是地讲，日军长期以来就缺乏足够的驱逐舰，如果按照英国的标准，可能栗田健男两大部队的安全，还需要10艘驱逐舰才能完全保证。最为突出的是舰种的平衡问题，一方面是战列舰和重巡洋舰的数量不对等，另一方面是它们与驱逐舰的数量不对等。此外日军还有一个惊人的举动，栗田健男把他的旗舰"爱宕"号摆在了舰队的最前端。

　　把旗舰摆在舰队最前端肯定是严重的问题，但也许真正的问题出在栗田的旗舰是一艘重巡洋舰上。这里有一个显而易见的问题，那就是栗田健男在刷存在感。栗田认为自己是一个"巡洋舰将领"，因此他必须在行动中待在一艘巡洋舰上，以达到人舰合一。当宇垣缠将第一战队（1st Battleship Division）的"大和"号作为自己的旗舰时，栗田健男应当选择坐镇"武藏"号或"长门"号。"长门"号在1942年到来之前，一直是联合舰队的旗舰，而且栗田健男和他的参谋，以

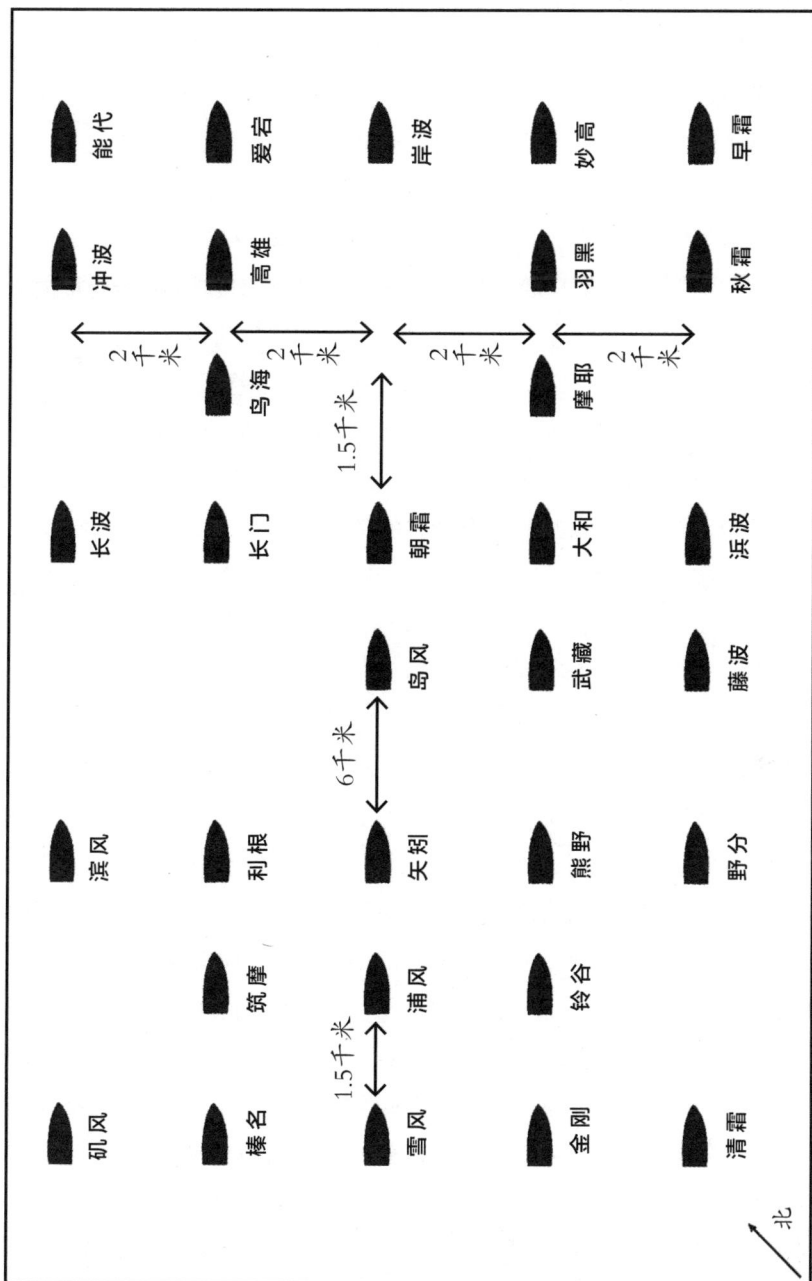

△ 1944年10月23日，巡航状态下穿越巴拉望航道的栗田舰队

及更为重要的信号兵都肯定在该舰上待过。同样地，"武藏"号战列舰跟它的姊妹舰"大和"号一样，也肯定扮演过旗舰的角色。从某个方面来说，栗田健男没有选择"武藏"号作为旗舰是他的幸运，但是他的选择及其牵扯到的方方面面，反映出栗田健男的其他考量，这些考量可能回答了我们对栗田健男的疑问，即10月25日早晨在萨马岛附近海域遇到美军航母编队时他为什么选择撤离。

　　人们总是用一个词来描述栗田健男的人物性格：沉默寡言。[55]此外，记载这段战斗的历史材料经常提到栗田健男在战后对这一战事的态度。栗田拒绝提供任何关于萨马岛海战作战实施的详尽细节和行事动机。有人认为栗田健男并不是那么沉默寡言，只是他真的没什么可说的。不错，我们必须承认栗田健男是太平洋战争中唯一一个能衬托出哈尔西的超凡才能的日本人。我们明显感到奇怪的是，史学界在评价栗田健男10月25日掉头撤离一事之时，忽略了另外两个小插曲。

　　栗田健男曾经在1942年2月27日至28日的爪哇海战（Battle of the Java Sea）中担任西面掩护舰队的指挥官和舰队总司令。以栗田健男的能力来讲，他并没能体面地掩护舰队和他自己。的确有人对栗田健男和他的舰队在战斗中"空响炮声"感到不满，而在1942年2月28日至3月1日的巽它海峡海战（Battle of the Sunda Strait）中，连炮声都消失了。另外在1942年6月的中途岛附近海域——我当然不能整个地否定栗田健男，但是他确实这样做了——栗田健男抛弃了两艘受创的重巡洋舰，且拯救舰只及其船员时心不在焉。当然，1942年10月至11月，栗田健男在瓜达尔卡纳尔岛附近海域做出了努力，这是毋庸置疑的。我们也应当对他于一年之后在拉包尔的战斗给予肯定，日军在拉包尔的失败是历史必然，不能归咎于栗田健男犯下的任何一点过错或他的一时的疏忽。但是当栗田健男继续在海战中担任主力舰队的指挥官时，日本帝国海军的战力正在急剧衰退，有指挥能力但直言不讳的指挥官已经退出了历史舞台（如海军少将田中赖三，Tanaka Raizo）。这些颓势导致了一系列的问题，也产生了为了解决这些问题而提出的、让人不忍直视的答案。后者可能和战前的一起事件有关。在太平洋战争爆发半年前，日本帝国海军和陆军一样，开始清洗那些对对美作战持悲观态度的军官，许多军官被流放到毫无出路的岗位上，这和1944年海军军官素养与训练水平的下降有直接的关联，让海军失去了大部分有能力的中层军官。然而，这里需要点明的是，有人认为上述言论对栗田健男有些不公。对爪哇海战也可以有另一种解读：作为舰队司令，栗田健男在战斗中表现谨慎，在战事不断发展的同时，他没能交到好运。在中途岛，他并没有第二个选择。如果他试图帮助那两艘受创的重巡洋舰（其中一艘最终沉入了海底），就很容易把舰队中的四艘巡洋舰全部搭进去。这样的言论也未必会让所有的人心服口服，但不管怎么说还是应当将它摆到台面上。[56]

从10月22日至23日的战事发展来看，作战行动真正开始于3时25分。此时，美军潜艇"欧鳊鱼"号在北纬14°05′，东经119°43′，即位于民都洛西北面的卡拉维提角（Cape Calavite）向重巡洋舰"青叶"号发动鱼雷攻击。美军潜艇"欧鳊鱼"号的指挥官相信，他们首次接触的日舰编队包含两艘重巡洋舰，且由一艘轻巡洋舰带队航行。他们瞄准了编队中的第二艘日舰，并用一枚鱼雷击中了"青叶"号的二号引擎室。"青叶"号最终被轻巡洋舰"鬼怒"号拖至甲米地。尽管美军在此战之后控制了菲律宾海域，可是在甲米地完成修理后，"青叶"号仍然于12月12日成功地返回了日本的吴市（Kure）。从此之后，它便没有经历过修理。"青叶"号被降级到预备队中，之后当作防空巡洋舰使用，以便在美军的空袭中发挥作用。它最终于1945年7月28日，在规模庞大的舰载机空袭行动中被击沉。[57]

美军潜艇"欧鳊鱼"号和日军巡洋舰编队的接触，并不能当作美日之间的首次交火，当然这次遭遇也不能直接纳入莱特湾海战之中。在10月21日之前，美日之间的最早接触，与日军小型登陆艇在莱特湾西海岸的活动有关。美军推断日军正在向岛上增派援军。10月21日至22日，美军多次发现日军的活动，但这些活动过于碎片化，也没有产生决定性的影响。美军在递交的报告中提道：日军的活动可能和志摩清英的舰队从台湾岛的空战中撤离有关。10月23日1时16分，美军潜艇"镖鲈"号和"鲦鱼"号与栗田健男的舰队在北纬8°20′，东经116°20′打了照面。[58]这是美军第一次和日军主力部队发生接触，这次接触表明日军对美军登陆莱特岛的行动进行了反制。美军认为这一日军舰队包含3艘战列舰，位于巴拉望航道的入口，且正朝040航向前进。两艘潜艇估计日舰的航速为22节，于是便立即埋伏在日舰之前，它们的意图是在黎明时分、天蒙蒙亮的时候发动进攻，因为此时辨别日舰更为容易。"镖鲈"号准备在编队的左舷一侧发动攻击，而"鲦鱼"号则选择了右舷一侧，且准备较前者更早地发动进攻。在第二份报告中，美军认为日舰位于北纬8°47′、东经116°37′处，并以15节的航速行进。正因为日舰航行缓慢，美军的两艘潜艇才得以在5时25分设伏。早晨6时09分，"镖鲈"号和"鲦鱼"号下潜。6时32分，当日舰在黎明时分向左舷一侧进行之字形机动的时候，"镖鲈"号在980码的距离，向栗田的旗舰"爱宕"号发射了所有的6枚舰艏鱼雷，然后朝"高雄"号发射了舰艉的鱼雷。早晨6时33分，"爱宕"号被4枚鱼雷击中，在几分钟之内舰艏就开始入水。鱼雷造成的损害是巨大的，甚至在最后一枚鱼雷击中它的发电机室之前，它就已经倾斜了25°。6时34分，两枚鱼雷击中了"高雄"号并破坏了它的尾舵，损坏了四只螺旋桨中的两只，让三个锅炉房被海水淹没。[59]接着，当日军的驱逐舰开始反应过来，并尝试使用深水炸弹对美军潜艇展开反击之时，"鲦鱼"号向它认为可能是金刚级的一艘战舰发射了4枚鱼雷，之后证实那是重巡洋舰"摩耶"号。该舰在6时57分被4枚鱼雷击中，[60]这让宇垣缠濒临崩溃。它发生了爆炸，并且"除了烟尘和入水时溅起的波浪外，什么也没留下"。其他的史料则指出，它挣扎了4至10分钟的时间才遁入海底。在"秋霜"号（Akishimo）和"岛风"号拯救了769名官兵之后，被救的水手并不认为宇垣缠的表述夸大了事实。在"摩耶"号被击中之后，日军编队人心溃散，因此日舰整体加速到24节，以尽快脱离这一片危险海域。[61]

史学界在陈述这一段故事时必然会关注两个方面。第一，"爱宕"号在20分钟之内沉入海底，[62]栗田健男陷入沉思，不过关于后者存在着些许争议。[63]实际上，当"岸波"号驱逐舰接近"爱宕"号时，"爱宕"号正处于毁灭的边缘，因此"岸波"号被迫后撤并保持与旗舰300米的距离。之后，"岸波"号和"朝霜"号开始拯救生还人员，其中也包括栗田健男本人和他的参谋团队，这些人被迫浸入海水之中，从受创的重巡洋舰游到了驱逐舰上。一共有359人阵亡，不过两艘驱逐舰也救起了710名军官和士兵。早晨7时，栗田健男的旗帜在"岸波"号驱逐舰上扬起，不过舰队内半数的信号兵都已经阵亡，而大多数被拯救的士兵都聚集在"朝霜"号驱逐舰上。[64]由于"朝霜"号和"长波"号接到了等待救援"高雄"号并将其护送到文莱湾的命令，[65]栗田健男和他的参谋不得不与他们的通信人员分离。这可以看作萨马岛海战中栗田健男无法实现真正的指挥和控场的重要原因之一。[66]即便舰队的通信人员（或者该归咎于舰队的参谋）在岗，他们也不能有效地完成自己的使命。在2时50分，"大和"号上的宇垣缠收到了一份报告，[67]其中提到附近有潜艇在传输特殊信号，但是栗田健男却没有收到类似的报告。就算巴拉望航道内机动空间有限，日舰可能在收到此类报告后无法有效地规避，信息如此不畅通也着实让人感到意外。[68]

　　历史学界关注的第二个事件，便是美军随后失去了潜艇"镖鲈"号。在为了规避深水炸弹的打击而进一步下潜后，美军两艘潜艇意图接近受创的"高雄"号。但是它们剩下的鱼雷无法同时处理日军的驱逐舰和巡洋舰，因此它们决定一直等待到夜晚降临之时，那时两艘潜艇的同时进攻也许能对日舰形成压倒性的优势。"镖鲈"号在当晚20时15分上浮至水面并发送了第一份完整的关于早晨战事的战后报告，随后便航行在水面之上，挡在了日舰的前面。它的第一轮进攻并未成功，于是打算在一小时后发动第二轮。在试图向右舷方向做急转弯时，它把自己逼到了浪花礁（Bombay Shoal）附近。它以17节的航速骑上了海拔9英尺的礁石，结结实实地搁浅了。"鲦鱼"号想把它拖离礁石，结果当然没有奏效。美军决定抛弃"镖鲈"号，花了两个多小时才撤离完所有的乘员。由于洋流的干扰，"鲦鱼"号不得不消耗蓄电池的一半电力来维持相对位置不变。美军为了击沉"镖鲈"号，先使用了炸药，之后发射了4枚鱼雷，然后又投送了30枚5英寸炮弹，但"镖鲈"号几乎能免疫所有的武器。第二天早晨，在吸引了日军战机和舰只的注意之后，"镖鲈"号才被最终击沉。[69]以上故事已经被人们熟知了，但很少有人知道的是，美军的另外两艘潜艇——"条纹鲈"号（USS *Rock*，SS-274）和"鹦鹉螺"号（USS *Nautilus*，SS-168）也参与了击沉"镖鲈"号的行动，这个凿沉任务最终在10月31日完成。"镖鲈"号的乘员被"鲦鱼"号送到了弗里曼特尔（Fremantle），他们并未遭到解散，而是直接被分配到了潜艇"油鲱鱼"号（USS *Menhaden*，SS-377）上。该潜艇是美国威斯康星州（Wisconsin）马尼托瓦克（Manitowoc）港口建造的最后一艘舰艇，它在1945年7月22日入役，并在9月1日驶向珍珠港。[70]

　　"镖鲈"号高速驶入危险地带之后触礁的事件，被人们当作战争中的一次危险事故。这更像是一个偶然事件，与粗糙和感性的决策无关。和"鲦鱼"号与"镖鲈"号的战果比起来，这次事故轻如鸿毛。单单在这次行动中，这两艘潜艇就击沉了3艘重巡洋舰和2艘驱逐舰，而这些舰船来自一支包含了5艘战列舰、10艘重巡洋舰、2艘轻巡洋舰和15艘驱逐舰的庞大舰队，这绝不是普通的成就。更重要的是，在10月23日早晨6时20分，哈尔西所在的"新泽西"号（USS *New Jersey*，BB-62）收到了潜艇发送的初步报告，从而明确知晓了日军舰艇正在向米沙鄢群岛赶来。[71] 审慎地思考和分析相关的事件之后，我认为还有两点值得注意。第一，既然眼前的作战行动是那么的重要，日军为什么还要派两艘驱逐舰给一艘遭重创的重巡洋舰护航，并将其护送至安全地区呢？给受创的舰艇护航很有可能是一种常规的例行性操作，在一般情况下是值得肯定的，但是在当前的这种情况下，护航的做法就显得有些不合时宜了。日军驱逐舰在数量上的短板，使得它们在大规模的进攻面前，无法有效保护战列舰和巡洋舰的安全。此时再分走两艘驱逐舰，无异于自断臂膀。[72] 第二点便是，潜艇"镖鲈"号和"鲦鱼"号本应监视巴拉巴克海峡内日军的动向。[73] 当它们前去追击栗田健男的编队时，它们放弃了原先的监视任务，从而让西村祥治的舰队大摇大摆地进入了巴拉巴克海峡。这并无大碍，西村舰队在次日穿越苏禄海的时候，就被美军的陆基战机发现了。金凯德好好准备了一番，以便合适地招待客人。但是这种放弃主要目标转而从事其他活动的做法，却异常奇怪地弥漫到了丰后水道。在这两个地区，当地的指挥官（而非舰队指挥）的所作所为，等同于在战斗可能会在视野内发生之时，公然无视自己的侦察使命。和当时即将展开的战事相比，这也许微不足道，而且在任何情况下，美军在巴拉巴克海峡犯下的擅自离岗的过错，都没有在另一起事件中获得的成就令人瞩目。在10月23日入夜之后，美军潜艇"鲅鲢鱼"号（USS *Angler*，SS-240）首先发现栗田舰队离开巴拉望航道并进入了民都洛海峡（Mindoro Strait），之后潜艇"犁头鳐"号（USS *Guitarro*，SS-363）也汇报了这一情况。[74] 美军潜艇擅离职守，日军派走了两艘宝贵的驱逐舰，双方的失误算是打了个"平手"；"鲅鲢鱼"号和"犁头鳐"号的侦察所得，也算弥补了"镖鲈"号和"鲦鱼"号离岗的损失。不过，这些并存的事件总让人觉得有点超出常规。[75]

10月23日，美国海军统帅部知晓了日舰入海的消息。在战事发展到这一阶段时，海上总共航行着6支不同的日军舰队，而美军只侦测到了其中的两支，时间是当日的早晨。情势发展至此有点出乎人们的意料，[76] 更让人担心的是，早在10月21日，即美军登陆莱特岛并建立滩头阵地的次日，美军舰载航空兵便覆盖了菲律宾地区的各个角落以便搜寻日军的下落，可他们却一无所获。比方说，第38特遣舰队第3支队此时正在圣伯纳迪诺海峡东北100海里处，它的舰载机则在民都洛岛和科伦湾附近侦察。22日，这个舰队在北纬14°00′，东经130°00′处加油，然后继续搜寻日军舰队的踪迹。

以上所述的一系列行动，如在吕宋岛和米沙鄢群岛搜寻并进攻日军目标，以及各舰队交替加油，反映出了第38特遣舰队的行为模式。在支援了10月17日的登陆之后，麦凯恩指挥的第38特遣舰队第1支队和戴维森指挥的第38特遣舰队第4支队在10月21日进行加油，然后在次日前往乌利西环礁以完成弹药和物资的补给。10月23日，当美军听到日舰的轰鸣之后，哈尔西便召唤戴维森的舰队返回莱特岛，但是他让第1支队继续执行原定任务。24日，当第1支队行进到萨马岛以东625海里处时，哈尔西最终还是发布了召回的命令。在10月24日拂晓到来之前，三个航母战斗群已经就位，它们之间大致相隔125海里。第38特遣舰队第3支队位于北面，正对着吕宋岛中部，大约距波利略岛（Polillo Island）60海里；第2支队位于中央，正对着圣伯纳迪诺海峡；第4支队则位于萨马岛附近海域。[77]

在10月23日至24日的夜间，北部舰队，即第38特遣舰队第3支队一直被几架日机尾随，"埃塞克斯"号航母的雷达屏幕上一度有不少于5架日机。24日7时，日机终于找到了美军舰队的确切位置，[78]随后日军航空兵便对美军舰队发动了三次有组织的进攻。日机进攻的目标是离吕宋岛最近的第3支队，而不是正对着栗田舰队航行路线的第2支队。日军航空兵的进攻，与美军舰载机发现栗田舰队和西村舰队几乎同时发生。之后美军发动的进攻便主要针对通过中菲律宾的栗田舰队，进攻行动耗尽了整个白天的时间。美军舰载机在侦测小泽舰队的时候晚了一步，他们于10月24日下午发现小泽舰队正在自己的东北面。于是，哈尔西决定集中力量对付小泽舰队，这一决定是赋予莱特湾海战崇高历史地位的两个决策中的一个。

美军潜艇"鲛鲢鱼"号和"犁头鳐"号在当日夜间传来的报告，加上前一天晚上"鲦鱼"号和"镖鲈"号的行动，使哈尔西相信日军有与美军展开大规模冲突的意图，因此他命令麾下的三个航母战斗群在10月24日拂晓展开大规模侦察行动。这些侦察行动由一组组战机编队执行，每个编队包含一架地狱俯冲者式俯冲轰炸机和两架地狱猫式战斗机。编队的间距为300海里，覆盖了菲律宾境内的所有航道。[79]其他战斗机则在100海里外充当中继站，以确保任何一份侦察报告都能转发回舰队。美军的侦察机编队各自负责10°的扇形区域，三个航母战斗群负责的区域有所重叠，第38特遣舰队第3支队的舰载机意图覆盖林加延湾至民都洛海峡之间的所有区域，第2支队的战机则负责搜索民都洛岛北部至班乃岛南部的所有区域，第4支队的舰载机则负责搜索班乃岛北部至内格罗斯岛南部的区域。在负责巡逻与搜索任务的舰载机于6时被派遣出去后，"埃塞克斯"号航空母舰（即第3支队）又放飞了一支由20架战机组成的编队，直捣马尼拉附近的机场，执行对地攻击任务。[80]

美军在搜索过程中便与多个日军单位发生接触，但只有两份搜索报告显得格外重要。第一份报告是由"无畏"号航空母舰上起飞的一架地狱俯冲者式俯冲轰炸机发出的，它的任务区间在第三扇形区域。7时46分，机载雷达显示有多艘战舰在25海里外的民都洛岛南部海域活动。[81]三架美军飞机随后向南机动，在9000英尺的高空辨认出了敌人的尾迹。他们通过目视观察确认了两个日舰编队，然后向友军报告称这两个编队正在民都洛岛南端8海里的海域，以10至12节的航速朝着050方向前进。虽然不同的报告在敌舰类型和数量上有微小的差别，但是有一点是确定无疑的：哈尔西和博根在8时22分收到的电报显示，日舰编队中不包含任何运输舰——这份电报于8时10分发出。[82]根据这份报告的内容，哈尔西越过了米切尔，于8时27分直接向三个航母战斗群发布了向栗田舰队进攻的命令。与此同时，第38特遣舰队的第3支队和第4支队，则被命令尽可能地与第2支队靠拢，第1支队也在此时被召回。但当这件事发生时，第3支队的状况不允许它遵守这个命令。它此时正被日方攻击，所有的舰载战斗机都在进行空中防御，因此对栗田舰队的进攻行动被迫搁置，真正的进攻是在日方首次进攻谢尔曼的航母战斗群后才发起的。[83]第二次与日军的接触，是一架从"企业"号航空母舰上起飞的舰载机进行的。它在离航母战斗群325海里的最大巡逻半径处搜索，并于8时20分发现了西村舰队。日军舰队的位置一经回报，美军便迅速集结了总共26架侦察机和战斗机，它们顶着凶猛与精准的防空火力向西村舰队发动进攻。[84]日方的"扶桑"

号战列舰舰艉受创，弹射器及水上飞机也被炸毁。但即使"扶桑"号上的火势持续了一个小时才被扑灭，它的舰体和机动能力也丝毫未受损失。日方的"时雨"号驱逐舰艇炮塔被一枚航弹击穿，炮塔内6人受伤、5人阵亡，但它的适航性和速度均未受影响，仍然保持原有的航向并高速运动。[85]除了这两次接触外，美军与日军在别处也打了两次照面。第一次是美军"无畏"号航空母舰的舰载机在当日7时45分于棉兰老岛北面海域，发现了从科雷吉多尔岛（Corregidor）离开，刚刚穿越马尼拉湾前往卡加延的两艘日舰：轻巡洋舰"鬼怒"号和驱逐舰"浦波"号。在舰载机的投弹攻击下，两舰均受到了中等伤害，前者伤亡47人，后者伤亡25人。[86]第二次是"富兰克林"号航空母舰搭载的舰载机在当日8时与三艘日军驱逐舰相遇，舰载机发动进攻后，日军驱逐舰"若叶"号的沉没，正在向"无畏"号航空母舰返航并担任搜索任务的其他美军舰载机目睹了它的灭亡。[87]虽然严格说来驱逐舰"若叶"号和它的同僚并没有直接参与莱特湾海战中成规模的冲突，但宽泛地从这场海战的时间跨度上来看，"若叶"号是首艘在这场海战中沉没的舰只。[88]

日军对美军第38特遣舰队第3支队的进攻，拉开了10月24日早晨诸多打击行动的序幕。历史学家在阐述这一阶段的战事时，主要关注以下两个篇章："埃塞克斯"号舰载航空兵的指挥官大卫·迈克坎贝尔（David McCampbell）参与的战事，以及轻型航母"普林斯顿"号的沉没。日军之所以能实现舰载机进攻，是因为在前一天，来自台湾岛的第二航空舰队的450架战机被部署到了菲律宾地区。海军中将大西泷治郎（Onishi Takijiro）与第二航空舰队司令长官福留繁会晤了一个通宵。前者明确提出要将新到达的这批战机用于"特攻"行动，[89]但是这个建议被福留繁否决。连夜讨论的结果是在10月24日早晨福留繁发动了三波成功的打击，每波包含50至60架战机，所有战机均使用常规的方式投弹进攻。它们的目标是第38特遣舰队第3支队，这个位于最北面的支离马尼拉的主要机场最近。[90]

这三波进攻被第38特遣舰队第3支队的战斗机完全击垮了，其中有一个附加细节值得注意：日军展开的进攻是基于第一航空舰队掌握的少得可怜的情报进行的，他们只有少量的预备飞机，取得的战果十分微薄，并且失去了进一步进攻的能力。这一篇章的结局，便是迈克坎贝尔获得了国会荣誉勋章（Congressional Medal of Honor），而这一奖赏从侧面证明了日军在战机质量和航空兵水平两个方面的落后，这样的结局也预示了日军将会在两天内采用"特攻"战术来弥补自身的短板。迈克坎贝尔和他的僚机分别击落了 9 架和 6 架日军战机，显然当时有多达 40 架日军战机初步形成了鲁夫贝里环形阵型（Lufbery Circle）①，以确保能在短时间内最大限度地保存实力。但一旦美军战机打乱这个阵型，落单的日机便会被逐一击落。"埃塞克斯"号航母起飞的舰载机击落了 24 架日机，而"列克星敦"号航母起飞的战机则以自身损失 1 架的代价，击落了至少 13 架日机。[91]日机的第一波进攻始于 8 时 33 分，时间大约在第 3 支队的最后一批战机起飞之后几分钟，而战斗的时长超过了一个小时。日军的进攻毫无成效，在这三波进攻中，没有任何一艘盟军战斗舰艇、运输舰或是油轮受创。[92]但在之后的战斗间歇，当轻型航母"普林斯顿"号（当时有 10 架舰载机还在上空）成功回收了 10 架地狱猫式战斗机并给它们加油以便让另外两架战机降落时，有一架原先在云层中等待时机的彗星式俯冲轰炸机发起了俯冲轰炸（9 时 38 分）。[93]它投放了一枚 250 千克 / 550 磅半穿甲航弹，击中了飞行甲板上距后部升降机 75 英尺的位置。美军起先觉得无关紧要，舰桥上的指挥官认为航母的首要飞行任务并不会中断，他们的第一反应是"赶紧打上块补丁，然后继续执行任务"。但实际情况是，这枚航弹穿透了飞行甲板和机库，在面包房内爆炸，产生的火焰吞没了机库中的 6 架复仇者式鱼雷轰炸机。这些轰炸机全部满油满弹，还挂载了所有的副油箱。[94]由此造成的二次爆炸，首先把后部升降机顶到了飞行甲板上，然后将前部升降机轨道吹到了空中，接着它便坠落下来，回归本位。二次爆炸还摧毁了液压系统，这意味着部分喷水装置和水管处于不可用的状态。爆炸产生的火焰，迅速从舰岛席卷到舰艉，并且在升降机之间的位置再次引发爆炸。这次爆炸撕裂了整个飞行甲板。10 时 10 分，美军下达弃船命令，除了救火和损管人员留在舰上之外，所有人都必须离开。10 时 20 分，美军下令撤离所有的救火和损管人员。[95]

----

① 译注：鲁夫贝里环形阵型诞生于第一次世界大战期间，创始人劳尔·鲁夫贝里（Raoul Lufbery）是一位法国飞行员。该阵型专门用于战机防御，多架战机形成环路，任意一架战机遭到敌机咬尾后，敌机便自动进入该环路，也必然被另一架飞机咬尾。如此使用零式战机，既能保存己方有生力量，又能发挥该型战机的水平机动性优势。

当火势继续蔓延并且引爆了不同弹药架上的弹药之后，轻型航母"普林斯顿"号便失去了动力，航向渐渐地转为背风漂流。目睹了它的惨状之后，舰队中的轻巡洋舰"雷诺"号（USS Reno，CL-96）、驱逐舰"欧文"号（USS Irwin，DD-794）和"莫里森"号（USS Morrison，DD-560）前去照看伤情。由于"普林斯顿"号被多起爆炸折磨得死去活来，支队司令谢尔曼命令轻巡洋舰"伯明翰"号（USS Birmingham，CL-62）在受创航母旁就位。对救援船只来说，最大的困难并不是来自落水的舰员，[97]而是航母在漂流中不断变化的摇摆幅度。救援的船只不可能在完好无损的情况下一直待在航母的身边，航母上突出的各类炮台将会无情地冲撞友舰。另外，救援舰船的首次灭火作业效果并不理想，因为它们处于逆风方向，水柱的喷发较为困难。同时，驱逐舰也不可能从逆风方向接近航母，因为高温和浓重的烟雾会阻碍救援作业。[98]11时，"伯明翰"号的救火作业开始变得有序起来，它从航母舰艏开始，一直将水洒到舰艉。[99]随后，"伯明翰"号上的志愿者开始登上"普林斯顿"号。4小时之后，驱逐舰"莫里森"号被"普林斯顿"号的烟囱卡住了。由于日机前来进攻，救援舰船不得不分散开来。在日机徒劳无益的攻势褪去后，美军决定将航母拖至乌利西环礁。问题是邻近"普林斯顿"号舰艉的一组火焰一直对灭火作业免疫，美军为了应对日机的进攻浪费了许多时间，此间火势一直在加剧。"莫里森"号根本没有足够的水管来处理火势。15时15分，在救援舰船的第三次努力下，"伯明翰"号终于将一条缆绳投给了"普林斯顿"号。15时23分，当"伯明翰"号尝试将缆绳系在航母左舷舰艉处的时候，火势蔓延到了机库后方靠右舷一侧的储藏舱。这里存放着鱼雷气瓶和备用的航弹。火势的蔓延给"普林斯顿"号造成了严重破坏，舰艉部分受损，飞行甲板后部也没能幸免，[100]但是"伯明翰"号的损伤更为惨重，它的主甲板上站满了人，救火的、操纵防空火炮的以及准备拖船的人员被一扫而空，伤亡人数达到了全体舰员的一半。"伯明翰"号上的悲剧，总是被所有陈述这段历史的人提及。只要写出骇人的场景、坚韧的伤兵和动情的离世就够了。总共有229人阵亡、420人受伤，其中219人身受重伤。令人难以置信的是，几分钟前"伯明翰"号还回应了"普林斯顿"号的救援请求，准备将它拖离。[101]现在它无法完成这一任务了。16时04分，人们发现"火势已经取得了胜利"。[102]

因为没有任何一艘护航舰艇具备将其拖离的能力，且火势正在向储油槽和弹药库推进，美军决定弃舰。[103]在16时45分，米切尔向谢尔曼指出，航母舰队必须向北机动，"普林斯顿"号的最后时刻已经到来。谢尔曼命令部队使用鱼雷将其击沉，"欧文"号负责发出致命一击，但由于鱼雷射击指挥仪之前被"普林斯顿"号冲撞，所有射出的六枚鱼雷中，只有第一枚在17时06分击中了航母，第三枚和第六枚在中途突然转向，向驱逐舰袭来，不过"欧文"号在距离它们不到10码的地方侥幸逃脱。[104]"雷诺"号随即在17时46分上前发射了两枚鱼雷，第一枚击中了"普林斯顿"号前部航空燃油槽的底端，其结果便是由十万加仑左右的航空燃油引发的一次巨大爆炸，直接将航母撕成了碎片。"普林斯顿"号在一分钟之内便沉入海底，它的葬身之地上空装点着一大团蘑菇云。[105]

当第38特遣舰队第3支队陷入苦战之时，战斗发展出了三个不同的支线。第一条线，10月24日早晨，不同的航母战斗群正在收缩集结之时，航空兵力量较弱的第38特遣舰队第4支队奉命支援第2支队。之前提到过，第2支队是三个航母编队中战力最弱，且最靠近圣伯纳迪诺海峡的。总体来说，这样做导致西村舰队和志摩舰队在午后高枕无忧地通过苏禄海。但是聚集在来莱特岛附近海域的金凯德舰队及其支援编队，并不对当前的形势抱有什么幻想。他们整装待发，准备前往苏里高海峡并在该处就位等待。这些行动应该算是当天的好消息了。第二条线，在当天早晨的诸多行动中，对日军航母编队下落的疑虑正逐渐地干扰美军的战略判断。在战事的这一阶段，小泽舰队已经到达了吕宋岛东北方某处，而他只是想吸引美军的注意力。但讽刺的是，吕宋岛的战机和受创的"普林斯顿"号航母成功地勾走了美军的一个航母战斗群，而这个航母战斗群原先所处的位置，是找到小泽舰队的最佳地点。[106]日军第二航空舰队对美军航母的进攻，以及小泽意图吸引位于圣伯纳迪诺海峡的美军舰队的注意力，其目的就是间接地支援栗田舰队。[107]因为战机数量不够、质量不佳以及缺少相应的运作技巧，日军航空兵无法为海军的打击舰队提供持续的近距空中支援，因此日军决定向美军航母编队发起攻击，以诱骗他们向北航行，确保正在中途的栗田舰队的安全。[108]然而在当天早晨的行动过程中，就算小泽舰队已经付出了最大的努力，他们还是没能扮演好自我牺牲的诱饵这一角色。

10月24日黎明，小泽舰队放飞战机前去执行搜索任务，但没能发现谢尔曼的特遣支队。然而在9时10分，小泽收到了一架陆基战机的报告，其中提到了美军航母编队的具体位置。小泽为了确认该报告的真实性，再一次派遣飞机进行侦察。[109]到了11时15分，小泽终于证实了报告的真实性，随后他发起了莱特湾海战中唯一的一次舰载机进攻行动。[110]日军航母在11时45分开始起飞战机。按照小泽最初的战略意图，起飞的战机应包含6架鱼雷轰炸机、28架俯冲轰炸机、40架零式战机和2架侦察机。其中战斗机和轰炸机的数量，已经接近日军舰载机编制的极限了。但大部分关于这场战斗的史料都说实际上日军共派出了62架战机，分为两个编队。[111]三艘轻型航母提供了20架零式战斗机和9架零式战斗轰炸机："千岁"号分别放飞了7架和2架，"千代田"号分别起飞了5架和4架，"瑞凤"号分别升空了8架和3架。同时，有4架天山式鱼雷轰炸机从"千岁"号或者"瑞凤"号上升空（或者这4架同时来源于这两艘航母）。"瑞鹤"号贡献了10架零式战斗机、11架零式战斗轰炸机、6架天山式鱼雷轰炸机和2架彗星式俯冲轰炸机。两架彗星式俯冲轰炸机也充当侦察之用。当日军升空了如此规模的战机之后，航母编队本身剩下的舰载机便屈指可数了。从实战角度出发，小泽舰队其实同时丧失了进攻和防御的能力。[112]而更为紧迫和重要的，是在12时45分左右，美军轻型航母"兰利"号在105海里之外发现了进犯的日机，之后该舰的4架舰载战斗机和"埃塞克斯"号起飞的8架战斗机便朝035方位机动。双方的空中冲突使日方失去了近三分之一的战机，具体说来，来自轻型航母的6架零式战斗机、1架零式战斗轰炸机和4架天山式鱼雷轰炸机，以及来自"瑞鹤"号航母的2架零式战斗机、5架零式战斗轰炸机和1架天山式鱼雷轰炸机在冲突中被击落。只有3架日军战机回到了它们所在的航母，它们是来自"千岁"号的一架零式战斗机和一架天山式鱼雷轰炸机，以及一架来自"千代田"号的零式战斗轰炸机。其余39架战机飞向了吕宋岛的机场。令人意外的是，有一架来自"瑞鹤"号航空母舰的零式战斗轰炸机飞向了台湾岛。[113]不过这些事情，只值得顺带一提罢了。这次空中冲突的重要意义，便是让美军证实了日机来海上，而不是来自吕宋岛。在空战中，美军飞行员报告说，与他们交火的日机具备尾钩。[114]在无线电传输上花费了昨天一整天和今天一大早的时间以吸引美军注意的小泽舰队，现在终于完成了自己的使命。[115]美军确定了小泽舰队的存在，从现在起，哈尔西和他的第38特遣舰队关注的目标发生了变化。美军一方面要应对东北方的小泽航母舰队，另一方面要应对位于锡布延海的栗田打击舰队。

战斗中的第三条线，则始于当天的八九点钟，当时美军的主要目标便是栗田舰队，并且打了一次大胜仗。主流的历史记载通常总是将眼光投放到"武藏"号战列舰的覆灭上，很少记载栗田舰队中其他单位承受的打击。重巡洋舰"妙高"号在美军的第一波进攻中就遭受了鱼雷的打击。"妙高"号右舷的两根传动轴受损，航速被迫降至15节，舰长和他的参谋转移至"羽黑"号，"妙高"号则返回文莱，之后转战至新加坡，途中没有任何驱逐舰为其护航。[116]"大和"号战列舰被一枚航弹击中，左舷邻近水线处被凿出了一个大洞。另外一枚航弹击中了它的前部，在贯穿了所有的甲板之后爆炸。大约3000吨海水因爆炸灌入了舰体内部。"大和"号在美军的第三波打击中侥幸躲过了进攻，只受到轻微的损伤。战列舰"长门"号在美军的第四波和第五波进攻中各中了一枚航弹，位置皆在船腹。[117]同时"榛名"号至少中了五枚近失弹，受了轻伤。[118]有些史料记载，另有一艘驱逐舰在美军的进攻中受创。[119]大概以下战果更为符合史实，不过很少有人能准确地检视它们。

第38特遣舰队第2支队报告：一艘大和级战列舰被三枚鱼雷击中，它的姊妹舰被一枚鱼雷和两枚航弹击中；一艘长门级战列舰被一枚鱼雷和两枚航弹击中；一艘金刚级战列舰被两枚鱼雷和六枚航弹击中；一艘最上级巡洋舰很可能被一枚鱼雷击沉。另有两艘重巡洋舰——一艘那智级和一艘利根级，分别被一枚鱼雷击中。

第38特遣舰队第4支队报告：一艘大和级战列舰很可能被击沉，它的姊妹舰大概被至少三枚鱼雷和四枚航弹击中；一艘金刚级战列舰被一枚航弹击中；一艘重巡洋舰受创；一艘轻巡洋舰被击沉；一艘驱逐舰被击沉，另有一艘可能也被击沉；还有四艘驱逐舰受创。

第38特遣舰队第3支队则做出了如下声明：一艘战列舰遭受重创，另有两艘战列舰受伤；四艘重巡洋舰和两艘轻巡洋舰受创。[120]

这些报告及在传播过程中形成的版本经过了夸大，因此美军在短时间内无法整理和估算出实际战果。这种局限导致了以下结果：哈尔西轻信了栗田舰队已经被完全摧毁的消息。[121]

和指挥上的统一与协调相比，三条支线的排列顺序，以及在不同波次的进攻中美军战机的规模和类型显得无关紧要。不过事实上在当天的行动中不同的美军支队之间确实存在着些许差异，这些差异最早出现于日军发生变动时，即栗田健男将他的两个编队从游击部队转变成打击舰队时。[122]作为先头部队，栗田健男的第一部队与铃木义尾（Yoshio Suzuki）的第二部队相距12千米，两者都摆出了双环状阵型：内环直径为4千米，由战列舰和巡洋舰组成；外环直径为7千米，由驱逐舰组成；旗舰位于中心位置，被两个环拱卫。[123]当美军的侦察机发现日军舰队并意图进攻之时，日舰就会如此部署。

在10月24日当天，美军总共发动了4波进攻。

第一波进攻包含21架地狱猫式战斗机、12架地狱俯冲者式俯冲轰炸机、12架复仇者式鱼雷轰炸机。它们大约在9时10分，从第38特遣舰队第2支队的"无畏"号和"卡伯特"号上起飞。这些战机在当日10时26分对日军舰船发起了进攻。

第二波进攻包含19架地狱猫式战斗机、12架地狱俯冲者式俯冲轰炸机、11架复仇者式鱼雷轰炸机。这些战机同样来自"无畏"号和"卡伯特"号，在10时45分起飞，两小时后向日舰发起进攻。

执行第三波攻击任务的舰载机来自第38特遣舰队第3支队的航母"埃塞克斯"号和"列克星敦"号。该编队包含了16架地狱猫式战斗机，但有多达20架地狱俯冲者式俯冲轰炸机和32架复仇者式鱼雷轰炸机加入其中。这些战机在10时50分起飞，于当日13时30分向日舰发起进攻。

第四波进攻，也就是最后一个波次的进攻，包含了42架地狱猫式战斗机、33架地狱俯冲者式俯冲轰炸机和21架复仇者式鱼雷轰炸机。其中，26架地狱猫式战斗机、21架地狱俯冲者式俯冲轰炸机和18架复仇者式鱼雷轰炸机来自第38特遣舰队第4支队的航母"富兰克林"号和"企业"号，其余的舰载机来自"无畏"号和"卡伯特"号。这些战机在13时13分飞离它们的航母，14时15分向日舰发动进攻。[124]

每个编队中，内环舰艇距离旗舰2千米，外环舰艇与旗舰的距离再多加1.5千米

岛风

秋霜
能代
早霜

鸟海
妙高

藤波
大和
岸波

长门
武藏

浜波
黑羽
冲波

12千米

浦风
矢矧
野分

筑摩
金刚
熊野
清霜

滨风
利根
铃谷

矶风
榛名
雪风

北

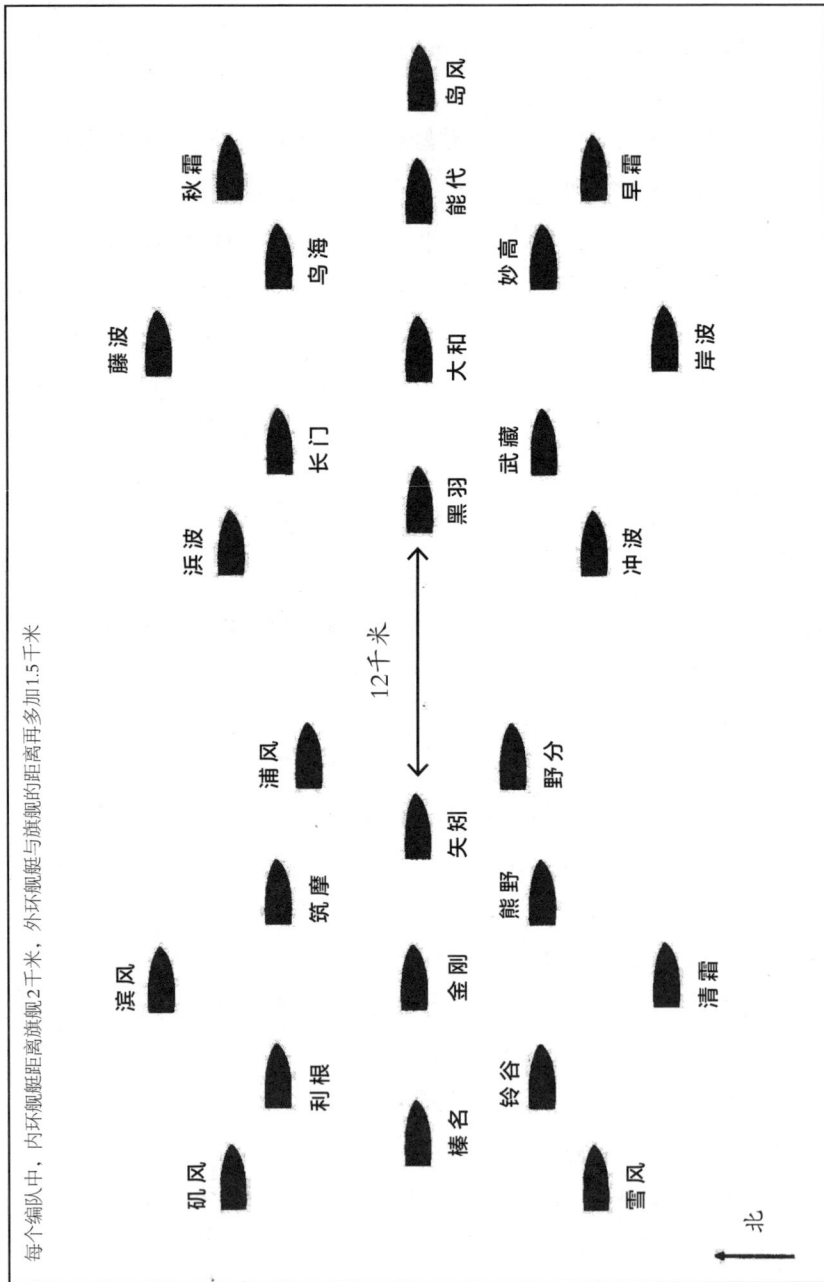

△ 1944年10月24日，栗田舰队在锡布延海海战中形成的打击编队。

△ 在视察船只期间，太平洋舰队总司令、太平洋战区总司令、海军上将切斯特·W.尼米兹正戴上一顶头盔，拍摄时间大约为1944年。（图片来源：美国海军历史中心，切斯特·W.尼米兹的个人图片收藏）

◁ 第三舰队司令、海军上将小威廉·F. 哈尔西，正坐在他的旗舰"新泽西"号（BB-62）的舰桥上。该舰准备于1944年12月向菲律宾发动进攻。（图片来源：美国海军官方图片，现收藏于美国国家档案馆）

▷ 第七舰队司令、海军中将托马斯·C. 金凯德正在"沃萨奇"号两栖指挥舰（AGC-9）的舰桥上观察美军在吕宋岛林加延湾展开的登陆行动。拍摄时间大概为1945年1月9日。该照片由金凯德的夫人于1976年捐赠。提供这张照片时她表示，这是金凯德最喜欢的一张肖像照。（图片来源：美国海军历史中心）

△ 舰队航母"埃塞克斯"号（CV-9）于 1943 年 5 月离开纽波特纽斯港（Newport News）。停放在舰艉的是 24 架 SBD 无畏式俯冲轰炸机；停放在舰舯后部的是 11 架 F6F 地狱猫式战斗机；停放在舰舯的是 18 架 TBF/TBM 复仇者式鱼雷轰炸机。在完成海试之后，"埃塞克斯"号于 1943 年 5 月驶入太平洋，这是美国太平洋舰队中首艘在战时入役的舰队航母。（图片来源：美国海军官方图片，现收藏于美国国家档案馆）

△ 1944年11月24日，菲律宾邻近海域，战列舰"马萨诸塞"号（BB-59）于行动间隙前往位于乌利西环礁的锚地。该照片从舰队航母"胡蜂"号（CV-18）上拍摄，海军上将切斯特·W. 尼米兹在原始底片上奉上了亲笔签名。（图片来源：美国海军历史中心，切斯特·W. 尼米兹的个人图片收藏）

▽ 轻型航母"普林斯顿"号（CVL-23）于1943年5月31日在北大西洋进行试航。停放在舰艉的飞机包括9架SBD 无畏式俯冲轰炸机和12架 F4F 野猫式战斗机。（图片来源：美国海军官方图片，现收藏于美国国家档案馆）

△ 1943年3月7日，轻巡洋舰"圣菲"号（CL-60）在宾夕法尼亚州费城海军船坞外的海域航行，它进入太平洋作战也差不多始于此时。（图片来源：美国国家档案馆舰艇科）

◁ 栗田健男海军中将的肖像照，拍摄于二战期间。原照在美国海军后备队的海军少将塞缪尔·艾略特·莫里森的档案之中。（图片来源：美国海军历史中心）

▽ 日本海军重巡洋舰"鸟海"号。照片中包含了"鸟海"号舰艉的后部，一直延伸到该舰的弹射器。拍摄时间大约为1938年，拍摄地点可能在中国沿海。原照来源于海军少将塞缪尔·艾略特·莫里森的二战历史研究项目的档案文件。（图片来源：美国海军历史中心）

△ 1941年10月30日，日本海军战列舰"大和"号正在进行海试。该照片在二战结束后由驻日美军的相关机构查获。（图片来源：美国海军官方图片，现收藏于美国国家档案馆）

△ 日本海军航母"瑞鹤"号，拍摄于1941年9月25日，即它服役当日。照片由半藤一利（Hando Kazutoshi）于1970年捐赠。（图片来源：美国海军历史中心）

人们对接下来的战事发展，产生了些许疑问，特别是在这两个方面：日军到底承受了多少波美军的进攻？战列舰"武藏"号到底吃了多少枚鱼雷和航弹？关于第一个疑问，大部分历史记载都将美军的进攻分为5至6波，而之前所述的4波言论与这些历史记载格格不入。比方说，大部分史料记载：第一波进攻始于10时25分或26分，第二波始于11时38分，第三波始于12时17分，第四波始于12时53分，第五波始于13时15分，第六波也就是最后一波，始于14时45分。人们只记载了第一波进攻的时长，有5分钟和7分钟两种说法，分别对应10时25分和10时26分的版本。[125]关于第二个疑问，"武藏"号的主任参谋曾说道："武藏"号被多达26枚鱼雷和30枚航弹击中。[126]"武藏"号很可能看起来确实像遭受了如此沉重的打击，所以让负责损管的主任参谋加藤宪吉（Kato Kenkichi）混淆了事实。这些数字似乎经过了些许夸大，但不会特别离谱。在最可靠的资料之中，有一组数据显示，"武藏"号承受了多达20枚鱼雷和17枚航弹的攻击，[127]但看起来这其中的11枚鱼雷和10枚航弹是美军在最后一波进攻中投放的，[128]此时的"武藏"号已经被9枚鱼雷和7枚航弹击中。不论"武藏"号是否在未来被更多的鱼雷和航弹击中，它都处于极为凶险的境地。舰员只能通过注水平衡倾斜的手段防止舰船倾覆。而当"武藏"号的舰艏已经下沉4米的时候，它再也不可能改变自身的航速以及自己在舰队中的位置了。虽然还能勉强维持16节的航速，但是它失去了机动以及改变阵位的能力，所以未来的命运只能交由舰队中的其他日本战舰负责。事实上在12时53分的进攻之中，由于美军的航弹攻击和机枪扫射，"武藏"号上那些缺少掩护的舰员承受了重大伤亡，全舰所有的25毫米防空火炮，只有四分之一处于可用状态。[129]"武藏"号在13时15分用自己的18.1英寸主炮，向来袭的美军战机发射了每枚包含3000枚霰弹的三式弹（Sanshiki-dan），这表明它已经濒临绝境。发射此类炮弹对炮管的磨损巨大，因此当火炮的射击精度下降的时候，日军便拒绝使用三式弹。[130]现在日军重新启用主炮进行防空，可见"武藏"号已经遭受了巨大损伤，它覆灭的命运已经注定了。

在许多历史记载当中，人们经常引用"致命伤害"这一无用概念来描绘"武藏"号不断承受的损伤，其实美军第二轮和第三轮进攻造成的伤害才最关键。"武藏"号最早被一枚鱼雷击中之后，又被另一枚鱼雷打出了一个大洞。[131]鱼雷贯穿后在舰体内部引发爆炸，破坏了损管系统。[132]当"武藏"号撑到美军最后一波进攻的时候，它便开始失去动力，因为它的锅炉房和引擎室已经被鱼雷摧毁。航弹还摧毁了它的舰桥，击伤了它的舰长，并且带走了包含多名高阶军官在内的78名舰员的生命。[133]而美军在之前几波打击中投放的力量，完全可以撕碎另一艘在役的日军战列舰。在美军最后一波打击到来之前，有人提议让"武藏"号前往科伦湾避险。[134]但在最后这一波打击结束后，"武藏"号左舷外侧舱室和再往里一些的引擎室先后遭到海水倒灌，它只剩下两个传动轴来维持动力，航速降到了6节，并且显然在做垂死挣扎。"武藏"号向左舷倾斜达10°，舰艏下沉了8米，主炮塔也一同浸入了水中。之后，虽然它将倾斜的角度减小到6°，但代价是让更多的海水涌入了腹中。由于右舷外侧的引擎室被毁，它无法从右舷灌入海水以获得整舰的平衡，倾斜角度又开始变大。总体来讲，此时"武藏"号的排水极限已经赶不上海水倒灌的速度，因此日军叫停了排水作业。起初，"武藏"号奉命前往圣何塞（San Jose），[135]重巡洋舰"利根"号和驱逐舰"清霜"号则从编队中脱离，意图护送它到达安全的地方。但是在美军最后一波进攻结束之后，栗田健男命令该舰的舰长，让"武藏"号在邻近的礁石上搁浅，将其作为定点炮台使用。[136]同时，"清霜"号开始撤离"武藏"号之前拯救的"摩耶"号舰员。[137]"武藏"号很可能已经无法搁浅，因为它不具备足够的动力。事实上，它在靠近礁石之前就已经丧失了动力和转向能力。当黄昏邻近的时候，黑暗中的"武藏"号没有电力来点亮应急照明灯。它请求驱逐舰到它身边撤离舰上所有的人员。此时重巡洋舰"利根"号和驱逐舰"岛风"号已经返回栗田的编队之中，而"浜风"号和"清霜"号害怕战列舰在下沉的时候被美军盯上，因此它们拒绝了"武藏"号的请求。[138]令人难以置信的是，虽然"武藏"号经受了巨大的折磨，但是它在美军最后一波进攻结束之后，足足在水面上挣扎了近3个小时。到19时15分，倾斜角已经达到12°，并在几分钟内增加到30°。由于所有的舰员都来到了甲板上，日军便在19时20分发布了弃舰命令。19时35分，"武藏"号向左舷倾覆，当舰员沿着舰体奔跑的时候，它的舰艉高高抬起，直到沉入水中。从那以后：

　　舰员开始跳入水中……它的舰艉如同在海面上矗立的高塔一般。在舰员入水之前，他们中间充斥着恐怖的尖叫声。他们中的大部分人在跳海之前撞到了"武藏"号巨大的桨叶。有些人沿着舰体奔跑，还有一些人从旁边跳了下去，却被鱼雷爆炸造成的大洞困住了。[139]

　　该舰在遁入海底时发出了震耳欲聋的呼啸，并形成了一个自旋的涡流，不知吞噬了多少舰员的生命。接着，它发生了爆炸，将人们从海水里抛向空中，再一次夺走了不知多少舰员的生命。数百人簇拥在海面上，许多人因为厚达50厘米的燃油受困于此。虽然场面如此惨烈，驱逐舰"浜风"号和"清霜"号却拒绝施以援手足足三个小时之久。有人说，当这两艘驱逐舰尝试去搭救的时候，它们的螺旋桨带走了更多入水舰员的生命。但不管怎么说，在全部2399名舰员之中，仍有1376名官兵在海面上获救。救援作业一直持续到次日凌晨2时15分。[140]从"武藏"号遭受的创伤来看，能够救出这么多舰员已经很不错了；但从它沉没所用的时间来看，救援工作本来能做得更好。

　　关于"武藏"号的沉没，还有三件小事。第一件显然就是"击沉它所需的鱼雷和航弹数量让美国的设计师感到震惊"。[141]美军在给鱼雷装订诸元的时候采用了从10英尺到20英尺的不同定深，例如，来自"企业"号的8架复仇者式鱼雷轰炸机装订的参数为12英尺。[142]美军设想，将定深设定得更大，也许就能花费更少的鱼雷来破坏"武藏"号装甲带下方的舰体。然而，这种观点只不过是一厢情愿的臆想。保护得如此严实、尺寸如此庞大的战舰，在屈服倒下前必然能忍受空前的打击。有人认为美军，特别是舰载机飞行员，可能将"武藏"号的扛揍能力妖魔化了，因为考虑到鱼雷对舰船的无差别进攻，"武藏"号很可能并未承受传言中那种规模的鱼雷进攻。"武藏"号的左舷被13枚鱼雷击中，右舷被7枚鱼雷击中，在美军最后一波打击到来之前，左舷受创和右舷受创的比例为4比5。之后，美军将进攻重点转移到舰身的一侧，这样便可以迫使它倾覆。这一战法在1945年4月，在中国东海空袭"武藏"号的姊妹舰"大和"号时得到了应用，并取得了应有的效果。[143]

　　第二件小事人们从来没有提过，听起来可能有些小众和武断，那就是沉没前的最后几个小时，其实"武藏"号扮演了诱饵的角色，并且间接地维护了整个舰队的安全。它不仅比小泽舰队更能引起美军的注意，而且从最后的结果来讲，也比第二航空舰队更为出众。这个观点以前之所以没有被提出，背后的原因显而易见。如果美军在最后一波进攻中放过这艘"必死的"战舰转而攻击其他目标，那么很多日军舰艇肯定会在之后的战事中缺席——美军在进攻"大和"号、"长门"号、"金刚"号和"榛名"号的时候可能会表现得更为出色。这一观点并没有得到人们的广泛关注，但是从当天在锡布延海的日军舰艇的状况来看，虽然美军击沉了最伟大的日本战舰，但是美军舰载机只获得了击沉一艘日舰的战果。实际上，美军舰载机的作战环境非常理想，当时美军获取了绝对的制空权。在栗田舰队上空，美军舰载机遇到的日机数量不比4架更多，而在当天一整天，美军面对的日机也只有10架。[144]美军出动了250架战机——其中至少有76架复仇者式鱼雷轰炸机，却只击沉了一艘战列舰，然后迫使一艘重巡洋舰掉头折返（折返得还不彻底）。而美军付出的代价是18架战机被日舰击落，2架战机因操作不当坠海，另有10架战机在搜索、战斗空中巡逻和其他任务中被毁。这样的损失仅仅比"普林斯顿"号沉没造成的舰载机损失少了一架。[145]但我认为真正重要的，是美军对栗田舰队的最后一波进攻被极大地误导了，它看起来更像一场狩猎活动。集结起来的狼群去进攻一只穷途末路的猎物，而不是将其他毫发未损的野兽作为打击的对象，而后者在战事发展到这一阶段时显得更为重要。

　　第三件事极易被忽略，不过对日方来说这一点非常易于理解。这一点很直观，但却极为重要：当日美军的进攻规模正在逐步扩大。[146]美军的最后一波进攻是当日进攻的顶峰，重点在于，虽说美军在14时45分的最后一波进攻中击沉了"武藏"号，但是在入夜前双方还有3到4个小时可供支配。"武藏"号从舰队中脱离后，栗田健男的作战参谋大谷稻尾（Inao Otani）①说服栗田向西机动。大谷认为日舰编队必须与美军航母编队保持一定的距离，因为后者很可能在黄昏到来之前发动3至4波空袭。[147]虽然关于波次的数值可能有不同的说法，但这个基本原则是确定的。

---

　　① 译注：栗田健男的作战参谋应为大谷藤之助（Tonosuke Otani）。

还有件事值得一提：日军撤退的过程中遇见了垂死挣扎的"武藏"号，不难想象他们看到处于如此境地的战舰会作何感想。[148]即便美军侦察机报告，日舰早在16时就开始撤退，在战事发展途中还是有突发事件插了进来。[149]16时40分，在美军打击"武藏"号的最后一波进攻之中，来自第38特遣舰队第3支队的侦察机发现了小泽的踪迹。小泽的航母编队正在北纬18°10′，东经124°30′的位置，即吕宋岛以东130海里处。舰队航速预估为15节，航向为210。美军在最后的报告中提到了舰队的编制组成，即4艘战列舰（其中一艘舰艉有飞行甲板），5至6艘巡洋舰和6艘驱逐舰。对美军来说，在刚打击完"武藏"号之后发现小泽的航母舰队无疑是幸运的。美军的报告称在上述战列舰编队北面15海里处，有一个日军航母编队，包含2艘翔鹤级航母、1艘轻型航母、3艘轻巡洋舰，以及至少3艘驱逐舰。航母编队的位置是北纬18°25′，东经125°28′，与其他侦察机报告的位置相比，这个地点正好向东平移了一个经度。[150]现实情况是，美军第一次发现的战列舰编队是小泽舰队的护航编队，它之所以从大部队中脱离出来，目的是向南吸引美军的注意力，将美军航母引向北方。小泽舰队的分离，让美军有些摸不着头脑。因为如果关于小泽舰队的侦察报告是准确无误的，这个新发现的日舰编队不可能有4艘战列舰。不过这种误导并无大碍，并且战列舰编队在次日黎明之时便重新加入了小泽的航母编队。[151]

对哈尔西、米切尔和整个第38特遣舰队来说，在经历了数日的担忧和焦虑之后，小泽舰队的出现解开了他们心中最后的谜团。如果我们事后诸葛亮式地纵观全局，由于日军航空兵整体实力萎缩，我们很容易对美军的反应产生反感，因为他们过于重视对手了。但是如果我们从当时的情况，即1944年6月的菲律宾海海战中美军空战获胜，以及最近几周以来日军在菲律宾地区和台湾地区表现出了颓势来看，美军的顾虑就显得自然和贴切了。实际上，日本在当时完成了两艘新型舰队航母，即"天城"号和"葛城"号的建造工作。美军的情报部门已经了解到相关的情况，[152]但是他们并不了解此时的日本到底有多么弱小。于是，哈尔西和他手下的高阶军官将日军航母编队，当作美军在获得海空优势之前最直接的威胁。从这个角度来讲，美军的侦察报告（即日舰编队包含3艘舰队航空母舰和一艘轻型航母）不仅仅是告诉美军，小泽除了手头这些已探明的舰船之外，还拥有更为强大的舰队。侦察报告的另一功能，是让美军确认了自身的预期判断。此时，日军航母编队发现美军确实上钩了，事情的发展正合小泽的心愿。

在这个阶段，两件事打乱了美军的算盘。第一件事已经说过，便是小泽舰队的首次出现。准确来讲，是在哈尔西知晓栗田舰队开始掉头返回，"正在不可弥补的混乱之中，进行暂时或最终的撤退"之后，[153]美军发现了与日军航母编队脱离的战列舰打击编队。第二件事是美军探察到日舰的时间，略微晚了些。战事如此发展是不尽如人意的，之所以这么说，是因为如下两个原因。第一，哈尔西认为日军航母编队大概位于冲绳和台湾岛方向，即美舰的北方；同时，米切尔认为日军航母编队可能在西面，即位于吕宋岛背面的中国南海。直到10月24日早晨，谢尔曼获准向北方和东北方展开侦察之时，美军才发现在米切尔所预估的方向或许能找到日军，这一发现在时间上有些滞后了。[154]第二，由于日军向第38特遣舰队第3支队发动了空袭，并且"普林斯顿"号随之沉没，就算米切尔在11时55分下令执行侦察任务（执行任务的五个编队中各包含一架侦察机和两架战斗机），就算在12时45分已准备升空所有的飞机，本来应当执行护卫侦察任务的战斗机，却因为日机的空袭，被用作防御特遣舰队之用。所以直到日机对第3支队发动的最后一波空袭结束后几分钟，[155]即14时05分，美军才派出没有护航战机的地狱俯冲者式俯冲轰炸机执行侦察任务。[156]以上事件的结果便是，美军发现小泽舰队的时间为当日黄昏18时15分。[157]此时美军如果再次升空战机打击小泽舰队就太迟了，派出的战机在入夜之前根本无法返回航母编队。关于此战的历史记载很少提到这里的荒谬性。如果小泽舰队能在当日中午或午后成功地吸引美军的注意力，战事很可能会朝另一方向发展，而美国很有可能在当天下午将两个日舰编队，即小泽舰队和栗田舰队，同时了结。如果事情果真如此，那美军就很有可能避免他们接下来要面临的不幸。

甚至在栗田舰队撤退之前的15时12分，哈尔西便向麾下的舰队发出了警告。他命令，第38特遣舰队第2支队和第4支队中的4艘战列舰、2艘重巡洋舰、3艘驱逐舰和两拨驱逐舰从原舰队脱离，"共同组成第34特遣舰队并形成指挥战斗阵型"；"第34特遣舰队将在远距离发动果断的进攻，第38特遣舰队第4支队作为指挥编队，指挥第2支队的航母起降飞机和第3支队的舰艇进行反舰炮击"。[158]这则发送给欧内斯特·金和尼米兹的电报，起先被美军认为是哈尔西对可能在圣伯纳迪诺海峡到来的水面舰艇交战采取的预防措施。金凯德窃听到了此则消息后便得出了如下的结论：哈尔西将会组建一支新的打击舰队，其目的是防守圣伯纳迪诺海峡，为他本人在萨马岛附近集结的舰队护航。得出这种常规的结论，对任何关心电报内容的人来讲，都是正常的。但是当美军通报栗田舰队正向西撤退的时候，哈尔西本人在17时10分使用短程无线电语音向第2支队和第4支队的指挥官做出了这样的通报："如果敌军突围（即重新向东航行，并意图转向圣伯纳迪诺海峡）的话，我将亲自指挥新组建的第34特遣舰队。"[159]此时，金凯德和米切尔对这则电告并不知情。[160]小泽舰队的突然出现，使美军的战略意图被战事的变化甩在了后面。

当美军的侦察机发现，日军的舰载航空兵正向"列克星敦"号发动进攻之时，米切尔和他的参谋，海军准将阿利·伯克，亲自向飞行员陈述简报。两位指挥官的结论是，在美军的东北方向，有一支单独的日军舰队。这个日军舰队分为两个编队，至少包含3艘航母、4至6艘巡洋舰、6艘驱逐舰，以及战列舰"日向"号和"伊势"号。[161]在这个阶段，伯克建议将战列舰"马萨诸塞"号和"南达科他"号、两艘轻巡洋舰，以及驱逐舰编队一同从谢尔曼的第3支队中抽离出来。这些舰船将会前往北方并准备进行夜战。显而易见，米切尔同意了伯克的建议，并在17时12分命令谢尔曼将夜战计划付诸实施。[162]不过在这些事情得以发生之前，哈尔西便驳回了类似的提议，而这便引出了一系列即将发生的战事，将集结在莱特湾的美军推到了局部战败的边缘。

这一段历史，会引出三大问题。第一，哈尔西的命令是在20时之后发布的，此时准备执行夜战任务的舰艇很可能脱离了它们原有的编队，但现有证据不足以证明这一点。第二，米切尔很可能没有把新的决定告诉哈尔西，不过现有的证据同样也无法证实这一点。此外，还有一件事和米切尔有关。 16时45分，米切尔在收到侦察报告后向谢尔曼透露："普林斯顿"号之所以被凿沉，是"考虑到北方的威胁。"[163]我们没必要搞清楚这到底是伯克的个人建议还是哈尔西的预估，事实是在17时23分，米切尔告诉特遣舰队指挥官他将在夜间往北航行。[164]我们并不清楚米切尔是要携第3支队向北航行，还是携整个特遣舰队向北航行，不过可以肯定的是，他带领的舰队绝不囿于战列舰。第三，就算美军的两艘战列舰比它们的对手更具有优势，伯克为什么只派出这两艘战列舰去对付一个同时包含航空母舰和战列舰的日军舰队？而且美军的情报显示，日军舰队至少包含17艘舰艇，至多可能包含24艘舰艇，且伯克并不是不知道第3支队就只有这两艘战列舰可供调遣了——伯克的提议确实有些诡异。[165]不管怎么说，这一建议与当时的主流想法大相径庭。当时主流的建议是维护哈尔西的观点，即派出三个航母打击群前往北方，追击小泽舰队，而拒绝派遣任何舰队来防守圣伯纳迪诺海峡。

人们对这一决定议论纷纷，通常来讲可以从三个角度去解读。第一，在太平洋战争进行到这个阶段的时候，美国海军的主要目标大概是摧毁日军的航母编队。美军舰队的参谋在入夜后的晚些时候经过讨论得出结论，可能有三支不同的日军舰队正在有条不紊地航行，而根据它们的航速，美军估计这三支舰队将会在次日早晨会合。基于这样的解读，哈尔西将日军的"主力"——航母编队作为打击目标也不足为奇。某种意义上来说，航母编队极有可能是日军的主力，将其摧毁便能够粉碎日军的企图。第二，斯普鲁恩斯一直对米切尔过去的一个决策持谴责态度。米切尔的这个决策产生于1944年6月的菲律宾海海战，当时他拒绝与日军交火，不仅对充满威胁的塞班岛滩头阵地放任不管，对日军的航母编队也拒绝追击。[166]大部分针对斯普鲁恩斯的批评，不是颠倒黑白就是过分夸大，但是在战事进行到这个阶段的时候，哈尔西不可能对斯普鲁恩斯谴责米切尔一事充耳不闻。[167]第三，便是哈尔西自己认为的最优选择。当时摆在哈尔西面前的有三种选择：1. 分离航母战斗群，让缺乏掩护的航母向北航行，同时让打击编队守护海峡；2. 让三个航母战斗群同时守护海峡；3. 集结所有的航母战斗群，动用全部力量向北航行，即便海峡无人值守。[168]哈尔西选择了第三条路线，他做出该选择的依据是集中使用力量的战争法则。对哈尔西来说，最关键的问题在于如何防止用兵分散，以避免被分离的舰队遭遇不可阻挡的失败。这是古今中外任何战争中高于一切，却又最为基本的法则。对哈尔西的这份执着，有这样两种评价，一种所周知，另一种则较为冷门。人们都明白这样一个道理，那就是一位军事天才在做出判断的时候，在很大程度是要舍弃战争中的一般法则以顺利地执行手头任务的。[169]此外，还有人认为哈尔西的命令其实和集中用兵的原则相违背。发送给第34特遣舰队的第1512号命令这样写道：

　　作战计划：第 38 特遣舰队第 2 支队中的如下舰艇——"迈阿密"号、"文森斯"号、"比洛克西"号、第 7 战列舰分队全员、除了"斯蒂芬·波特"号之外的第 52 驱逐舰中队全员，以及第 4 支队中的"华盛顿"号、"亚拉巴马"号、"威奇托"号、"新奥尔良"号、"帕特森"号、"巴格利"号、第 100 驱逐舰分队全部舰艇，将会组成第 34 特遣舰队（指挥官为海军中将威利斯·李）[170]

　　战列舰第 7 分队包含战列舰"依阿华"号（USS *Iowa*，BB-61）和"新泽西"号，"华盛顿"号（USS *Washington*，BB-56）和"亚拉巴马"号（USS *Alabama*，BB-60），昨天它已经从第 38 特遣舰队第 3 支队转入了第 4 支队。这样调度之后，美军航母编队中就只有"马萨诸塞"号（USS *Massachusetts*，BB-59）和"南达科他"号（USS *South Dakota*，BB-57）离小泽舰队最近了。此时的美军并未知晓小泽舰队的到来，似乎后者还处在局外。毋庸置疑，此时这两艘战列舰不仅时间充裕，而且也具备足够的航速前往圣伯纳迪诺海峡的防守位置并和其他四艘接到同样命令的舰艇会合。但是美军在发布此命令的同时，已经知晓在锡布延海的日军舰队包含至少四艘战列舰和数量可观的巡洋舰。最理想的情况是，该命令是建立在"数量均等的双方舰艇进行打击作战"这样的设想之上的，而不是为了集结所有可用的战列舰。[171]同时，似乎在哈尔西的个人词典中，"集结"这个词也可以有多种不同的含义，应该具体问题具体分析。

　　哈尔西的决策，纯粹是被一些看起来不相关的因素围困。比如说，金凯德对哈尔西部署的误读完全与他的决策不相干。金凯德没有做出决策的权力，因此他是否误解了哈尔西的战略意图，是无关紧要的事。金凯德对哈尔西命令的任何误读，都和哈尔西怎么部署部队毫无关系，而且他本人也不可能派遣任何舰队来应对穿过圣伯纳迪诺海峡的日舰。同样地，海军历史学家们怪罪麦克阿瑟，说他没能确保金凯德和哈尔西之间的通信畅通，这似乎是一种诡辩。[172]有些人确实不愿意替麦克阿瑟说话，但是海军历史学家将海军编队之间通信不畅的问题，归罪于一个陆军上将，实在是令人匪夷所思。在任何情况下，我们都无法怪罪一个战区司令，说他麾下的某个部队和另一个战区的某个部队通信不畅。通信不畅的责任，显然应当由参谋长联席会议，或者更为确切地说，是欧内斯特·金承担。但似乎这位在执行层面负有不可推卸责任的欧内斯特·金，在战后尽可能地将忽视通信的责任推给金凯德。[173]

　　关于哈尔西的是非功过，还有五个更为直接的因素值得我们深思熟虑。第一，是哈尔西在做出"命令舰队向北航行"的决策之后坚信"日军的北方部队不能为所欲为……摧毁日军的航母将有益于我们的未来作战"。在这里，哈尔西的观点也反映了谢尔曼的论断："当太阳下山之后，战局的发展正合我意。我感觉我们有机会将敌军主力舰队完全抹掉。失去这个舰队中的航母'宝贝'，对日军来说是负担不起的。"[174]哈尔西和谢尔曼两个人都嗅到了战机，就算事件的发展不如人意，他们的误判也不会引起什么实质性的争论。因为在战争进行到这个阶段之时，日本帝国海军的战力实在是太弱了，日军航母的沉没无非是一个地点选择问题。但此时哈尔西并不知道，日军的航母几乎已经解除了武装，他还在担心吕宋岛和小泽舰队的战机会不会在次日发现自己的舰队。第二，哈尔西的判断——"日军的中央部队很可能逃脱或承受部分损失"、栗田舰队的战斗规模已经被"大幅削弱且难以胜任决战"，是对现实情况的错误解读。[175]美军对日军战力的预估，是基于曾经和栗田舰队交过手的航空兵的言论得出的。不过撇开美军对此类言论采取拿来主义的态度不谈，这种错误的评估在很大程度上是由于哈尔西手下的航空兵军官的失职。[176]就算栗田舰队的战力已经被削弱，可是其大体编制还算完整，我们很难假设栗田舰队就一定不会掉头杀向圣伯纳迪诺海峡。确实，在栗田穿过海峡之前，我们也无法找到他如此行事的动机，并且根据哈尔西之后的言论可知，他并不相信栗田舰队能在大晚上只用几个小时就来到莱特湾。总体来讲，他认为金凯德的舰队是有能力击退一只"打了就跑的舰队"的。[177]这些判断似乎让我们发现，哈尔西在自己的默许下，已经准备好让金凯德的舰队承受损失了。如果哈尔西能在海湾内摆好战斗阵型、守株待兔的话，金凯德舰队的损失是能够避免的。我们假定，此时的哈尔西或者任何其他人都无法遇见未来将要承受的损失，那么我们可以这样评价哈尔西，即他的言行似乎证明了这样一句古老的谚语：天才和蠢材的区别在于前者是有极限的。

第三，在哈尔西下令让三个航母战斗群共同向北航行之前，他已经知晓栗田舰队掉头向东了。[178]之后，美军也了解到日军舰队在海峡内打开了航行灯。[179]没有任何事物比上述细节更能表明日舰的意图了。金凯德在20时24分收到了战况报告，说"打击报告表明，敌舰受到重创。现正携三个航母战斗群向北航行，准备在黎明时分对日军航母编队发动进攻"。[180]不管是金凯德收到此份报告之前还是之后，他的参谋一直在质疑哈尔西的战略意图。显然，有一位叫马修的海军中尉在10月24日至25日的夜间劝了哈尔西两回，因为根据侦察报告，栗田舰队正在向东航行，如果不在圣伯纳迪诺海峡部署掩护舰队的话，美军将会承担风险。在20时06时分，有一架来自"独立"号的地狱猫式战斗机便电告美军关于栗田向东航行的消息。哈尔西将此报告递交给了金凯德。在21时15分，又有一架战机报告，栗田舰队位于布利亚斯（Burias）和马斯巴特之间，并且比之前所报告的位置偏东。[181]另外，有多位参谋军官为了给第二天的战斗预留体力，已经离开了战位和舰桥。他们坚信，第34特遣舰队将会在组建之后守护海峡。但是他们第二天一早回到舰桥，发现竟然有战列舰加入了航母编队，顿时震惊得哑口无言。[182]也许像金凯德这样的指挥官在获悉了哈尔西的命令之后完全一头雾水，觉得自己对命令的解读出现了偏差。被这道指令搞糊涂的绝不仅仅是金凯德等人，甚至"新泽西"号上哈尔西自己的参谋人员也对这样的命令难以置信。现在是时候指出第四个要件了，那就是金凯德质问哈尔西，第34特遣舰队是否已经组建，它是否在防守圣伯纳迪诺海峡，但是对方沉默不语。当哈尔西命令三个航母战斗群向北航行的时候，金凯德以为哈尔西正在指挥四个编队（即三个航母战斗群和一个打击编队），打击编队会留下来保护自己。金凯德命令来自水上飞机母舰"半月"号（USS *Half Moon*，AVP-26）的PBY卡塔琳娜式水上飞机，前往苏里高海峡北端的大卡布根岛（Cabugan Grande Island）执行侦察任务，但这些水上飞机却什么也没找到。有一架卡塔琳娜式水上飞机在日舰到来前一小时穿过了圣伯纳迪诺海峡，日舰并未发现这架飞机。[183]而三个最北方的护航航母编队（隶属第77特遣舰队第4支队）也奉命在次日黎明执行侦察任务，侦察地点从莱特湾起，止于圣伯纳迪诺海峡。美军无法执行夜间侦察任务，因为当时的护航航母并未搭载夜战飞机。[184]令人惋惜的是，由于一系列情况的干扰，本应该奉命执行侦察任务的护航航母"翁曼尼湾"号（USS *Ommaney Bay*，CVE-79）直到日出半小时之后才放飞它的侦察机。此时，萨马岛附近的三个美军护航航母编队已经被一片潜在的威胁笼罩。[185]直到4时12分，金凯德在军官的劝说下，才向哈尔西询问第34特遣舰队是否到位。此时，金凯德的舰队进行任何反制都已经为时已晚，哈尔西并未及时给出回应，他在6时48时才收到来自金凯德的消息。[186]而这个时候，哈尔西的任何回答，都已经无济于事了。

第五个要素讲起来最为晦涩难懂的，但是单单罗列观点倒并不费劲。当哈尔西将航母编队部署到菲律宾附近海域，并对莱特岛的登陆行动进行直接支援的时候，他向麦克阿瑟发送了这样一则消息。这则消息证明了哈尔西可以任意控制通信的时机：

> 当中国南海突然成为一个战略要地的时候，我们需要知道对护卫得当的油轮和主战舰艇来讲，到底哪一条安全的航线能让舰船最早穿越苏里高海峡和民都洛海峡。[187]

这则消息引起了人们的关注，尤其是尼米兹。他立即提醒哈尔西，他的任务目标是"掩护和支援隶属西南太平洋战区的部队"，如果没有他本人的直接命令，哈尔西的舰队不得进入中菲律宾海域作战。[188]史籍中记载了这样一个误解，人们认为哈尔西似乎是想让美军舰队进入圣伯纳迪诺海峡，但事实却并非如此。[189]苏里高海峡是金凯德负责的作战区域，但圣伯纳迪诺海峡不由前者掌管。哈尔西希望得到关于苏里高海峡的情报，但是他并未提到划分吕宋岛和萨马岛之间的水域，而尼米兹在回复中特别提供了两处地点的信息。问题就出在哈尔西易变的性格上。10月21日，哈尔西认为他最重要的使命，是携美军舰艇穿越米沙鄢群岛、苏里高海峡、保和岛和苏禄海，进而将舰队部署在马尼拉湾的外围，消灭可能出现在那里的任何日军部队。于是，到了10月24日，当哈尔西得知有一支日军舰队出现在锡布延海的时候，他认为派一支舰队防守圣伯纳迪诺海峡是一件无关紧要的事情。让舰队同时覆盖两个地点，显然是鱼与熊掌不可兼得的。[190]

问题的关键在于，哈尔西航母舰队的主要功能到底是什么？在哈尔西的战报当中，通过他自己的洞察，我们已经能够发现什么才是问题的本质。他说道："在日军水面舰艇编队和舰载航空兵部队能够协同作战之前，将舰队放在圣伯纳迪诺海峡守株待兔，是一件幼稚的行为。"[191]有人对"幼稚"这个词感到好奇，似乎当时哈尔西的心情非常不好，但是局势并不是非黑即白。在战后的分析中，正是这个问题，加上人们有意混淆问题的真相，才使历史中的这一篇章显得复杂至极。因误解和通信问题而产生的各方争论中，最为关键的并不是指挥问题，而是舰队应当扮演的角色。很明显，哈尔西舰队所扮演的角色，就是要"掩护和支援隶属西南太平洋战区的部队，帮助他们夺取中菲律宾地区"。哈尔西声称，他的舰队是严格依照他命令中的详细规定行事的。他认为舰队的任务"是摧毁正在威胁或位于菲律宾境内的日军海空力量"。更重要的是，他认为"如果摧毁敌舰主力的机会已经来到，或者美方能够创造这样的机会，那么打击任务将会成为舰队的主要任务"[192]。正是因为6月美日双方展开了菲律宾海海战，哈尔西才会把这样的条文编入自己的命令之中，并且免除了自己的责任。哈尔西之后写道："保护第七舰队的安全并不是我的本职工作。我的职责是进攻，携第三舰队执行打击任务。"[193]哈尔西的说法与事实相悖，他的航母编队的任务不是进攻。如果是，那也得等支援舰队和两栖部队真正肃清威胁了之后再进行。人们可能会怪罪金凯德，说他没能细致和广泛地展开侦察行动。他的打击编队指挥官奥登多夫，也会招来人们的批评。人们会说，当日舰完成夜间行动且护航航母编队正需要支援的时候，奥登多夫却把所有的战列舰开到了苏里高海峡，为了对付那里苟延残喘的日军编队。但由于美军护航航母编队缺乏夜间搜索能力，人们对金凯德的责难似乎是搞错了对象，同时当战事发展到这个阶段的时候，奥登多夫也不知道圣伯纳迪诺海峡没有美舰防守，我们对他的批评也是欠妥的。此时，离栗田舰队与第77特遣舰队第4支队交火，还剩下一到两个小时。但不论怎么说，奥登多夫的战列舰编队所扮演的角色，不应和"大和"号所扮演的角色雷同。如果确实有日舰意图打击正在莱特岛附近海域的美军支援舰队和两栖部队，那么将这些日舰摧毁便是保护上述舰队的最好方式，但执行起来却存在两大问题：第一，哈尔西命令中的附加条文表明，他并没有取消掩护其他舰队的命令。命令里也没将摧毁敌舰的任务当作舰队的唯一使命，或是将摧毁敌舰作为主要目标而将其他任务作为次要目标和第三等目标。为了避免这一点被遗漏，我要着重强调，哈尔西并未得到可以顺道放弃滩头部队的批准。[194]第二，10月24日，美军的快速航母编队已经将所有的注意力转向通过锡布延海的日军舰队，哈尔西在当天下午和晚上放弃了继续打击这些日舰的念头。但同时基于对未来的考虑，他也放弃了对萨马岛附近美军部队的直接支援。

10月24日当晚20时24分，参谋发布了哈尔西的命令：航母编队将在次日早晨前往北方，处理敌军的威胁。[195]早在当日16时30分，第38特遣舰队第2支队和第4支队便在北纬13°36′，东经126°01′处会合。之后，戴维森在"富兰克林"号上得到授权，成了这两支航母编队的战术指挥，但是直到23时30分，第3支队才加入大部队。[196]谢尔曼自己坦白，他很不情愿地接受了哈尔西的命令。因为哈尔西让他的舰队在19时掉头向东南航行，其目的便是汇入其他两个编队，这样的安排剥夺了他接近日军航母编队的权利。[197]当三支航母编队集结完毕之后，该舰队的战术指挥官由米切尔担任。午夜时分，美军舰队在北纬14°31′、东经125°34′处以25节的航速航行。之后，美军为了规避日军舰队，便将航速降低至16节。[198]0时30分，"独立"号放飞了一架飞机去执行夜间侦察任务。这架侦察机在2时05分发现了一支日军舰队，在2时35分又发现了第二支日军舰队。由于发动机发生故障，侦察机没能继续与日舰保持接触。"独立"号上的其他侦察机出现了雷达故障，因此没有任何一架可供替补。[199]如此具有讽刺意味的现实，确实让人心情愉悦。因为哈尔西的舰队花了老大的力气去寻找日舰，但最终却只有一架飞机与日军见面。而且在这架飞机发现日舰之前的9个小时里，原本想打击日舰的哈尔西一无所获。

在这段时期，有四件关系到美军航母舰队和哈尔西决策的事情值得我们注意，另外还有第五件事和日本方面相关，不过和接下来发生的一连串环环相扣的战事完全无关。首先，我之前已经提过，但这里还是要再次强调，在20时24分哈尔西告诉了金凯德自己的战略意图。金凯德以为哈尔西手下的有四支编队，所以他知晓了哈尔西的意图，即让三个航母战斗群前往北方之后，认为会有一支打击舰队留下来守护圣伯纳迪诺海峡。关于以下问题，人们曾经有所争论，那就是"金凯德是否曾假设哈尔西会留一支航母编队殿后"。之所以会有此疑问，主要原因是如果不留一支航母编队，打击舰队将会在次日早晨缺少空中掩护。这有"欲加之罪，何患无辞"的感觉。不止金凯德一个人做出了这样的假设，事实上，尼米兹和欧内斯特·金也和金凯德持有相同的判断。所以不论是谁的错，这锅不能让金凯德一个人背。[200]

　　第二，在这个时候，有些人对哈尔西的部署产生了疑虑。哈尔西的部分下属想将部署计划上下掉个个儿。在"富兰克林"号上，第38特遣舰队第4支队的指挥官及其参谋，就对哈尔西下达的命令表示不服，但是戴维森却以为哈尔西拥有更多的情报，所以他本人无所作为。[201]当米切尔的参谋也试图让他认清现状之时，米切尔的说辞也和戴维森一样。至于伯克，在临近10月24日半夜之时，他开始意识到小泽舰队是一个诱饵，因为小泽的航母舰载机最终并没有向东北面返航。当"列克星敦"号收到栗田舰队又重新向东航行的消息之后，伯克和他的作战军官向米切尔报告，但是米切尔的反映还是和戴维森一样，认为哈尔西"拥有所有我们所知的情报，他也许还知道更多……如果他希望聆听我的建议，他自己会朝我要的。"[202]事实上，哈尔西在当天总是躲着米切尔，至少从米切尔的决策来看，哈尔西亲自当上了所有航母战斗群的战术指挥。在"华盛顿"号上的威利斯·李曾两次通过TBS①向哈尔西表达自己对圣伯纳迪诺海峡未设防的担忧。他认为，部署在海峡附近的打击舰队必须得到数艘轻型航母的支援。看起来他已经看穿了日本人的把戏，并且认定小泽的航母编队是一个诱饵。[203]收到了来自"独立"号航母起飞的侦察机发来的报告之后，他就重复地向哈尔西表达自己的观点，但是哈尔西并没有予以重视，反而以轻蔑的方式晾在了一旁，之后威利斯·李只能作罢。[204]当"独立"号的侦察机发现海峡中航行灯光亮起以及栗田舰队正在向东航行的时候，第38特遣舰队第2支队的指挥官博根也独自参透了日军的诡计。博根也使用TBS表达了他的观点，他认为第34特遣舰队必须要建立，并且他自己的航母战斗群应该担负掩护打击编队的任务。但是哈尔西的参谋跟

---

　　① 译注：TBS收发两用机是美国海军在二战中后期装备的通信设备。旗语这类传统的通信手段在相距甚远的数个特遣舰队之间已失去了实用价值，因此TBS被美国海军广泛装备，它的传输距离可达上千千米。

之前应付威利斯·李时一样，对这样的请求不予理睬。[205]有人指出，在任何情况下博根向哈尔西请命可能都无法打动后者，因为"新泽西"号战列舰正处于第2支队的控制之下。但为了避免忽视整体，我应当指出：把众人的反映拼凑起来之后，我们能发现打击舰队的指挥官米切尔以及两个航母战斗群的指挥官，明显对哈尔西的指令持保留态度，第三个航母战斗群的指挥官也有备用方案，不过是因为别的事情。最显著的问题在于，此时舰队中的大多数高阶指挥官对哈尔西及其参谋的计划和实施方案表示反感。

第三，10月24日夜间23时04分，一架来自"独立"号的战机发送了一连串的侦察报告，这个时候是美军改变未来战局的最后机会。美军在10月25日0时11分收到了一份报告。报告指出，有一支日军战列舰编队呈纵队队形，正在布利亚斯和迪高（Ticao）之间航行，此处距离圣伯纳迪诺海峡不到40海里。[206]该舰队在昨晚19时51分就已组建完毕，当时夜幕已经降临，而现在它显然正在畅通无阻地航行着。该报告还指出，这个日军舰队正在向东北方向航行，但这点是不符合事实的。这份报告也没有提供发现日舰的具体时间，不过这样的疏忽其实并无大碍，发现日舰的时间总归是在过去的一小时内。但有意思的是，收到报告的"新泽西"号距离圣伯纳迪诺海峡仅有165海里，距离莱特湾仅有220海里，而舰队的参谋人员在做出评估后并未改变原有计划的任何一个细节。如果哈尔西早前顾及金凯德的话，此时他的打击编队很可能已经到达萨马岛且正好位于栗田舰队的前方，而且当战事发展至此时，哈尔西及其参谋一定以为自己的行为造成的损失是微不足道的。如果以上事实令人感到意外的话，那么还有更令人震惊的猛料：金凯德并未收到美军战机的最终侦察报告。[207]

最关键的一点在于，这真的是能改变未来战事的最后一个机会了。换句话说，这一页被翻过之后，一切都不可挽回了。或者准确地说，至少有几件事是无药可救了。一旦哈尔西就此翻篇，那么任何力量都无法阻挡栗田舰队穿越圣伯纳迪诺海峡并在航行中与美舰接触。这铁定的事实牵扯出了第四件值得关注的事情，那就是哈尔西对当天半夜之后美军航母编队无所作为的评论。根据哈尔西的说法，他这么做的原因是害怕小泽的航母舰队"溜过我的右翼"，然后从那里"来回轰炸我——战机从他的航母上起飞，向我进攻，随后飞往吕宋岛，在那里加油装弹，然后在返航途中再对我发起空袭"。有人认为日军战机绕过美军航母编队的可能性几乎不存在，根据1944年6月马里亚纳群岛的战斗经验，这样的担忧是夸大其词。不过哈尔西还说道："如果敌人溜到了我的左翼，即位于我和吕宋岛之间的位置，那么栗田将会大摇大摆地进攻运输舰队。"此时运输舰队并不在吕宋岛周围，不过就算我们先将这一事实放在一旁，哈尔西仍然是在撒谎。他声称自己不能将运输舰队和其他集结在萨马岛和莱特湾的美军舰队暴露在日军舰载航空兵的打击之下，也不能在这个时候，因为自己的行动让运输舰队及其掩护和支援舰队，暴露在日军打击舰队的进攻之下。[208]

接下来的事和日本有关，但是和正在穿越或者已经位于菲律宾的日本海军舰队无关，不过它与正在锡布延海的栗田健男本人有关。在16时，为了在当天余下的时间里与美军舰载机保持一定的距离，栗田健男命令舰队掉头向西，此后他向联合舰队司令部抗议：在过去的6个小时中，他的舰队上空缺少空中支援。[209]他无法保证自己的舰队在下次冲突到来时得到有效的空中支援，尽管有许多虚假的消息，可是事实上栗田舰队上空只有10架战机在执行掩护任务。这样的体量对任何时期的美军来说，只够为一个航母战斗群提供空中巡逻，但这确实代表了日军的极限。当然，这10架战机也不可能时时都在，它们得时常回到机场装弹加油。不过现实情况是，这10架战机刚刚露面就全都被美军战机击落了。看起来，真正到达栗田舰队上空的战机最多只有4架，这和打酱油无异。[210]

栗田健男将舰队向西调动并向联合舰队总部报告缺少空中支援之后，总部指挥官做出了臭名远扬的回答："天佑ヲ確信シ全軍突撃セヨ"（相信天皇的加持：所有部队，冲啊！）[211]这样的回答，极好地彰显了日军在战略评估中的特点：将奢望置于理性之上。栗田的参谋在听到如此回答后的反应，真可以用"呵呵"来形容。[212]但重点在于，栗田在收到上述消息之前的17时14分，就已经让舰队掉头向东了。[213]栗田的行为有这样一个原因：当天的战斗已经消耗了相当长的时间，而这意味着中央和南方战列舰编队协同作战的可能已经不复存在，时间是消耗不起的。日军的计划要求日本海军舰队于次日黎明时分在莱特湾附近集结并尝试粉碎美军的进攻意图，栗田的进度显然落后了。于是，栗田让舰队重新向东航行并在当日的落日余晖中，即19时，目睹了"武藏"号生命的最后时刻。[214]因此，栗田和他的舰队已经无路可退，就算在余下的时间里美军的侦察机不来光顾，他们也已经无法回头了。根据栗田健男在21时45分的预估，他的舰队将会比原计划晚5小时，即在次日11时到达莱特湾。[215]在战事发展不断白热化之前就已经有了一个预兆，栗田健男的舰队选择在文莱湾而不是科伦湾加油，这就意味着舰队无法通过提速来弥补逝去的时间。问题不在战列舰和巡洋舰，而在驱逐舰身上。莱特湾的位置是驱逐舰航程的极限，因此驱逐舰只能以耗油较少的经济航速航行，这就意味着栗田舰队会在大白天走过最后一段航程。[216]

虽然丰田副武在通信中把最重要的话单独透露给了栗田健男，但是任何与菲律宾地区的安全有责任和利益关系的其他日军指挥官，也都在丰田副武的调动名册上。我们能清晰地预见到以下事实：这个一度自豪的日军舰队将会牺牲自身的性命，给予美军沉重和持续的打击。日方也会将部署在吕宋岛的航空兵力量投入作战。根据丰田副武的说法，在当天晚上，大西泷治郎和福留繁说道："如果水面舰艇单位会采取如此极端的手段的话，那么我们也必须与其保持同步，并进行所谓的'特攻部队'的首次打击行动。"[217]现实的情况比丰田副武的判断更为复杂，不过没有那么严重。之前已经谈到过，"神风"敢死队这一选项，在日军兵败马里亚纳后，就被搬上了台面。日方在4天前的10月20日就对这一选项进行了细致的考量。现在，两位航空舰队的指挥官设想在次日清晨就部署"神风"敢死队的攻击，因为他们认为那些高阶军官一定会对常规手段差强人意的空袭效果后知后觉。[218]在0时08分，日方将设想的结果电告了联合舰队司令部，[219]此时距离某架美军侦察机发现栗田舰队正在接近圣伯纳迪诺海峡只有3分钟，距离美军收到显示西村舰队在苏里高海峡入口的第一份报告只有2分钟。[220]这些信息如此整齐地排列在我们面前，但是参战双方对正在接近的敌方部队毫无觉察，日方也对接下来的战事反转全然不知。

一切都已就绪，盛极一时的王国，或者说帝国，将和历史老人一起注视着日本海军这匹脱缰的战马。这一天，两艘日舰沉没了——一艘是巨大的67123吨的战列舰，另一艘是如微尘般的1715吨的驱逐舰。美军舰载航空兵还顺带击沉了一艘2844吨的陆军运输舰，美军的潜艇在吕宋海峡（Luzon Strait）的西面击沉了两艘日本海军的支援舰、一艘陆军运输舰和五艘商船，美军自己也损失了"普林斯顿"号。但是无论如何，1944年10月24日已经过去，新的一天注定会与众不同。这一天是莱特湾海战的关键，四场大战中的三场将会在这一天开启。但这一天还有更为重要的意义。众所周知，10月25日是日军陆基航空兵系统性地采用"特攻战术"的第一天，同时这一天也见证了最后一次战列舰对决，并且关上了这个已经持续了400多年的海战样式的历史大门。不过并不是每个人都知道，托上帝的福，这一天也见证了最后一次航母对决。实际上，如果我们从这三场作战的意义来看的话，1944年10月25日的这个周三确实是人类海军史上极为重要的日子。对战争史来说亦是如此，但它的重要性远远超出了这三场战斗本身。日军在当天便失去了16艘水面舰艇和1艘潜艇，总吨位183365吨。不论是在数量上，还是在吨位上，当日见证了人类海军史上的最高纪录。[221] 不过更为重要的一点人们却很少提及，那就是这场冲突的空间规模。从舰艇沉没的地点来看，轻巡洋舰"多摩"号位于北纬21°23′、东经127°19′，这是整场海战最靠东北的沉船点，而重巡洋舰"最上"号在北纬09°40′、东经124°50′，这是整场海战中最靠西南的沉船点。我们保守一点，以这两艘战舰的沉没地点作为空间极限，那么这场海战在经度上跨越了2°29′（大约160英里），在纬度上跨越了11°43′（大约800英里）。这一天，两场交锋覆盖了至少12万平方英里的海洋和岛屿，历史上没有任何一场海战能与其比肩。在体量上，也许发生在北大西洋的德国海军潜艇作战、1588年西班牙无敌舰队（Spanish Armada）的覆灭和1693年6月土麦那运输舰队（Smyrna Convoy）的崩溃，可以和在即将到来的这个黎明发生战事相提并论。但之前提到的所有战斗，都不具备莱特湾海战的最本质特点，即较远的航程和较少时间的结合。实施打击的舰队在一天中奔袭上百英里，这种大开大合的机动一直持续数日。我们必须承认，在舰队云集的西太平洋，在从日本内海到新加坡、棉兰老岛东北部和迪纳加特的这一片战斗波及的地域，有一些之前从未出现的事情正在酝酿之中。现在，10月24日已经逝去，"盛怒的大日子即将到来"。而事实证明，日本对命运的审判束手无策。[222]

第六章
盛怒的大日子：1944年10月25日

　　1944年10月25日的战事往往被划分为三场互相独立的战斗，分别是与西村、志摩进行的苏里高海峡海战，与栗田进行的萨马岛海战，以及见证小泽航母部队覆灭的恩加诺角海战。以上是按照叙事大纲和时间顺序排列的，但事实上这三场战斗在时间上有所重合，尤其是第二场和第三场战斗，以及对撤往海峡的日军编队的追击战。比起刻板地分别描述这三场海战，按照时间顺序考察当天发生的事会更加清晰明了，并且能更好地展现这些战斗。

　　10月25日0时30分，日美两军在三个独立区域进入"开始接触"阶段。在北方，美军开始向日军抵近。日军机动部队已经掉头北上，试图引诱美军航母部队北上并远离圣伯纳迪诺海峡，在接下来的一天他们肯定会与美军相遇。美军三个航母编队北上，将航速从25节降至16节，轻型航母"独立"号的搜索飞机向哈尔西的参谋报告发现日军战列舰部队，对方位于美军以北80海里处。[1]2时左右，美军接到这份报告。米切尔的参谋伯克建议组建第34特遣舰队并先行北上。现阶段推测该部可能在4时30分接敌，但是从第34特遣舰队在2时30分才奉命组建这一点来看，对接敌时间的预估可能有些过于乐观。[2]经批准，6艘战列舰、7艘巡洋舰和18艘驱逐舰离开各自所属的特遣支队并集合起来，威利斯·李命令上述舰艇集结后组成编队，高速北上前往航母部队以北10海里的位置。同时，航母部队奉命准备舰载机群，命令下达后便可立即出航。[3]但是事情未如美军希望的那样发展。侦察飞机误报了日军部队的位置，此时日美部队相距至少200海里，美军航母的第一批飞机在6时，即日出前出发了，[4]太阳升起后米切尔还没等到任何发现日军的报告，便命令战斗机执行日常战斗空中巡逻任务，并出动

180架飞机对日舰发起当日的第一波攻击。此举的目的在于尽量缩短从接敌到攻击的时间，通过提前发现日军航母来先发制人。显然，米切尔想极力避免暴露美军航母的行踪，以免重蹈"普林斯顿"号的覆辙。[5]

在中路，栗田舰队从林加起航时有39艘舰艇，到离开婆罗洲时剩下23艘，包括4艘战列舰、6艘重巡洋舰、2艘轻巡洋舰和11艘驱逐舰。[6]该部组成的单纵队在（10月24日）23时20分驶入圣伯纳迪诺海峡。当晚月明星稀，日军舰艇以20节速度航行，[7]10月25日0时37分开始离开海峡。此时的日军最为脆弱——因为尚未组成战斗阵型，[8]却没有遇见美军战列舰部队或潜艇。对此，他们既感到兴奋，又大为惊讶，同时放松了心情。接着，这些舰艇组成航行阵型，纵队之间相隔13海里，准备在黎明时分组成战斗阵型。[9]

在南方，西村舰队在半夜被美军发现，位于利马萨瓦（Limasawa）西南。同时志摩舰队位于甘米银岛附近，在西村部队后方40海里处。[10]西村舰队遭受了美军PT艇的两波攻击，但是躲过另一群PT艇的视线，[11]这支舰队被分割为两队，"最上"号和3艘驱逐舰作为前导，负责侦察帕纳翁岛（Panaon Island）及通往苏里高海峡的水道，战列舰和驱逐舰"时雨"号沿着保和岛（Bohol Island）南岸航行。[12]0时40分，两队会合并组成接敌阵型，其中驱逐舰"满朝"号和"朝云"号作为前导，后方4千米是"山城"号，"山城"号左右两舷分别是"时雨"号、"山云"号，"扶桑"号、"最上"号依次位于"山城"号后方1千米处。[13]

10月25日上午南方的形势以及数天前明显作为这场海战背景的事件，早已宣告了这场海战的结局。然而，此处的问题在于没有太多可供辩解、争论的事件，以及多年以后对这四个方面战斗感兴趣的人们认为没必要对这些战事进行解释并客观地看待它们。

最早和美军遭遇的是西村舰队，该部在10月24日上午被发现，并且在通过苏禄海及前往内格罗斯岛时遭受航母舰载机攻击。诸多自身问题让西村备受非议，尤其是他关于航向、航速的命令将麾下部队置于险境，以及有意地暴露行踪。

关于西村祥治，最大的问题在于，在9时05分，西村舰队已经被第38特遣舰队第4支队发现——前者位于苏里高海峡215海里外，然而西村仍旧"既无必要性又无可行性”地向前航行了6个小时，导致美军提前预知了位于锡布延海的栗田舰队，否则栗田可以“神不知鬼不觉地通过苏里高海峡”[14]。

第二个导致情况复杂化的问题是，日军明确安排西村舰队的任务，却对总体的行动只做大体的安排，同时参战各部缺乏联系。表面上看，给西村的指令过于“明确”和各部联系不畅这两个问题是互相关联的。如果以一般速度航行直到决战，西村舰队便会更慢地通过苏禄海，这样可以远离美军航母舰载机，即便在10月24日被后者发现，也处于它们攻击半径的极限。第二点同样影响重大。西村与志摩缺乏沟通，跟栗田的联系同样好不到哪里去，栗田定期修改他推测的抵达莱特湾的时间，但是西村似乎完全没有向栗田发出过任何电报。

即便西村舰队没有被美机发现，历史仍旧会给出“那又怎样”的回应。就算西村和志摩带领他们的部队通过苏禄海并悄悄在棉兰老海会师，他们也将被迫选择从苏里高海峡进入莱特湾，注定会遭遇从10月20日开始每晚执行日常巡航任务的美军战列舰。[15]该方面的美军指挥官已经推断日军将通过海峡，扑向登陆莱特岛的船舶，因此做好了相应的准备。唯一不同的是，如果没有在苏禄海、棉兰老海发现西村部队，美军将无法对形势产生警惕。同时，如果美军在日军来犯90分钟前，而非18小时前才发现对方，将很难对敌人形成太大的优势。

遗憾的是，日军的2艘战列舰、3艘驱逐舰被击沉在海峡，仅有28人幸存，[16]这些幸存者中没有一个是来自西村舰队司令部或旗舰的高级军官，因此缺乏有关西村做出决定的权威性依据，剩下的只有主观猜测，后人无法准确拿捏西村的打算，也无法进行可靠的推理。

关于西村的作战决定，历史研究者们提出了三个可能的解释。首先，一言以蔽之，正如拉辛所说：“不幸使人失去理智（L'ivresse du malheur emporte sa raison）。”这种观点认为西村已经断定他的部队被派去执行自杀任务。这种宿命论使这位将军不会受到与他已经做出的决定完全不相符的一系列事件的影响。[17]其次，是笔者的个人观点，可能会比第一种解释更容易成为焦点。那就是，西村的独子在菲律宾战死，在奉命带领舰队通过苏里高海峡时，西村认为自己的死意味着赎罪和获得成就感。[18]考虑到自杀仪式在日本伦理中的地位，这种解释或许并不像表面上看起来的那样不切实际。最后一种解释指出，寻求与栗田部进行任何形式的同步都是没有意义的。两支舰队要展开夹击，关键的一点是一起完成这次作战，如果其中一支提前到达，就要等待另一支姗姗来迟的友军。无论栗田如何调整他的时间表，对西村来说抵达苏里高海峡的最佳时间都必定是午夜到拂晓之间。[19]表面上看，在白天通过海峡并因此受到航母的连续攻击，且只有有限的自由机动空间，这是别无选择时的做法。但是，在黑夜的掩护下穿越海峡，最终的结果其实并不比在白天好到哪里去。在过去的15个月里，西村及其参谋一直坚持日军在夜战中比美军更胜一筹的观点，对想要进入莱特湾的舰队来说，趁着夜色通过苏里高海峡，可能是最好的选择，也是唯一的希望。如果说这一行人在自己的死亡中看到了一种自我救赎，那么根据"时雨"号舰长的证言，自杀式的行动是可以被接受的，而且西村"是一个老派的海军将领，喜欢夜晚作战甚于昼间战斗"。10月25日，西村拒绝降低航速，他的目标是赶在"破晓时分"抵达滩头，[20]建立一系列的指挥系统。西村和友军分别接受不同的命令，期间还掺杂了个人分歧和互相厌恶的情绪，这些都使合作变为不可能，或者仅仅是昙花一现。

第三个问题与历史上对苏里高海峡之战的描述有关。首先，苏里高海峡本身的地理特点使其易守难攻。海峡长30海里，南部宽约12海里，北部宽25海里，从莱特岛注入海湾的是一条5海里长的水流，就像与日本人对着干似的，海峡的边缘是崎岖的悬崖，比日军能够想象到的还要更加险峻。显然，在于苏里高海峡作战期间，日军雷达没有发现任何盟军舰艇，甚至连向北通过海峡的舰艇都没有看到。[21]美军舰艇能够在岛屿的掩护下藏身，日本人无法通过目视和雷达发现，当时日军舰艇被迫从海峡南入口进入并组成纵队北上。[22]其次，栗田及其参谋希望利用圣伯纳迪诺海峡，占据有利位置迎击敌军，与西村、志摩会师在苏里高海峡，但作为莱特湾的南入口，苏里高海峡的形势不像圣伯纳迪诺海峡以东的入海口，美军战列舰已经在此做好了准备。

第四个问题关乎美军的实力和部署。以最简洁的词语来描述，美军有两支火力支援舰队：北部火力支援舰队有3艘战列舰、3艘驱逐舰，南部火力支援舰队有3艘战列舰、3艘重巡洋舰、2艘轻巡洋舰和13艘驱逐舰。第三支舰队最初被指派扮演就近掩护角色，包括1艘重巡洋舰、2艘轻巡洋舰，以及6艘驱逐舰。除此之

最上

山云　　　　　　　　　　　　　　满潮

山城

时雨　　　　　　　　　　　　　　朝云

扶桑

1944年10月24日在苏禄海的航行序列

满潮

朝云

时雨　　　　　　　　　　　　　　山云

山城

扶桑

最上

1944年10月24日至25日在民都洛海、苏里高海峡南的航行序列

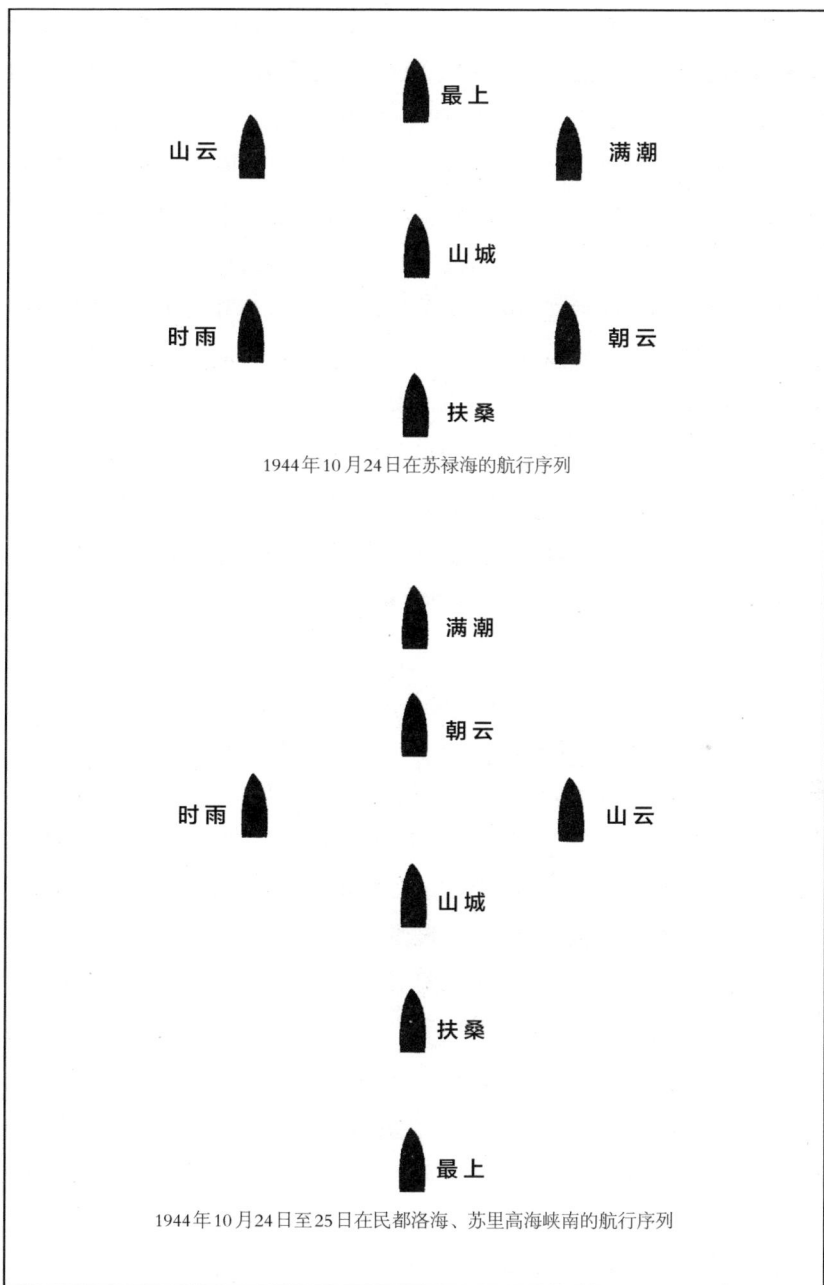

△ 1944年10月24日至25日，西村舰队的警戒航行序列

外，还有一群驱逐舰为登陆舰船护航。但目前正在海峡北端的杰西·科沃德（Jesse G. Coward）海军上校，有点急于要参战，[23]他麾下至少有39艘PT鱼雷艇。[24]当金凯德命令准备一场"欢迎会"去迎接一支由2艘战列舰、3艘重巡洋舰、3艘轻巡洋舰以及10艘驱逐舰组成的日军部队时——这些战舰似乎试图通过苏里高海峡以进入莱特湾，[25]坐镇轻巡洋舰"路易斯维尔"号（USS *Louisville*，CL-28）① 的指挥官奥登多夫做出与第一次世界大战中的西线战壕系统惊人相似的安排，展开了他的部队。两支在侧翼的巡洋舰编队组成前哨线：西侧部队部署在莱特湾一旁，[26]下辖澳大利亚海军重巡洋舰"什罗普郡"号（HMAS *Shropshire*）、美国海军轻巡洋舰"博伊斯"号（USS *Boise*，CL-47）和"凤凰城"号（USS *Phoenix*，CL-46）；[27]东侧部队在战列舰前方巡航，主要任务是掩护主航道和希布松（Hibuson）之间的区域，次要任务是掩护希布松和迪纳加特（Dinagat）之间的东航道，以防日军不从主要水道通过[28]——该部下辖重巡洋舰"路易斯维尔"号、"波特兰"号（USS *Portland*，CA-33）、"明尼阿波利斯"号（USS *Minneapolis*，CA-36）和轻巡洋舰"丹佛"号（USS *Denver*，CL-58）、"哥伦比亚"号（USS *Columbia*，CL-56），部署在战列线以南约4海里处。西路巡洋舰编队比东路更往前1海里。[29]主要的防御阵线由集结起来的战列舰部队组成——包括"西弗吉尼亚"号（USS *West Virginia*，BB-48）、"马里兰"号（USS *Maryland*，BB-46）和"密西西比"号（USS *Mississippi*，BB-41）、"田纳西"号（USS *Tennessee*，BB-43）、"加利福尼亚"号（USS *California*，BB-44）和"宾夕法尼亚"号（USS *Pennsylvania*，BB-38），战列线在莱特岛和希布松岛之间的苏里高海峡主要水道巡航。

在这些编队前方是集结在海峡两岸的驱逐舰编队。有6艘驱逐舰被分配给战列线，它们分为两队，为战列舰提供掩护并对北上的日军进行一系列打击。另有一些驱逐舰与巡洋舰在一起。更南部的，也就是与敌人接触的第一个驱逐舰编队，是科沃德的巡逻队，它在希布松和德瑟莱申角（Desolation Point）之间的水道巡逻，防守得密不透风。[30]把守海峡南部入口以及在这个入口之外的是PT艇，

---

① 译注：此处原文似有误，"路易斯维尔"号应为重巡洋舰，舷号是CA-28。

以3艘为一小队，共13个小队。这些PT艇当中，有3个小队位于帕纳翁岛（Panaon Island）前方和海峡入口处，其中最西部的小队位于阿乔角（Agio Point）、保和岛东部和金米岛之间。在上述3个小队前方大约50海里处，5个小队集结在宾尼特角（Binit Point）一带、帕纳翁南面以及棉兰老岛北端比拉角（Bilaa Point）附近，横亘在苏里高海峡入口。余下的5个小队在海峡内。[31]在允许进行部署的时间内，奥登多夫能做的就是准备纵深防御，他安排舰船在海峡的主航道上和海湾内巡逻，任何试图闯进来的日军舰只都会遭到连续打击。通过在狭窄的海峡和海峡与海湾交汇的地方布置鱼雷和火炮的密集攻击，奥登多夫清晰地预计到他们将会速战速决，获得压倒性的胜利。[32]人们对这一行动的关注主要集中在美军的主力部队通过抢占T字头来取得战术优势上，这种传统的海军概念使部队能够集中火力，敌人除了用舰艇的主炮还击之外几乎毫无招架之力。[33]实际上，奥登多夫的目的是在日军的进攻中为己方寻找潜在的明显优势，使他自己能够在遍布鱼雷的南方水域中生存下来，尽管做出这样的安排不可避免地会顾此失彼。PT艇实际上驻守在北纬10°附近的一条很长的战线上，一旦遭遇日军，它们将以单独或联合攻击的方式自由地作战。[34]显然，虽然美军高级指挥官可能希望PT艇能够对任何日军编队施加打击，但他们也仅仅是希望，并没有太高的期望。

　　尽管美军为这次苏里高海峡海战做好了准备，且在数量和位置上具有极大的优势，可是他们只能速战速决。原因是所有美军舰艇的油料和弹药都很少。他们需要为登陆部队提供近距离火力支援，这意味着战列舰主炮的炮弹中有四分之三是高爆弹而不是穿甲弹。[35]对陆支援过后有些战列舰的高爆弹仅剩下12%，[36]前五天的火力支援中消耗了大量弹药，显得有点浪费。[37]当然，缺乏足够的穿甲弹才是最要命的，因此只能在25分钟以内解决战斗。有趣的是，10月24日美军大部分战列舰已得到油料和弹药补给，但没有采取任何措施去解决穿甲弹短缺的问题，因为补给舰没有这类弹药。[38]另外，驱逐舰似乎没有得到补给。很明显，美军需要迅速果断地行动，要在17000到20000码之间的理想距离内进行夜战。[39]事实的确如此，北方的驱逐舰编队在日军接近时向对方的纵队发起攻击，并且大致处于美军战线的射程范围内。[40]总而言之，总结奥登多夫"欢迎"西村战列舰部队的评论，总是能引起人们的注意并被记录下来，但它们通常完整性欠佳：

　　　　我的理论是老赌徒的理论：永远不要给混蛋一次均等的机会。如果我的
对手愚蠢到以次等的部队向我进攻，我肯定不会给他喘息的机会。[41]

换句话说：

　　　　奥登多夫的兵力部署将使到来的日军深陷后面的几轮钳形攻势之中，此
间PT艇和驱逐舰不断地对日军进行袭扰，仅仅这一点日军就很难应付。[42]

　　虽然含有各种比喻，但这种对美军巨大优势的描述是准确的。

　　大约1时30分，西村舰队分为两队进入苏里高海峡，行踪被发动第一波攻
击的PT艇发现。0时26分，奥登多夫接到报告，得知西村部队将于上午10时左
右（对登陆场）发起攻击。第二批攻击西村舰队的PT艇向奥登多夫发出接敌报
告，但是由于技术故障，后者在3时30分才接到这份报告，当时盟军战列舰、巡
洋舰已经弄清楚了日军舰队的大致位置。西村舰队进入海峡后，立即组成以4艘
驱逐舰为先导的单纵队，此前该部击退了PT艇7波次的攻击并且毫发无损。日
军（声称）击伤10艘PT艇，但是最终美军只确定一艘PT艇，即PT-493被日军
炮火所伤。这艘PT艇严重受损，搁浅在帕纳翁南面，次日被上涨的海水淹没。
乘员整晚留守，直到被PT-491营救。[43]

　　西村通过集中火力及驶向PT艇，击退了对方的上述攻击。到2时25分，西
村被第11小队的PT艇发现，后者位于阿马古桑角（Amagusan Point）（莱特岛东
南）、迪纳加特岛的佩洛特斯角（Pelotes Point），形势开始发生根本性改变。科沃
德命令这个小队的PT艇撤离。[44]接着，5艘驱逐舰，分别是海峡西侧的"麦德蒙特"
号（USS McDermut，DD-677）、"蒙森"号（USS Monssen，DD-798），以及海峡
东侧的"里米"号（USS Remey，DD-688）、"麦高恩"号（USS McGowan，DD-
678）和"梅尔文"号（USS Melvin，DD-680），向西村发起协同攻击并带来了毁灭
性打击。这五艘驱逐舰于2时06分拉响警报，然后在2时30分以20节航速向南航
行。[45]2时40分，美军雷达捕捉到西村舰队，相距38000码（约22英里），"时雨"
号声称在2时56分发现属于科沃德的三艘驱逐舰。[46]此时，科沃德开始带着他的

驱逐舰驶向东南，以便净空发射鱼雷的射界，他希望"里米"号向"山城"号发射鱼雷，"麦高恩"号及"梅尔文"号向"扶桑"号、"最上"号发射鱼雷。3时至3时02分，上述三艘美军驱逐舰在8000至9000码的距离发射了27枚鱼雷。随后，科沃德率部离开海峡，向迪纳加特（Dinagat）、希布松（Hibuson）之间撤退。相隔8分钟后，大约是3时08分，"麦德蒙特"号和"蒙森"号迎击日军，在3时09分至3时10分又发射了10枚鱼雷。这两艘美军驱逐舰在完成攻击后迅速转向，然后沿莱特岛海岸撤退至大卡布甘岛（Cabugan Grande Island）方向，以免撞上PT艇。[47]

在第二次攻击时，"蒙森"号遭到日军炮击，但没有中弹。这里有段插曲值得注意，日军的射击毫无效果——飞向"里米"号、"麦高恩"号和"梅尔文"号的炮弹全为近失弹，而且一开始这些驱逐舰缺乏规避机动。结果，明显是由"梅尔文"号发射的一枚鱼雷命中"扶桑"号。[48]为了避开第二次攻击，西村率部向东转向，然后掉头向北，这样他就带着舰队驶入了"麦德蒙特"号和"蒙森"号的鱼雷航道。[49]这两艘驱逐舰第一次齐射的鱼雷取得了最佳的战果，"麦德蒙特"号的鱼雷命中"山云"号、重创"满潮"号。"山云"号发生爆炸并立即沉没，"满潮"号也濒临沉没，此外"朝云"号也失去了动力。[50]"扶桑"号由于中雷掉队，[51]"山城"号也被"蒙森"号发射的一枚鱼雷击中。[52]美军记录显示，上述战果于3时20分左右取得。大概在"扶桑"号中雷10到11分钟后，PT艇获得了它们当晚唯一一次鱼雷命中，但不是西村的舰艇，而是志摩的部队。志摩清英在3时05分进入海峡。[53]3时25分，PT-137在宾尼特角向"那智"号和"足柄"号后方的一艘驱逐舰发射鱼雷，结果命中轻巡洋舰"阿武隈"号。讽刺的是，PT-137因为烟雾阻隔没有观察到"阿武隈"号中雷，以致无法目睹攻击成功。"阿武隈"号中雷后受重创，航速降至10节，并且无法继续留队，遂被志摩舰队的其他舰艇抛弃，后者在鱼雷艇攻击后立即加速至28节。[54]在这个阶段，西村为了避开接连的攻击多次转向，志摩舰队在进入棉兰老海时以更高的速度航行，这意味着他们进入苏里高海峡后将位于西村舰队后方20多海里的位置。从某种意义上讲，南路日军的失败在所难免。

第24驱逐舰中队的6艘驱逐舰发起第二轮攻击。该部未接到在2时54分准备转移的命令，以3艘为一组，分两组于3时02分向南航行，其中"阿伦塔人"号（HMAS Arunta）、"基伦"号（USS Killen，DD-593）、"比尔"号（USS Beale，DD-

471）从大卡布甘转移，位置偏南的"哈钦斯"号（USS *Hutchins*，DD-476）、"戴利"号（USS *Daly*，DD-519）、"贝奇"号（USS *Bache*，DD-470）从布角（Bugho Point）起航。[55]当他们接近日军纵队时，"山云"号在大约3时17分发生爆炸，火光照亮了整个西村舰队。"阿伦塔人"号、"基伦"号、"比尔"号根据命令在3时23分至3时26分发射鱼雷。"基伦"号确认一枚鱼雷命中"山城"号，后者当时降速至5节。[56]另外三艘驱逐舰已经从西村所部前方横穿而过，然后向北掉头，期间发射了15枚鱼雷。在完成转弯后，美军驱逐舰接近日军纵队，以舰炮射击两艘日军驱逐舰，它们攻击的可能是"朝云"号和"满潮"号。[57]3时49分，"哈钦斯"号、"戴利"号和"贝奇"号向北航行时按照指挥官的命令离开原航路，因为它们处于战列舰、巡洋舰的射程范围内，[58]但是一分钟后，"哈钦斯"号成功向"朝云"号发射了5枚鱼雷。由于"朝云"号在"哈钦斯"号发射鱼雷后开始转向，后者的鱼雷脱靶，但是居于"朝云"号前方的"满潮"号在3时58分中雷，随后爆炸沉没。[59]

在奥登多夫的第三支驱逐舰编队完成攻击后，驱逐舰将奉命离开战场，以便让海峡两侧的巡洋舰及海峡北侧的战列舰获得射击的机会。第56驱逐舰中队在3时35分奉命前出。[60]该部分三组，每组3艘驱逐舰。东侧一组的"罗宾森"号（USS *Robinson*，DD-562）、"哈尔福德"号（USS *Halford*，DD-480）、"布赖恩特"号（USS *Bryant*，DD-665）在发射鱼雷前，从3时54分至3时59分向希布松靠拢。西侧一组是"海伍德·爱德华兹"号（USS *Heywood L.Edwards*，DD-663）、"洛伊策"号（USS *Leutze*，DD-481）和"本尼恩"号（USS *Bennion*，DD-662），它们从海峡南下，3时57分至3时59分在海峡西南发射鱼雷。[61]第三组的"纽康姆"号（USS *Newcomb*，DD-586）、"理查德·利里"号（USS *Richard P. Leary*，DD-664）、"艾伯特·格兰特"号（USS *Albert Grant*，DD-649），在前两组之间南下，前出至海峡东侧，4时04分左右发射鱼雷。[62]

就时机而言，前两次盟军驱逐舰从两路夹击，同时从两个方向发射鱼雷，可能取得了最好的战果。[63]在第三轮进攻中可能无法确认有鱼雷命中，便能证明上述论断。可笑的是，有人认为这轮攻击能与1944年6月美军重创三艘日军航母相提并论。事实上，第三轮进攻的最大贡献就在于，它为参谋学校的教学提供了反面教材——收获甚少、缺乏配合、兵力分散。[64]

为了进行最后的反击，"山城"号从北向西转向，与美军战列线并排但是与之远离。这时，它处于北方三个编队的火力之下。莱特岛海岸的"博伊斯"号、"凤凰城"号在3时51分左右开火，"什罗普郡"号在3时56分开始射击。3时57分，两艘美军轻巡洋舰在向西掉头时暂停射击，4时整再度开火。[65]东侧的巡洋舰部队处于西村的北面，同样在3时51分开火。"丹佛"号最先开炮，余下4艘巡洋舰中的3艘在1分钟内开火。3时58分，"波特兰"号转移射击目标为"最上"号，3艘美军巡洋舰遭受日军跨越射击，但是没有中弹，它们继续炮击到4时09分。当时，东侧5艘巡洋舰发射了3100发8英寸及6英寸炮弹。随后奥登多夫命令停止射击，巡洋舰向左转弯，掉头后向西航行。[66]3艘装有MK Ⅷ火控雷达的战列舰——"西弗吉尼亚"号、"田纳西"号、"加利福尼亚"号分别在第一、第四、第五战位，它们将是战列线上贡献最大的成员。"西弗吉尼亚"号在3时53分开始射击，共进行16次齐射，消耗16英寸炮弹93发，并声称每次齐射均对日军形成跨射。相隔两分钟后，"田纳西"号和"加利福尼亚"号开火，分别贡献了69发和63发14英寸穿甲弹，其中"田纳西"号齐射13次，"加利福尼亚"号齐射9次。另外三艘战列舰装备的MK Ⅲ雷达无法捕捉敌舰。"马里兰"号在3时59分开始射击，发射48发16英寸炮弹，进行了6次齐射。"宾夕法尼亚"号没有射击，同时"密西西比"号只是在4时09分接到停止射击的命令后，以12门主炮进行了一次齐射。[67]这是战列舰最后的荣光，也是最后一次与同样的对手交战。有些可笑的是，驱逐舰在攻击中共发射130枚鱼雷并且做出了重要贡献，以致美军没必要将战列舰投入战阵。如果PT艇、驱逐舰的攻击效果不佳，战列舰才有可能在这场战斗中发挥一定的作用。然而，事情正如期待的那样，这些战列舰得到批准，给予敌人最后一击。当然，史学界对当晚在苏里高海峡海究竟发生了什么事还存有争议。

在盟军巡洋舰、战列舰参战之前，西村舰队的队形就已经瓦解，因为受损舰艇尝试向南撤退，"最上"号和"时雨"号试图在"山城"号右后舷方向，即旗舰非面敌之处占位，并且远离美军战列线。关于西村舰队陷入混乱状态的证言，与当时的实际情况是一致的。夜战中漆黑一片，西村舰队仅有一艘舰艇幸存，混乱似乎是不可避免的。在关于这场战斗的诸多证言中，最能引起人的注意和兴趣的是种种"不明确"。首先，很多历史著作，尤其是战争结束后第一个十年内撰写的，都声称"山城"号中弹后离队，不像西村旗舰"扶桑"号那样向北前进，为了与敌人交战而做出徒劳的尝试。这种以演义方式描述的事件经过，已经得到了最近的相关著作的确认。[68]其次，人们无法确定"满潮"号的沉没情况。该舰沉没位置在中弹位置以北，两处纬度相隔大约9分，相距接近10海里，大致在"山云"号沉没的位置附近。该舰可能是被一枚鱼雷命中并失去动力的。在被"哈钦斯"号的鱼雷命中后，"满潮"号可能会向南漂流。

要将不同的叙述统一起来是很困难的，有关命中日军战列舰的记录也是各说各话。有两点足以引起注意。关于"满潮"号，历史学家缺乏定论，对经过的大致描述如约定俗成一般并被广泛接受，接着模仿克伦威尔那样"毫不隐瞒地"坦承：最后到底发生了什么是无法确定的。然而，关于"山城"号和"扶桑"号的结局，情况有所不同。根据幸存者的描述，日军做了明确的记录。"扶桑"号在大约3时19分被鱼雷击中，然后掉队，于3时38分断成两截。"山城"号继续北上，[69]西村明显不在乎"扶桑"号的困境。[70]西村在3时23分，更重要的是在3时30分，即"山城"号从"满潮"号和"朝云"号一旁经过后，向栗田和志摩发电报。第一份电报的内容是敌军驱逐舰、鱼雷艇出现在海峡北侧；第二份电报说两艘驱逐舰失去动力，旗舰已被鱼雷命中，虽然受伤但仍然可以作战。[71]此外，西村在3时52分发出另一份也是最后一份电报，他报告试图与敌军战列舰接战。[72]最终可以推测"山城"号没有掉队。

即便考虑到"扶桑"号极差的水密性——这反映在该舰于1912年3月动工，[73]被一枚鱼雷命中后就断成两截并且整舰起火，这在第二次世界大战中也是极为罕见的，着实让人惊讶。[74]3时20分以后，"扶桑"号再也没有被瞄准日舰的鱼雷击中，掉队的它远离随后的战斗，否则这故事也不至于有一点点可怜。从3时40分开始，"扶桑"号像是被判死刑的犯人一样等待处决，志摩舰队出现时，它早已分为两段并熊熊燃烧。志摩清英以为是"山城"号和"扶桑"号都被击毁，全然没有意识到这是一艘军舰被"腰斩"了。[75]

美军战列线的战斗非常短暂。4时整，"山城"号正在向美军靠拢，并且舰上着火，[76]很明显这时它的三个炮塔已经被打坏了。"持续被落在附近的炮弹炸得颤抖颠簸"的"时雨"号已经没有了罗经跟无线电，处于"甚少中弹的航向"。

它仅仅中了一发炮弹，而且是一发哑弹。[77] "最上"号在3时53分向左转向，然后向南远离，3时56分开始加速。它采用这一机动时碰上了美舰"哈钦斯"号、"戴利"号和"贝奇"号。4时01分，"最上"号向美军驱逐舰发射鱼雷，但全数脱靶。美军驱逐舰向北撤退时遭到了"山城"号的火力覆盖。"哈钦斯"号、"戴利"号遭受近失弹，但是很快就撤离了交火区域，"山城"号遂在4时至4时05分停止射击。[78] 这时，"波特兰"号的射击目标从"山城"号转移为"最上"号，这艘日军重巡洋舰在4时02分被一次齐射命中，舰桥发生爆炸，几乎炸死了里面所有的人，仅剩下炮术长指挥该舰。炮弹还穿透至轮机舱、锅炉舱，以致"最上"号失去了动力。[79] 随后，"格兰特"号在跟随两艘友军舰艇时中弹，试图从己方战列线和"山城"号之间撤离。该舰从4时07分开始中弹多达20次，于4时20分失去动力，129名舰员战死、负伤或失踪。[80]

不过，那时战斗大体上结束了，原因有三：第一，部分美军战列舰在回航时差点出现意外，"加利福尼亚"号对命令产生误解，仅转向15度，以致脱离战列线，"田纳西"号不得不倒车以免相撞，后者不可能在5分钟内恢复射击。当时，"加利福尼亚"号奉命在"田纳西"号后方占位，[81] 奥登多夫停止射击的命令开始生效。第二个原因是战列线、巡洋舰在4时09分停止射击，"山城"号以15节航速向左急转，试图撤退。[82] 4时11分，正在转向时，该舰被两枚鱼雷命中——7分钟前，"纽康姆"号、"理查德·利里"号和"格兰特"号向"山城"号发射鱼雷。数分钟后，"山城"号进水倾覆。[83] 在承受了数量空前的炮弹和鱼雷后，"山城"号在美军舰艇的雷达屏幕上消失了，时间是4时18分，即奥登多夫下令所有舰艇停止射击前一分钟。[84] 4时17分，"利里"号发出警报，称在向北航行时发现日舰鱼雷，[85] 位于北方的战列舰"西弗吉尼亚"号、"马里兰"号、"密西西比"号奉命北上，以防日军舰艇为掩护撤退而发射鱼雷。[86] 这也是战斗结束的第三个原因。在日军向南撤退时，盟军战列舰、巡洋舰仍在原地待命，或者说三艘战列舰拉开了距离，总之它们失去了目标。4时19分，"山城"号沉入海底，再也没有敌人可以交战。美军停止射击后，"最上"号和"时雨"号有10分钟时间，它们趁机逃之夭夭，或者至少是离开了交战区域，正如有人所说："受重创的敌舰逃跑了，抛弃了它们完蛋的战列舰。"当然，无论从历史学角度还是从文学角度，这样描述都缺乏精确性。[87]

在美军巡洋舰、战列舰还没加入战斗时，美军战列舰上的雷达就已经发现了志摩舰队。[88]在刚刚过去的两个小时内，志摩舰队不断确认情况并调整航向。该部努力缩短与西村的距离，晚于后者四五十分钟进入海峡。当时，"山城"号沉没了，奥登多夫指示停止射击，志摩舰队与"最上"号、"时雨"号只相隔很短的时间与距离，实际上它们离得实在是太近了，以致"那智"号和"最上"号是相向而行的。

志摩舰队以战斗队形航行，"那智"号和"足柄"号作为先导，后方跟着4艘驱逐舰。[89]这样，该部与撤出战斗的"时雨"号相遇，考虑到"那智"号与"时雨"号的交流，多年后这次相遇变得臭名昭著。在志摩的旗舰确认"时雨"号后，"时雨"号同样确认了"那智"号，此时它已经出现了舵机故障。不过，"时雨"号舰长没有向志摩上报情况，战争结束后他解释道：

> 我没有直接跟志摩将军交流，也没有报告我的状况，这是因为我没有联系上他并且不受他的节制。我认为志摩将军看到"扶桑"号和"最上"号着火以及我采用撤退的航向，就应该知道战斗情况了。[90]

上述说法不经意地反映出日本海军在统筹上缺乏洞察力，并且某些观点声称西村与志摩之间存在一些分歧，需要注意的是，志摩看见"时雨"号回航，并没有去打听情况。尽管如此，这时"志摩仍然负责去支援西村……所属的6艘舰艇准备好在发现目标后尽快发射鱼雷"，依照这种说法，是地理和时间上的限制导致双方协调不畅。4时20分，"扶桑"号前部沉没，日军雷达捕捉到疑似两艘敌舰，距离8海里，两艘巡洋舰转向东侧，于4时24分发射8枚鱼雷，距离敌舰约9000码。这些鱼雷成为志摩部队对这场战斗的唯一贡献，并且全数脱靶。其中两枚被发现搁浅在希布松岛岸边，就像两个小时之前其他日军舰船发射的鱼雷那样，可能是定深过大，以致没有命中驱逐舰甚至是巡洋舰。当"那智"号和"足柄"号发射鱼雷时，"那智"号发现了燃烧的"最上"号。旗舰认为"最上"号已经失去了动力，但是它实际上仍然维持着8节的航速，只不过几乎失去了操舵能力。4时25分，"那智"号仍在专注于战斗，志摩发出一个委婉的报告，称他的部队"业已结束袭击，大致脱离战场，以图后策"[91]。此时再去注意"最上"号为时已晚，相撞不可避免。4时30分，虽然"那智"号采取满舵规避并且紧急停车，但"最上"号还是一头撞上了"那智"号的舰艉。[92]对"最上"号而言，这已经不是第一次相撞了。早在中途岛海战时，该舰就曾撞到姊妹舰"三隈"号的舰艉，造成的损伤导致了"三隈"号覆灭。跟在"那智"号后方的"足柄"号和驱逐舰转向脱离旗舰，"最上"号和"那智"号以烟雾示意驱逐舰向北航行以图接敌。[93]

"那智"号和"最上"号用了10分钟才分开，双双向南驶去（4时43分），"那智"号降速至大约20节。志摩的一名参谋描述，旗舰的受损使得志摩对后续的战斗不再存有幻想，[94]驱逐舰随后被召回，转向南撤，留下"朝云"号自生自灭。"最上"号跟着"时雨"号，前者已经舵机失效、失去动力，并且留在海峡内30分钟以进行维修。[95]4时31分，即"那智"号和"最上"号相撞一分钟后，奥登多夫命令部队南下，[96]可能他决定动用驱逐舰与战列舰一道进行追击，这意味着"那智"号和"足柄"号的鱼雷攻击以及日军驱逐舰的突袭没有成功，当时它们距盟军舰艇太远，鱼雷和舰炮都鞭长莫及。直到4时51分，西侧的巡洋舰编队才开始沿着海峡西侧南下，此时美军舰艇能够在雷达屏幕上捕捉到志摩舰队，距离25500码，后者迅速脱离。"最上"号仍在探测距离内，结果被美军发现。5时19分，在"扶桑"号后部沉入海峡前一分钟，[97]东侧巡洋舰编队转变航向通过海峡，然后大致在埃斯孔查达角（Esconchada Point），即50分钟前两艘日军巡洋舰相撞之处，向"最上"号射击。"哥伦比亚"号的舰长指出，美军轻、重巡洋舰在10分钟时间内猛击"最上"号，后者剧烈燃烧，其惨状比战列舰"亚利桑那"号更甚。[98]但是在损管人员的最后努力下，"最上"号加速到17节并在日出前30分钟左右脱离与不敢上前的美军编队的接触。奥登多夫认为沿着海岸航行的军舰如果冒险进入狭小水域，有可能在白天遇上日军舰队。[99]5时39分，奥登多夫在舰炮射击10分钟后下令停火及终止追击。[100]这时驱逐舰组成编队向南航行，它们需要花30分钟才能为战列舰"扫清道路"。由于天光尚未放亮，并且需要维持明显优势，驱逐舰未能接敌并交战。向南航行时，奥登多夫向金凯德发了电报，要求在日出前派出护航航母的舰载机，对南面和西面的日军舰艇实施突击[101]——保险起见，奥登多夫选择通过这种方式打击敌人。日出后，奥登多夫再次命令部队向南掉头，2艘轻巡洋舰、3艘驱逐舰奉命前出以收拾失去动力的敌舰。[102]

与之形成鲜明对比的是，志摩舰队在大约在5时30分抵达海峡入口南侧，遇到了之前因为受损而离队维修的"阿武隈"号。"阿武隈"号令人惊讶地躲过了一些PT艇，并且仍然坚持向北前行，即便它已经受伤不轻且只能以20节的速度航行。[103]遇上"阿武隈"号和"时雨"号后，日军舰队受到了PT艇的一系列单独且无效的攻击，虽说"那智"号、"阿武隈"号，以及后来的"最上"号是负伤之身，但日军舰艇平安地通过了棉兰老海。白天，PT艇无法确认夜间的战果，[104]志摩清英沿着棉兰老岛海岸航行，击伤了两艘PT艇，然后让"阿武隈"号在"潮"号的掩护下前往棉兰老岛西北的达皮丹（Dapitan）。[105]奥登多夫派出的巡洋舰、驱逐舰遇上了掉队的驱逐舰"朝云"号，随后爆发了3分钟的遭遇战。双方大约在7时18分脱离接触，某种程度上，这次交火得到了双方记录的确认，"朝云"号"从舰艉开始沉没时仍以舰部的舰炮射击，作为它的对手，美军观之无不肃然起敬"[106]。此后的攻击实际上由第77特遣舰队第4支队实施，"最上"号于9时10分失去动力，"曙"号在"最上"号的舰员撤离后将其击沉。[107]此外，"阿武隈"号在次日沉没于内格罗斯岛东南。该舰成为莱特湾海战中唯一一艘被岸基飞机炸沉的日舰。[108]这时"朝云"号、"最上"号、"阿武隈"号的沉没经过已经显得微不足道。在"朝云"号遭受火力覆盖之际，所有人都将目光聚集在萨马岛以北，栗田部队已经通过圣伯纳迪纳海峡并与一支护航航母部队发生交火。奥登多夫不得不调整航向向北航行，但是"燃油严重不足，鱼雷几近耗尽，炮弹也快打光了"。这种描述可能有些夸张，但可以肯定的是，战列舰最多只能达到16节或者18节的航速，因为"西弗吉尼亚"号在10月21日转场时有三个螺旋桨损坏。[109]

"最上"号和"那智"号相撞之际，前往北方的美军航母正准备在破晓后出动舰载机搜索并实施航空兵突击，[110]在该部北方是两支日军编队，当美军航母向北航行时，机动部队第五、第六战斗群在小泽的指挥下花了大约90分钟完成集合。6时整，机动部队集合完毕，7时整编成两个编队以迎接美军的攻击。[111]第五战斗群下辖航母"瑞鹤"号、"瑞凤"号，战列舰"伊势"号，轻巡洋舰"大淀"号、"多摩"号，驱逐舰"秋月"号、"初月"号、"若月"号、"桑"号，其位置偏北。

大淀

秋月　　　　　　　　　　　　　初月

瑞鹤

瑞凤

桑　　　　　　　　　　　　　若月

伊势

8千米

五十铃

霜月　　　　　　　　　　　　多摩

千岁

千代田

日向　　　　　　　　　　　　槙

注：驱逐舰"桐"号、"杉"号离队

北 →

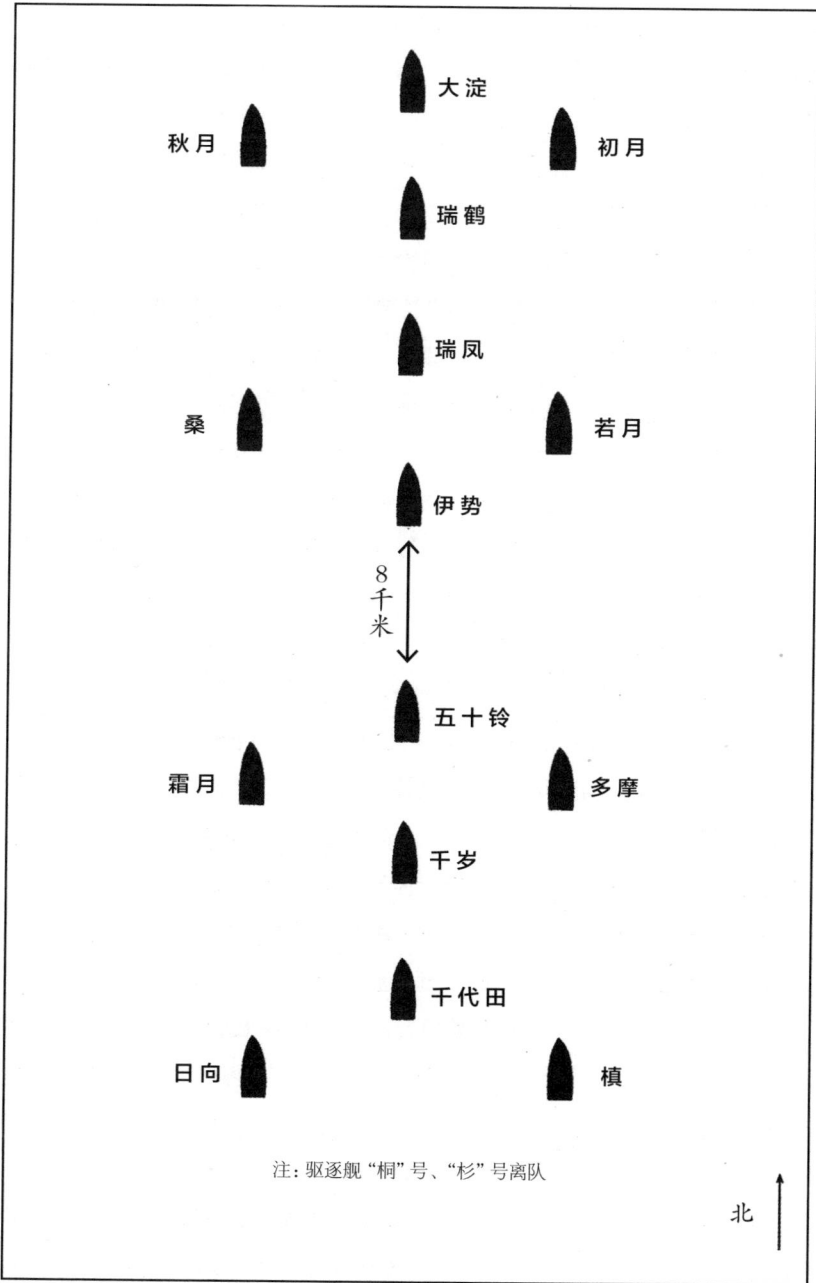

△ 1944年10月25日，小泽机动部队本队警戒航行序列

第六战斗群下辖航母"千代田"号、"千岁"号、战列舰"日向"号、轻巡洋舰"五十铃"号、驱逐舰"霜月"号、"槙"号、"杉"号、"桐"号。[112]似乎这就是恩加诺角战斗中日方的主要力量。已出版的史著甚少详述这场战斗。现在已经无法从美方资料中找到关于舰载机、航母和它们各自攻击的日军舰艇的详细记录。

北方发生的战事不可避免地使人们聚焦于一个问题，此时萨马岛外海的形势风云突变，导致尼米兹向哈尔西发出电报，这份在10时整传来的电报直接导致"新泽西"号上的状况发生了变化。萨马岛海战是栗田舰队与美军护航航母支队之间的较量，在战斗的同时金凯德不断失望、甚至绝望地向哈尔西求救，导致尼米兹质问第34特遣舰队所在何处。但是由于错误地解读措辞，尼米兹的电报一举成名，其结尾在战争结束后成为美国海军史上的名言，并且从未被遗忘，由此产生了两个后果。首先，这盖过了哈尔西在恩加诺角取得的成就，这就是人们对他最起码的态度。人们假设恩加诺角海战就是一场一般意义的海战，毫无特殊之处。然而事实并非如此，当日哈尔西击沉了4艘航母，这是历史上最高的单日击沉记录，虽说其中3艘是轻型航母。第二点关乎对尼米电报的错误理解和哈尔西处理问题的方式，虽然电报尖锐的措辞"可能是无意的，但是它对莱特湾海战产生了极为可怕的影响……并将改变两场在菲律宾进行的激烈海战的轨迹"[113]。——人们看待电报插曲时，这样的观点最为典型，但是并没有什么依据。尼米兹的电报发出后，哈尔西的战列舰部队掉头南下，但这无法影响萨马岛海战的结果。哈尔西的部队无法抢在栗田部队之前抵达圣伯纳迪诺海峡，所起到的作用是仅仅是遇上一艘日军驱逐舰，否则连这艘驱逐舰也要放跑。再者，第34特遣舰的折返对北方的战事也不会起到任何实质性的影响。派一部分舰艇南下支援萨马岛海域，并不会影响击沉轻型航母"千代田"号和驱逐舰"初月"号这一战果，美军能否追上残存的小泽舰队实在值得怀疑。当然，美军逮住了"多摩"号，美国潜艇获得这场战斗中唯一一次独自（或协同）击沉敌舰的机会——无论如何"多摩"号肯定会被追上。考虑到现实情况，美军似乎不可能击沉更多的日舰了。[114]

资料显示，这一天美军航母舰载机共发起5到6次攻击，日出时分，美军搜索飞机出航，随后航母又出动了一百余架飞机，它们组成编队，在航母前方大约50海里处盘旋，等待接敌报告及目标引导，故事从这里开始。[115]

7时12分左右，双方开始接触，[116]处于不同战斗群的"瑞鹤"号和"日向"号在转向时发现美军搜索飞机。日军雷达在7时40分捕捉到来犯的美机，方位130至210度，这些飞机于8时13分左右开始攻击。[117]日军两个战斗群以24节航速机动，日军航母未能赶在地狱猫式战斗机抵达前出动所有舰载机，他们明显地惊讶于这么早就被发现了。[118]麦坎贝尔指挥50架美军飞机攻击"千岁"号和"千代田"号所在的第六战斗群，大约80架美机攻击"瑞鹤"号和"瑞凤"号所在的第五战斗群。8时59分，攻击结束，[119]身处南方的第六战斗群的两艘轻型航母均被航弹命中，"千代田"号受损情况轻微，但是"千岁"号遭"埃塞克斯"号和"列克星敦"号的舰载机攻击，受到重创。三枚航弹中可能有一枚命中了水线以下，导致"千岁"号向左横倾并瘫痪在海上。[120]北面，"秋月"号被一枚航弹命中舯部，起火爆炸，继而沉没。[121]"多摩"号被一枚鱼雷命中，发生剧烈爆炸后迅速掉队，再也没有归队。[122]"瑞凤"号躲过了"埃塞克斯"号和"列克星敦"号的复仇者式鱼雷轰炸机攻击，但是一架来自"无畏"号的地狱俯冲者式俯冲轰炸机命中了"瑞凤"号飞行甲板的中部，不过损伤没有那么严重。[123]"瑞鹤"号被一架来自"无畏"号或"圣哈辛托"号的复仇者式鱼雷轰炸机命中，向左横倾6度并且舵机失效。当时该舰只有一座升降机可用。中雷后的"瑞鹤"号航速只有18节，缺乏机动性，电台通信也失灵了，明显无法胜任旗舰的职责。[124]11时整，小泽和7名司令部人员几经辗转，转移到了"大淀"号上。小泽最初想留在"瑞鹤"号上，在他看来，诱饵舰队中的每艘船最终都难逃覆灭的命运。在参谋的劝说下，他最终决定对整个舰队而非单独的舰船负责，同意转移到轻巡洋舰上。[125]

参与第一波攻击的飞机尚在空中时，美军航母就发起了第二波攻击，机种的比例更加合理，攻击队下辖16架复仇者式鱼雷轰炸机、6架地狱俯冲者式俯冲轰炸机，以及14架战斗机，分别来自第38特潜舰队第3、第4支队。8时35分，攻击队开始升空时，"新泽西"号上出现了指挥危机。当美军航母在11时45分左右派出第三批舰载机时，[126]危机已经过去了，哈尔西已下定决心并将其付诸行动。

指挥危机第一次出现其实是在4时12分，当时金凯德向哈尔西发电报，称在苏里高海峡取得了决定性胜利，不过这个声明看上去充满了期待，并且像是在询问第34特遣舰队在哪里。[127]哈尔西在6时48分才收到这封电报，他对此产生了疑惑——金凯德是怎么知道第34特遣舰队的？ 7时05分，哈尔西回电，提醒金凯德快速战列舰部队跟随航母行动，不在圣伯纳迪诺海峡。[128]7分钟前，栗田部队在萨马岛以北与一支护航航母部队交战了。

6时37分，美军截获了一段日军无线电通话，这成为事情将会出错的第一个印证。虽然“范肖湾”号（USS *Fanshaw Bay*，CVE-70）截听到的上述通话意义非凡，但是当时日军正在尝试突破战斗机防御网，因此它被搁置起来。[129]6时47分，“范肖湾”号的雷达捕捉到日军舰艇，方位290度，距离18.5海里，[130]“卡达山湾”号（USS *Kadashan Bay*，CVE-76）上的一架执行反潜巡逻任务的飞机报告遭到一群来历不明的舰船的射击，[131]随后，“圣洛”号（USS *St. Lo*，CVE-63）上的一架飞机报告这群舰船包括战列舰和巡洋舰，位于北侧护航航母部队，即第77特遣舰队第4支队第3分遣舰队（斯普拉格）的西北大约20海里。[132]大约10分钟后，具有标志性的宝塔式舰桥的日军战列舰开始出现在北侧的水平线上，它们一露头就开始了射击。[133]7时04分，金凯德收到第一封接敌报告，这位第七舰队司令随即采取了三个措施。一是在7时07分电告哈尔西，通报发生的事情并请求部分航母部队提供直接支援[134]——这是金凯德在15分钟内发出的三封类似电报中的一封。[135]二是命令奥登多夫放弃追击日军南路部队，赶紧向北航行，在莱特湾北入口组成战列线，同时命令护送运输船前往马努斯的驱逐舰返航，命令在莱特湾内的舰船支援战列舰部队。[136]三是命令三支护航航母部队的舰载机全部集中攻击栗田舰队。[137]金凯德的第二项措施引起了参谋的争论，因为这实质上是放弃了第77特遣舰队第4支队第3分遣舰队，甚至可能包括第2分遣舰队（斯顿普），不管怎样，执行这样的命令将要花掉数小时。似乎金凯德命令战列舰部队北上是为了减轻损失，显而易见，护航航母无法替代战列舰和重巡洋舰。奥登多夫奉命在9时53分在莱特湾北入口组成战列线，11时27分这道命令被撤销，当时已经没必要这样做了。[138]这似乎与被完全搁置的金凯德原战斗方案相违背，因为日军方面的能力不容小觑，奥登多夫或其他支援第77特遣舰队第4支队第3分遣舰队的部队绝对无法解决日军。由于日军舰队利用航速、火力的优势推进，护航航母部队会在奥登多夫的战列舰抵达莱特湾北方入口前被击溃。

护航航母按指示出动飞机攻击栗田部队，它们同时面临着问题与机会。护航航母的主要角色是提供航空兵支援以及执行反潜任务，总体上只携带数量极少的穿甲弹和9到12枚鱼雷。[139]护航航母部队面对一支敌军舰队，哪怕是缺乏航母的战列线，处境也是很危险的。第77特遣舰队第4支队第3分遣舰队在战斗打响30分钟后能够出动44架复仇者式鱼雷轰炸机，但是9架由"甘比尔湾"号（USS Gambier Bay，CVE-73）上起飞的复仇者式鱼雷轰炸机中，只有2架挂载鱼雷，其中1架还燃油不足，以致起飞后数分钟内被迫降落。大部分复仇者式鱼雷轰炸机挂载100磅航弹，最多只能对日舰上层建筑造成破坏。[140]但是栗田部队与第77特遣舰队第4支队第3分遣舰队交战时，位置靠南的第1分遣舰队（托马斯·斯普拉格海军少将）已经为4艘护航航母上的复仇者式鱼雷轰炸机挂载了鱼雷和半穿甲弹，以对从苏里高海峡败退的日军部队实施攻击，第2分遣舰队在北上期间也为一批复仇者式鱼雷轰炸机挂上了鱼雷。[141]不幸的是，这两个护航航母分遣舰队位于第3分遣舰队以南60海里以外。在一艘护航航母上，只有少数飞机能向栗田的战列舰、巡洋舰发起反击，上述三个护航航母分遣舰队（Task Unit）的16艘航母集中起来，才抵得上两个航母特遣支队（Task Group）。[142]虽然护航航母被逐一追上时并未准备好去打一场未曾预料的战斗，但是它们仍对栗田部队组织起了实质性的攻击。第77特遣舰队第4支队第2分遣舰队在这一天的战斗尤其能够体现上述观点。在北方的飞机发出第一封电报后90分钟内，第2分遣舰队的航母出动了36架战斗机、43架复仇者式鱼雷轰炸机，当天该分遣舰队的舰载机共向日军战舰投下49枚鱼雷、133枚500磅半穿甲弹和276枚火箭弹，其中部分复仇者式鱼雷轰炸机还执行了支援莱特岛的任务，"马库斯岛"号（USS Marcus Island，CVE-77）为第1分遣舰队的复仇者式鱼雷轰炸机提供了鱼雷。[143]表面上看，第3分遣舰队在与栗田的战列舰、巡洋舰的遭遇战中肯定会全军覆没；日军战舰利用先敌发现、航速快火力强的优势，应该能够迅速歼灭护航航母部队。但是优势平衡的实际情况可能超出了人们的一般认识，数量众多的飞机攻击栗田舰队，在试图解决第77特遣舰队第4支队第3分遣舰队的三个小时时间内，他不得不应付坚持不懈的美军舰载机。

这些主线上的"开胃菜"在很多方面都可圈可点。10月25日发生在萨马岛外海的战斗是十分特别的，之所以这么说，是因为日军战列舰部队巧妙地排除了美军在舰艇、舰载机、无线电、雷达方面的优势，不仅轻易地通过了圣伯纳迪诺海峡，而且在与美军接触前躲过侦察超过6个小时。实际上，在战斗结束后，栗田舰队中仍有相当多的舰艇成功逃脱并在当日撤出，再没有受到频繁的跟踪。另一方面，被栗田攻击的美军分遣舰队本来无法逃过被全歼的命运，但实际上只损失了1艘护航航母、2艘驱逐舰以及1艘护航驱逐舰。5艘护航航母、1艘驱逐舰及3艘护航驱逐舰逃出生天。如果从短时间内就有一艘护航航母沉没这一点来看，日军的战斗表现堪称出色。战斗打响时，日军战舰射击技术很好，但运气就是另外一回事了。虽然记录了很多次跨射，但是仅有少数命中。虽然在搜寻目标、确认战果、火力分配上存在这样或那样的问题，也确实在短距离内持续脱靶，但栗田舰队的能力是毋庸置疑的，不必对其战斗技术打问号。该部花了数周的时间备战，就是为了在萨马岛外海展露身手。"赫尔"号（USS *Hoel*，DD-533）的舰长指出："一艘驱逐舰似乎难以在昼间抵近到6000至10000码，向一艘战列舰或巡洋舰发起鱼雷攻击，然后超过一个小时不被击沉。"[144]事实是护航航母"加里宁湾"号面对5艘日军驱逐舰仍然坚持了一个小时且毫发无损，尽管双方距离一度缩短至10500码。[145]从军中传说来看，美军的表现也很优秀，尤其是护航舰艇在面对逼近的栗田舰队时仍拼命保护护航航母。不可否认，它们完全能够实现这一目标，但是第77特遣舰队第4支队第3分遣舰队得以幸免于难，更多的不是由于美军的自救，而是得益于日军，尤其是栗田的放任。栗田健男让一场唯一的、不大的、短暂的胜利从指缝间溜走了。接下来需要评判一个细节上的问题和一个与背景相关的问题。首先要说的是，官方记录的可信度几乎为零。1968年美国海军内部刊物提到了"赫尔"号：

> 这艘无畏的驱逐舰已经抵近到距离编队先导巡洋舰"羽黑"号6000码以内，发射半个齐射数量的鱼雷，鱼雷的航迹"笔直、正常"。这时一大群日舰发现了它并将其驱离。尽管日军记录否认这些鱼雷命中了巡洋舰，但是没有证据能对那些间歇泉式的喷射场面做出另一种解释。[146]

这个战果被认为是铁一般的事实，尽管"羽黑"号在这场战斗中根本没有被鱼雷击中。此外，美军声称驱逐舰"约翰斯顿"号（USS *Johnston*，DD-557）也对日舰实施抵近攻击并取得了类似的战果，该舰在5分钟内发射200发炮弹。距离还没进入10000码时，它便发射了鱼雷。接下来，在两门主炮哑火、一门主炮需要通过人力传动的情况下，"约翰斯顿"号于短短40秒之内发射30发炮弹，其中有15发命中了一艘敌军战列舰。[147]如此被夸大的、明显错误的战果缺乏可信度，尤其是在20多年后，人们能对照双方记录的时候。这一天中更为不幸的事与尼米兹向哈尔西发电报所引发的插曲有关，护卫部队冲到护航航母与敌人之间，和1854年第二次巴拉克拉瓦（Balaclava）战役轻骑兵旅发起的冲锋有异曲同工之妙。[148]当然也可能有不同意见：与1854年英军骑兵部队类似的是栗田舰队，甚至是西村舰队，而不是美军的驱逐舰。一名英国诗人为1854年的战役写了一首诗，讲述这场战役以英雄的失败走向胜利。发生在1944年10月25日的战斗明显比巴拉克拉瓦战役甚至整场莱特湾战役更为著名，这场战斗"从今天到世界毁灭"都值得铭记，但是美国海军在战后尚未完成对这一战的研究。[149]

　　叙述这场战斗的难点在于，发生的事情很令人费解，战后的审讯及分析无法解释问题。栗田在接触敌军时最早下达的两个命令令人难以理解。栗田部队向东南航行并展开追击，[150]栗田的主力——4艘战列舰、6艘重巡洋舰可以寻机接近目标。当风向转为东北时，日军处于上风处，这阻止了美军航母出动他们的舰载机。同时，日舰在对方航母以东，这既能使其被困在萨马岛和莱特岛之间，又能阻止其逃到广袤的菲律宾海。在驶向莱特湾期间，栗田的最初航向为110度，接着向南转向，继而向西南机动——这当然是栗田的主意。[151]美军最初的反应是让航母向东掉头以便出动飞机，然而第77特遣舰队第4支队第3分遣舰队为了在日军战列舰、巡洋舰的左翼占位立即转向西南，对方虽然在航速上有优势，但是无法在战斗打响的一个小时内明显拉近距离。再者，在海战前期，美军护航舰艇施放了烟雾。它们采用两种方式，一是通过减少进气助燃产生白烟，二是通过烟囱施放黑色浓烟。在十分潮湿的空气中，没有强风意味着烟雾不会被吹离海面，日军战列舰、巡洋舰先后前往东北、东方，在它们看来，美军航母拥有令人惊讶的隐蔽性。[152]日军部队开始采用西南航向后，负责警戒的美军驱逐舰、护航驱逐舰只有在没有接敌的位置才能通过烟雾提供一定程度的掩护。在这种情况下，日军部队较难去观察，但是不用面对护航航母的警戒舰艇的反击。实际上，这些舰艇不得已处于来犯的日舰与护航航母之间，后者在烟雾中隐蔽。当日军开始与美军接战时，前者占据了有利位置并采用200度航向，该航向最适合对美军航母部队实施及时、完全的包围。

栗田指示部队分成两队从后方尾追，因此备受诟病。在战斗刚开始一分钟，美军航母向东机动时，双方的航向相交。直到7时50分或者在说开火后一个小时后，栗田部队才向南，继而向西南转向。[153]栗田本可以命令他的部队组成纵队，或者要求"大和"号、"长门"号、"羽黑"号、"鸟海"号组成编队向西航行，同时派遣航速更快的，下辖"金刚"号、"榛名"号和4艘剩下的重巡洋舰的铃木部队向东追击敌军，这样能做得更好。当然，人们也可以提出相反的看法：只有快速、准确地识别出所部遇到的敌舰，才能分兵追击，栗田当时是没有这个条件的。实际上，"长门"号在6时41分首先发现美舰，当时日军是占有先机的，[154]但是这很大程度上被置之不理，日本海军的能力问题因为一个错误而蒙上了一层厚厚的阴影。这个错误就是误判了美军战舰的舰型。当时无法从"大和"号的舰桥观察敌舰，射击指挥仪处报告说发现舰队航母、巡洋舰甚至是战列舰。栗田的首席参谋和炮术参谋能够看到2艘航母，"金刚"号报告发现4艘航母以及10艘其他舰艇。[155]栗田的参谋长小柳富治海军少将在战后的审讯中描述，当时大致接到发现"5艘或6艘航母，一些战列舰和一些巡洋舰"的报告。[156]在大白天出现这样的错误，是与现有的解释相违背的。诚然，日军舰队尚未跟美军护航航母交战，且轻型航母与护航航母、轻巡洋舰与驱逐舰在长度、外貌上的差异不如一般人想象的大，[157]但是炮术长是怎样将驱逐舰、护航驱逐舰错认为战列舰、巡洋舰的？[158]在逐渐赶上航速更低的舰船时仍然无法接触到舰队航母，栗田就没有对报告产生怀疑？六十年过去了，上述问题依然无法得到解答。

大约6时23分，日军雷达首次捕捉到美军飞机，栗田命令所部组成防空警戒幕，[159]但是战斗经过记录及日本防卫厅在战后编绘的示意图清晰地显示，在发现美军航母编队时，栗田部队一直沿用通过圣伯纳迪诺海峡时组成的巡航警戒幕。[160]这种警戒幕由6个单纵队组成，其中铃木的第二部队所属的驱逐舰、巡洋舰、战列舰组成的3个单纵队在左翼，栗田的第一部队的巡洋舰、战列舰、驱逐舰组成的3个单纵队在右翼，第三、第五个单纵队中的两个战列舰战队位于后方。"大和"号在6时59分开始射击，数分钟后日军的炮弹落在美军护航航母部队之间，最靠近日军的"范肖湾"号和"白平原"号（USS *White Plains*，CVE-66）成为最明显的目标并且吸引了日军火力，"白平原"号在日军一连串近失弹的跨射下上下摇晃，其中一发近失弹导致其暂时失去操舵能力。[161]日军虽然射击技术不错，但是时运不济。美舰被跨射到7时25分，栗田向联合舰队司令部发电报称击沉一艘敌军巡洋舰[162]——记录显示，首先被炮弹击中的是驱逐舰"约翰斯顿"号。日军在这场战斗中的每次转向似乎都影响到了射击，尽管"白平原"号身处困境，可是日军把炮火转移到了其他目标上，"白平原"号获得了维修的机会并且没有掉队。[163]7时21分，美舰驶入雷雨区，能见度降低到0.5海里。美军舰艇在雨中隐蔽的15分钟内，日军射击精度明显下降。[164]"约翰斯顿"号处于烟雾隐蔽的边缘位置，它不仅是此战中第一艘中弹的美军舰船，而且是首先施放烟雾并发射鱼雷驱赶敌军的驱逐舰。看到自己处于航母和日军编队之间，等待施放烟雾指示的"约翰斯顿"号决定早早地把鱼雷发射出去，以免因鱼雷殉爆而沉没，[165]这样一来既能通过烟雾遮掩护航航母和自身，又能攻击领头的日军舰艇。被烟雾笼罩的"约翰斯顿"号在距离18000码时开始射击，通过超过45节的相对速度，它在距离重巡洋舰"熊野"号10000码的位置占位，随即转向并发射了10枚鱼雷。"约翰斯顿"号被日舰的齐射驱赶，它采用最大航速返航以求烟雾掩护，但是在7时30分左右相继被一艘战列舰和一艘轻巡洋舰的炮弹命中，[166]很可能是"金刚"号和"矢矧"号。显然日军穿甲弹使用的烈性炸药对薄壳军舰无效，"约翰斯顿"号躲过一劫。不管怎样，它的罗经、轮机舱和一门主炮被毁，舵机、三门位于舰舯的主炮动力全失。[167]作为回报，战果比预想的更好。"约翰斯顿"号声称有二到三枚鱼雷命中"熊野"号，日军则只承认在7时27分中了一枚鱼雷。[168]事实上这一次命中导致两艘日军重巡洋舰脱离战场，尽管其中一艘是临时离开战斗。"熊野"号中雷后，将旗不得不转移到"铃谷"号上，导致后者离开战场直至8时左右。"熊野"号被鱼雷击中了10号肋位之前，因此失去了舰艏，轮机、电力同时失效，航速骤减至14节。在战队司令官和幕僚们撤走之后，"熊野"号调整航向，安全通过圣伯纳迪诺海峡，随后返回科伦进行维修。[169]

继"约翰斯顿"号之后，其他为航母护航的舰艇接连发起攻击。其中最引人注目的是多艘美军舰艇在冲到攻击阵位时记录一系列近失弹。这些驱逐舰、护航驱逐舰显然是幸运的，在雨水和烟雾的影响下能见度降低到100码，"希尔曼"号（USS Heermann，DD-532）就差点与"赫尔"号和"塞缪尔·罗伯茨"号（USS Samuel B.Roberts，DE-413）相撞。[170]就和苏里高海峡里的"纽康姆"号、"理查德·利里"号和"艾伯特·格兰特"号一样，因为力量分散、缺乏协调，没有一枚鱼雷命中日舰，不过它们成功地逼退了"大和"号，后者被迫转向以规避三枚鱼雷，因此被抛到了7海里之后。[171]

攻击持续了大约35分钟，"赫尔"号紧跟"约翰斯顿"号，在7时25分后迅速发射半个齐射的鱼雷，迫使"金刚"号在7时33分左转规避。当日军战舰出现在两舷时，"赫尔"号从容不迫地尝试两路出击，首先攻击东方的战列舰，然后攻击西侧的重巡洋舰。"希尔曼"号在7时54分展开攻击，首先选择重巡洋舰，然后才轮到战列舰。"赫尔"号在距离14000码时试图用舰炮与"金刚"号交战，在9000码发起第一次鱼雷攻击，此间多次受损。其左舷轮机被一发炮弹命中，三门舰艉主炮被一齐端掉，但是它非常顽强，即便是在脱离时，仍在6000码距离向"羽黑"号发射了剩下的鱼雷。[172]"希尔曼"号在9000码的距离向"筑摩"号发射了7枚鱼雷，并声称在转向脱离时以舰炮火力横扫"金刚"号的舰桥。相距4400码时，"希尔曼"号发射了剩下的3枚鱼雷，但是全数脱靶。[173]4艘护航驱逐舰中有3艘跟在"希尔曼"号后方发起攻击。作为该级一号舰的"约翰·巴特勒"号（USS John C. Butler，DE-339）距离日军最远，它没有发起鱼雷攻击，但是通过舰炮支援姊妹舰。[174]3艘护航驱逐舰都是抵近到无法逃离的距离才展开攻击的，日军注意力分散，再加上有浓烟掩护，这些运气极佳的舰艇都存活了下来。有人认为突然性确保了美军占有优势，但是这样的解释过于牵强，实际上突然性是战争的本质之一，美军出其不意的攻击可能让对手感到惊讶，但绝非吃惊。"雷蒙德"号（USS Raymond，DE-341）和"丹尼斯"号（USS Dennis，DE-405）或多或少与"塞缪尔·罗伯茨"号一起攻击，后者跟随"赫尔"号和"希尔曼"号，最初部队指挥官反对护航驱逐舰依次实施鱼雷攻击，但是该舰没有受其影响，在8时前发射了三次鱼雷。[175]"塞缪尔·罗伯茨"号先是抵近至4000码攻击了一艘日军巡洋舰，8时05分撤退后又在5300码至7500码的距离向另一艘巡洋舰发起攻击。令人惊讶的是，该舰在这一阶段丝毫没有中弹。[176]根据美国海军的官方记录，"雷蒙德"号在距离"羽黑"号6000码时发射鱼雷，3枚鱼雷从"羽黑"号后方通过，"丹尼斯"号可能在8000码的距离向"筑摩"号和"利根"号发射了鱼雷。[177]

　　双方要准确地判断所攻击的舰艇的身份是很困难的。比如"筑摩"号和"利根"号被识别出在第二、第三个单纵队，[178]但是"熊野"号和"铃谷"号不在阵列，当时两个日军巡洋舰的战队各自仅剩下两艘舰。这些攻击的重要性体现在两个方面。第一，没有一艘从烟幕后冲出的美军护卫舰艇被击沉，它们全都坚守岗位、继续抵抗。换言之，日军不得不花费巨大的力气铲除这些舰艇，然后才能捕捉护航航母。第二，这时混乱正开始影响日军部队。最初，栗田仅命令战列舰、巡洋舰攻击敌军，没有给驱逐舰安排攻击任务。[179]但是到了8时15分，日军战舰被迫散开，相距大约15海里，如果你能领会"通信很差，最不幸的是栗田不知道重巡洋舰'羽黑'号和'利根'号已经为驱逐舰攻击敌军让路了"这句话的意思，你就知道栗田当时的处境了。[180]事实上，这时栗田部队遭受到了越来越多的舰载机攻击。

　　解释这些事件的困难之处在于厘清导致日军在萨马岛海战第一阶段的战斗毫无效果的诸多原因，继而解释相互依赖、相对重要的方方面面。有六个因素值得留意，其中三个与美军在战斗中的表现相关——烟雾提供的有效隐蔽、[181]驱逐舰和护航驱逐舰的反击、舰载机的攻击。[182]此外必须加上第四点，即美军舰员的水平高于日本同行。美军关于这次战斗过程的记录必然强调第四个因素，而且这很有美国风格：最伟大和最好，受到完全不成比例的夸大。第二次世界大战中，有不少战舰毫不犹豫地迎战具有极大优势的敌舰，最明显的例子是1940年4月英军驱逐舰"萤火虫"号（HMS *Glowworm*）面对德军重巡洋舰"希佩尔将军"号（*Admiral Hipper*），1940年11月英军辅助巡洋舰"杰维斯湾"号（HMS *Jervis Bay*）面对德军重巡洋舰"舍尔将军"号（*Admiral Sheer*），1940年6月英军驱逐舰"阿卡斯塔"号（HMS *Acasta*）、"热心"号（HMS *Ardent*）面对德军战列舰"格奈森瑙"号（*Gneisenau*）、"沙恩霍斯特"号（*Scharnhorst*）以及"希佩尔将军"号和4艘驱逐舰——它们无法保护航母"光荣"号（HMS *Glorious*）脱险。美军舰长、舰员的勇敢是无可置疑且令人钦佩的，护航航母部队得以脱险，很大程度上是因为护卫舰艇在战斗初期将敌军挡在外围。在日军方面，第五个问题造成了对敌舰的误判和射击目标的转移。第六个问题是硬币的另一面——日军部队在战斗打响后队形散乱且驱逐舰的运用受到限制。由于严重高估美军实力而未能放手让驱逐舰大干一场，初看上去是可以理解的，但详细分析之后这种说法就站不住脚了。如果敌人像栗田认为的那样强大，那么他就有理由在进攻中使用驱逐舰，它们的鱼雷没准可以及时命中目标。有人推测日军此前在文莱而非在科伦加油，海战的第三天驱逐舰已经没有足够的油料实施高速追击，即以30节航速包围一部敌军并集中对其实施鱼雷攻击。也许当时最好的情况就是逮到个别美军舰艇，或者迫使护航航母转向规避攻击，以阻碍舰载机出动。

然而，历史真正关心的是发生过的事，不是那些没有发生或者可能发生的事。8时后，第一游击部队第一部队开始接近，以取得一个相对第77特遣舰队第4支队第3分遣舰队而言具有决定性的有利位置。8时30分，另一股日军部队——第一游击部队第二部队的驱逐舰同样也参战了。[183] 另一边，8时10分，即护航航母"甘比尔湾"号第一次中弹时，"榛名"号发现了20多海里外的第77特遣舰队第4支队第2分遣舰队并向其射击，该舰与"金刚"号一道追击这股新出现的敌军。[184] 尽管"金刚"号忙于追击新发现的敌人，可是这不妨碍它声称在8时25分左右击沉一艘来自最早发现的分遣舰队的企业型航母。[185] 大约同一时间，"大和"号同样声称击沉了一艘航母，"羽黑"号也声称在8时42分到8时52分之间击沉了一艘航母，中弹后整艘航母都瓦解了。此时，"范肖湾"号两度中弹，但是没有伤筋动骨，"加里宁湾"号被4发炮弹击中，电台、雷达被毁，但是无碍于起降飞机。[186] "基特昆湾"号（USS *Kitkun Bay*，CVE-71）、"圣洛"号、"白平原"号没有中弹，[187] 但是"甘比尔湾"号遭到一连串炮击，由于海水涌入锅炉舱、轮机舱，航速已经降至11节。[188] "甘比尔湾"号是第77特遣舰队第4支队第3分遣舰队的6艘航母中唯一一艘被重创的，在沉没前它又挣扎了许久。此时，哈尔西被这些事情带到了舞台中心。

事态的发展带来一个不可避免的结果，即金凯德在栗田舰队与第77特遣舰队第4支队第3分遣舰队接战后数分钟内发出电报。这些电报被发送到马努斯岛，并经过那里转发，这导致了两个后果。金凯德与哈尔西在超过一个小时的时间内无法进行电报联系，马努斯岛需要处理数百份电报，难以考虑孰轻孰重，没人敢担保这些电报会按重要程度的顺序进行转发，延误是在所难免的。

哈尔西在第一次接到栗田部队在萨马岛外海与护航航母遭遇的电报后认为金凯德部队能够自行解决问题。[189]很难相信这是仔细思考后得出的结论。一个简单的事实是，哈尔西无法南下帮助护航航母部队。南方的护航航母远在400英里之外，很明显超出第38特遣舰队航母舰载机的攻击半径。接到金凯德的电报时，哈尔西正深陷于率部北上的执念中，没有任何事情可以拉回他这头"蛮牛"。所以，他很难抵制这样的结论——金凯德的部队能够自保。显然，什么都不做是不合适的，尽管除了命令第38特遣舰队第1支队动身支援莱特湾的部队外，就没有其他事情可做。此外，至少有一件事确实令人难以置信，那就是哈尔西对奥登多夫报告所述战列舰弹药不足、无法在延长的战斗中为莱特湾附近部队提供支援感到震惊。[190]哈尔西对此感到惊讶的原因不明，金凯德的战列舰连续四天参加近距离支援行动，然后在第五天准备苏里高海峡的战斗。考虑到哈尔西从1942年10月至1944年6月一直担任西南太平洋部队的指挥官，[191]参与了从所罗门到新几内亚西北部的一系列登陆作战，他似乎没有理由感到震惊。哈尔西的部队，无论是指挥官的个人水平，还是部队参谋的水平，恐怕都不尽如人意。参谋安排不足和忽视标准的作战流程，在接下来的两个小时内会产生更大的影响。

8时22分，即接收金凯德关于试图闯入苏里高海峡的日军正在撤退并被小股部队驱逐的报告20分钟后，哈尔西接到了金凯德当日上午的第三份电报。这份电报称日军战列舰、巡洋舰正在后方15海里处射击第77特遣舰队第4支队第3分遣舰队。[192]哈尔西此时的看法是他"想知道金凯德是怎样让（他的护航航母）被日军逮到的，为什么（第77特遣舰队第4支队的）搜索飞机没有给予警告"，但是他没有焦虑不安。哈尔西称此时他推算护航航母能够自卫直到奥登多夫的战列舰赶到现场。[193]8时30分，哈尔西接到金凯德的一份新电报，后者称"特急，需要快速战列舰立即抵达莱特湾"。根据哈尔西的回忆，他在当时很惊讶，因为"我没有职责去保护第七舰队"。尽管如此，哈尔西仍然命令麦凯恩率部"以最高航速"直接支援金凯德部队，并且将情况告知金凯德。[194]然而，直到13时16分，第38特遣舰队第1支队的舰载机才飞抵栗田舰队上空。[195]9时整，哈尔西接到金凯德在当日上午发给他的第五份电报，这份电报实际上是在第77特遣舰队第4支队第3分遣舰队与栗田接战时发出的，电报称："我们的护航航母正遭受日军4艘战列舰、8艘巡洋舰，以及其他舰艇的攻击。请求威利斯·李率部以最大航速掩护莱特湾。请求快速航母立即展开攻击。"[196]9时22分，在收到上述急电很久之后，哈尔西接到一份发报时间为7时25分的电报，电文中提及：

> 7时整，第77特遣舰队第4支队第3分遣舰队遭受巡洋舰、战列舰的攻击，11°40′N，126°25′E。请求立即展开航空兵突击。另请求大型战舰支援。我的战列舰弹药不足。[197]

哈尔西回忆，他根据上述电报在五分钟内向金凯德回电，称他的部队正与小泽部队交战，第38特遣舰队第1支队的5艘航母、4艘重巡洋舰已经奉命提供直接的支援。哈尔西同样表明所部位于北纬17°18′，东经126°11′，在第77特遣舰队第4支队第3分遣舰队以北400英里处。这是为了"（向金凯德）展现快速战列舰无法与其会合"[198]。我们很难不对哈尔西表示一些赞同，因为提醒金凯德战列舰部队不在圣伯纳迪诺海峡、已跟随己方航母北上的意义不言而喻，不论第38特遣舰队是否整体作战，该部都不能为萨马岛、莱特岛的部队提供支援了。金凯德向哈尔西发送越来越多的电报，其原因不得而知，答案可能有损金凯德的形象。哈尔西在10时03分收到一份电报，简而言之其内容就是一句话："李在哪里，快派他来。"[199]这份以明码发出的电报代表着绝望，金凯德不愿放弃任何一根救命稻草，试图动用所有资源来挽回面目全非的局势。

　　如果要对哈尔西表示理解，就必须引入一些现代军事概念。在军事行动中，各作战部队都有各自的"责任区域"，这是他们展开行动的地方；同时，他们也有各自的"关心区域"，位于侧翼，与友军相邻。哈尔西关于搜索飞机没有提供预警的观点，带来了明显的暗示：金凯德和斯普拉格对各自的"关心区域"缺乏关注。这种观点是无法回避的，搜索的规模完全不合适，过程被诸多问题困扰，尽管有充分的预防措施，可是既没有启动也没有实施。虽然"责任区域"和"关心区域"的概念主要来自军事而非航海，但考虑到事件的性质，这么套用也没什么不妥。事实上，圣伯纳迪诺海峡肯定不是金凯德的"责任区域"。

然而，这只是在收到电报的过程中产生的两个问题之一，这个问题引起了两种不同的反应，人们可以同情哈尔西此时的处境，也可以批评并谴责他，因为他过去、现在和未来做的决定。

为何可以对哈尔西表示理解和同情呢？当时，他的舰队要想获得压倒性胜利，可能还需要三四个小时，在这个阶段分散精力和兵力去从事无能为力的事是没有好处的。正如老话所说："战必战之战，避可能之战。"（One fights as one must rather than as one would.）人们很容易忽视当天出现了何种机会，以及美国取得了何种成就。恩加诺角海战是历史的偶然，有4艘航母在一天内沉没，这在战争史上是绝无仅有的——尽管其中有3艘是轻型航母，无法与1942年6月中途岛海战中损失的"赤城"号和"加贺"号相提并论。日军在中途岛也损失了4艘航母（"赤城"号、"加贺"号、"飞龙"号、"苍龙"号），不过不是在一天内发生的。当然，硬币的另一面很少被全面地欣赏：日军承受了前所未有的航母损失——其中还包括空载的，以确保栗田部队能够追上他们想要的猎物。这种破釜沉舟的做法确实应该引起思考。但是，如果各特遣支队的指挥官看出了日本人的调虎离山之计，那哈尔西和他的参谋为什么就看不出来呢？[200]因为，毫无疑问，以许多标准而言，摧毁敌军航母力量比摧毁战列舰部队更为重要。如果出于胜利的性质和规模，人们必须给予哈尔西一定的同情的话，事情的重点就是这场胜利中本来可以没有日舰穿越圣伯纳迪诺海峡后的"精妙"战斗。当然，人们根本没法把哈尔西和"精妙"二字联系在一起。

有人说小泽部队"严重威胁"美军航母以及"整个太平洋战略"。这样的看法似乎夸大了小泽的威胁，因为在任何情况下，由4艘航空母舰组成的机动部队在整个太平洋战略面前都是微不足道的。实际上，这一点从日本海军取得的胜利的规模上（无论是在北方还是在南方）就能看得出来，日本人无论做什么都无法阻挡美国人进军西太平洋地区的进程。持上述观点的人似乎对现实几乎一无所知，这个现实当然和哈尔西当时的资历与职位相关。哈尔西在1947年出版的自传中说道：

> 保护第七舰队不是我的责任。我的任务是带领第三舰队进攻、攻击，我们匆忙截击一支严重威胁金凯德、我，乃至整个太平洋战略的部队。[201]

　　然而，实际上很难看出小泽部队能对第七舰队构成什么威胁，哈尔西也很难推卸他的防御责任。但也许真正的重点在其他地方，特别是他为自己辩解的理据——这些话即便不是他亲口说出，起码也是他亲笔所写。哈尔西的整个理据，从他随后发出"幼稚"电报，到他对事件经过的阐述，都在无意中承认，即便他的渎职没有被坐实，他也要为这样的指控进行答辩。

　　这个问题可以稍后再讨论。现在我们应该注意到，7时25分，几乎是在"千岁"号航母沉没的同时，哈尔西需要去处理跟金凯德之间的问题。数分钟前，轻巡洋舰"五十铃"号接到命令前去拖航，但是"千岁"号迅速沉没，导致这道命令被取消。小泽舰队全体向北撤退，驱逐舰"霜月"号奉命营救"千岁"号的乘员，"五十铃"号被指派救援"多摩"号。[202]"千岁"号沉没于9时37分，[203]大概在美军航母对小泽部队发起第二波攻击前20分钟。第二攻击波由16架复仇者式鱼雷轰炸机、6架地狱俯冲者式俯冲轰炸机和14架战斗机组成，是当天舰载机数量最少的波次。"千代田"号似乎被这一拨美军发现，然后被"列克星敦"号和"富兰克林"号上的地狱俯冲者式俯冲轰炸机命中。这艘航母剧烈燃烧并向左大角度横倾。[204]有人推测"千代田"号在10时18分被一枚航弹击中，导致轮机停摆。[205]但是在"日向"号和"槙"号待命的几个小时内，"千代田"号的损管人员尽一切努力抢救母舰，似乎就要取得成功了。11时55分，在"多摩"号接到独自离开的命令5分钟后，"日向"号奉命为"千代田"号拖航。"五十铃"号在归队时也接到同样的命令，可能这道命令是要将"日向"号从防御战斗中解放出来。但是，又一拨美军舰载机在大约13时20分出现了，[206]这一波攻击为日军带来了更多损失，日军拯救"千代田"号的努力付诸东流。"五十铃"号和"槙"号奉命营救"千代田"号的舰员，然后将这艘航母击沉，但是由于某些原因，它们无法做到。"千代田"号及其成员被遗弃，他们只剩下最后的3个小时，直到美军战舰抵达战场。[207]

　　第二波攻击使日军的组织更为涣散。日舰缺乏凝聚力，似乎是在独自机动，小泽部队在这一轮空袭结束后队形散乱，各舰相距60海里，可能只有与"瑞鹤"号、"瑞凤"号随行的舰艇在坚守着部队的尊严，当然它们彰显的也仅仅是尊严，而非凝聚力。[208]在这次攻击临近时，日军已经损失了一艘轻型航母、一艘驱逐舰，另有两艘航母、一艘轻巡洋舰处境堪忧。与此同时，哈尔西在指挥上也陷入危机，形势的演变明显不如他的预期。这场危机仅仅来自金凯德部队，这是本场海战或者说这一天里两个危机中的第一个，也是最大的一个，但是它很快就过去了，不是所有的美军高级指挥官都清楚这一点。因为萨马岛外海的美军部队已经脱险，哈尔西派遣部队南下意味着白费工夫。当天的第二场危机是，当哈尔西实现自己的决心时，蓄谋已久的日军第一次使用"神风"特攻，美军既没有提前阻止，也没有击退这种新形式的攻击。

　　哈尔西陆续接到金凯德发来的各种电报，电报显示栗田部队正慢慢地追上第77特遣舰队第4支队第3分遣舰队，这加剧了美军指挥官们的恐惧："我们任何一艘舰艇似乎都无法在接下来的大口径舰炮射击中熬过5分钟。"[209]之所以出现这种状况，是因为日军战舰慢慢地占据了和护航航母后方的美军舰艇并肩的位置，两舷都是如此。结果驱逐舰"赫尔"号失去动力并且被击沉，接着日军舰船抵近攻击"范肖湾"号和"甘比尔湾"号。"赫尔"号在大约8时30分被一发来自"利根"号的炮弹击中，剩余的轮机停摆。当"赫尔"号减速时，舰长下达了弃舰命令。在一轮炮火下，"赫尔"号向左舷翻转，并且在8时55分沉没，[210]可能令人惊讶的是该舰抵近至距敌人7000码的地方并吸引了一些日舰的注意，苦苦支撑了25分钟才沉没。"赫尔"号比其他美军战舰表现得更为卓越，该舰在最后数分钟内接近了战列舰"大和"号。一些材料中提道，"赫尔"号与其他美军舰艇分别靠近敌军战列舰，对方无法以主炮射击。[211]"希尔曼"号和"约翰斯顿"号自左后方横穿，尝试为"甘比尔湾"号吸引日军的注意力，但是冲进队形中的重巡洋舰"鸟海"号、"羽黑"号以及轻巡洋舰"能代"号优势明显，足以让美军驱逐舰徒劳无功，它们让"甘比尔湾"号陷入一片火海。9时07分，"甘比尔湾"号翻沉，令人惊讶的是，800余名舰员被来自莱特岛的巡逻飞机、登陆艇救起。[212]在西侧的"巴特勒"号、"罗伯茨"号与无处不在的"约翰斯顿"号会合，成功掩护了"范肖湾"号。但是在8时50分左右，"罗伯茨"号开始多次中弹，9时整，两三发来自"榛名"号或"金刚"号的炮弹击中"罗伯茨"号，导致其水线一带出现破口，一个轮机舱被毁，舰艉着火，简直被打得"开膛破肚"。该舰动力尽失，一门通过人力操控的主炮发生爆炸，炮组人员无一生还。9时10分，舰长下令弃舰。"罗伯茨"号直到9时35分才被放弃，10时05分才沉没。[213]"约翰斯顿"号遍体鳞伤，

"矢矧"号在大约9时05分对其发射了鱼雷，随同"矢矧"号的驱逐舰也在10分钟后发起鱼雷攻击，它们声称"敌军三艘航母、一艘巡洋舰被浓烟笼罩，据观察业已一艘接一艘地沉没"[214]。当时日军驱逐舰声称已经击沉一艘企业型航母并重创另一艘，"金刚"号同样将"甘比尔湾"号当成了企业型航母。"大和"号尽管与"赫尔"号在近距离交战，也将其视为巡洋舰。[215]一阵猛轰之后，日军驱逐舰不再射击"约翰斯顿"号，它被多发炮弹命中，仅存的轮机舱被端掉，动力全失，但是舰长到9时45分才下令弃舰。10时10分，"约翰斯顿"号翻沉，[216]该舰的沉没成为这场海战中著名的插曲之一。一艘日军驱逐舰奉命靠近，准备给予毫无必要的最后一击时，美军的幸存者发现一名敌军军官站在舰桥外向沉没的"约翰斯顿"号敬礼。[217]鉴于人们一直把注意力集中在这三艘舰艇被击沉的战斗上，[218]同样为保卫护航航母而奋战的其余三艘护卫舰艇很少被人提及。"丹尼斯"号先后在8时50分和9时整被击中两次，两门主炮无法使用，该舰随后撤退到"巴特勒"号施放的烟雾中。"巴特勒"号企图保护被"利根"号攻击的"范肖湾"号，但是弹药很快用尽，被迫在9时18分停止射击。不管怎样，"巴特勒"号上前施放了烟雾。"雷蒙德"号在不同时间与日军舰艇交战，是护卫舰艇中唯一一艘战斗超过两个小时的，但是只有一发近失弹，所起的作用不过是隔靴搔痒。[219]

由于明显的原因，三艘被击沉的驱逐舰在很多记录中受到格外的关注。面对危如累卵的境况，舰艇的奋战、个人的英勇增加了所属部队的生存概率。一些个人，比如"约翰斯顿"号上的埃文斯（Evans），由于合理、明显的理由，被列入美国英雄名人堂。很大程度上，正是因为这些英雄和其他在战斗中默默付出的无名舰员不怕牺牲、英勇战斗，第77特遣舰队第4支队第3分遣舰队才得以生存下来。值得一提的是，航母舰载机和护航舰艇互为补充。舰载机在刚开始接战时发起了许多单独的攻击，比如，在第一次攻击中，正在为主炮测距的"金刚"号就被舰载机偶然击中。[220]在战斗打响一个小时后，美军航空兵事实上在单打独斗，不过栗田的战舰逐一攻击"赫尔"号时，美军护卫舰艇和护航航母相互配合、迅速反应，其中舰载机发挥了主要作用。

最初舰载机的攻击是零零散散的，并且记录甚少。最先接触栗田部队的舰载机挂载的是深水炸弹或者轻型通用弹，深水炸弹爆炸产生的震动仅能毁坏测距仪，使用这些武器攻击水面舰艇很需要运气，有证据表明美军舰载机在战斗第一个小时内所能做的不过是增加日军的麻烦。然而，有两个要素为美军航空兵突击提供了实质支持。一是塔克洛班机场，那里提供500磅航弹的补给，该机场的友军还能为第77特遣舰队第4支队第3分遣舰队提供支援。这意味着即便栗田尝试接近北方的护卫舰艇及护航航母部队，一定数量的飞机也能够挂弹出航攻击栗田部队。为第77特遣舰队第4支队第3分遣舰队提供援助的友舰主要是"马尼拉湾"号（USS *Manila Bay*，CVE-61），它在当日接纳了11批次的舰载机，除了自己的飞机之外，还有来自"桑加蒙"号（USS *Sangamon*，CVE-26）、"甘比尔湾"号、"基特昆湾"号、"白平原"号的舰载机。[221] 第77特遣舰队第4支队第3分遣舰队向西南航行，因此无法出动舰载机进行防御，在南方的第1分遣舰队所属的3艘护航航母在任何情况下都能够进行空中防御，第2分遣舰队实际上也能为友军提供支援。必须指出的是，这些部队拥有的武器种类及数量无法对栗田的舰艇造成实质性威胁，个别护航航母的鱼雷储备只够使用一次。

第一轮攻击尽管没有挂载鱼雷，仍然取得了比预想要好的战果。大约7时24分，重巡洋舰"铃谷"号在担任战队旗舰前被一枚近失弹击伤油舱及左舷内侧的通风井。该舰即时减速到大约20节，泄漏大约800吨重油，占储量的三分之一。"铃谷"号试图加速至24节，结果震动过于剧烈，被迫减速并脱离追击战。[222] 8时42分，美军集中力量发起攻击。大约30架舰载机直扑作为第一游击部队先导的重巡洋舰，然后穿过一片雷雨区。日舰没有来得及停止射击或者进行规避，"筑摩"号遭受4架复仇者式鱼雷轰炸机的夹击，这些飞机来自"基特昆湾"号。[223] 在规避鱼雷后，"筑摩"号被击中舰艉并失去操舵能力。该舰离队后转弯，随后失去控制。[224] "鸟海"号同样被一枚或多枚航弹击中，轮机停摆，炸弹显然是"基特昆湾"号的舰载机投下的。[225] 同时，"羽黑"号被一枚航弹击中前主炮塔，但是未受严重损伤。"利根"号在8时28分左右被一架野猫式战斗机的扫射击中，舰长负伤。[226] "利根"号已经带队对护航航母部队实施追击，9时左右，栗田部队差点就歼灭了第77特遣舰队第4支队第3分遣舰队。有一点容易被遗忘，即日美双方交战的前两个小时内，日军有4艘重巡洋舰和3艘驱逐舰不在战斗序列。首先是"熊野"号，接着是"铃谷"号，然后是"冲波"号，字面上的胜利尚未到来，栗田部队就接连损失了两艘重巡洋舰，另外驱逐舰"藤波"号和"野分"号被指派去救援"鸟海"号和"筑摩"号。[227] "鸟海"号在中弹40分钟后，即9时30分沉没，[228] "藤波"号救起该舰的幸存者，但是两天后被美军航母舰载机击沉在民都洛外海。[229]

在"甘比尔湾"号、"约翰斯顿"号和"罗伯茨"号沉没前，栗田至少有4艘重巡洋舰和3艘驱逐舰被迫退出战斗，其中3艘重巡洋舰受到重创且在劫难逃，即便如此，从当时的形势来看美军也不可能取得胜利。但是在这个节骨眼上，"矢矧"号及跟随它的驱逐舰实施完失败的鱼雷攻击后，萨马岛外海的战斗就结束了。因为栗田在9时11分召回所有舰艇，命令它们在"大和"号和"长门"号外侧占位，然后率部北上。[230] 这成了整场海战中最为人诟病的决定。因为这个决定，日军脱离第77特遣舰队第4支队第3分遣舰队，这一走便再也无法重新接敌。不管这个决定遵循什么逻辑，有什么意图，它宣告了历史上最后一场大海战的终结。

即使相隔60年，即人的大半辈子，很多人也无法解释这一决定。栗田在做出这个决定之前，似乎没有跟幕僚商量，关于当时的想法，他从未提供过任何完整或详细的陈述。他在战后提供的任何评论都是零散且残缺的，似乎只是为了增加神秘感，进一步迷惑审讯者、历史学家和其他感兴趣的人。不可避免的是，由于时间的流逝，人们完全不可能再现、理解做出这样决定时的状况及想法，不过足以指出这个决定违背逻辑、缺乏合理性。

在探寻事件背景及解释栗田做出决定的大概原因时，有一点值得注意。栗田在率部离开后，报告所部北上时已编成追击队形。他的电报的确切内容是"第一游击部队停止突入莱特湾泊地，沿萨马岛东岸北上，以求与敌机动部队决战，尔后突破圣伯纳迪诺海峡，地点'ヤモ22チ'，航向零度"[231]。从电文来看，率部转向和寻战敌机动部队是相关的，但实际情况并非如此。该命令是12时36分，即北上3个小时后发布的。因此，转向和向北寻找敌机动部队的愿望是完全无关的——不仅仅因为在8时后"大和"号弹射了两架水上飞机，其中一架向北方搜索并发电报称没有发现任何敌军部队。[232] 看起来栗田率部北上时，他在北边并没有看到敌人。这份命令的细节缺失引出了三个看似永远不会被解决的明显问题：消息的来源、坐镇大和的栗田接到发现敌军的报告的时间，以及报告中敌军的详细情况。[233] 关于这份报告，唯一已知的详细信息是时间为9时45分，无法确定这是发现敌军的时间还是发电报的时间。如果这些问题没有得到解答，那任何对栗田北上命令的解读都会表明，在考虑到距离错误的情况下，目标可能位于苏禄安岛以北，北纬12°、东经126°的位置，当日上午某个时刻，第77特遣舰队第4支队第3分遣舰队肯定在那里出现过。下面的解释听起来很奇怪，但它是唯一的另外一个可能的解释：报告中发现的如果不是第77特遣舰队第4支队第3分遣舰队，那么一定是栗田部队自己。栗田在6时45分位于苏禄安岛以北约64海里，然后向南航行，[234]当天肯定没有比栗田更接近报告位置的舰队。以上推测的问题显而易见的，它们都基于这样一个前提：栗田确实接到过一份电报，这份电报声称，这个给定位置上有一支敌军舰队。当栗田率部离开时，他很可能没接到过北方发现敌舰队的电报，有证据表明这封电报根本不存在。当然，这么说也会引出一系列难以解答的问题。

　　在探寻可能导致栗田在9时11分率部撤退的因素时，必须解答五个相关的问题。其中前四个和战斗直接相关。首先，栗田是否相信第一游击部队各舰艇在前两个小时内已经分散在各处，亟须重整队形。第二，他是否相信已经取得真正的胜利。第三，栗田有没有认识到无法继续进行高速追击。第四，他是不是担心有新的敌军，尤其是一定数量的飞机可能在接下来的几个小时内飞抵第一游击部队上空，因此要做好准备。第五点涉及个人特质，特别是和失败相关的特质，这直接影响栗田当时可以看到什么、能够知道什么。回想日德兰海战，身为英军舰队指挥官的海军上将约翰·杰利科（John Jellicoe）爵士几乎看不见敌人，虽然在火控位置的军官看到了敌人，但在桥上的舰队指挥官很少看见敌舰，他一度认为是因为能见度差才看不到敌人的踪影，实际上是敌人撤退了。有人推测栗田无法观看战斗，[235]不可否认的是，他的报告里充斥着对敌舰的错误识别，并且对敌舰损失的描述极其夸张。毫无疑问，栗田从来没有反驳这样的报告，这些报告来自他的每一艘船，甚至来自"大和"号的火控位置。可以确定的是，到了9时整，追击带来的负面影响已经开始在栗田心里留下深刻的印象。那时其麾下的舰艇分散在延绵15海里的海域，"大和"号和"长门"号没有驱逐舰护航。如果美国人能够组织一次大规模的空袭，那么日军战列舰就会不必要地暴露出来。

这些观点可能不会受到严重质疑，并且很可能已经出现在栗田的推算中。当然，舰队阵型及其潜在的薄弱环节可能影响了部队指挥官的推想。再者，栗田在9时肯定意识到他的部队无法继续原有的行动了。有两个原因容易被忽略。在追击中不得不保持高速航行，所消耗的油量对航程的影响必须加以考量，并且当天的战斗，以及前一天的锡布延海战，必然严重消耗了栗田部队的弹药。在追逐期间，油料和弹药消耗巨大，栗田最初限制驱逐舰的行动，反映出他意识到了燃油的问题。到了这个时候，即9时左右，栗田下决心率部转向，日军舰船的防空火器弹药量肯定严重不足。当时宇垣缠指出，"羽黑"号向南航行时严重缺乏弹药，[236] 可能这种情况并不是孤例。

然而，考虑到两个无法回避的事实，上述观点会变得苍白无力。第一，栗田与两支，而不是一支敌军部队遭遇时，主动选择了脱离战斗。第二支部队即第77特遣舰队第4支队第2分遣舰队，该部仍未遭受损失。栗田与这些部队之间的距离使其不会招来攻击，而放弃与敌军航母接触只会让对方的舰载机进行多次攻击。第二，栗田似乎相信自己在与一个敌军快速航母编队接触并且部队无法击败对方。如果是这样的话，就会引申出一个显而易见的问题：日本的驱逐舰是否进入了敌军的攻击范围？毫无疑问，栗田进行了错误估计，事后还做了自我辩解，但即便如此他也要面对一个无法回答的问题：如果确认在萨马岛外海遇到的敌军是快速航母编队，那么为什么美军战列舰和重巡洋舰没有组成战列线加入战斗？简而言之，随着时间的推移，各种可能让影响栗田的决定的因素变得毫无意义，而且肯定不会联系在一起，其中最不靠谱的就是"决定北上寻找敌军"。当天栗田部队如何能第二次与敌航母部队交战？与敌军脱离接触两个小时后，为何要前往北方五六十海里处寻找敌军？这实在难以解释。

从个人因素来解释肯定充满推测，而且不甚完整，但绝不缺乏解释力。这里我们应该留意明显的三点，前两点是交织在一起的。

第一，可以说，栗田与哈尔西同样被这场海战的规模所震撼。事实上，栗田在他的军旅生涯中完全没有为这样的战斗做好准备。可以想象，在这一场海战中，日军各部分散在数千海里的海域，战斗区域延绵数百海里，而且作战时间有明确的限制。这一点无法被证明,但是这场海战的本质肯定影响了栗田的行为,甚至交战双方的行为。

第二,战斗和损失带来了巨大的压力,这和第一点是互补的。人们很容易忽视这样一个事实,即日军在萨马岛附近遭受了三天内的第三次损失。两天前,重巡洋舰"爱宕"号和"摩耶"号在巴拉望航道被击沉,"高雄"号受重创后在驱逐舰"朝霜"号和"长波"号的掩护下撤退。"武藏"号已于前一天被击沉在锡布延海;重巡洋舰"妙高"号受到重创,被迫向文莱回航;驱逐舰"滨风"号和"清霜"号已经离队。现在剩下4艘重巡洋舰、3艘驱逐舰在萨马岛外海。在不到48小时的时间里,日军在列的舰艇数量从原有的32艘减少到16艘。两支部队原有5艘战舰,10艘重巡洋舰、2艘轻巡洋舰,以及15艘驱逐舰。最后的数字则变成了两支部队各有2艘战列舰、1艘重巡洋舰、1艘轻巡洋舰。驱逐舰方面,栗田的第一部队有5艘,铃木的第二部队仅剩下3艘。

表6.1 1944年10月22日至10月25日,日军中路部队实力变动

	栗田,第一部队				铃木,第二部队			
	BB	CA	CL	DD	BB	CA	CL	DD
原有实力	3	6	1	9	2	4	1	6
10月23日23时59分	3	3	1	7	2	4	1	6
10月24日23时59分	2	2	1	7	2	4	1	4
10月25日12时01分	2	1	1	5	2	1	1	3
被击沉或离队	1	5	—	4	—	3	—	3
缩写:BB 战列舰　CA 重巡洋舰　CL 轻巡洋舰　DD 驱逐舰								

换言之,第一游击部队第一、第二部队刚好有一半即16艘舰艇退出战斗序列。[237]如果栗田此时承受这样的损失,而且他也完全注意到了当日上午局势的逆转,那么也许他的行为就可以理解了。在这个阶段,空袭的规模可能会加大,有证据表明,美军舰载机在两个小时内持续出现,可不只是为日军带来烦恼那么简单。在战后的审讯中,栗田的参谋大谷藤之助海军中佐做了如下供述:

空袭几乎从不间断,任何一个时间段的飞机数量都不少。轰炸机和鱼雷机非常具有进攻精神且技术高超，上述两个机种的协同攻击令人印象深刻：与以前（前一天在锡布延海）相比，这一天舰载机表现得更厉害。[238]

毫无疑问，持这样观点的不止他一个人。

除了以上两点之外，还可以添加"人的方面"的因素。除了米切尔之外，似乎其他人都没有睡觉，疲劳能在很大程度上影响人的行为。人们还会提出另一个问题：各种证据指出，当"爱宕"号沉没时，栗田身患登革热，但他仍坚持执行指挥任务。也有人推测牛顿式的疲劳发挥了作用，在前一天的战斗造成的巨大压力及其反作用的影响下，栗田率部通过圣伯纳迪诺海峡，在接触美军后处于兴奋状态。所有关于战斗的描述都带有极端的感恩色彩和愉悦氛围。因为能够与真正的敌人交战而不是白跑一趟，他喜极而泣。"确信天佑"明确地反映了他的感受。[239]随着日军加入战斗，肾上腺素飙升导致情绪高涨，这可能会在短时间内消除身心疲劳，但随后会有严重的"戒断反应"。也许带着这样的问题加入战斗，造成了极大的情绪波动，产生了不假思索的兴奋，随后是与之相反的情绪，这同样与日德兰海战中的情形相似。在做出了将部队横亘在敌人和德国之间的两个决定之后，杰利科几乎陷入了消极被动状态。他坐镇舰桥，没有做出任何指示，尽管他应该洞悉敌军舰队试图绕到战列舰部队的后方。杰利科的决定似乎代表了他的一生或个人奋斗的57年。人们无从得知在1944年10月25日这个关键时刻，对方向的迷失和疲惫感是否影响了栗田的判断，尽管有人指出栗田当时并不是感到疲倦，而是"身心都很疲惫"[240]。1947年，有人就这个问题提出了以下无可争辩的观点：

> 然而，这是要从这位旗舰被击沉的司令口中探出合理的逻辑，此人已经忍受了一整天的潜艇攻击及警报，还要忍受将要遭遇的、带来毁灭的空中突击，他的部队已经从37艘舰艇减少为18艘，这18艘舰艇中有3艘已经前去营救幸存者了。没经历过如此令人无力的压力的人，是无法理解准确地判断及预测的难度的。

上述数据是不准确的，但是不影响结论。[241]

人们总是对从单一角度进行的解释持谨慎态度，他们的倾向是假设在这个阶段所有的细节聚集在一起，共同造就了栗田的决定。在一个显而易见的意义上，所有这些因素都在起作用就意味着在同一时刻它们都没起什么作用，找出这些因素中最关键的那个似乎是不可能的。人们会注意到，迄今为止尚未定义的第三点对解释栗田来说可不怎么友好：栗田在巴拉望航道执行指挥时是无能的，发现第77特遣舰队第4支队第3分遣舰队时下达的追击命令同样平庸。对一名在整场战争中最好的表现就是"平庸"的将军来说，下达撤出战斗的命令再正常不过了。如果这么说有些苛刻，那么至少可以说这个调转方向的决定，让他的部队与敌人脱离接触，形成迄今为止不那么令人印象深刻的指挥记录。人们想知道，如果在同样的位置小泽会做些什么以改变局面。

对栗田的评价不太可能引起太多的同情，因为在战后60年的大部分时间里，西方历史中没有给他恰当的评价。但是，解决栗田与他的决定之间的关系的真正困难之处在于，对个人的分析引出了许多问题。栗田的参谋长的供词凸显了一个最明显的问题：

> 我们放弃追击，差不多等同于失去到手的奖励。如果我们知道了敌军的舰船类型、数量，以及它们的航速，栗田将军永远不会停止追击，他会消灭这些敌军。由于缺乏这些至关重要的信息，我们得出的结论是，敌军已经逃脱了。[242]

当时，敌人的部队在战斗两小时后仍然处于视距内，怎么得出的"敌军已经逃脱"的结论？基于什么理由得出的这个结论？这真的很难说清楚。再者，认真查看上述供词就会发现：如果栗田及其参谋知道敌军部队较弱，就会继续推进；如果他们知道当面之敌兵力强大或与己相当，就会放弃追击。日军的目标带来了许多问题。除了上述情况外，还剩下四个无法回答的问题。首先，当栗田命令所部北上时，仍有美军航母安然无恙并进行着舰载机起降，日军舰船和这些航空母舰之间的距离无法确保自己不遭受持续的空袭。在这个节骨眼上，栗田是怎么看到与敌人脱离接触的逻辑合理性的？其次，既然他相信自己遇到的是敌方舰队航母部队，那他为何还要搜寻其他的目标？另外他是如何确认自己已经取得胜利的？即便他遭遇的6艘航母是舰队航母，并且悉数被击沉，这也不是本阶段日本所需的真正胜利。士气上的影响可能很重要，但就国家力量和舰艇总数而言，即使是这种规模的舰艇损失也不会产生真正的战略影响。再次，为何第一游击部队在向西南航行前往莱特湾时无法整队，为何栗田非要在远离指定作战区域时重整部队？[243]最后，栗田为什么在9时40分接到南西方面舰队司令长官的电报后，仍坚持率部脱离？该电报告知栗田他所遭遇的美军部队正在发出明电。这种痛苦和绝望的证据没有让栗田改变想法，真是很难理解栗田为什么没有即时利用这些信息。

很简单，和一个事实相比，所有可能的解释都相形见绌，那就是有证据表明栗田根本就没收到所谓的9时45分电报。第二、第三代西方历史学家和作家似乎忽略了这个问题，日本的海军历史研究中对此也存在尖锐的分歧。在日本国内有多种说法，其中之一认为根本就没有这份电报，这是栗田和他的参谋虚构的，意图"掩盖其踪迹"——相比继续与美军航母部队作战，及前往莱特湾解决可能在那里的运输船及其他舰艇，北上绝对是个糟糕的决定。鉴于还没有明显的证据指出电报起草者，这种"掩盖踪迹"的做法可能与更高级指挥官相关，比如栗田需要应付丰田副武。但也可能仅仅是为了给麾下舰艇一个目标，用来驱散动摇和怀疑。随着时间的流逝和与美军的接触，这个插曲终将被更大的事件掩盖并被丢进历史的垃圾箱。

"大和"号的低级军官的证言反驳了上述观点，他们看到"部分参谋争论电报的可信性"，比如报告称一部敌军位于北方。当然，我们还是不清楚，参谋们争论的到底是这份电报是否真的存在，还是电报的内容是否属实，并且发电人身份仍旧不明。如果电报是真实存在的，那就不可避免地带来"阴谋论"：电报是美军发出的。并不是任何一个美国人，无论是个人、电报员、情报或指挥机构，都可以在一个小时左右的时间内汇编这样的电报，这是需要通过整个指挥链来达成的。执行每一个步骤，都会让这样一个事实暴露出来：美国人能读到日本的电报。没有任何证据表明美国发送了一份错误的电报以引诱栗田北上，但同样没有证据表明它是南西方面舰队司令部向"大和"号发送的。如果它出自一架来自菲律宾的岸基飞机，那就只能是三川军一的司令部发出的。也许"大和"号接到了飞机发现敌舰的电报，但这似乎又不太现实，它需要有其他司令部的代码、密码才能翻译飞机的电报。看来这种可能也被排除了。

很明显，以上这些解释都不甚合理，而且在过去的几十年中，日本历史学家、分析家和评论员从来没有达成共识，这表明这些解释不太可能解决问题。这里有三点值得一提。首先，各种论点的最佳说明是由10月25日在"羽黑"号担任低级军官的福田幸弘在出版物中提出的——这件事并没有涉及他的个人利益，这是第一个主要证据来源。其次，"大和"号的电报员小岛清文称，"大和"号没有收到任何电报，不过这不具有决定性，因为没有任何一名军官能够看到舰上收到的每一份电报，在辨析小岛的证据的真实性时，显然还要考虑三个指挥层级——栗田、宇垣和舰艇本身。但是，和福田一样，小岛在这件事当中也没有个人利益。栗田和他的参谋们就不同了，看起来栗田在这一天似乎做了假。他告诉丰田副武他没有放弃进入莱特湾的意图，以最不严格的标准来看，这也是一种误导。最后，就是如果没有电报，那么栗田的参谋在战争之后肯定没有任何动力来抖出真相，很明显依照这种解释，栗田在战后供述时的做法就合情合理了。正如下文所述：

> 栗田从来没有完整、详细陈述任何左右他判断的因素。无论他在战争后提供什么解释，都是不完整的，似乎只是为了让真相变得更神秘，并且迷惑战后审讯者、历史学家和其他感兴趣的人。

于是一种解释浮出水面，那就是栗田故意掩人耳目，使人无法全面检视这一海战"插曲"。这是一种合理的解释，并且会严重影响对栗田的专业素养和人品的评价，还会提出一个尖锐的问题：他是不是真的想打一场一定会导致自我毁灭的战斗？事情并没有定论，这只是个可能的解释，我们这些西方学者应该感谢福田。[244]

对栗田所做的决定的考量中，真正的问题与舰队参谋的角色有关，人们一直对参谋在决策中的作用缺乏关注。在战后的访问中，栗田对此事非常敏感。[245]在这方面，海军参谋与陆军参谋不同，我们可以再次参考英国的例子。在1904

年至1910年间，担任英国第一海务大臣的海军上将约翰·费舍尔（John Fisher）拒绝了在海军部配置相应的参谋的建议。他从未准备好分享决策权；参谋是用来执行大权独揽的指挥官的决定的。费舍尔的观点是希特勒式的：历史上的伟人拒绝被系统组织束缚。在这个问题上，杰利科是一个例外，这位伟大的指挥官倚重参谋人员。但鉴于海军对教育和参谋这些事情的历史性反感，很难说栗田的错误决定在多大程度上归因于对局势和行动的讨论缺乏参谋的参与。当然，人们还想知道在栗田做出决定的一个小时前，坐镇"新泽西"号的哈尔西面对的危机是不是也是由参谋工作的缺失导致的。

如果如拙作前文所述，海军历史研究中唯一的两个问题是海军历史学家和海军军官，那么我们可以说，在美国的历史写作中，只有一个问题，即卡莱尔的遗产。他认为历史是伟大人物的传记，历史即人物。这具有简明的吸引力，但有人会建议，到20世纪，卡莱尔学派真正失去了它的用处，特别是在与战争有关的事情上。指挥官在士气和个别决定中的作用不容置疑，但战争是系统性的并且由国家来组织和控制，当然这在19世纪中叶以前是不存在的。拿破仑在这方面就很成问题，还有很多18世纪的历史观让历史学者偏爱一种解释，摒弃另一种解释。之所以讨论这些，是因为它们与哈尔西在10时后不久收到电报的历史记录有关。

第一份电报来自金凯德，电报显示他的处境令人绝望，只有哈尔西的战列舰和航空母舰才能保证他的护航航母不被歼灭，才能阻止日军部队进入莱特湾。这仅仅是一系列电报中的一封，早前对其他电报的评论可以再次应用。第二份电报来自尼米兹，这是整场海战最重要的一份电报，因此，它总是背负着某种恶名。

这份电报背后的故事十分有名。太平洋舰队总司令部、华盛顿、尼米兹的一众参谋对哈尔西留下不设防的圣伯纳迪诺海峡表示担忧。[246]10月25日上午，金凯德发出求助电报，导致尼米兹在9时44分向哈尔西发电报，这份电报全文（加注人名）如下：

　　火鸡跑到水里 QQ 发报 太平洋舰队总司令（尼米兹）收电 第三舰队司令（哈尔西）抄送 海军总司令（金）、第77特遣舰队指挥官（金凯德）
　　第34特遣舰队在哪里？重复，在哪里？RR 全世界都想知道该电报分三部分，其中"火鸡跑到水里"和"全世界都想知道"是密语，负责通信的参谋应该将其删除。此外，电报员将两个重叠的字母打在电报正文的开头和结尾。

密语被认为是毫无意义的，要跟电文分开，但在这份电报中，一百万分之一的概率变成了现实。负责通信的参谋对密语感到困惑，结果向哈尔西汇报的电报内容如下："发报：太平洋舰队总司令。收电：第三舰队司令。抄送：海军总司令、第77特遣舰队指挥官。第34特遣舰队在哪里？重复，在哪里？ RR，全世界都想知道。"哈尔西收到这份电报后暴跳如雷。哈尔西在他的自传中就是这么写的，并且在大多数有关这场战斗的记录中，这个版本的故事已经被广泛接受和整合，通常非常详细而且篇幅不成比例地长。当然，据称这样的叙述在很大程度上牺牲了对所发生的事件的认真研究和适当分析。

10时55分，即差不多接到尼米兹的电报一小时后，哈尔西指示第34特遣舰队在11时15分转向南下，第38特遣舰队第2支队奉命掩护前者。[247]第34特遣舰队分出了重巡洋舰"新奥尔良"号（USS *New Orleans*，CA-32）、"威基塔"号（USS *Wichita*，CA-45）、轻巡洋舰"莫比尔"号（USS *Mobile*，CL-63）、"圣菲"号（USS *Santa Fe*，CL-60），以及10艘驱逐舰，以便更好地为留在北方的两个航母特遣支队提供掩护，[248]南下的战列舰部队由6艘战列舰、3艘巡洋舰、1艘驱逐舰编成。哈尔西向尼米兹和金凯德通报了他所做的事情，后者被告知哈尔西将带领6艘战列舰南下，但预计明日8时才能到达。[249]哈尔西通过上述举措阻止了战列舰参加北方的战事，他让它们为水面战斗做好准备，同时也假装出了一种根本不存在的能力：他可以为金凯德提供帮助。

有三个问题似乎从来没有得到充分和适当的考虑。首先，简而言之，哈尔西完全无法接受在前一晚留下战列舰掩护圣伯纳迪诺海峡。战列舰北上是第二天与日军航母部队交战的必要条件。对此，哈尔西已经做出了评论，他在战斗报告中写道：

> 此举保持了……舰队的完整性；它保证了最大程度的出敌不意，并歼灭了（该）敌军航母部队。如果证明（敌军）北方部队的实力是最强的，那么

此举特别合理和必要。我明白（敌军）中路部队可能会出击并造成一些伤害，不过高估了他们的战斗力。最后，经过评估，（航母）部队应该能够及时地折返，以消除（敌军）中路部队可能赢得的任何优势。[250]

重要的是，在收到尼米兹发出电报后，整个支持原有决定的逻辑被抛到了一边。金凯德发出电报请求支援时，必须夸大形势的严重程度，实际上哈尔西已经无视了这些电报。在收到尼米兹发出的电报时，事情并没有发生任何变化，哈尔西也没有在之前的几十个小时内完成所有已决定的事情。哈尔西随后表示，他注意到尼米兹的关注是"因为第七舰队所部的安全是最后一个影响他的决定的因素"[251]。哈尔西最后表示他对这种策略逆转感到遗憾，派战列舰南下是一个错误。[252]毫无疑问，从某种意义上讲，这确实不正确。第34特遣舰队能为金凯德提供的帮助可以说微乎其微，此前一个小时的打算完全正确。在这个阶段，战列舰部队应该留在北方。

然而，第二点即便不与这一结论相矛盾，也会让人对事件过程产生不同的看法。11时15分，收到尼米兹发出的电报一个小时后，哈尔西带领战列舰部队南下，第34特遣舰队花了两个多小时才回到尼米兹发电报时它所在的位置。南下的战列舰部队减速到12节，以便为驱逐舰提供油料补给。这次补给从13时45分持续到16时22分，[253]随后，战列舰部队一部改编为第34特遣舰队第5支队。该部由战列舰"依阿华"号、"新泽西"号，以及3艘轻巡洋舰、8艘驱逐舰编成，17时01分奉命向圣伯纳迪诺海峡航行。在这个阶段，第38特遣舰队第2支队位于这个新部队的东侧。[254]该部将在午夜后不久抵达海峡。

上述部署引起了明显的批评性评论。战斗到了这个阶段，哈尔西不可能知道栗田率部从圣伯纳迪诺海峡撤离，这些部署对萨马岛外海的局势几乎没有任何影响，尽管应该注意到哈尔西的意图是让这支新部队在抵达海峡后，从萨马岛北部和东部一路向南扫荡。也许更相关的是，从"新泽西"号接到尼米兹的电报开始，整个过程持续七个小时，包括两个小时的时间浪费和五个小时的缓慢向南推进，因为驱逐舰得进行油料补给。可以肯定，如果哈尔西一开始就命令战列舰部队和第38特遣舰队第2支队向南推进，那么所有6艘战列舰——两艘依阿华级，以及

"亚拉巴马"号、"马萨诸塞"号、"南达科他"号、"华盛顿"号，能够在傍晚时分抵达圣伯纳迪诺海峡。让这两群航速相差6节的战列舰分头行动，能否有实质作用仍值得商榷，但是哈尔西为驱逐舰补给油料消耗了很多时间，然后采用了一条确保战列舰无缘与敌军主力交战的航线，这些敌军在10月25日晚上向西通过圣伯纳迪诺海峡。[255]

第三个问题是最明显的。哈尔西的部署总结起来有三点，一是派出第34特遣舰队，二是将该部分为两个支队，三是将第38特遣舰队第2支队作为掩护部队。这在前一天晚上是完全不可接受的。哈尔西带领战列舰部队北上的重点在于集中兵力，现在分兵不仅仅是对原则的否定，更是走向了与原则相违背的一面。此时，第38特遣舰队分为6队，部署在数百海里的海域。[256]哈尔西的行为简直无法与其他人协调一致，这里回到哈尔西对尼米兹9时44分的电报的看法。他写道，尼米兹的电报——

　　让我不再存有幻想。时至今日，即使我闭上眼，这份电报依然浮现在我眼前：

　　发电：太平洋舰队总司令
　　收电：第三舰队司令
　　全世界都想知道第34特遣舰队在哪里。

　　我整个人都惊呆了，像是被人迎面一击。我一手揣着电报，一手摘下帽子，然后甩到甲板上，喊叫一些让自己不想重提的话。参谋长米克·卡尼跑过来抓住我的手臂说："停下！你怎么了？振作起来！"
　　我把电报递给他看，然后转身。我气得一声不吭。我完全不相信切斯特·尼米兹会这样侮辱我。当然，他没有这样做，但是我也是过了好几个星期才知道真相的。这里要解释海军的手续。为了增加敌军破译我军电报的难度，大多数电报都带有乱码。解码人员辨别出来并在转发时删掉，但是太平洋舰队总司令的电报员要么昏昏欲睡，要么是自作聪明，而且他的乱码"全世界都想知道"，听起来那么合理，以至于我的破译人员将这句当成了有用的消息。切斯特在我告诉他的时候气炸了，他找到了那个小鬼并把他骂了一顿，但是为时已晚，伤害已经无法挽回。[257]

上述对该事件的描述已经用于补充这场海战的记录，但需要注意两点。

第一，发给哈尔西的电文没有直接写"全世界都想知道"，而是在前面加了"RR"，因此哈尔西应该能看出这句不是电报的内容。不可否认，电报收发时哈尔西可能不熟悉这个程序，因此没有意识到"RR"这个指示符的重要性。面对所谓的侮辱，他如此心烦意乱似乎是可以理解的。[258]

第二，最权威的哈尔西传记如此描述这一插曲：

> 哈尔西一言不发，将电报递给他的参谋长并转身离开。"新泽西"号的（电报员）确认电报最后的词语是乱码。[259]

换句话说，哈尔西在接到这个电报后一到两分钟内大发脾气，但他后来一定意识到，尼米兹绝对没有刻意侮辱他的意思。即使考虑到错误地发怒的哈尔西确实需要几分钟才能冷静下来，他对这一事件的描述似乎也非常挑剔，不仅仅是在电报的措辞方面。即便没有故意撒谎，他对事实的陈述也非常有选择性，明显是为了遮盖问题和隐瞒事件的真正顺序。此外，这个结论适用于自传中的声明，自传称10时到11时15分"用于重组特遣舰队，并为博根那些因为高速航行而几乎用光油料的驱逐舰进行补给"[260]。有人称这些驱逐舰是怎样加入对小泽的追击的着实令人怀疑。第38特遣舰队第2支队的驱逐舰可能在这段时间进行了油料补给，但是肯定无法在10时整开始。哈尔西传记对此事的描述似乎是虚构的，[261] 完全是在为自己辩护，有人推测这是为了遮掩他的行为在当时可能会导致严重和不幸的后果。

令人感到奇怪的是，栗田转向离开萨马岛，哈尔西决定率领战列舰南下，都在宣告这场海战，或者至少那些将要加入主要战斗的威胁结束了。在1944年10月的第四个周三仍有战斗在持续。在北方，美军取得了对小泽部队的压倒性胜利。在中路，栗田部队遭受了第38特遣舰队第1支队两波共147架次舰载机的攻击，不过除了凿沉早已受到重创的重巡洋舰外，日军部队在这一天再没有损失一艘舰艇。在这一天的剩余时间里，萨马岛外海将被第一次"神风"攻击占据，特攻飞机首先攻击第77特遣舰队第4支队第1分遣舰队，但是参与特攻的飞机大部分都去攻击第3分遣舰队了。向西航行的美军展开的攻势将在接下来的一天内受阻，这些行动最终不过击沉了3艘轻巡洋舰、3艘驱逐舰。后天，即10月27日，美军又击沉2艘日军驱逐舰。事实上，最后两天不过是大战的补充，这场海战的四次主要战斗中的三次——苏里高海峡海战、萨马岛海战以及恩加诺角海战共同造就了现代海军史上的单日最高击沉纪录。这一天，美军击沉17艘日军舰艇、排水量共183365吨，自身损失5艘舰艇、排水量共22456吨。实际上，日本海军已经消亡了，日本的海上力量被削弱成一支海岸防卫部队。

　　哈尔西带着他的战列舰部队南下，当时第38特遣舰队第3、第4支队继续对小泽部队实施攻击。该部随即组织起当天第二波攻击，然后着手准备第三波、同时也是当天规模最大的一波攻击，但是这场战斗在历史上令人懊恼的方面正是很少有人注意第二波及最后一波攻击。可能是因为其他事情削弱了这两波攻击的迫切性与重要性，但也可能有其他的原因。第三波攻击大体出动了200架舰载机，这个规模在整场战争中肯定不算太大。总体上，美军方面在当天出动飞机527架次，其中431架次展开攻击，声称有153枚航弹或鱼雷命中目标，[262]但是这个数据令人怀疑。

　　第三个攻击波中，大约四分之三的舰载机及机组参加过第一波攻击。这波飞机11时45分到12时整起飞，大约13时10分飞抵目标上空。"列克星敦"号上的休·温特斯（Hugh Winters）海军中校指挥第三波攻击，他是这一天极少数见证3艘日军航母沉没的美军军官之一，"列克星敦"号的舰载机攻击"瑞鹤"号，同时"埃塞克斯"号的舰载机集中攻击"瑞凤"号，"兰利"号的舰载机分头攻击两艘日军航母。"瑞鹤"号至少中了3枚鱼雷，一些资料称当天"瑞鹤"号被多达6枚鱼雷、7枚航弹命中，[263]多数都应该是在第三波攻击中命中的。被航弹命中后，"瑞凤"号发生大火，但是损管人员很快控制了火势。不过"瑞鹤"号快速失去动力，并且向左舷倾斜大约20度。温特斯命令"企业"号、"富兰克林"号和"圣哈辛托"号的舰载机集中攻击"瑞凤"号。"瑞凤"号再次起火，但是美军舰载机返回时，它仍旧能以自身动力向北航行。[264]

13时58分，舰长下达弃舰命令，"瑞鹤"号这艘亲历过偷袭珍珠港并且参加了太平洋战争中大部分主要战斗的老兵，在14时14分翻转沉没，与其一同沉没的还有843名官兵。一个多小时后，即15时26分，祥凤型航母"瑞凤"号似乎在逐渐进水，最后在当天的第四拨舰载机开始进入攻击阵位时支撑不住了。"瑞鹤"号、"瑞凤"号这两艘航母在没有起火或者爆炸的情况下平静地沉入海底。"瑞凤"号有843名官兵被驱逐舰"桑"号救起，另有98人被"伊势"号救起。[265]对两艘日军航母发起最后一击时，美军的注意力发生了变化。米切尔在13时30分决定，两个航母支队不再北上，它们与最近的日军相隔60海里左右。显然米切尔注意到自己没有战列舰伴随，此时指挥第34特遣舰队巡洋舰、驱逐舰的指挥官以同样的理由提高了警惕。温特斯已经在日军舰艇上空逗留了超过6个小时，他随后报告说，两艘驱逐舰在营救"瑞鹤"号和"瑞凤"号的幸存者。[266]很明显，美军轻巡洋舰部队在追击敌军战列舰时是不会遇到危险的。米切尔遂于14时29分，即"瑞鹤"号沉没15分钟后，指示巡洋舰部队北上。一支由4艘巡洋舰、12艘驱逐舰组成的部队以25节航速追击敌军，航母舰载机提供掩护和侦察，同时6架翠鸟式水上飞机前去搜索落水机组。此外，"科腾"号救起两名落水机组，"卡拉汉"号和"布朗森"号各救起一名。[267]

上述美军部队在温特斯的带领下找到了"千代田"号，是温特斯在返回"列克星敦"号的途中发现的。温特斯告知美舰"千代田"号没有任何支援，他亲自担任空中观察哨，"新奥尔良"号和"威基塔"号在16时25分开火射击，距离20000码。"莫比尔"号和"圣菲"号则抵近至15000码才射击。[268]15分钟内，"千代田"号化为一堆残骸并升起"大团烟雾，夹杂着火光"[269]。16时42分，美军驱逐舰奉命上前发起最后一击。"千代田"号在16时47分向左舷翻转，在驱逐舰发起鱼雷攻击前，即16时50分自行沉没。对"千代田"号上的幸存者，美军驱逐舰拒绝展开营救。杜博斯重整巡洋舰和驱逐舰部队后继续北上。[270]

同时，美军航母对位于北方的机动部队本队又展开了两次攻击。16时以后，美军航母派出98架舰载机，这是日落前的最后一次攻击机会——他们飞抵敌军上空时协调非常不足。一个舰载机大队声称至少命中一艘战列舰13枚航弹，总结全天的记录会发现，一艘战列舰至少被击中22次，另一艘被击中15次，其中7次是鱼雷。在这场攻击中，13架复仇者式鱼雷轰炸机里只有3架挂载鱼雷，如此数量的鱼雷不足以给"日向"号和"伊势"号造成明显的伤害。"日向"号在15时10分最后一次被航弹击中，"伊势"号的左舷弹射器被击中。[271]根据战报，一艘巡洋舰"被破坏得无法挽回"，一架来自"兰利"号的舰载机声称低空轰炸覆盖一艘日军驱逐舰，尽管没人看到那艘船沉没。[272]事实上，身处"大淀"号的小泽首席参谋大前敏一海军大佐对这些攻击的效果提出了相反的说法，[273]他说近失弹不过带来了非常轻微的损伤。一些日军舰艇因为北上而延误了情况报告，两架隶属"埃塞克斯"号的夜间战斗机带领巡洋舰部队找到了日军驱逐舰"初月"号、"若月"号和"桑"号，[274]大致位于"千岁"号沉没点以北35海里处。日落后大约30分钟，美军巡洋舰部队通过雷达捕捉到了日舰，距离31000码（约17英里）。18时51分，攻击开始。一艘日军驱逐舰首先北上，剩下两艘也紧跟着撤离。美军重巡洋舰希望逮住第一艘撤离的敌舰，尽管"威基塔"号以30节航速追击，可该舰还是在19时06分脱离。剩下的两艘日军驱逐舰，有一艘赶在美军追上前逃走了，另一艘，即"初月"号，在19时11分被击中，它通过一系列转向来威胁美军并施放烟雾作为掩护，试图迟滞身后的追兵。19时29分，3艘美军驱逐舰试图上前实施鱼雷攻击，但是直到20时12分，当"初月"号因为被炮火击中而减速时才得以发射鱼雷，这次攻击在6800码的距离上实施，但是没有成功。[275]日军驱逐舰继续还击，射击持续了超过20分钟。该舰减速到10节时，美舰成功抵近，在一发照明弹的指引下倾泻炮弹。"波特菲尔德"号（USS *Porterfield*，DD-682）奉命以鱼雷了结"初月"号，遂于20时57分抢身上前，但是还没等鱼雷发射"初月"号就爆炸沉没了，时间是20时59分。[276]

"初月"号数次对"圣菲"号取得跨射，不过都没有命中。它的顽强战斗和其余两艘日军驱逐舰的全身而退超出美军的预料。"初月"号的沉没标志着恩加诺角海战的结束，然而在当天剩下的时间内这片海域将发生三件事。随着"初月"号与美军巡洋舰部队的战斗进入最后阶段，美军夜间战斗机在北方捕捉到了两股日军舰艇部队，最近的大约距离50海里。这两股日军正以大约20节的速度航行，很明显在入夜后的数小时内无法逮到其中任何一股。最终，在21时50分，即重新整队20分钟后，美军巡洋舰部队掉头南下，前去与航母会合并接受补给。[277]

同时，小泽已经转向南下。他在19时15分接到"初月"号的急电，遂带着旗舰"大淀"号，战列舰"日向"号、"伊势"号，驱逐舰"霜月"号掉头。但是很难弄明白其目的，因为他对"初月"号的所作所为，正像哈尔西早在数小时前对金凯德做的那样。小泽并没有为"初月"号提供保护，而是继续在这片区域内搜索。到午夜，除了"若月"号归队外再也没有发现其他情况，随后小泽转向北上。就在他北上前，这场海战中唯一与美军潜艇相关的插曲出现了，"白仿石鲈"号（USS Jallao，SS-368）利用雷达击沉了"多摩"号。"多摩"号在当天上午受创后离队，并且一直在前往奄美大岛的路上。20时04分，执行第一次战斗巡航的"白仿石鲈"号通过雷达捕捉到目标，距离27000码。在通报同一狼群内的两艘潜艇"后鳍锥齿鲨"号（USS Pintado，SS-387）和"叶鲹"号（USS Atule，SS-403）后，"白仿石鲈"号前出至日军巡洋舰前方，"后鳍锥齿鲨"号则向北转移。在月光的照射下，"白仿石鲈"号通过目视发现了目标，并确认目标为一艘战列舰。该潜艇于22时42分下潜，然后向"多摩"号抵近，随后正确地判断其为轻巡洋舰。不幸的是，"白仿石鲈"号的鱼雷发射管舱门出现了问题，它只能通过舰艏鱼雷发射管发射三枚鱼雷，其中一枚鱼雷显然提前爆炸了。"多摩"号驶向发生爆炸的位置，"白仿石鲈"号遂转向并以艇艉鱼雷发射管瞄准。在相距约700码时"多摩"号转向离开，"白仿石鲈"号获得了射击机会，于是再次齐射三枚鱼雷，[278]一枚命中舰桥之前，一枚打在舯部，第三枚命中后桅杆附近。"多摩"号立刻浓烟滚滚、火光冲天，很快就沉入了海底。[279]其他潜艇参与了巡航，"庸鲽"号（USS Halibut，SS-232）则被卷入了有些离奇的事件，一时间被认为击沉了"秋月"号。[280]"多摩"号是恩加诺角海战中唯一一艘被美军潜艇击沉的日军战舰。

在北方，事件根据日军的剧本展开。小泽部队起到了诱饵作用，米切尔的航母部队击沉了四艘日军航母。在中路，第77特遣舰队第4支队第3分遣舰队和栗田部队和之间爆发的萨马岛海战，进行得十分艰苦。这场战斗之所以非常了不起，不仅仅因为它是历史上的唯一一次——6艘护航航母遭遇敌军战列舰的炮火打击，其中有5艘幸存下来，更因为没有什么战例能和它相提并论。对这件事，美军部队指挥官的评论最为贴切：

9时25分，脑子仍然被规避鱼雷困扰的我在舰桥附近听到一名电报员大喊：“天啊，小伙子们，他们正在离开！”我无法相信自己的眼睛，但是看起来整个日本舰队确实正在撤退。盘旋的飞机发来的一系列报告让我确信了这一事实。我仍然无法将这个事实浸透到因为战斗而麻木的大脑中。我本来觉得这个时候最好的情况就是船被击沉，而我侥幸生还，在水里游泳。[281]

美国护航航母部队大体上仍然完好并且能起降舰载机，这确实非同寻常。但接下来的事情几乎不那么令人难以置信，并且分为两部分。有一系列事件和决定影响了栗田的命令，这些事件和决定共同导致他向西南方向转向莱特湾，然后是第二次转向，最终导致栗田所部在大约21时40分通过圣伯纳迪诺海峡，[282]以及“神风”飞机突击第77特遣舰队第4支队第3分遣舰队。

实际上，栗田部队与第77特遣舰队第4支队第3分遣舰队的航母交战时，第一次“神风”特攻就出现了。当天的第一次“神风”特攻与第77特遣舰队第4支队第1分遣舰队相关，该部在更往南约130海里的地方，直接面对从苏里高海峡撤出的日军战舰。但当北方的战事爆发时，该部的4艘航母开始回收舰载机并重新挂载弹药，准备攻击栗田部队。7时36分，“桑提”号（USS *Santee*，CVE-29）放飞了5架复仇者式鱼雷轰炸机和8架野猫式战斗机，此前，1架零式战斗轰炸机在3架零式战斗机的护卫下从达沃出航。这架零式战斗机在四分钟后（7时40分）撞击“桑提”号的飞行甲板左舷，美军舰艇因为忙于原有的战斗，直到最后一刻仍未发现来犯的日机。但“桑提”号是幸运的，这架日本飞机只挂载一枚轻型炸弹。当日本飞机穿透至机库甲板时，冲击力已经消散。“桑提”号随后发生火灾，但是大火未能引燃附近的一堆1000磅航弹。在11分钟内，火势已经得到控制。但是在7时56分，“桑提”号被位于航母中央下方的剧烈水下爆炸伤害，舰体进水并向右横倾5度。在返回船坞进行第一次维修时，人们认为“桑提”号被爆炸的深水炸弹所伤，这枚深水炸弹在“神风”飞机撞击前掉进了海里。直到战争结束人们才意识到当时“桑提”号遭到了潜艇“伊-56”的鱼雷攻击，这枚鱼雷脱靶并在距离航母几码处爆炸。“桑提”号在当天9时35分就完成了紧急维修并继续留在原有的位置，舰上仅有43人伤亡。[283]

比"桑提"号的运气稍好，"彼特罗夫湾"号（USS *Petrof Bay*，CVE-80）和"桑加蒙"号差点被神风飞机撞击，不过对方没有得逞，这些飞机在尝试撞击时被击落。[284]第1分遣舰队的最后一艘航母"索旺里"号（USS *Suwannee*，CVE-27）就没那么幸运了，炮手击落了两架日机并击中了第三架，但是后者仍旧撞了上来。这架飞机在飞行甲板上撕开了一个破口，所挂载的航弹在机库甲板上炸开了一个破口，但经过两个小时的抢修后，"索旺里"号恢复了战斗力，还能再派出两个攻击波。[285]此时，"神风"特攻的重点落在了北方。

5架据说来自马巴拉卡特（Mabalacat）机场、克拉克机场的日机直扑第77特遣舰队第4支队第3分遣舰队。一架"神风"飞机试图撞击"基特昆湾"号，但是栽进了海里。[286]另有两架飞机试图攻击"范肖湾"号，不过均被击落。剩下的两架当中，一架试图攻击"白平原"号，第二架尽管中弹，可是仍然撞在了"圣洛"号上。10时51分，这架日机穿透飞行甲板，然后在机库爆炸，导致鱼雷、航弹发生七次爆炸，炸开飞行甲板，并将甲板、升降机、舰载机抛到近百英尺高的空中。[287]整艘航母被火焰吞噬，接连的爆炸将航母底部炸开，"圣洛"号先向左舷倾斜，然后立即向右舷倾斜30度。该航母在30分钟内从舰艉方向沉没，"留下一团黑色浓烟，标示着水下墓地的位置"。舰上的860名官兵中有754人获救，考虑到该舰的受损程度和沉没速度，这或许令人惊讶。[288]

"圣洛"号掉队时，日军另一波攻击到来。这次护航航母没有任何护卫舰艇，因为驱逐舰"巴特勒"号、"丹尼斯"号、"雷蒙德"号正在为遭击破的部队提供警戒。日军的这次攻击由15架彗星式俯冲轰炸机实施，大部分彗星式俯冲轰炸机逃走了，只有5架试图撞击美军航母。其中有一架被击落，掉在"基特昆湾"号旁边，部分残骸掉在前甲板外。剩下4架彗星式俯冲轰炸机中有两架击中了"加里宁湾"号（USS *Kalinin Bay*，CVE-68），一架撞在飞行甲板左舷并引起火灾——好在火势在5分钟内就被扑灭了，另一架撞上了后烟囱。这次撞击造成了一定的损伤，但是并不严重，且不影响继续作战。"加里宁湾"号上仅有5人阵亡，55人受伤。[289]

上述攻击发生在10时50分至11时10分，到11时20分，即"圣洛"号沉没时，被击伤的美军航母已经完成了维修，两个遭受攻击的护航航母部队正在重组，准备再次出动舰载机。第77特遣舰队第4支队第1分遣舰队向北航行，尝试跟踪、攻击栗田部队，这一举措是徒劳的，但是不管怎样入夜后该部在转向南下前与友军部队会合了。[290] 鉴于"神风"飞机在未来获得的恶名，这次出场成果有限，仅有一艘护航航母被击沉。不管怎样，少数"神风"飞机在三个小时内进行了两次攻击，取得的战果类似于栗田部队，攻击这些航母的附加作用是导致美军登陆场缺乏掩护，两艘登陆舰（LST）在当天下午的常规轰炸中被炸沉。[291]

第77特遣舰队第4支队第3分遣舰队从这场海战中退出并于次日返航，10月29日经过斯考滕群岛（Schouten Islands）的米奥斯·温地岛（Mios Woendi Island），11月1日抵达马努斯。"范肖湾"号、"加里宁湾"号和"白平原"号从此处起航，途径珍珠港，抵达圣迭戈的海军码头，后两艘航母再也没有返回前线。[292] 第1分遣舰队没有那么幸运，该部在第二天承受了新一轮的"神风"攻击，不过仅有"索旺里"号遭到撞击。一架日机撞击了停放在前升降机上的一架复仇者式鱼雷轰炸机，引起另外九架舰载机爆炸。尽管大火持续了很久才得到控制，四分之一的舰员阵亡或负伤，可是这艘航母仍然浮在海上。随后，"桑提"号和"索旺里"号奉命离队，前往马努斯。前者于10月31日抵达，后者途径帕劳的科索尔水道，在10月28日至11月1日接受抢修，以确保能够抵达目的地。[293] "彼特罗夫湾"号和"桑加蒙"号留下来继续战斗，两天后也返回了马努斯。后来，"彼特罗夫湾"号、"桑加蒙"号和"索旺里"号返回美国西海岸并接受大修。[294]

日方资料对"特攻"有三个评价。首先，战争到了这个阶段，"特攻"战术并不是最有效的打击手段，但却是唯一能给美军带来可观的损失的手段。当然，"普林斯顿"号受创沉没是个例外。10月25日的战果可能不算太好，97架战斗机掩护57架轰炸机发起攻击，但是无一命中。[295] 其次，美军因为某些缘故，没有正确把握这一攻击方式的全部意义。当然，这种攻击规模很小，而且盟军舰艇之前遭受的撞击都是被击伤的日本飞机造成的，而不是蓄谋已久的，当日上午发生的事情实属新鲜，因此不可能立即得到完整、正确的认知。最后，随着这些攻击的落幕，初次"神风"特攻很快就结束了。当天早上，大西的第一航空舰队已经投入四队共13架飞机实施"神风"特攻，其中三队来自马巴拉卡特，一队来自宿务。[296] 第一次针对第77特遣舰队第4支队第1分遣舰队护航航母的攻击没有选择自杀战术，这只是一队可以充当特攻机的飞机进行的一次即兴攻击，这些飞机当时并没有被选定执行特攻任务。第二次攻击对"圣洛"号实施，由敷岛队执行。次日早上，宿务的大和队实施了第三次攻击。那么，这些攻击到底能达成什么样的成就呢？从出动架次和取得的战果来看，"神风"攻击完全不可能确保栗田成功，尽管这似乎就是自我辩解的依据。返回的战斗机声称1艘轻型航母因两次撞击而沉没，1艘轻型航母被撞伤，1艘轻巡洋舰被撞沉，东京方面大肆宣扬这一战绩。[297]很明显，不仅是栗田所部夸大战果，"神风"特攻也是如此——他们在10月25日上午的两次攻击明明就是白费工夫。

本章最后一部分的焦点将重新回到9时11分在萨马岛外海掉头返航的栗田身上。栗田在转向后采取8字形航线并在同时集合所有舰艇，随后他用了两个小时重整所部。如此长的一段时间，看起来似乎非同寻常，但毫无疑问至少部分原因是日本驱逐舰试图在战斗的最后阶段击沉美军舰艇。另外，驱逐舰还要去营救落水的重巡洋舰舰员，这同样迟滞了栗田部队的重整。"筑摩"号和"鸟海"号在9时前第一次中弹并脱离战斗序列，均没有驱逐舰随行。在战斗的这个阶段，栗田所部断然没有继续进攻美国护航航母部队的可能，放弃追击后，"藤波"号被指派到"鸟海"号身边，后者在几分钟内就沉没了。"野分"号奉命守在"筑摩"号身旁。随着日军舰艇重整完毕，"铃谷"号遭到美机攻击，以至被迫在11时57分将战队司令官及幕僚转移到"利根"号上。这艘重巡洋舰上到底所发生什么事，各种记录的说法不尽相同，它在11时左右被3枚鱼雷击中，或者在11时14分左右被航弹击中，导致鱼雷发射管发生无法扑灭的火灾，鱼雷发生殉爆。[298]当第77特遣舰队第4支队第2分遣舰队的舰载机从上空通过并寻找栗田部队时，"铃谷"号向右严重倾斜，主甲板挤满了人，很明显它命中注定再也没有遭到美军攻击。[299]13时整，即栗田完成所部在当天的第二次也是最后一次转向后，"冲波"号奉命击沉"铃谷"号，后者在13时22分沉没，这是日本当天沉没的第三艘也是最后一艘重巡洋舰，接着"冲波"号搭载幸存者归队。

11时20分，栗田带着重整后的部队前往莱特湾。[300]栗田似乎试图突入莱特湾并解决在那里发现的战舰和运输船——12时05分，栗田向联合舰队司令部发电报提出这样的建议。[301]但是11时48分发生的事显得有些奇怪，不免让人对其意图产生怀疑。根据报告，1艘宾夕法尼亚级战列舰和4艘驱逐舰位于"大和"号正南方24英里处，[302]但是栗田没有核查这一报告，且不想抵近射击。宾夕法尼亚级战列舰航速较慢，且"大和"号的主炮有射程优势，无法接敌看上去有些奇怪，但是1956年的日方史著仍将这一记录看作无可争议的事实。[303]事实上，栗田的发现不过是臆想。人们可能会认为针对这样一支孤立无援的美国战舰的打击恰恰是日本人在这一阶段所能采取的行动，但是栗田在12时36分率部北上，[304]放弃了突入莱特湾的意图，并寻求与位于萨马岛东北的敌军舰队决战。

这就是今天出现的两个个人问题的最后一幕，因为正是这个决定标志着海战的结束。来自第77特遣舰队第4支队的护航航母与麦凯恩第38特遣舰队第1支队的航母舰载机，对栗田部队实施了多次攻击，毫无疑问，这些空袭导致栗田确信决定转向前往圣伯纳迪诺海峡是明智之举。此后，中路仍有短暂的炮战，历史学家们不可避免地聚焦于栗田在12时36分做出的决定。

栗田部队只需不到两个小时的时间便可抵达莱特湾的登陆场，他可以从东面占据有利位置攻击美军部队，这些美军部队包括可能遭遇的第77特遣舰队第4支队第3分遣舰队和奥登多夫的战列舰部队。但是栗田没有继续突入而是选择北上，似乎只是考虑了一个因素，他并不相信所部能够取得更大的战果，并且进一步推测美军将使用塔克洛班机场为他的部队带来越来越多不可抗拒的攻击。根据这样的推算，很难相信栗田已经取得了真正的胜利，借用一句令人铭记的评论来形容，那就是"与侏儒战斗后，他觉得自己已经击败了巨人"[305]。然而，有趣的是，栗田的战斗详报指出，所部已经与一部敌军接触，这股敌军共有6到7艘航母，还有许多巡洋舰、驱逐舰，他"确认击沉"3到4艘航母——包括一艘企业级、2艘重巡洋舰，以及一些驱逐舰。[306]指出这几艘航母中有两三艘不属于企业级，这或许毫无意义，在这个阶段企业级只剩下了一号舰。我们容易忽略栗田在这份报告中承认，在最后两小时的战斗中有两到三艘航母逃跑。不过即便栗田声称的战果与实际相符，人们也很难相信他取得了真正的胜利，只不过声称这次海战获胜将大大提高日本的政治或战略自信。人们更难以看出栗田声称的他所面临的问题，即"我在莱特湾怎能做得更好"的依据，[307]因为只有在那里找到美军航母部队并将其歼灭，才能让所部死得其所。栗田很难自圆其说，他会被自己的声明困扰：

更明智的是通过攻击他麾下（北上）的机动部队，将让敌人的预期落空。因此我们要转向……随后的作战将证明，寻找这股部队是对我们有利的。抱着这样的想法，我们决定转向北方。[308]

即便按照最不严格的标准，这样的声明也做不到逻辑自洽。

仔细考虑栗田的决定，在9时11分转向的原因似乎是所部处于无组织状态及包围敌军的阶段，且栗田相信敌军航母还在远处。在11时20分后，栗田部队向西南航行直奔莱特湾，此时能够在水平线上看到美军舰载机在航母上起降，然而栗田没有攻击这些航母。然后栗田放弃突入莱特湾，那里日美两方的机动都将受到限制。他耗费三个小时北上，去接近早前的报告中提到的相距90海里的敌军。这支敌军位于广袤的海域，那里便于机动，同时日军肯定会遭受"水平线上的"航母的舰载机跟踪。不可否认的是，栗田明显寄希望于岸基航空部队的飞机能够重创他所寻找的美军，11时50分，他发出这样的电报请求，这时距离他率部北上还有46分钟。[309]但是，如果说这样的结局很有趣也很重要，那么可以说栗田的整体意图存在无可救药的缺陷。不切实际的幻想不能充当作战计划的依据。

为了弄清楚栗田做出上述决定的原因，必须解决两个问题。第一个是关于栗田自身对海战的记录的，我们要注意栗田在被问到为什么率部转向时的反映：

在两天的审讯中，栗田很难回答这个问题。可以确定的是可能有太多的原因。但是栗田为其中一些审讯人员留下了如同烟雾一般的谜团。[310]

第二，简单地说，这些美军军官正在寻找答案，可能是唯一的答案，甚至是合理的答案。然而很可能没有真正的答案，至少不会有唯一且简单的答案，这个答案在形式逻辑上注定无法自洽。

栗田本人称他决定率部进入莱特湾，直到第二轮轰炸开始。这轮轰炸据说是11时40分开始的，当时3个美军护航航母部队出动了飞机，其中以第77特遣舰队第4支队第2分遣舰队的舰载机为主。[311]然而，这样的说法很有问题，这次攻击是在12时40分开始的，因此不是转向的理由。虽然多达37架复仇者式鱼雷轰炸机以及同样数量的野猫式战斗机参与了这次攻击，但是它们无法给予日军舰艇实质性的伤害，尽管这未经美国海军官修历史的证实。[312]

栗田的记忆很可能有误，并且他混淆了事件的顺序。也有这样一种可能，他并不是说这次攻击导致转向，他是由于连续攻击的累积效应——其中任何一次攻击都没有特殊意义——才被迫放弃了原来的意图。在9时11分转向后，护航航母组织实施了舰载机攻击，但即使是对事件的这种解释也没有涉及一个问题。当栗田正在原地收拢部下时，他收到了电报并得知金凯德直接请求哈尔西的支援。[313]通过倒置的逻辑过程，栗田似乎已经知道他的部队可能会受到哈尔西的舰载机的持续攻击。就试图完成没有完成的任务这一点而言，金凯德的绝望似乎没有产生什么影响。如果栗田部队遭受了持续的攻击，并且金凯德的请求使栗田不得不面对严峻的形势，那么接近敌军可能才是最合适的防御手段。

使问题更加难以解释的是，栗田似乎并未因放弃他的主要任务而感到不安，他数次指出掉头向北是打算寻找报告中的敌军或者与小泽部队会合。可以说，这是令人难以置信的。放弃主要任务至多是可疑的，但是放弃主要任务是为了支援一支以牺牲自己换取栗田完成主要任务的部队，则实在是荒谬。此外，"美军已经登陆，因此我（栗田）认为它不再像以前那么重要""如果运输船得到提前警告就会离开登陆场"等说辞也明显站不住脚：栗田部队由文莱起航前就已经确认美军将登陆莱特岛了。

栗田在战后的审讯中同样称他希望"在日落时通过圣伯纳迪诺海峡，并尽快在夜间向西撤退"[314]。这可能是栗田关于转向这一烦人的问题唯一不会引起严重争吵的证言，这种考虑是何时出现在栗田的供述里的还是个问题。栗田采取这样的航向看起来好像是因为麦凯恩的第38特遣舰队第1支队舰载机的攻击，这一波攻击共有19架复仇者式鱼雷轰炸机、33架地狱俯冲者式俯冲轰炸机、46架地狱猫式战斗机，仅有一枚哑弹击中"利根"号。[315]日军从这次袭击中幸免于难的概率很大，因为复仇者式鱼雷轰炸机以最大航程飞行，只能挂载航弹而非鱼雷。两架挂载鱼雷的复仇者式鱼雷轰炸机的机组积极要求参战，但是被留在了飞行甲板上，未能得到出击许可。[316]

第38特遣舰队第1支队的这一波攻击毫无结果。在攻击队出航前，麦凯恩忽视无线电通信安全手续，询问有关莱特岛机场的信息以及麾下的舰载机能够降落在第77特遣舰队第4支队的哪艘航母上。"汉考克"号出动了12架地狱俯冲者式俯冲轰炸机，一定程度上这就是极限了。其中3架返回母舰，2架迫降在第38特遣舰队第1支队的航母上，4架降落在第77特遣舰队第4支队第2分遣舰队的航母上，2架降落在塔克洛班机场，1架报废，另外还有3架被击落。综合上述数据，这一波攻击共有3架地狱俯冲者式俯冲轰炸机被击落，9架降落在莱特岛的机场跑道上。[317]

这是第38特遣舰队第1支队、第77特遣舰队第4支队的舰载机在白天的剩余时间内对栗田部队展开的第一波攻击。此次攻击是临时组织的，不是集中实施的，航程和燃料限制迫使这些舰载机在发现目标后立即展开攻击。经过另外两个小时的高速接近后，第38特遣舰队第1支队的舰载机在第二波攻击中再也没遇到上述问题。第77特遣舰队第4支队的航母出动的舰载机群各自分散行动，它们并没有协同攻击。第38特遣舰队第1支队声称在两次攻击有4枚航弹命中"大和"号，4枚命中"榛名"号或"金刚"号，1枚命中"长门"号，另有5枚航弹可能命中1艘或1艘以上数量的战列舰，以及几艘巡洋舰、驱逐舰，[318]但是第二次攻击没有取得比早前的攻击更大的战果。护航航母的舰载机在最后的攻击中同样没有取得任何实质战果。攻击从16时持续到17时23分，第77特遣舰队第4支队第2分遣舰队的26架复仇者式鱼雷轰炸机（另有24架野猫式战斗机护航）部分挂载鱼雷，[319]实际上许多飞机挂的是通用弹或火箭弹，这意味着舰载机无法在攻击中对日军舰艇造成实质性伤害。唯一的结果是一些近失弹产生的破片击穿了船壳，许多日军舰艇拖曳着油污前往圣伯纳迪诺海峡。[320]此时，仅有驱逐舰"雪风"号没有受到损伤，但它总是如此幸运，在整个战争期间几乎毫发无损，好不容易得到了幸运之舰的名声。1945年7月30日，该舰在舞鹤外海撞上水雷，但是没有沉没。[321]

恩加诺角以北的战斗还在继续，但是随着栗田率部返回圣伯纳迪诺海峡，莱特湾海战告一段落。美军舰载机在接下来的几天趁栗田部队进入米沙鄢一带时给予其最后一击，并且对许多明显向南逃跑的日舰进行狩猎。剩下的一件要事就是最后一艘日本驱逐舰午夜之后在圣伯纳迪诺海峡的战斗，在用它的行动为本章画上句号前，我可能要提出另一个观点。

思考任何一场美军航母在10月25日下午对栗田部队发起的行动，都应该揭示出一点，那就是在白天美军可以确切地知道栗田的下落。栗田舰队在21时40分再次被发现，此时它正以单纵队进入海峡，这次发现它的是来自轻型航母"独立"号的一架舰载机。[322] 护航航母在白天的最后一小时内对栗田部队实施攻击，当时后者位于萨马岛东北，公正的观察者不禁要问，为什么第38特遣舰队第2支队在当天下午没有发起任何一次打击。仔细考虑它们各自的位置、航向后可知，在15时后，第38特遣舰队第2支队比第1支队更接近栗田部队，后者出动了将近150架次飞机，进行了两次攻击，不过在白天未能出动第三拨飞机，第77特遣舰队第3支队的护航航母和莱特岛的机场无法给远离舰队航母的舰载机提供场地了。即使要加油，即使要掩护战列舰部队南下，该支队在当天下午无所作为也是令人惊讶的。具有后见之明的人们会怀疑，如果哈尔西留下第38特遣舰队第2支队处理小泽部队，率领第3、第4支队南下，其中的一个支队是不是可以在海战的最后时刻对栗田实施一到两次攻击。事实上，哈尔西不应因为让两个航母支队留在北方处理小泽部队、派遣一个航母支队南下而受责备。

哈尔西将战列舰部队一分为二，并且让4艘战列舰脱离巡洋舰、驱逐舰的掩护，让由2艘战列舰、3艘轻巡洋舰和8艘驱逐舰组成的先遣部队对抗总共有4艘的战列舰的敌人，这看起来违背了集中兵力的原则。先遣队中的两艘战列舰属依阿华级，是除了"大和"号和"武藏"号外世界上最好的战列舰，凭借出众的雷达和测距设备，其火力远胜于其他战列舰——当然，北卡罗来纳、南达科他两级的火力也可与之匹敌。可以确定，"依阿华"号和"新泽西"号对抗"榛名"号和"金刚"号肯定不在话下，但是对抗四艘日本战列舰就成问题了。人们有充足的理由认为，如果哈尔西派遣麾下所有6艘战列舰，而非浪费时间给巡洋舰和驱逐舰补给油料，那么也许不会出现这种情况。该部如果以25节航速航行，肯定能赶在栗田部队之前抵达圣伯纳迪诺海峡。在这种情况下，就很难出现表面上似乎很自负的总结了：

　　　　与海上战事常有的意外不同，有理由相信（像这样的部队）将穿过栗田的 T 字头并完全歼灭中路敌军。[323]

　　这种必然的结果容易被忽略：如果哈尔西派遣战列舰前出，栗田在12时36分撤走，那么哈尔西的战列舰将一无所获。啊！继续假设……

　　午夜，第34特遣舰队第5支队以28节航速向南航行，距离圣伯纳迪诺海峡大约40海里。此时哈尔西及麾下官兵已经意识到与敌人失之交臂。与此同时，一架来自"独立"号的舰载机通过雷达捕捉到了日军，报告发现一艘驱逐舰，实际上就是"野分"号。雷达显示该舰1时左右可能位于海峡的入口。

　　当时，驱逐舰"刘易斯·汉考克"号（USS Lewis Hancock，DD-675）奉命前出，充当雷达哨舰。部队向东南转向后3分钟，即0时28分，"独立"号的飞机报告发现敌舰，位于正南方，距离29000码，孤零零的一艘船正在向西航行，航速20节。[324]第34特遣舰队第5支队的3艘轻巡洋舰、2艘驱逐舰奉命前去解决敌舰，[325]"依阿华"号、"新泽西"号与剩下的驱逐舰转向北方以净空海域。巡洋舰发起奇袭，0时54分抵近至17000码距离后开火射击，驱逐舰则一直接近到11000码才开火。大约0时59分，美军巡洋舰暂停射击，"野分"号减速至13节左右，这时一发暗红色的信号弹照亮了夜空。巡洋舰在1时03分再度射击，"野分"号起火并瘫痪在海上。当巡洋舰转身离开后，"米勒"号（USS Miller，DD-535）和"欧文"号（USS Owen，DD-536）在大约4400码的距离发射了5枚鱼雷。所有鱼雷似乎都脱靶了，这两艘驱逐舰随后抵近目标并急促射击。到1时32分，"野分"发生大爆炸，碎片被抛到数百英尺高的空中，火光照亮了整片战斗区域。火光熄灭后，两艘美军驱逐舰继续射击，1时35分"野分"发生了第二次爆炸，然后在美军的雷达屏幕上消失了。[326]

　　陆军的人员损失统计与海军的舰船损失统计都很奇特。日军损失了"野分"号，某种意义上该舰的命运与4个小时前沉没的"初月"号无异。"初月"号和"若月"号一道救起了"瑞鹤"号上的866名官兵，[327]可能还有700到800人滞留在航母上。随后"野分"号奉栗田的命令前去营救"筑摩"号，并且一去不返。该舰有大约300名官兵，被美军逮到时舰上可还有1100名被救起的舰员。在这两场战斗中，"初月"号和"野分"号都遭受了持续的炮火猛击，然后被多发高爆弹撕成碎片。天晓得这两艘驱逐舰上出现过什么可怕的情形。幸好我们没有遇上过类似的情况。

第七章
后续战斗：1944年10月26日至11月30日

从历史上看，无论陆战还是海战，都具备三个基本条件：视距内、近距离、同一白昼。当这样的总结做出后，很快就出现了特例，它会打破既有规则并进行强有力的自证。战斗不会依照24小时时间表展开，历史上充斥着持续时间超过一天的陆上战斗。海战的持续时间也有可能超过24小时，但这种情况很少见。任何熟悉海军历史的人都会注意到，在大航海时代，这样的海战实属凤毛麟角，而且很难出现压倒性的胜利。例如，特拉法尔加海战被公认为英国海军最伟大的胜利，其历史地位不可动摇。在1805年的战斗中，法国和西班牙舰队集合了33艘战舰，其中18艘被缴获，11艘返回加的斯港（Cádiz）。英军在此战中的战绩可与其他的伟大胜利相媲美。1794年"光荣的6月1日"海战，法军出动30艘战舰，损失7艘。1782年的桑特海战，法国共有29艘战舰，折损7艘。1759年的基伯龙湾海战，法军派出21艘战舰，丢掉7艘。1905年的对马海战是个例外，它是一场歼灭战。虽然无意贬低日本，但是，长时期以来，人们认为对马海战不能算一场像样的海战。这是一支舰队和一堆杂七杂八的混编船之间的战斗，日本人的压倒性胜利反映了这种不平衡。

历史性的对比是很重要的，因为它说明了10月25日的意义，特别是在战损方面。到这一天结束，即"野分"号被击沉时，日本海军在前两天的损失的基础再折损1艘舰队航母、3艘轻型航母、2艘战列舰、4艘重巡洋舰、1艘轻巡洋舰和6艘驱逐舰，但是，这一损失统计里并不包括3艘受重创的巡洋舰和被派去照顾这些舰艇及沉船幸存者的驱逐舰。要理解日军在10月25日的损失程度及其重要意义，可以对照四支部队总兵力，即4艘航母、7艘战列舰、14艘重巡洋舰、7艘轻巡洋舰、31艘驱逐舰和4艘护航驱逐舰 ①。但是这场海战持续了多久，何时结束，就是另外一个问题了。

莱特湾海战一般被定义为发生在1944年10月23日到26日[1]，10月25日通常被当作海战周年纪念日，因为这一天至关重要。将10月23日作为海战起点，显然是考虑到在巴拉望航道的战斗，但人们可能会觉得前一天的行动与整场战役的关系更紧密。至于海战的结束点，有人建议应以战斗中各部队的行动失去连续性为标志。这样一来，这场战役正确的结束日期是28日，当日美军护航驱逐舰"埃弗绍尔"号（USS Eversole，DE-404）和日军潜艇"伊-45"相继沉没。[2]在过去的三天里日军每天都遭受损失，但在10月29日货船"约翰·约翰逊"号（John A. Johnson）成了1944年第一艘被日军潜艇击沉的美军运输船。[3]海战开始后7天以来，这是头一次没有来自参加莱特湾主要战斗的舰艇参与其中。这也是美军航母编队第一天没有被抽调过去投入战场。

因此，莱特湾海战的时间应该为1944年10月22日至28日，从击沉舰艇的角度来说，10月25日之后仍持续了3天。海战的后续并不能简单概括——尽管许多描述都是草草了事，因为10月25日下半场的许多事件和恩加诺角海战有关。这一行动的真正意义在于它为美国提供了什么。如果你审视特拉法尔加海战或日德兰海战，甚至更有争议的中途岛海战，不难发现胜利者从这些战斗中得到的东西是它以前从未掌握的。英国对海洋的控制既没有由于1805年和1916年的胜利而减弱，也没有因此得到加强。一次是持续了8年，另一次是30个月，英国才妥善取得了最后胜利，但是英国人获得了他们在这些海战之前所没有的一切。在历史解释方面，理解中途岛海战更为困难，特别是因为"决战"或"转折点"是一种公共需求。一场旷日持久的战争，不会是由一场战役决定的，一场战役从它的命运和它不断变化的各方面来看，从来没有什么特别重要的。在1942年5月至11月之间的一系列行动中，中途岛海战最好被看作一场战役，也是最重要的单一战役，再加上天时地利，导致主动权易手。中途岛海战以后，这种主

① 译注：显然作者将4艘松级驱逐舰视为护航驱逐舰。

动权就像一把扔在大街上的枪一样，谁都可以把它捡起来用。但是为了完成战斗，必须在战舰和战舰之间、战舰和潜艇之间、飞机和飞机之间，以及飞机和军舰之间采取一系列行动。日本的失败使混乱不断加深，即部队溃散、无法保障航运。1942年11月中旬以后，日军没有在所罗门群岛继续坚持，随着在第一、第二次瓜达尔卡纳尔海战中承受明显的损失，他们失败了，不过这是多方面因素综合作用的结果。

莱特湾海战，在一个方面是与众不同的。我们已经注意到了这场海战最奇怪的方面，即它是二战中规模最大的海战，并且战斗展开前胜败已定。但是，即便结局已经注定，战斗还是必须得继续打下去，胜利还是必须要谋求，因为还没有取得最终的成功。莱特湾海战是这一进程的一部分，在获胜的过程中，美国人获得了胜利的一个方面，却很少对它进行真正的思考，因为它违背了一个现成的定义：位置（Position）。美军在海战中取胜，伴随着对莱特岛阵地的巩固，这意味着在岛上的胜利只是时间问题。唯一的问题是以什么为代价，才能使美国人达到这样一种境地：能够在米沙鄢和吕宋岛之间来去自由，并通过这样做来巩固自己的地位，维持从南方资源区到日本本岛之间的交通线。日本人寻求决战的算盘是正确的，他们认为失去了东南亚群岛将代表着与本岛被征服几乎没有什么区别的失败，事实的确如此。

对美军来说，没有任何单独的有利时刻，也没有时间把胜利的各个方面整合起来，尽管从某种意义上讲，1945年1月林加延登陆后，航母部队进入中国南海，的确使他们看到了胜利拼图的精彩部分。在那个月里，由于盟军的行动和其他各种原因，日军损失了18艘作战舰艇（共68038吨）、16艘货船和运输船（共65227吨），以及72艘商船（共229313吨）。其中20艘辅助船舶（共98622吨）、44艘商船（共158105吨）沉没在南方，主要是被美军航母舰载机击沉的。然后，日本海军7艘舰艇（共33266吨）、日本陆军6艘舰艇（共36830吨），以及37艘商船（共131949吨）被击沉，其中22艘商船是在一天内沉没的。对一个1944年年末仅有284.2万吨海运船只，但需要大约1000万吨船只来满足战前进口需求的国家来说，这种损失的严重性无须做过多的阐述，更不用说到1944年12月31日日本损失的船舶多达80万吨了。

战斗结束后，美国人打通道路、进军菲律宾，这恰好构成莱特湾战役后续阶段的一部分。在这场海战中，日本舰队遭受重创，被削弱到徒有虚名。海战前后，航母部队打掉了菲律宾方面的日军空中力量，结果美军能够直接攻击日军的护航舰艇、扫雷舰和巡逻舰，并以太平洋战争中前所未有的规模和速度摧毁日本商船。就一天内的沉没数量而言，这种袭击的规模是前所未有的。当然，1944年2月17日仍然是对战争运输极具破坏性的一天，但出于明显的原因，类似这一天的战果从未再现。1945年1月以后，日本的少数舰船主要集中在沿海航线上，特别是从伪满洲国出发的航线。1945年3月末，盟军对冲绳岛的行动，彻底切断了日本与其投入战斗所依赖的资源产地之间的海上交通线。

莱特湾海战的后续事件一直延续到1944年11月中旬，即美国航母在马尼拉湾上空发动突袭的时候，同时还包括11月21日上午，美军潜艇"海狮"号在台湾岛西北部海域击沉战列舰"金刚"号和驱逐舰"浦风"号。[4]上述舰艇的沉没与莱特湾海战有着一定的联系，"金刚"号、"长门"号和"大和"号在11月16日由文莱起航后，为其护航的舰艇越来越少。这就是日本损失的程度，总体而言，不仅仅是在十月的战斗中的损失。现在这三艘战列舰旁边只剩下轻巡洋舰"矢矧"号和4艘驱逐舰了。按时间顺序梳理的后续阶段应该至少覆盖整个十一月，这样才能回到第一章所说的那个问题，即飞机和潜艇现在已经不再与舰队协同作战，而是几乎随意地分布在菲律宾各地。1944年11月，美国人给日本人造成的损失跟前一个月的差不多。1944年10月，日本海军损失63艘舰艇（共347222吨），共有118艘辅助舰船和商船（总重达478489吨）被击沉。实际上日本海军在1944年11月的损失只比10月份多一艘战舰，排水量总计224429吨。损失的战舰除了"金刚"号、17500吨的航母"神鹰"号以及两艘重巡洋舰，还有舰队航母"信浓"号，该航母在1944年11月29日被美军潜艇"射水鱼"号（USS Archer-fish，SS-311）击沉，是整场战争中日军损失的吨位最大的军舰。1944年11月辅助舰船和商船的损失为90艘，共91591吨。在这个月中，日本共损失了35艘（61520吨）战舰、45艘（177685吨）辅助舰船和商船。12月，在于前两个月取得巨大成功之后和发起新一年的大规模进攻之前，美军正在积蓄力量，放慢了前进的步伐。

　　莱特湾海战的后续阶段可以分为两部分。第一阶段即10月26日至29日，是主要行动的直接后果。美国人在26日击沉了轻巡洋舰"阿武隈"号、"能代"号和驱逐舰"早霜"号，在27日击沉了驱逐舰"藤波"号和"不知火"号，取得了最终的胜利。正如在别处指出的那样，10月26日，当日本人试图为该岛运送增援物资的时候，美军航母攻击了轻巡洋舰"鬼怒"号、驱逐舰"浦波"号和莱特岛西部附近的102号海防舰。此外，美国官方报告显示，日本在这个时候损失了三艘潜艇。10月24日早晨，在棉兰老岛东北部、苏里高以东约70海里处，在潜艇"伊-77"被护航驱逐舰"理查德·罗厄尔"号（USS *Richard M. Rowell*，DE-403）击沉之后，日本人失去了"伊-46"，然后又损失了"伊-26"和"伊-45"。第一艘潜艇在27号失踪，后两艘潜艇在第二天失踪。"伊-46"的损失原因一直无法确定，"伊-45"据说先后被护航驱逐舰"埃弗绍尔"号和"怀特赫斯特"号（USS *Whitehurst*，DE-634）攻击，沉没在苏里高海峡东北约120海里处。当天下午，"伊-26"沉没的位置与第38特遣舰队第4支队负责警戒的"格瑞德利"号（USS *Gridley*，DD-380）和"赫尔姆"号驱逐舰相隔不远。[5]第二阶段为10月30日至11月30日。美军航母在11月13日至14日、19日和25日针对米沙鄢和吕宋岛西北部的日本军舰和护航船队实施突击。这些攻击造成了严重损失，2艘轻巡洋舰、8艘驱逐舰、2艘高速运输舰、1艘扫雷舰、5艘登陆舰沉没。但重点是，这是主要针对日本军舰、辅助船舶和商船的行动，是对菲律宾全境的进攻行动的一部分。这些军舰、辅助船舶和商船不仅遭到航母攻击，也遭到了从太平洋中部和澳大利亚基地出发的潜艇的攻击。1944年11月底，美国军舰就出现在"错误"的一边，即莱特岛西边。美国航母提供了这次对日本军舰和航运的最有力打击，但真正重要的一点是，这次袭击代表着对一个已经被打得毫无还手之力的敌人采取了不同的行动。美军战舰在奥尔莫克湾附近的行动传达了美国人的真正意图，即准备进入菲律宾中部和西部。

　　在10月26日上午，美国海军主要采取了两种形式的努力。首先，联系第38特遣舰队第3、第4支队，命令它们在北上后于北纬16°10′，东经129°30′与油船会合。[6]第38特遣舰队第1、第2支队在1小时后到达，5点时开始了它们这一天中的第一次进攻。这些部队都在麦凯恩的指挥之下，他决心尽早发动连续进攻并向民都洛方向派出进攻先锋。[7]推算的依据是意识到栗田部队将进入攻击半径，因此必须在日出之前尽快找到他们并发动攻击。但是直到8时10分，美军才在塔布拉斯海峡（Tablas Strait）通往塞米拉拉岛（Semirara Island）的海域发现栗田部队。美军立即发起第二波攻击，但是到12时45分才组织起第三波攻击。

其次，第77特遣舰队第4支队的护航航母尽管在前一天经历了考验和磨难，可还是在黎明时分实施了侦察，虽然美军最初的希望和期望是找到从苏里高海峡撤退的日军编队，但在日出之后不久，两架美军侦察飞机发现了轻巡洋舰"鬼怒"号、"浦波"号和4艘运输舰①。[8]它们从棉兰老岛北面的卡加延（Cagayan）转运第30师团的2000名官兵，在黎明前将其安全地运输至奥尔莫克。然后，它们大约在5时整从奥尔莫克起航，在通过米沙鄢海前往科伦湾和一个供油点时试图和美军飞机保持一定的距离。之所以采取这种路线，一定程度上与美军飞机有关。有越来越多的战斗机在空中巡逻、对莱特岛上的部队进行支援，并且对南部地区进行搜索。美军一开始没有行动，直到中午，挂载轻型通用弹和火箭弹的美军飞机才发起攻击。"浦波"号最先成为目标，遭受多枚近失弹的打击，12时24分左右沉没。"鬼怒"号在13时左右被一枚航弹击中，导致舵机失效，17时30分沉没。[9]102号运输舰被击沉，但是其他运输舰逃走了，10号运输舰还营救了来自两艘战舰的幸存者。[10]美军为此付出的代价是护航航母"索旺里"号在当日中午被一架"神风"特攻飞机撞击。日军声称由宿务出航的大和队的三架"神风"特攻飞机突破了美军的战斗空中巡逻，其中两架撞上了一艘航母，这艘航母"确认沉没"，第三架撞击另一艘航母，但没有将对方击沉。[11]实际上，一架零式战斗机撞上一架刚降落的复仇者式轰炸机，造成的火灾烧毁9架舰载机。虽然火势肆虐了几个小时后才得到控制，但"索旺里"号是幸运的，火场里的深水炸弹并没有被引爆。[12]该舰有245人死亡、受伤和失踪，不得不退出战场。第77特遣舰队第4支队第1分遣舰队在10月28日撤至科索尔水道，随后驶入1号港口。经过五天的修理，"索旺里"号重新起航，经珍珠港抵达普吉特湾的海军基地。[13]

---

① 译注：实为5艘运输舰。

　　第38特遣舰队第1、第2支队出动舰载机攻击日军，打击力度超过了护航航母，舰载机数量只比两天前的锡布延海战少一点。第38特遣舰队第1支队出动174架，第2支队出动83架，只是战果少得令人失望。7时50分到8时之间，搜索飞机发现栗田部队，随后攻击机群按照指示前往班乃岛西北寻找栗田部队，因为栗田以偏南的航向离开锡布延海。"长门"号在8时25分左右通过雷达发现了这些舰载机，第一波攻击从8时34分持续到9时整。[14]"大和"号的舰艏被两枚航弹击中，受到大范围的损坏，参谋长小柳被破片击伤。一枚鱼雷击中轻巡洋舰"能代"号的右舷锅炉舱，导致整艘军舰失去动力，第2水雷战队司令官转移到驱逐舰"滨波"号上。"能代"号在第二轮攻击中再次中弹，一枚炸弹击中了该舰的一个前主炮塔。海水持续倒灌加上第二轮攻击中的近失弹导致"能代"号于11时13分沉没在巴特巴坦岛（Batbatan Island）附近，730名舰员中有328人被驱逐舰"秋霜"号救起。[15]就在这时，已经在冲绳补给油料的"早霜"号前往科伦湾，准备接应在该处的一艘油船。一架美军航母舰载机投下了一枚炸弹，炸毁了"早霜"号的轮机舱或舵机室。这艘驱逐舰搁浅在民都洛岛以南的塞米拉拉岛附近，在接下来的六个星期里成为美军飞机用于训练轰炸的靶舰。[16]来自莫罗泰岛的B-24解放者式轰炸机在班乃岛以西轰炸栗田部队，声称多枚航弹命中"长门"号、"金刚"号以及一艘身份不明的轻巡洋舰。但是这两艘战列舰并没有中弹，而且也不清楚重型轰炸机是否对炸沉"能代"号有所贡献。[17]

　　也是在这一天，战列舰"加利福尼亚"号和轻巡洋舰"路易斯维尔"号在莱特岛附近被"神风"特攻飞机撞击，但没有受到严重损坏。[18]"阿武隈"号在前一天因岸基轰炸机的一系列攻击而沉没了。当时它和"潮"号由科伦起航向达皮丹航行，6时05分被美军轰炸机发现，9时18分遭到来自诺埃姆富岛（Noemfoor Island）的第5航空队的44架B-24解放者式轰炸机和比亚克岛的第13航空队B-25米切尔式轰炸机的轰炸。第一次攻击，航弹命中"阿武隈"号，引发了大火。第二次攻击是低空投弹，如同十八个月前在俾斯麦海出现的情况，两枚航弹导致"阿武隈"号舵机失效并减速。第三次攻击没有命中"阿武隈"号，但是随着火势蔓延，整艘巡洋舰失去了动力。11时整，"潮"号奉命向"阿武隈"号靠拢。11时28分，弃舰命令下达。"阿武隈"号在12时42分沉没，[19]至此参加1941年12月偷袭珍珠港的日军机动部队舰艇只剩下3艘。[20]

　　这天的战斗是随机进行的，美军除了追击通过米沙鄢的日军部队外，并没有进行其他战斗。但是，第二天美军就下达了明确命令，主要是由于事态的三个发展：首先，第一游击部队在10月26日离开美国航母舰载机的攻击半径以致美军飞机次日的战果甚少。其次，10月26日，第77特遣舰队第4支队第3分遣舰队减员情况加剧，在该支队第1分遣舰队出现问题之前，金凯德要求哈尔西为护航航母提供空中巡逻。最后，日军舰队尽管已经撤离了战场，但仍继续维持对莱特岛上的日本陆军的补给。结果，第38特遣舰队第1支队第二次奉命返回乌利西，第38特遣舰队第3支队也同样被命令撤退，剩下的两个支队继续留在战区。不过10月27日之后美军对菲律宾方面的关注减少了。当日，第38特遣舰队第2支队进行了油料补给，第3支队在返航前出动舰载机进行了最后一次持续的攻击。搭载"鸟海"号幸存者的"藤波"号在民都洛附近被击沉，[21]同时"不知火"号被"埃塞克斯"号的舰载机发现并被击沉在锡布延海的塔比亚斯岛（Tabias Island）以东，此前它已抵达科伦，但是接到了返回营救"鬼怒"号幸存者的命令。[22]

　　在这场战役中，"藤波"号和"不知火"号的沉没是日本舰队遭受的最后一次损失。栗田部队在10月27日中午离开美国航母舰载机攻击半径。但是，即使和美国航母编队保持距离，也不能减轻栗田的问题，其中两个问题是迫在眉睫的。第一个问题是驱逐舰在这一阶段极度缺乏燃油，栗田必须做出决定，领导他的部队采取行动，当然这是个比较小的问题。作为日本的油船和弹药补给舰船将要前往的补给点，文莱湾是明显的选择，但它在美军陆基轰炸机的打击范围之内，栗田的参谋建议应该前往金兰湾。对栗田来说，第二个问题更严峻。栗田对经巴拉望航道返回文莱湾十分犹豫，[23]不过最后他仍然选择了这里，"榛名"号、"长门"号在途中为"雪风"号和"矶风"号补充燃油，其他驱逐舰，即"秋霜"号、"滨波"号、"岸波"号、"岛风"号、"浦风"号则前往科伦湾。[24]在那里，它们从"日荣丸"号和"雄凤丸"号处得到燃油补给，显然这是日本人在此处仅有的两艘可用的油船。[25]另外，在文莱湾还有"万荣丸"号、"八纮丸"号、"御室山丸"号等油船，澎湖列岛的马公附近驻泊着油船"良荣丸"号。这一天，"日本丸"号和"严岛丸"号都在巴拉巴克海峡（Balabac Strait）被鱼雷击中："日本丸"号被击沉，严重受损的"严岛丸"号设法航行到了婆罗洲北部的万劳湾（Marudu Bay），四天后沉没。前往科伦湾的驱逐舰没有重新加入战局，栗田的战列舰、巡洋舰和两艘驱逐舰在10月28日20时后抵达文莱湾，并立即开始加油[26]，但直到11月6日才得到弹药补给，其中40毫米高射炮弹药是由航空母舰"隼鹰"号、轻巡洋舰"木曾"号补给的。直到第二天晚上，"隼鹰"号才完成补给。[27]两天前，即11月4日，日军对部队的损失情况进行检查，决定把驱逐舰派往新加坡和泗水，而战列舰和巡洋舰则返回日本本岛，但是战术上的考虑会否定这么规整的安排。[28]在文莱发生的最令人惊讶的事情恐怕是，直到11月7日傍晚"足柄"号才"从巴拉望的藏身处"抵达文莱，但是次日上述舰艇——包括"隼鹰"号——就拔锚起航了。日军做出这样的举动的部分原因是害怕空袭，另外这也是在莱特岛的日军部队补给日渐吃紧时分散美军注意力的一种手段。但是这些舰艇没有招来突袭，诱饵计划显然失败了。也许最重要的是，缺乏油料意味着部队被迫留下掉队者，与"足柄"号、"大淀"号和"清霜"号一道返回文莱。[29]11月11日，日军部队的主力不得不尝试在米里（Miri）加油，日本陆海军同样严格限制燃油补给量，这意味着"八纮丸"只能向这些军舰提供4000吨油料，其中"大和"得到了700吨。[30]可以说，这一事态发展标志着战事的结束，但日军从文莱撤军时又失去了"金刚"号和"浦风"号。11月16、22日他们又被美国轰炸机的空袭弄得焦头烂额，不过这些攻击造成的伤害是微不足道的，至少在11月16日仅有近失弹造成轻微的损伤。[31]那天晚上，"金刚"号及其护航舰艇从文莱起航，剩下的舰艇在第二天驶向林加。[32]值得注意的是，如果这样返航的话，日军将会进入盟军飞机的攻击半径。当时，"那智"号被击沉，马尼拉被突袭，53架来自加尔各答城外克勒格布尔（Kharagpur）机场的B-29超级堡垒式轰炸机轰炸了新加坡的英王乔治六世雕像码头，端掉了日军的码头和修船厂，它们造成的损害足以让这个港口在三个月内无法使用。[33]南京伪政权头目汪精卫在这个时候毙命，11月22日英国太平洋舰队从锡兰岛出航。[34]日军似乎因为失败落进了一张密不透风的网，避无可避，无处可逃。

至于日军派遣到莱特的舰艇，"鬼怒"号和"浦波"号被美军毫不客气地击沉了。在第16巡洋战队被击溃后的那一周，只有第101号运输舰在10月28日被炸沉。这是由于10月31日之前很少有飞机能够在机场上起降，美军航母部队显然也难以满足它们的需求。美军在莱特岛上的简易机场建设分两个阶段，从10月17日到11月25日，杜拉格下起大雨，降水量不少于35英寸，工兵没有工具施工。[35]事实上，尽管第一批战斗机在10月27日起飞，最终在10月31日抵达塔克洛班，其中包括80架P-38闪电式战斗机和12架P-61黑寡妇式夜间战斗机，[36]可是岸基飞机对战斗的贡献可谓微不足道。不过到了11月10日，已有119架飞机部署在莱特岛，[37]虽然数量不多，但是对击沉莱特岛周边的日军舰船起到了重要作用。美机在11月2日击沉了排水量7191吨的运输船"能登丸"号，于11月10日炸沉8407吨的"香椎丸"号和5350吨的登陆舰"高津丸"号，又在11月24日击沉了运输舰11号和160号。5天后，岸基飞机又在莱特岛附近炸沉2880吨的运输船"真盛丸"号，为美军飞机在11月轰炸莱特岛附近船舶的行动画上了句号。然而，在某种程度上，这些相对较小的收益反映了这样一个事实：在11月的第二个星期里，部署在莱特岛的美军飞机的成功是由于航母重返莱特岛战场。航母能够控制莱特湾、奥尔莫克湾，以及邻近的水域，1944年11月的第二周，它们让日军意识到自己已经输掉了莱特岛的战斗。

　　10月最后一周，日军成功将第1师团主力毫发无损地运输到了莱特岛。11月第一周，他们又从米沙鄢群岛分批运来兵员辎重。就在这时，至关重要的情况出现了。许多驳船和小型登陆艇被摧毁，日军只有在黎明及之后才能上岸。[38]九批次的运输船队将45000人和10000吨物资送上海岸，[39]这鼓舞了菲律宾方面的日本海军指挥官，日本海军出动了两批次的运输船队，试图从马尼拉驶往奥尔莫克，第一批运送补给，第二批运载大约1万名第26师团的官兵。两支船队的出发时间相隔24小时，其中第一支运输船队受到的保护较少，它要在接近莱特岛的最后时刻把3艘驱逐舰让给第二支运输船队，而后者将拥有7艘驱逐舰、1艘扫海艇和1艘驱潜艇，这样比例的护航兵力在1942年年初是很难看到的。结果是灾难性的，第一支运输船队在11月10日损失两艘运输船，在卸载物资后试图从莱特岛撤退。第二支运输船队在11月11日拂晓后被发现，当时第38特遣舰队距圣伯纳迪诺海峡大约200海里，该部4个支队各有3艘航母。收到发现目标的报告45分钟后，347架舰载机蜂拥出动，发起毁灭性打击，所有日军运输船，以及驱逐舰"滨波"号、"长波"号、"岛风"号、"若月"号和扫海艇30号被炸沉。两天后，美军航母舰载机继续出击，在菲律宾的马尼拉湾外炸沉了3艘逃离的日军驱逐舰中的2艘，港内另有1艘轻巡洋舰和2艘驱逐舰被毁。[40]

在这些损失发生的两天前，日本陆军东南亚司令部刚刚开始考虑是否放弃对莱特岛的争夺。事实上，日本人也别无选择了。到了11月10日，在莱特岛上，日军能使用的战斗机已经不到10架。[41]但是，或许可以预见的是，第14方面军司令官山下奉文大将关于莱特岛的提议遭到了南方军总司令寺内寿一元帅的否决，其结果是增援莱特岛越来越徒劳无功，而且可以说给日军在整个菲律宾的防御能力带来了越来越大的损失。[42]相比之下，美军最终有大约20万名官兵部署在莱特岛，尽管其中大部分是航空基地人员、后勤人员，以及准备在下一阶段登陆民都洛岛、吕宋岛的战斗部队。在莱特岛的短暂战斗更能够体现日本与美国、日军与美军在实力和资源上的差距，但关于这一阶段的战斗的具体细节有不少争论。到11月中旬，美军不再需要面对日本舰队，美国航母在整片海域通行无阻。然而，总的来说这段时间里美军航母数量在逐渐下降。10月末的时候，两个特遣支队需要休整，11月开始仅有一个特遣支队留在战区，该支队只有1艘舰队航母、2艘轻型航母，其中一艘负责夜间任务。第38特遣舰队第3支队仅能在乌利西停留两天，麦凯恩在10月30日接替米切尔指挥第38特遣舰队第1支队并奉命率领第1、第3支队返回菲律宾方面。[43]11月5日，第38特遣舰队的各支队重新归队，第2支队的飞机飞越锡布延海和民都洛岛而来，第1支队从吕宋岛南部和中部回归，第3支队则派出舰载机前往马尼拉湾。[44]重巡洋舰"那智"号在当天被"列克星敦"号的舰载机炸沉，此外海防舰107号也被击沉，[45]但是这些战果和美军在当日夺取马尼拉上空的制空权相比，显得黯然失色。此事的寓意及政治意义十分重要，而其直接意义主要有两点。首先，11月10日、11日莱特岛的战斗之后美军不得不接受在菲律宾方向优先动用海军。此前，美国海军司令部一直在考虑使用航母部队空袭日本本土，仅以岸基航空部队的飞机处理菲律宾方面的战斗。但是，恶劣的天气及相对缓慢的机场建设进度意味着第38特遣舰队无法抽身前往北方作战。其中机场的建设一直拖到1945年2月，实际上这种拖延并没有带来多大的损失。[46]其次，10月25日以后美军航母部队处于不得不战斗的位置，而这些战斗的条件对他们而言极为不利。

他们不得不像过去那样战斗，而非将来那样，他们还将遇到"神风"特攻飞机。

在炸沉"藤波"号和"不知火"号之后，第38特遣舰队第3支队撤出战斗以进行油料补给并与第2、第4支队在吕宋、米沙鄢以南集结。其中第4支队麾下的"企业"号、"富兰克林"号、"贝劳森林"号（USS *Belleau Wood*，CVL-24）、"圣哈辛托"号（USS *San Jacinto*，CVL-30）一起承担主要的进攻角色，它们对宿务的航运进行了多次打击，也受到了日本飞机和潜艇的攻击，部分飞机不得不降落在杜拉格机场并因此而遭受损失。但是，这些空中战斗，总体来看还是顺利的。10月29日，美军第38特遣舰队第2支队承担主要任务，航母舰载机飞行员在马尼拉地区摧毁了日军机场，声称在空中击落了71架敌机，另外地面上的13架战机也被摧毁了11架。然而，一架"神风"特攻队的战机击中了停泊在港口里的"无畏"号，造成16人伤亡，不过仍然没有改变战局。[47]10月30日，第38特遣舰队第2支队在萨马岛附近，第38特遣舰队第4支队在莱特岛附近，这时"富兰克林"号和"贝劳森林"号遭到了"神风"特攻队的袭击。"富兰克林"号遭到了5架日机的自杀攻击，其中一架撞到了船身的一侧，但这架飞机在爆炸前就掉进了海里。第二架飞机穿透飞行甲板并在通道甲板爆炸，炸毁了后部的升降机及33架飞机。第三架日机在抵近期间中弹，然后转向试图攻击"贝劳森林"号，尽管这架日机被击落，可是部分残骸撞上了飞行甲板，引爆了飞机的弹药并烧毁12架舰载机，它引发的火灾几经艰难才被扑救。"贝劳森林"号的伤亡人数超过了"富兰克林"号，有92人死亡和失踪，54人受重伤。第38特遣舰队第4支队只剩下"企业"号和"圣哈辛托"号还有战斗力，因此被迫退出战斗。随后该部向乌利西回航，"富兰克林"号返回普吉特湾，"贝劳森林"号返回亨特角（Hunter Point），这两艘航母均进入相关的海军船厂接受维修。[48]第38特遣舰队第4支队退出战斗迫使第3支队返航，因为剩下一个支队独自支撑是没有好处的。

11月1日，"神风"特攻飞机袭击了苏里高海峡内的美军驱逐舰。9点50分，一架日机掠过"克拉克斯顿"号（USS *Claxton*，DD-571）上空，掉进了海里。[49]两分钟之后，"阿门"号（USS *Ammen*，DD-527）也被击中，幸运的是，这架日机撞到它的舷侧后发生反弹，然后在半空爆炸了。[50]"基伦"号也被一枚炸弹击中，好在也没受到什么损伤。"克拉克斯顿"号先后在塔克洛班和马努斯进行了维修。

战斗的最后阶段，"阿布纳·里德"号（USS *Abner Read*，DD-526）驱逐舰首先被一枚炸弹击中，炸弹穿透了船身，然后在一间消防室内爆炸，接着受到攻击的彗星式俯冲轰炸机袭击了它。火灾席卷了这艘驱逐舰的船尾，引发大爆炸。"阿布纳·里德"号在13时58分被放弃，17分钟后沉没，有187名幸存者被救出。[51]

"阿布纳·里德"号成为13艘被"神风"特攻飞机击沉的驱逐舰中的第一艘，另有9艘被重创后没有接受维修，战争结束后直接被拆解。[52]此外，2艘护航驱逐舰、3艘扫雷舰、5艘高速运输舰同样被自杀飞机击沉，1艘护航驱逐舰、5艘扫雷舰被撞击后没有被修复，其结局与上述9艘遭重创的驱逐舰一样。但是，直到1945年1月4日"翁曼尼湾"号在民都洛岛附近沉没为止，1944年10月25日之后美军一直没有遭受护航航母的损失。1944年11月5日，有一架飞机差点撞上"列克星敦"号，次年2月21日，"俾斯麦海"号沉没在硫磺岛附近。但是，没有任何舰队航母或轻型航母因被"神风"特攻飞机攻击而沉没。在三个航母支队的帮助下，美军得以在11月3日至6日期间控制吕宋机场上空，基本上解除了"神风"敢死队的威胁，尽管这只是暂时的。显然，在11月4日，日军确认"神风"特攻飞机撞击了一艘舰队航母，导致其失去动力，另有一艘轻型航母被撞起火，[53]但是美国人没有重视这一进展。后来，日军又盯上了第38特遣舰队第3支队的轻巡洋舰"雷诺"号，在11月3日至4日午夜之前，"伊-41"用鱼雷击沉了它。两年多以来，"雷诺"号是第一艘在航母编队或其他战斗编队里被日本潜艇击沉的美国军舰。[54]在对吕宋的攻击行动中，美国飞行员声称已经摧毁了439架飞机，其中有39架是在地面上摧毁的，而他们自己在攻击日本补给和运输船队时损失了36架飞机，在11月13日和14日吕宋岛上空的行动中又损失了25架，此后第38特遣舰队第3支队返回了乌利西。[55]在三个航母支队就位后，对吕宋岛的攻击于11月19日恢复，第38特遣舰队第4支队于22日对雅蒲岛发动攻击以转移日军注意力。11月25日，第38特遣舰队第2、第3支队继续进攻。在10月26日，一架美军舰载机攻击了"熊野"号。"熊野"号只剩下一台发动机可用，航速仅能达到5节，但仍然坚持到了科伦湾，然后前往马尼拉，在那里接受临时修理，以便能够返回日本本土。"熊野"号与同样受损严重的"青叶"号一样，在7艘来自マタ31船队的护卫舰艇的随同下回航，但它闯入了美军潜艇"欧鳊"号（USS *Bream*，SS-243）、"琵琶鳟"号（USS *Guitarro*，SS-363）、"鼠尾鳕"号

（USS Raton, SS-270）和"鳐鱼"号（USS Ray, SS-271）组成的巡逻线。11月6日早上，4艘潜艇攻击"熊野"号，各种说法表明，至少2枚鱼雷取得命中。日方资料记录"熊野"号被2枚鱼雷击中，失去动力和转向能力。其中"鳐鱼"号试图抵近"熊野"号，但在上浮时搁浅，不得不放弃了攻击。如果"熊野"号被一艘油船拖航，或许能坚持到圣克鲁斯接受紧急维修，或者直接前往达索尔湾（Dasol Bay）并在那里搁浅。不管怎么样，"熊野"号抵达了达索尔湾，并在11月25日遭到"提康德罗加"号所属的8架地狱猫式战斗机、3架地狱俯冲者式俯冲轰炸机、9架复仇者式鱼雷轰炸机的攻击。很少有资料记载当时该舰上发生的事情，但是有记录显示它被4枚航弹及5枚鱼雷命中。另一份记录显示"熊野"号至少被6枚鱼雷击中，并在第一次中雷后4分钟内沉没。不管怎样，"熊野"号在当天被击沉。要弄清楚11月6日它是不是失去了战斗力，11月25日的事件是不是最后一击，以及是潜艇还是航母舰载机击沉了它，或是它们联手才取得的战果，这是很困难的。[56]

　　然而，"神风"特攻飞机很快抢了风头，由于雷达屏幕上排得密密麻麻的，这些日机得以跟在返航的美军舰载机身后，然后在战斗空中巡逻队的"保护"下撞击"埃塞克斯"号、"汉考克"号、"无畏"号和"卡波特"号（USS Cabot, CVL-28）。"汉考克"号和"埃塞克斯"号受损轻微，"埃塞克斯"号上的火势20分钟内就被扑灭，[57]"卡波特"号的高炮被一架日机撞击，另外一架日机撞在旁边，水柱和燃烧的破片横扫左舷。"无畏"号在13时前遭两架"神风"特攻飞机撞击，日机击穿至机库甲板并引起火灾，火势两小时后才得到控制。该航母的机库、飞行甲板被毁，大量燃烧的航空燃油从断裂的管道泄漏出来，154名舰员阵亡、受伤或失踪。尽管如此，在这一天剩下的时间里"无畏"号仍然不下火线。[58]非常幸运的是，至少75架隶属"无畏"号的舰载机在母舰遭撞击时还留在空中。这些飞机由"汉考克"号、"埃塞克斯"号和"提康德罗加"号回收，然后转场到了塔克洛班机场。[59]不过，"独立"号因为舰载机着舰时坠毁而受损，第38特遣舰队第2支队别无选择，只能回航。11月28日，该支队抵达乌利西。"卡波特"号进行了局部修理并于12月11日返回战斗，[60]但"无畏"号被迫返回旧金山进行大修，1945年3月中旬才回到前线。在第38特遣舰队第2支队离开后，美军仅剩下一个航母特遣支队留在前线，此时美军的注意力已经转移到了民都洛岛和林加延湾。

11月25日的战事标志着莱特湾海战后续战斗的尾声，原因有两个。这一天，在24小时之内，不仅舰载机为莱特岛上的地面部队提供了直接的空中支援，而且B-29超级堡垒式轰炸机第一次从位于马里亚纳群岛的基地出航轰炸日本本土。[61]直到1945年3月，美国人才放弃精确空袭理论，转而采用大规模低空轰炸。这个月，最后一艘油轮从南方抵达日本本土。关于后一事实，需要指出一点，太平洋战争开始于日本对西太平洋的进攻，但1943年2月以后，美国无情地削弱日本的力量，"前线"的运动只有一个简单的方向，即朝向日本本土岛屿，不过缅甸和印度之间的边界，以及1944年的中国是个例外。进入1945年之后，日本人一筹莫展，舰队已不复存在，仅剩的海军部队聚集在本国水域，在那里他们无力阻止敌人，也不能对敌人造成任何实质性的伤害。1944年10月至11月是这一过程的一部分，日本的崩溃和日本护航队伍的衰弱在南方护航队身上表现得尤其明显，它在护航任务中可以说几乎徒劳无功。护航舰船和飞机的数量及质量在1943年11月才被确定下来，它们几乎被迫穿过马绍尔群岛、加罗林群岛一带，然后转往拉包尔。1944年5月，经过帕劳的大部分护航航线都被放弃了。到了9月，随着美国的征服浪潮向西推进，菲律宾东部和新几内亚的所有航行路线都被放弃了。美军登陆菲律宾之后，日军的南方巡航路线就不复存在了，尽管中南半岛和马来半岛以南的某些路线1944年年底仍在苟延残喘，可当时日军海上护卫总司令部实际上已经放弃了日本本土和南岛地区之间的船队航线。此外，因为日本舰队实际上已经消亡，美军潜艇可以把几乎所有的注意力集中到日本商船上。1944年9月，美军潜艇共击沉41艘运输、辅助船舶及商船，共计157793吨。1944年10月，虽然战斗的需要分散了它们的注意力，但它们仍然击沉了63艘辅助船和324765吨的民用船只，人们认为这是潜艇战中无法企及的巅峰。1944年11月，53艘船只被潜艇击沉，共计238872吨，其中辅助舰船和商船不少于25艘，共计104683吨，它们沉没在千岛群岛、日本本岛和中国东海的水域。这样的损失是前所未有的——在1942年10月，日本在这些水域的损失为19艘，共计97734吨。在1943年9月则达到了24艘，共计104277吨。但在这两个月，大约五分之三的损失发生在东海。1944年11月，损失率达到百分之九十，因为潜艇战延伸至日本本土水域，这表明日本在这一阶段疲软无力。当然，次年3月，日军在本土水域的损失再度上升，5月至8月更是在美军的水雷战中达到了灾难性的水平，当时美军航母正在战争的最后阶段实施"饥饿作战"。1944年11月的事件的重要性在于，它决定了日本失败的终极性和总体性，当然旷日持久的中国抗日战争和日本对资源的严重依赖也是需要考虑的重要因素。在战争的最后阶段，也不应低估苏联的重要性。其他盟国——澳大利亚、英国、法国、荷兰和新西兰的贡献不大，不管是个人的还是集体的。但它们的付出都算是一种贡献，在不同的时期都对美国很有利。日本在海上的失败，既包括舰队的失败，也包括舰只的失败，后者涵盖潜艇、岸基飞机、战列舰和航空母舰。所有这些因素汇集在一起，为战事提供了一个最终的结局。对日本来说，1944年10月的莱特湾海战是一场全面失败，是一场彻头彻尾的灾难。在三场主要行动中，日本都遭遇了大规模失败。在恩加诺角海战的失败是有目共睹的，日军在这场海战中的损失与中途岛海战、菲律宾海海战（马里亚纳海战）大致相当，而且受到上述损失的日军不可能恢复过来。在南部的苏里高海峡海战以及其后的行动中，日军两路部队在两天的时间内就损失了一半的舰艇，而且很少有舰艇重返战场。在任何阶段，日军的任何一支编队都未曾接近实现目标。在中路，第一游击部队损失了10艘战舰，其中包括1艘世界上最大的战列舰，以及不少于5艘重巡洋舰，但它们只击沉了1艘航母。第77特遣舰队第4支队第3分遣舰队指挥官有一句名言：美军在10月25日的侥幸获胜，在很大程度上是因为全能的上帝的庇护。[62]但事实上，这是美国海军史上最勇敢、最辉煌的事件之一，因为打败日军绝非不费吹灰之力。正是在这种不可能的胜利的基础上，在锡布延海、恩加诺角和苏里高海峡的胜利的基础上，美国人能够以排山倒海的战争浪潮席卷民都洛、吕宋和菲律宾的其他岛屿，以及硫磺岛、冲绳，直至日本本土。这就是莱特湾海战及其直接后果的意义所在。在这两方面，美国人都取得了全面胜利，而10月28日之后取得的战果是基于上次胜利，这也为上次胜利增添了光彩，使胜利的规模和意义变得更大。事实上，这场胜利必须与历史上最伟大的胜利齐名，而在硬币的另一面，它最终让日本海军陷入"死亡之渊"。

第八章
止步与思量：过失、责任以及历史的结论

　　叙述菲律宾地区海战的目的，是为了规避讲述莱特湾海战会牵扯出的问题。我意图将莱特湾海战中四大行动的整体和细节全部照顾到。10月24日与25日发生的四场行动，共同组成了莱特湾海战，而我也试图探索如何恰如其分地将战前准备和战斗过程叙述得当。为了实现这一目标，我花费了许多笔墨来描述一些不相关的细节，以尽可能还原事件发生的过程。这些不相关的细节遍布军事行动的各个角落，涵盖了美舰承受的每一次打击，以及每个个体与行动之间的关系。但乍看上去，这些内容在整场战斗中的重要性、现实意义和招致的结果，都和它们巨大的体量不成比例。

　　在陈述莱特湾海战的过程中，细节的重要性、现实意义和招致的结果非常关键。以前，人们认为这些东西和描绘战斗中的个体无关，而出现这样的情形是因为以下原因：有太多叙述这段历史的著作将重心放在了关键个体之上，但是这却影响了我们对这场战斗之本质的清晰理解和审慎分析。无论从什么角度来检视莱特湾海战，我们都会发现哈尔西、栗田健男以及他们的各类决策其实并不重要，重要的是一个国家如何发动一场战争以及其武装部队的作战方式。卡莱尔学派虽然并不是一无是处，但显然是在误导我们，因为只有正确地把握美国的战争方式，才能对莱特湾海战有起码的了解。美国的战争方式可以追溯到格兰特（Grant）时期，是群众基础、火力强度和突击行动三者的结合体。美国在人口、经济、工业能力、金融领域相较于敌人的全方位优势便意味着，其战争方式在上百年以前，便强调数量优势、强大火力的集中投送以及寻找能置敌人于死地的战斗。这个公式过于笼统，而且也不具备微观层面的战术技巧，不过

战斗效率和作战胜利是人们必须加以衡量的一个通用标准。这个公式和标准一直让美国处于有利地位，可是20世纪60年代美国在东南亚面对它的敌人的时候，它却从根本上丢弃了原先找到的战争之本质。但是如果我们将美国的战争方式作为作战的要领之一，别人同样可以就这种战争方式的微观细节、潇洒风格和复杂多变发表不同的看法，那么我们便能发现在20世纪的各大战争之中，很少有跨越9个时区和7000英里去对抗敌人进攻的战例。日本在1941年12月将战火烧到了东南亚和太平洋，其进攻计划包含了一系列连续的打击行动，当陆基航空兵肃清了前线后，其他部队再向前推进。日本以经济优势以少胜多地冲破了马来防御圈（Malay Barrier），而马来防御圈中具有巨大的本土作战优势的守军，却因为力量分散和协同不利，并未赢得应有的战果。当然了，日本发动这场战争，也为它自己掘好了坟墓。

日本之所以在太平洋的作战中失利，是因为它的统帅部犯了一个基本错误，他们并未真正理解他们在1941年12月发动的这场战争的本质。这个错误在1941年12月之前就已经犯下了：1937年7月至9月间，日本无限制地在中国投入作战力量并且坚信自己能够赢得这场大陆战争的胜利。这种对战争问题和对手能力的低估，便是它犯下的基本错误。在这以后，其他问题接踵而来。在1941年之前，日本在对中国的作战中尽心尽力、自我消耗，胜利之日遥遥无期。而这为日本接下来在政策制定过程中出现的种种荒谬行径埋下了种子。因为无法战胜中国，日本便意图在东南亚肃清英国和荷兰的殖民地，于是它便打击了世界上唯一一个能够促使它战败的国家。日本并不了解，跟获得有限战争（Limited War）胜利相对的另一个结果，不是有限战争的失败，而是全面战争（Total War）的失败。它并没有意识到，这场战争的规模和范围并不在它的掌控之中。因为日本没有尝过战败的滋味，所以它拒绝面对战败，同时它也并不了解它的对手美国的脾气和秉性。

美军在莱特湾海战和太平洋战争中的胜利，从总体来讲要归功于美国巨大的战略纵深。历史上几乎没有哪个政权是被海上力量击溃的，而被一个跨越大洋的海上力量击败的政权就更少了。能跟美国跨越整个太平洋并把战火烧到对方本土相提并论的，恐怕也有只有西班牙人摧毁阿兹特克帝国（Aztec Empire）

了。美国的用兵原则显然是以它的综合国力作为支撑的，其制胜的根本在于强大的海空力量。美军的海空力量在1943年11月这一比较合适的时机，乘着战争的浪潮，跨越了整个中太平洋和西南太平洋战区。此时距离日本偷袭驻扎在珍珠港基地的美军太平洋舰队不超过两年，考虑到此后发生的各大战役以及莱特湾海战，值得我们注意的并不是美军所犯的错误和蒙受的些许失败，而是在这之后一切似乎都回到了正轨。我们不妨来看一下1941年至1944年间美国海军的巨大扩张。在珍珠港遇袭之时，美国海军只拥有7艘舰队航母和一艘护航航母，而当时间推进到1944年10月1日之时，美国海军拥有12艘舰队航母、9艘轻型航母和65艘护航航母。另外，还有8艘舰队航母和10艘护航航母会在战争结束前投入现役。真正令人称赞的是在此过程中，美国海军在专业精神方面没有丝毫的懈怠，这一点我们很容易忽略。在1941年12月至1945年9月之间，海上作战的样式发生了巨大的变化，这些逐渐累积的改变具有深远的意义。雷达、TBS无线电语音传输、舰炮数量的增加和质量的提升、能够摧毁岸基航空力量的大规模航母战斗群及两栖突击力量的革新形成了深刻的变化，这些都与莱特湾海战紧密相关。美国海军在这些变革的浪潮中走在了最前列，不仅与变革同行，还勇于面对这些变革带来的挑战。莱特湾海战中最为引人注目的一点在于美军航母编队在军事行动中极高的战斗效率，这一点对1941年的美军来说是不可想象的。虽然无法被证实，但是有一点我们应当留意，那就是对美军的航母编队来说，1944年10月的这一天战事过于吃重。所有研究10月25日美军空中作战的人都必清楚出一点，那就是美军击中敌方目标的数量以及敌方单位的损失数据很可能没有统计全面。因为美方并未预料到日方参战飞机的数量、这些战机的抵抗能力以及日军防空火力的效率。我们从之后两天的战斗结果中也可以得出相同的结论，不过至多只能拓展至第三天。舰船和水手在长达三周的时间里持续保持战位，无论昼夜都要进行冗长的行动，这让他们备受疲惫的煎熬，直接导致了在10月25日的行动当中，返航的人员数量减少。不过即使在这样集体疲乏的大环境下，美军航母舰载机还是击沉了三艘日军航母和一艘驱逐舰，它们和其他友军部队在恩加诺角共同击沉了一艘航空母舰和一艘轻巡洋舰。与此同时，美军的护航航母在萨马岛附近海域击沉了三艘重巡洋舰。但这些言论自然为那些持反对观点的人敞开了大门：如果这样一支劳累、疲乏的空中力量都能给日方造成如此重大的损失，那么日方遭遇了一支生龙活虎且没有被长期的军事行动拖累的部队，损失到底会有多大呢？不过，这就是事物的悖谬性。

与过去373年中的海上胜利相比，莱特湾海战的大捷无疑更为彻底和全面，但只有少数人真正理解这场胜利的体量和程度。不论是风帆时代，还是蒸汽时代，歼灭战基本是纯军事领域的事，而且其中很少包含海上战斗。但是莱特湾海战应当被纳入歼灭战之中，理由有四：一、日军舰队被彻底摧毁，剩下的日舰最多只是一些辅助性船只，缺乏真正与美军抗衡的能力；另外日舰被削减的速度也是前所未有的。二、日方海军航空兵和陆军航空兵被美方吞没，美方声称在日舰编队上空以及空袭机场之时，共击落了1559架日军战机。其中，美军对地面机场的空袭贯穿整个军事行动。日方的海航与陆航被贬为防御性角色，但这些"绝望的武器"[1]却是他们的唯一希望。三、日方的护航舰艇和商用船舶，由于缺乏支援和掩护，在接下来几个月的战事中，也被逐渐消灭。四、美军获胜的结果，在别处也提到过，便是进入西太平洋后肃清了多个岛屿并切断了连接日本本土与南方占领区的运输路线。这是美军获得全面胜利的一个重要保障。虽然这些导致胜利的因素无法被量化和定义，但是我们可以通过盘点此战之后日方幸存的作战单位，来深入理解美军胜利的程度。

在1944年11月，单单航母舰载机就取得了如下战果，它们击沉了：来自小泽北方部队的驱逐舰"若月"号和"霜月"号；来自栗田舰队的驱逐舰"浜波"号、"长波"号、"岛风"号、"秋霜"号、"冲波"号、"浦风"号，重巡洋舰"熊野"号，战列舰"金刚"号；来自南方部队和其他支队的驱逐舰"曙"号、"初春"号和重巡洋舰"那智"号。总计击沉1艘战列舰、2艘重巡洋舰、10艘驱逐舰外加2艘潜艇。美军在巩固胜利成果并不断改进战术战法的一个月中便取得了这样的战果，而这些战果只是从侧面反映了参与莱特湾海战的日军舰队的损失。那些来自其他舰队的零散单位，如护航舰艇、巡逻舰艇、扫雷舰、两栖登陆舰船等等，也必须被纳入其中。留下来防御菲律宾的舰只总共有5艘战列舰、6艘重巡洋舰、3艘轻巡洋舰、10艘驱逐舰、4艘护卫舰和8艘潜艇。在这36艘舰艇当中，至少有27艘被击沉。只有9艘舰艇撑到了日本投降，日方声称其中有两艘重巡洋舰已经失去了战斗力，所以实际上一共有7艘舰艇活到了日本投降。我们能从这些声明中窥见两件事：第一，10月25日美军获得的绝对胜利，风头盖过了美军在下一阶段获得的胜利。美军于11月在菲律宾附近海域获得的胜利，相较于莱特湾海战这一周取得的战果，显得更为广泛和实际。显而易见，11月的胜利绝不仅仅流于战斗层面，并且和有多少日舰被毁没多大关系。重点在于，美军在下一阶段获得成功，是通往胜利的唯一路径，而早前的历史叙述却将其作为通往胜利的路线之一。美军的成功补全了获得胜利的方法和手段，两者共同奠定了美军在之后的进攻行动中彻底摧毁日本帝国海军的基础。直到1945年7月底美军向日本内海发动大规模空袭的时候，日本帝国海军的覆灭才真正到来。但是从莱特湾的战斗结束之日开始算起，幸存的日军战舰几乎和逃兵无异。大概将它们比作等待处决的罪犯更为恰当吧。

　　事物的另一面也值得我们好好琢磨一番，这便是日方无法补救的全面战败。对日本来说，战败就如同灾难一般全面、彻底。但是我并不想竭力让大家相信，在各方加入这场战斗之前，日本就已经失败了，或是必然失败。真正难以置信的一点在于，日方的某部已经离局部的胜利不远了，他们本该夺取这场局部的胜利。但是在美方对这场战斗的各类分析报告中，人们很少提及这样一个观点：日本无法取得任何一场胜利来真正影响太平洋战争的进程，更不用说改变战争的结局了。第77特遣舰队第4支队第3分遣舰队每损失一艘舰船，也仅仅是给美方带来一些战略上的小麻烦而已。就算金凯德的三个护航航母编队全部被歼灭，美方也很难在他们的战略日程表上看到什么实质性的拖延。美国海军中的其他护航航母都能在前线找到自己要干的活儿，而不再囿于训练、渡运以及其他护航任务。而且，美国大概也会尝试将输送给英国的那一批护航航母召回。不过，这个阶段的美国海军有足够的能力来避免类似的损失。或者我们稍稍换一个角度来谈，在10月22日至28日下水或服役的美军舰船，要多于这些天中损失的舰艇。[2]这也许在政治上会有一些副作用，而且美方的高层也一定会有一些骚动，但是对发动战争的日本及孤军奋战的日军来说，他们在1944年10月的第四周中绝不可能赢得任何胜利，也绝对没有机会让战争的进程和现实发生任何实质性和持续性的改变。显而易见，日方本应该在1944年6月菲律宾海海战失败之后，去谋求某种形式的投降谈判。因为这场战役失败的后果，远大于其他任何一场单独的战役，它明确地指出了日方将会步入何种的未来。但显然，美方的行为不会特别理性，而且在任何情况下，我们都很难相信日本会真心地给战争画上一个句号。盟军的最低要求可能就是无条件投降，而当时日方的高层统帅不太可能接受这样的要求。当时确实有海量的证据证明盟军的底线是无条件投降，如果事情果真如此的话，就算有大约60个日本的主要城市被毁、广岛和长崎遭受原子弹袭击，并且苏联加入远东作战，日本高层也绝不会去主动寻求和平并投降。这样看来，日方在1944年承认自己战败的可能性近乎为零。

但是，这种诠释带来的问题是显而易见的。公众和史学界都毫无疑问地将眼光放在了个体身上，在这个具体的战例中，栗田健男和哈尔西就是关注的重心了。关于日方的栗田将军，人们对他的行为已经无可避免地产生了争议。迄今为止，关于他撤退的原因有两种论断，并且都没有被广泛讨论过：一、他意识到西村舰队已经不复存在了；二、他考虑到自身舰船的剩余油料不足。之所以没在此前讨论栗田健男的行动时提出这两种观点，是因为它们看起来并没有什么紧密的关联。由于日本帝国海军内部组织松散，特别是栗田舰队和西村舰队之间缺乏协同，栗田很有可能在恭听劝告之后再次返航以离开莱特湾，因为降临到南方部队头上的所谓灾难，让人们半信半疑。小柳富次认为油料问题是一件大事，但栗田健男却否认了这一点，我们也很难相信栗田会将油料问题作为头等大事来对待。不过，油料的问题也不可能轻如鸿毛，因为所有的海军将领、参谋和舰长都无时无刻不关心着油量的变化。就算他们完成了加油作业，舰艇的油料仍然是不足的。不过考虑到其他一切困扰栗田的因素，我们很难判断油料问题会摆在特别靠前的位置。对栗田及其行为的解释存有争议，而且每个答案都不尽如人意。有人另辟蹊径，想到了另外一种解释，那就是栗田无法胜任此类任务，他在此时已经精神崩溃了。这样的论断似乎是无可争议的，特别是栗田健男在当日的12时36分第二次掉头向北之时。为了让舰队在当天晚上穿过圣埃斯皮力图角（Cape Espiritu Santo）及圣伯纳迪诺海峡，栗田健男别无选择。他之所以这么做肯定是考虑到了油料的问题，因为只有到达科伦湾后，栗田才能让自己的舰队吃饱了上路。但是，我们无法断言栗田在12时36分转变航向完全是因为油料的问题。在当时最需要解答的问题，一定是"美军是否会在次日发动航母舰载机的疯狂打击"。但是也有人也会产生疑惑——这到底是不是因为栗田在这样的岗位上产生了一种求生的本能。虽然这很"不日本"，但可能性也是存在的。值得一提的是，宇垣缠绝不可能对这样的事坐视不管。当栗田健男的行为和宇垣缠对战斗意志的迫切渴望相违背时，小泽的参谋大前敏一提醒栗田"应当勇敢一些，本应该直冲莱特湾的"[3]。看起来，当时日军内部至少有部分人员对黑化栗田健男乐此不疲。就像某位历史学家所说，把栗田玷污成一个懦夫，这样阴暗的思想确实存在，[4]因此对栗田在萨马岛海战中突然撤退的行为，有另外一个解释，那就是他撤退的时机并不是"胜利唾手可得的时候"。栗田撤退的时机当然是胜利唾手可得的时候，他如果拼尽全力，是可以夺取局部胜利的，但这样的胜利无益于战略上的推进。

　　而关于哈尔西的问题就是另一种风格了，特别是因为他本人绝不承认自己的过失，而且对小泽舰队承担诱饵的功能视而不见。他承认在战时犯下的唯一一个错误，就是在即将战胜被打垮的小泽舰队时，把打击舰队调向了南方。[5]但是有人认为真正犯下严重错误的是他战后撰写的文字以及对事件的解释。其中，哈尔西在解释战事之时，将他的同僚晾在了一旁，并活生生地将金凯德这位毕生的挚友，写成了一个充满仇恨的敌人。[6]其中最值得注意的，并不是哈尔西在陈述事件时的尖锐批评态度，而是他热衷于享受支持他的观点的史料和情报。人们本以为这些事情肯定比哈尔西在执行任务时饱含的激情要逊色得多。在很多时候，欧内斯特·金是支持哈尔西的，直到哈尔西荒唐滑稽的举动显露无遗，而尼米兹却从未在任何地方谴责过哈尔西本人。当然，在很长一段时间当中，部分个体，如麦凯恩麾下的航空兵军官[7]约翰·萨奇（John Thatch）①，以及历史学家斯坦利·L. 法尔克（Stanley L. Falk）[8]支持让打击舰队和航母一道向北航行，同时放弃对圣伯纳迪诺海峡的侦察和防守。

---

　　① 译注：即发明"萨奇剪"（Thach Weave）的飞行员。"萨奇剪"是美军航空兵为了弥补自身战机水平机动能力的不足而应用的战术。首次使用是在中途岛海战之中，海军陆战队的飞行员则在于瓜达尔卡纳尔岛上空迎战来自拉包尔的日军战机时频繁使用此类战术。它专门为美军 F4F 野猫式战斗机设计。

考虑哈尔西本人的行为和决策时，我认为有两个基本问题是需要点出的。在这两个基本问题之后，为了陈述我的观点，还必须再提出两个额外的论点。第一个问题，便是部队应当完成的任务。第77特遣舰队第4支队第3分遣舰队的首要任务是给莱特湾北部两个上岸的步兵师提供近距空中支援，次要任务是给自身及该地区的运输舰队、两栖舰队提供战斗空中巡逻和反潜巡逻。第3分遣舰队要同支队中的第1分遣舰队和第2分遣舰队一道，共同行使这些功能。从这些分遣舰队应当承担的"角色和任务"来看，打击敌方舰队并不是它们的义务。[9]

第二个要谈的问题实际上并未在历史学界得到应有的重视，它涉及航母"独立"号升空的战机在10月24日21时45分发送的信号：栗田舰队的位置在北纬12°45′、东经123°22′。这个位置比之前美军侦测到的所有地点都要靠东，因此栗田想要穿过圣伯纳迪诺海峡的意图再明晰不过了。哈尔西在23时20分收到了这份报告，其现实意义是显而易见的。这份报告是哈尔西做出向北航行的决定的重要前提，相关内容哈尔西在他的报告和其他地方引用过：

> 经过评估，（航母）部队应该能够及时地折返，以消除（敌军）中路部队可能赢得的任何优势。

哈尔西的洞见令人匪夷所思，因为他无从得知如果日军舰队一路畅通无阻地杀入莱特湾，栗田将会给美军舰队造成何等损失。同时，哈尔西的言论也几乎忽略了美军航母如果未能及时折返以抵消日方占据的优势的话，美军将会付出什么样的代价。和上述的第二个问题相比，接下来要说的事的严重性要逊色得多：看起来，21时45分战机发送的侦察报告，并没有送到金凯德的手中。[10]

如果上述报告送到了金凯德的手中，那么哈尔西即使知道栗田舰队将会穿过圣伯纳迪诺海峡，也不用为自己命令舰队掉头向北这一行为进行辩解，事后双方应当共同分担全部的责任——因为某种程度上，显然金凯德得到了预警。然而，没有任何证据可以证明21时45分的那份报告传到了金凯德手里。但从10月25日凌晨金凯德及其参谋的作战考量来看，他们一定是收到了这份报告。的确，如果他们知道了21时45分报告的主要内容的话，以上的猜测就很难成立了。而且金凯德在4时12分询问哈尔西第34特遣舰队的下落，如果金凯德事先收到了21时45分的报告，那么这一切就又很难讲得通。事实似乎表明，哈尔西明知栗田舰队会穿过圣伯纳迪诺海峡，还是故意地将舰队调向了北方，而且也有意向金凯德隐瞒战事的发展。哈尔西或许有充足的理由来发表这样的言论，那就是在10月25日的早晨，金凯德的舰队本应该尽好态势感知的本分。这个观点我们无从反驳，但不光金凯德，很多人都觉得哈尔西一定会留下一支打击舰队，而不是丢下金凯德不管——由此可见，哈尔西确实是让人们大跌眼镜了。

现实情况是，哈尔西即使知道日军极有可能在当天夜间穿过圣伯纳迪诺海峡，仍然把海峡空了出来。同时，他也没有告诉金凯德敌军的动向和自己的打算。与哈尔西所谓的从容回绝相比，美军舰队的指挥问题、第三舰队和第七舰队之间的通讯问题、金凯德的疏忽和他所犯下的过错，都显得无关紧要。我们从两个方面都能得出一个相同的结论，那就是哈尔西本该履行自己的职责：掩护两栖舰队、运输舰队和支援舰队，使其免遭日方的打击，以及警告金凯德栗田舰队的动向。哈尔西隐瞒重要的情报才是罪魁祸首，金凯德方面的通信不畅与事件的结果毫不相干。任何偏袒哈尔西的人，一旦遇到下面这一不可逃避的事实之后，便自惭形秽了。这一不可逃避的事实在卡特勒撰写的《莱特湾海战，1944年10月23—26日，基于历史上对最伟大海战的最新研究成果之戏剧性战事全貌》(*The Battle of Leyte Gulf, 23-26 October 1944, The Dramatic Full Story, Based on the Latest Research, of the Greatest Naval Battle in History*) 一书中，是一张照片的文字说明。这张照片是金凯德的肖像，文字说明把事情的结果总结得淋漓尽致：

> 海军中将托马斯·C. 金凯德，第七舰队司令。他的舰队主要负责登陆作战，并且最终会单独面对大规模的日军舰队。同时，哈尔西的第三舰队则去追击北方的诱饵舰队了。

不管哈尔西如何措辞，事件的结果本不该如此，并且对事件结果负有不可推卸的责任的人就是哈尔西。我们不应采信哈尔西的陈述，因为"邪人行正法，正法亦邪"（the Devil can cite Scriptures for his purpose）①。[11]

但如果将罪魁祸首归结为人的个性的话，那么我们便偏离了真正的症结所在，也就是忽略了之前提及的综合因素。虽然这些内容没有被准确定义，但仍然值得一谈。在这些因素之中，哈尔西的个性和制度是头两个因素。首先，肯定会有人表示疑惑：如果哈尔西要对这场战斗负全责，那么哈尔西在执行任务的过程中，到底有多少错误是与体制的无能有关的？我之前提到过伟人和参谋制度这两个概念。实际上，参谋制度进入海军已经为时已晚。在19世纪的头三十年，参谋制度的大体框架已经进入了陆军，那是因为陆军的极速膨胀以及普鲁士军队（Prussian Army）已经做出了榜样。美国海军对参谋制度的接受是十分缓慢的，即便是和美国政府的各部门、和美国国务院相比也是如此。有人怀疑哈尔西在1941年之前的职业生涯中，在参谋制度的框架下指挥舰队的经验仍然不足。不论是历史学家、军事评论家还是哈尔西本人，他们随意地解读哈尔西在莱特湾海战中的作战考量和决策，这样的解读会形成以下结论，那就是参谋人员对哈尔西来说只是决策的执行者。也就是说在哈尔西眼里，参谋人员就是合唱团，只是凑数而已，而他本人则拥有解开一切问题的密钥。任何随意解读斯普鲁恩斯的人都会得出这样的结论，那就是对斯普鲁恩斯来说，参谋是一帮剧里的大腕儿，每个人都有真材实料，而只有斯普鲁恩斯本人经常在各类问题中挣扎不前。我不是咬定斯普鲁恩斯从不做决策，事实并非如此，但是问题在于，斯普鲁恩斯以及其他司令，比如金凯德、李、米切尔，都可以在参谋制度中灵活运作，而哈尔西并没有这么做，他没有这个能力。要证实这一点是不可能的，同时有人会产生这样的疑惑："将舰队调往北方，放弃对圣伯纳迪诺海峡的侦察和防守"这一失误，是否有可能出现在第38特遣舰队的其他司令身上？米切尔、麦凯恩、

---

① 译注：此句原文引用的是莎士比亚撰写的《威尼斯商人》第一幕第三场安东尼奥的台词，国内比较权威的译法当属朱生豪先生的"魔鬼也会引证《圣经》来替自己辩护"（梁实秋先生此处的译法不太合适），采用佛教偈子也未尝不可。

博根、谢尔曼、戴维森或是李，如果他们处于哈尔西的位置，是否也会犯同样的错误？仔细检视这些人的作战考量你就会发现，他们行动的一致性和各个当下决策的逻辑性是极为明晰的，然而哈尔西并非如此。似乎哈尔西这个人物属于一个已经逝去的时代，适合回归原始简单的生活。那个时代的海战和1944年10月的战事相比，就是小巫见大巫。

　　第二个问题还是和个体的性格与参谋制度有关。有人疑惑，为什么哈尔西本人并未对战时的行为负责。那些客观公正的观察家，如果对军队中的利益关系不感兴趣，又距离当年发生的事很久，那么他们肯定会对之后发生的事感到奇怪。为什么欧内斯特·金和尼米兹都没有质问哈尔西呢？他们为什没有对哈尔西的所作所为持什么保留意见呢？欧内斯特·金在1945年1月第一次见到哈尔西的时候，便打断了哈尔西打开的这个话题："你不用再告诉我了，没有任何人能指摘你的所作所为。"[12]欧内斯特·金对哈尔西的评价非常诡异，因为当斯普鲁恩斯在挑起菲律宾海海战这一话题的时候，他似乎是逐字逐句地发表过同样的评论。更为奇怪的是，欧内斯特·金的副手，海军少将查尔斯·H.库克对金凯德的评价也是如此。我们难以相信，欧内斯特·金的副手可以在未得到前者允许的情况下，对金凯德的所作所为指指点点。对1944年6月的斯普鲁恩斯和1944年10月的哈尔西，欧内斯特·金都报以礼貌的评价，这两个评价并不是全然颠倒和矛盾的。对哈尔西和金凯德的所作所为妄下定论，会给真正理解真相的人们制造阻碍。尼米兹从来没有责备过哈尔西，不论是圣伯纳迪诺海峡发生的战事，还是没发生的战事，尼米兹从不过问。但是这两本书不得不提出了疏远哈尔西的论调，它们是《伟大的海上战争：二战中的海战故事》（ *The Great Sea War: The Story of Naval Action in World War Ⅱ* ）以及《海权力量：一部海军史》（ *Sea Power: A Naval History* ）。值得关注的是，这两本书都在1960年出版，而哈尔西本人在1959年逝世。也许，尼米兹在这些书中，和那位已经相识很久的朋友划清了界限。尼米兹对哈尔西的态度，我们大致可以从关于他的陈述中窥见一斑：

　　　　当他把舰队交给斯普鲁恩斯的时候，他永远确信斯普鲁恩斯一定会让舰艇落叶归根；当他把舰队交给哈尔西的时候，他不太清楚未来会发生什么事情。[13]

有人怀疑尼米兹说的这些话没有经过大脑。如果人们了解了这句大实话背后的潜台词，难免会产生疑惑：尼米兹为什么曾如此信任哈尔西，把部队，甚至是一整支舰队交到哈尔西手里。一些人认为这样的评论能证明哈尔西不适合指挥作战。

我们能从欧内斯特·金的行为中解读出这么一则信息：美军仍然要努力打赢这场战争，因此金并不准备捡起芝麻丢掉西瓜，追究哈尔西的过错。在这个时候如果继续抓住这个问题不放，那么不论是对欧内斯特·金个人来说，还是对美国海军这一公共部门来说，都是一件很尴尬的事。其实哈尔西的所作所为让金颇为疑惑和愤怒，但直到哈尔西在战后的一些奇怪言论刺激了金，后者才在私底下强有力地表达了自己的立场。我们还可以从金的行为中得出另外一个结论，那就是当战事发展到这个阶段之时，哈尔西的公众形象已经被良好地建立起来，他不可能被开除或者被调至二线。从媒体和公众舆论对他的褒扬来看，哈尔西的职位不可撼动。从某种程度上讲，这点和麦克阿瑟的情况相似。人们有理由质问这两个人物的职位的合法性——因为他们二位都在一段时间内享有公众名望。他们不应受到如此的优待，可以不用为自己的行为负责。哈尔西在日本战败的时候进入了公众视野，此时美国正需要一个国家英雄。他享受人设给他带来的一切，人们可以拿他来举例子。他散发着侵略性，而且可以确定的是，那时的美国还允许存在种族主义以及某些肮脏的思想存在。珍珠港事件爆发后的半年之内，美国经历了一系列的失败，而哈尔西本可以通过行动表达美国必胜的决心，并且可以成为一个国家获得最终胜利的符号。但是他在这个六月中是否做出了与其职位相符的功绩，我们就无从得知了。和他收到的称赞相比，美军战机在1942年1月打击马绍尔群岛的日军设施、在同年2月打击日占威克岛、在同年3月打击马库斯岛，以及杜立特空袭东京，这些事情很难算得上什么成就。哈尔西因为西南太平洋战区的各类战役所收获的优待，与他的贡献不相配。哈尔西于10月18日在新喀里多尼亚（New Caledonia）的努美阿（Noumea）获得指挥权，这将1942年11月所罗门群岛南部战事中的美军引向胜利。诚然，他对提升士气发挥了重要的作用，给战区中的海军官兵带来了全新的自信。但是哈尔西还在哪些方面为夺取胜利贡献了力量，我们就很难拿捏了。哈尔西得到的优待，和当时海军中将弗兰克·J.弗莱彻（Frank J. Fletcher）承受的蔑视和侮辱相比，真的是天堂与地狱的分别。在1942年8月的东所罗门海战（Battle of the Eastern Solomons）中受了轻伤之后，弗莱切——

> 便在太平洋战争爆发之后……指挥了三次主要作战。他麾下有三艘航母在4月被鱼雷攻击，其中有两艘——"列克星敦"号（USS *Lexington*，CV-2）和"约克城"号（USS *Yorktown*，CV-5）沉入了海底。由于这样的战绩，人们普遍认为他要么极为倒霉，要么极为无能。[14]

事实上，同时指挥3艘航空母舰投入作战，这在美军历史上尚属首次，而且他并未被日本击败。但值得注意的是，那些对弗莱彻的评论是建立在"美军刀枪不入"这一设想之上的。军人这一行当中绝不可能出现以下这样的情况：每个个体做出的所有决定都是正确的。如果果真如此，那么他最终还是会被击毙，因为敌方也享有同样的权利。这个观点和当下的现状极为相关,因为在这个世界上，不可能有任何一个国家能在打击别国的同时，自动免疫所有外来的反击。但是在弗莱彻的具体案例中，人们是在假设:胜利唾手可得，不需要付出任何的代价。弗莱彻本人，甚至任何一个人都没有能力，让美国海军毫发无损地与敌人展开战斗。但是弗莱彻已经被贬到了北太平洋的穷乡僻壤，即阿留申群岛（Aleutians Islands）中的荷兰港（Dutch Harbor）和其他地区，而哈尔西可以继续把更多的舰艇喂给台风，而不是让它们葬送在对日作战之中。这样的事情永远没有载入史册。现实情况是，弗莱彻这个人物和美国历史中反复呈现的主题紧密相关，这个主题就是美方付出的沉重代价和伤亡的严重性，不过确切的损失数很少有人提到。在10月25日当天，第38特遣舰队第3支队和第4支队在日方的防空炮火面前，只损失了10架战机。[15]而我再重申一次日方的损失：4艘舰队航母、1艘轻型航母还有1艘驱逐舰被美军的舰载机击沉，部分战斗还有其他美军单位参加。另外，与上述事实相对应的，是美军在1944年3月到达了战机生产的顶峰。此时美国每5分钟就能造一架战机，这些走下流水线的战机也包含了双引擎和四引擎的轰炸机。10架单引擎海军舰载机的损失，不过是相当于浪费了少于50分钟的生产时间而已。再者，美军在这场战役中的伤亡人数为2803人，其中包括阵亡的473人、失踪的1110人和受伤的1220人。[16]这一数字相当于苏联在1941年6月22日至1945年5月12日的鏖战中，每212分钟所承受的代价。

在总结海战中出现的问题时，上述言论抛开了国家、海军、军力、舰队、体制等因素，将问题归结到了人的个性之上。然而，任何研究莱特湾海战的人都应该了解，有多个因素与这场战役相关。就美日双方的作战实施来看，个性因素绝对和这场战役无关，而以下两点的重要性不容小视：第一，我在前文中顺带提过，那就是"战争基于现实需要，而不是基于主观愿望"。联系具体的作战过程，我们能够发现在1944年10月的第四周发生的一切，都不遵从任何一方的主观期盼和诉求。对日本来说这再明显不过了，最具讽刺意味的是日本帝国海军在整个间战期都在训练舰炮打击，但是在莱特湾海战期间发生的两次类似的行动中，日本均战败了。对美方来说，可能这一条规律展现得不算十分明显。大致说来，莱特湾海的四场主要战斗中，发生在10月24日早晨对抗栗田舰队的锡布延海战，以及发生在次日清晨对抗小泽舰队的战斗，美国海军有所准备且战事走向符合他们的预期。萨马岛海战的发生既没有被美方预估，也违背了美方的诉求。相对于美方在数量上和空中力量方面的绝对优势，战斗真正呈现的方式令难以把握。第二，我之前也顺带提过，美军直到1944年10月24日的下午时分才完全侦测到日方的所有部队。美军在侦察能力方面享有巨大的优势，但我们不能忘记，如果用比较象征性的说法来讲的话，美军的情报部门直到战斗的最后一刻才搞清楚北翼、中路和南翼有哪些日军舰队，美军这才得以判断日军的行动意图。有人提出了这样一条作战规律，那就是在作战中永远存在着未知。人们永远看不见山的那一边到底是什么，而且也没有任何国家和任何军队能够100%读懂对手的意图。国家、军队和个人都不具备全知的洞察力，也无法为必然的胜利做担保。

美方在作战行动期间暴露出一个极为显著的问题，这个问题直接关系到战场解读能力，并且代表了美军侦察部队可悲的失败。这个问题有三个具体的体现：第一，美方对提到10月20日栗田舰队在文莱湾的侦察报告置之不理。事件发生的顺序如下：美军渴求发现日军——日军在美军期望的地点和时间被发现——美军丢弃了侦察报告，因为侦察报告的内容似乎与他们的期盼不相吻合。这样的"进步”真的是前所未有，但同时第二个体现也与之齐头并进，那就是美军潜艇"鲷鱼"号、"隐棘鲻"号和"牛鼻鲼"号在时机成熟之前，主动放弃了对丰后水道的侦察任务。第三个体现与之同时发生，那便是潜艇"镖鲈"号和"鲦鱼"号本应该监视巴拉巴克海峡，但它们却以放弃自己的主要任务为代价，前去打击栗田舰队。这些巧合有些诡异，但也在情理之中，真正违背常理的是美军并未派遣任何一艘潜艇前往圣伯纳迪诺海峡。当然了，美军意图使用航母战斗群来夺取这片水域的控制权，这也就意味着潜艇的重心将会放在西面，之所以没有在这片水域部署潜艇肯定是事出有因。尽管如此，海峡中潜艇的集体缺席还是有些奇怪。更为奇怪的是，6月15日的菲律宾海海战期间，美军在塔威塔威（Tawi-Tawi）的航道出口部署了11艘潜艇，在小笠原群岛和日本本土附近海域部署了17艘潜艇，在菲律宾群岛和西加罗林群岛部署了15艘潜艇。美军在10月只部署了17艘潜艇用于侦察，和在菲律宾海海战中的做法大相径庭。但同样令人震惊的是在6月15日，即菲律宾海海战的战前准备阶段，美军之所以能发现日军航母，是因为日方舰艇在圣伯纳迪诺海峡暴露在了美军潜艇"飞鱼"号（USS *Flying Fish*，SS-229）的眼皮底下。

　　美方的另外两个毛病和哈尔西的决策有关。第一，如果说哈尔西率领他的舰队进入圣伯纳迪诺海峡，猎杀米沙鄢海的日舰是一件要紧事的话，那么我们就很难理解他为什么在明明知道日本人就在另一侧的情况下，还不肯派遣自己的任何一支舰队前去守护海峡。航母舰队的引诱并不足以真正解释这一点。第二，哈尔西的行为逻辑有问题。当哈尔西收到第一份日舰行踪报告的时候，他命令两个航母战斗群撤回乌利西环礁，而这些部队的体量相当于第38特遣舰队五分之三的战力。即使让这些回撤舰队中的一个航母编队重返战场，这个航母编队也相当于第38特遣舰队五分之二的战力，但是哈尔西却自行放弃了这样的打算，同时他也无法真正保证未来在圣伯纳迪诺海峡不会出现战斗。这一细节被之后的战事所淹没，但我应当提醒各位，舰队有时候需要在战场上掉头撤退。另外，当哈尔西在10月21日决定将两个编队遣离之时，美军航母编队已经在海上航行超过两周了，并且在过去的十天中一直处于作战状态。但在10月25日下午的早些时候，从第38特遣舰队第1支队的舰载机打击栗田舰队的表现来看，无论从舰员的休整这个方面出发，还是从舰载机的损耗方面出发，美军都不需要将额外的航母战斗群部署到作战一线。

对日方来说，当栗田舰队在萨马岛附近海域停止追击护航航母的时候，一切的努力都已付诸东流。套用另外一种说法，这个瞬间简直是"天翻地覆"。但是当人们读到以下内容的时候，一定会产生疑惑：

> 如果日方真的将作战计划实施到莱特岛附近的美军身上的话，那么对后者来讲很有可能产生灾难性的后果。因为这些美军部队已被孤立，人们无法确定他们的状况和面临的形势。如果日方在海战中获得了胜利，那么他们便能轻而易举、行之有效地摧毁美方的舰船、战机以及补给，而这些对美方在莱特岛展开的作战行动具有重大意义。敌方的海上胜利很可能不只对美军的莱特岛作战行动产生不利影响，这种不可预料的消极作用还会辐射到美军解放整个菲律宾的作战之中。[17]

人们在读到以上内容时，便会怀疑漫画书籍《遥远的一侧》（*The Far Side*）的正确性。书中有一回展现了一头奶牛躺在一个精神病专家的躺椅上。奶牛对精神病专家说："有时候我觉得我只是自己罢了，但大多数时候我明白自己是牛群中仅剩的幸存者。"[①]此时的日本没有任何能力来夺取胜利并对美军造成如此的重创。就算日军舰队打赢了这场战斗，给部署在莱特湾和滩头的美军造成的影响，也只是一粒微尘外加昙花一现。"灾难性的"和"不可预料的"这样的说法，也许可以激发人们的联想，但这与事实不相吻合。事实上，日方知道在吕宋岛附近部署有美军航母编队的主力，而有人却质疑日方为什么不考虑将整个打击舰队驶入苏里高海峡。同样地，有人发出疑问：既然栗田舰队中缺少驱逐舰，那么为

---

① 译注：《遥远的一侧》是美国漫画家加里·拉森（Gary Larson）的畅销作品，首次发表于1980年1月。1995年1月，随着作者的退休，该漫画才在报纸上停刊。本书作者的记忆可能存在偏差，原话应该是："你明白吗？也许不是我的问题，也许是剩余的牛群走向了癫狂。"（May be it's not me, y'know?... May be it's the rest of the herd that's gone insane.）如果将原文引用至此的话，显然是文不对题的。

什么志摩舰队不直接挂靠至栗田旗下呢? 西村舰队和志摩舰队的分离向来是双方争论的焦点, 而这也是正当的。但我们却难以想象, 为什么当两只舰队参与苏里高海峡的战斗之时, 志摩清英没有收到指挥全队的命令。总体来讲, 如果要在这么多选项找出最优的一项的话, 看起来志摩舰队还是应当挂靠在栗田舰队的旗下, 而不是作为一只独立的舰队被派遣至苏里高海峡。另外我也提到过, 考虑到日方打击舰队面临的各种严峻现实以及缺少驱逐舰的窘境, 栗田的编队在 "高雄" 号和 "妙高" 号被鱼雷击中之后仍然对二舰守护有加, 这实在是特别诡异的一件事。但和栗田健男的两次掉头比起来, 刚才的那些就不值一提了。

以上文字不论是对哈尔西来说还是对栗田健男来说, 都不怎么友好。如果在战事发展到末期之时想获得一些赞誉的话, 他们二人可能需要进行如下操作: 角色互换。一个美国将军, 有着栗田健男的信念; 一个日本将军, 具有哈尔西的性情。这样一来, 我们也许就能看见日方的打击舰队迅速、果断地赶上了第77特遣舰队第4支队第3分遣舰队。然后他们便向第77特遣舰队第4支队第2分遣舰队和莱特湾中的其他美军舰队直冲而去。如果日方的舰队能够躲避或是击溃守护在圣伯纳迪诺海峡出口处的美军舰队的话, 以上这一切就都是成立的。也许以上这种推演比 "日本人更需要一个莽夫, 而不需要一个哈姆雷特" [18] 这样的评价更为中肯和易懂吧。不过在最后, 我还想再说一点: 美军在莱特湾海战中的胜利并不归功于哈尔西, 但他也不是一无是处。所有考虑到这场战斗中个体作用的观点, 必须追本溯源, 掂量战斗的结局。美军在这场战斗中获得的胜利是压倒性的。

在莱特湾海战中, 美军的航母舰载机、陆基航空兵、各类战舰、潜艇、炮弹、鱼雷和航弹总共击沉了30艘日方的水面舰艇和潜艇, 另外两艘潜艇失踪的原因尚不得而知。当然, 还有两艘澳军的舰艇参与了战斗, 但是他们的存在并未影响我们将其视为美方胜利的判断。也许, 这场海战是20世纪两次世界大战期间, 综合性最强的单独胜利了。从舰艇的击沉数来看, 莱特湾海战的胜利超过了1942年6月美军在中途岛的胜利和两年后美军在塞班岛西面获得的胜利。莱特湾海战的胜利直接榨干了剩余的日本帝国海军中每类舰艇的战力。从全局出发, 美军损失了轻型航母 "普林斯顿" 号, 护航航母 "甘比尔湾" 号、"圣洛" 号, 驱逐舰"赫尔"号、"约翰斯顿"号，护航驱逐舰"埃弗绍尔"号、"塞缪尔·B. 罗伯茨"号。莱特湾海战结束之时，日本帝国海军剩下的舰艇为：战列舰"日向"号、"伊势"号、"长门"号、"榛名"号、"金刚"号、"大和"号；舰队航母"隼鹰"号、"信浓"号、"天城"号、"葛城"号和"云龙"号；轻型航母"龙凤"号；护航航母"海鹰"号（Kaiyo）、"神鹰"号（Shinyo）；训练航母"凤翔"号；重巡洋舰"青叶"号、"足柄"号、"羽黑"号、"妙高"号、"高雄"号、"熊野"号、"利根"号；轻巡洋舰"北上"号、"木曾"号、"五十铃"号、"鹿岛"号、"香椎"号、"矢矧"号、"酒匂"号、"大淀"号和"八十岛"号。另外还留存有20艘左右的驱逐舰、护卫舰、扫雷舰和巡逻艇。我们只需要用略多于五行的字数，就能将日本帝国海军剩余的航空母舰、战列舰和巡洋舰罗列完毕。其中，重巡洋舰"青叶"号、"妙高"号和"高雄"号已经失去战力。在1944年11月中，至少有7艘日舰，包括战列舰"金刚"号、舰队航母"信浓"号、护航航母"神鹰"号以及另外2艘重巡洋舰和2艘轻巡洋舰被击沉。这样的战果便是在战争层面和战斗层面，美军获胜和日军失败的最好例证。我们无法立即目睹海上战斗的成效，这点和陆战极为不同。海上的战斗既没有占据地盘，也没有占领城镇、城市以及战略要地。它如同空战一样，能产生更为持续的影响，而陆战不具备这样的本质。相同的战斗必须发生在相同的地点，这点也和陆战相异。我们很难定义美军在1944年10月获得的胜利究竟是什么，这就好比"大西洋海战"（The Battle of the Atlantic）的胜利只有到了1945年5月之后才能彰显出来。所以，莱特湾海战是通往胜利的过程，直到1945年7月之后，人们才会真正认识到它的意义。这场海战的胜利是美国在1944年10月为打赢战争而获得的必要前提，而它的全部意义必须耗费数月的时间才能显现。我在这里陈述的，只是日本帝国海军在莱特湾海战之后的剩余舰艇以及日本失败的原因。美军为了削弱一个来自日渐衰微的国度的海军，便花费了三年以上的时间。而在莱特湾海战之后，日本海军的剩余舰艇只能等待着被屠戮的命运。在这场海战中，日本舰队共损失了3艘战列舰、1艘舰队航母、3艘轻型航母、6艘重巡洋舰、4艘轻巡洋舰和11艘驱逐舰。总吨位达到305452吨，占整个太平洋战争中日本海军舰艇损失总吨位的13.22%。[19]日本的战败是无法挽救的，因为日本无法在缺少舰艇的情况下重构海军的核心力量。而对美方来说，他们有能力使用舰载航空兵和陆军航空兵将战火烧到日本本土，并且绝不可能给日本重铸防线的时间。对日本海军来说，事实证明，菲律宾附近海域确实是一个"死亡的合适地点"，但这场海战的意义并不局限于此。莱特湾海战是人类历史上最后一次舰队间的对决。考虑到舰艇数量、战域和部队部署面积以及战斗时长，莱特湾海战是现代海军史上规模最为庞大的一场海战。这场海战分为三个环节，每个环节都包含了舰对舰的打击和舰载机的反舰打击，这一点我们很容易忽视。每个环节中，水面舰艇同时被水面舰艇和航母舰载机击沉，这些战斗相互之间联系紧密。莱特湾海战是最后一次战列舰之间的对决，是自16世纪以来类似战斗样式的终章。同时，它也是最后一次航空母舰之间的对决，我们希望它永远是人类历史上的最后一次。

附录

附录 A 战场示意图

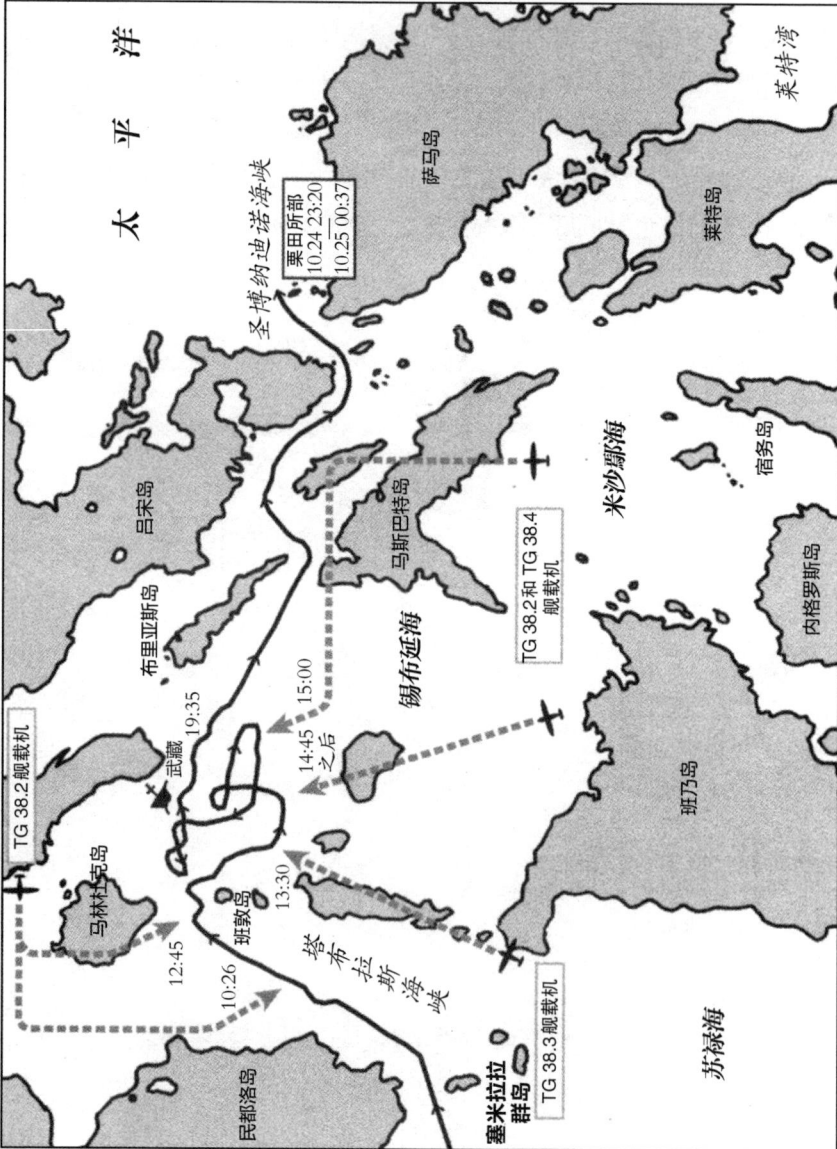

太平洋

太平

莱特湾

栗田所部
10.24 23:20
10.25 00:37

圣博纳迪诺海峡

萨马岛

莱特岛

吕宋岛

马斯巴特岛

米沙鄢海

宿务岛

TG 38.2 舰载机

布里亚斯岛

锡布延海

TG 38.2和 TG 38.4
舰载机

武藏

19:35

15:00

班乃岛

14:45
之后

内格罗斯岛

马林杜克岛

12:45

班敦岛

塔布拉斯海峡

10.26

13:30

民都洛岛

苏禄海

塞米拉
群岛

TG 38.3 舰载机

△ 美军航母舰载机改击栗田第一游击部队，1944年10月24日

莱特湾

美军战列线

右翼巡洋舰

左翼巡洋舰

美军驱逐舰

美军驱逐舰

莱特岛

满潮
朝云
山云
时雨
山城
扶桑
最上

苏里高海峡

迪纳加特岛

帕纳翁岛

美军 PT 艇

棉兰老海

曙
那智
足柄
阿武隈
不知火
霞
潮

棉兰老岛

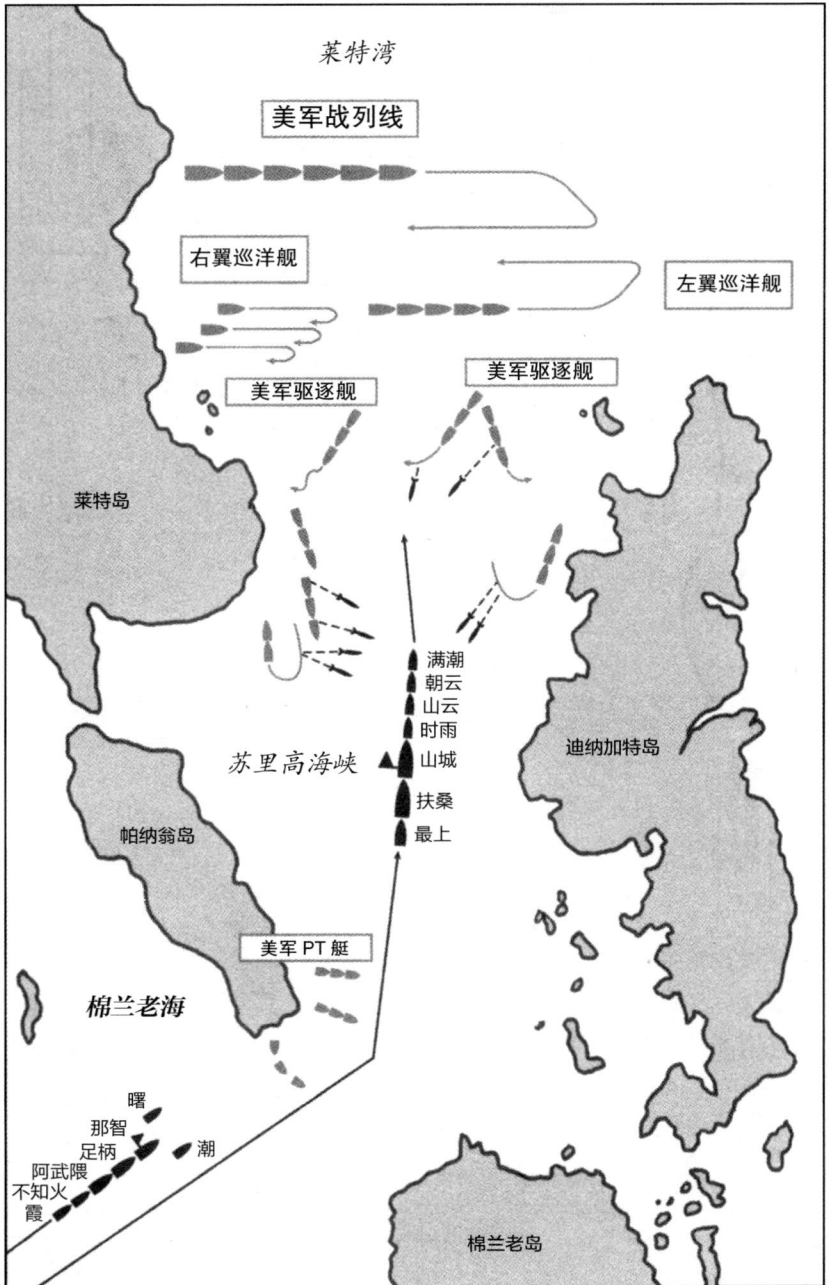

△ 苏里高海峡海战，1944 年 10 月 25 日

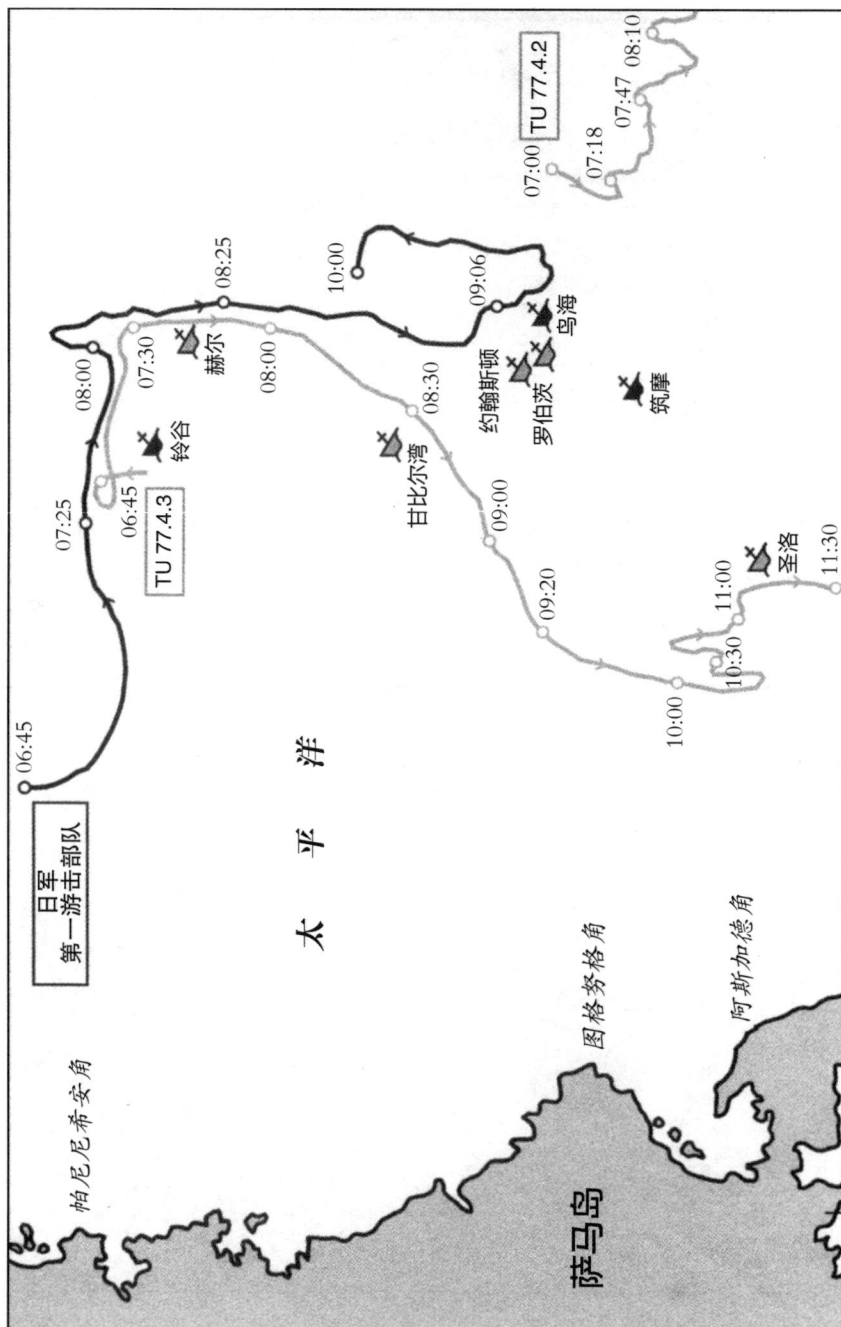

△ 萨马岛海战，1944年10月25日

21:30

机动部队
第六战斗群

10月 26 日 00:01

10月 24 日 00:01

第 4 波攻击
17:10—17:40

18:00

初月
20:56沉没
20:50

第 3 波攻击
13:00—15:00

瑞凤
15:26沉没

19:00

10月 25 日 00:01

瑞鹤
14:14沉没

12:00

千代田
16:50沉没
千岁
09:37沉没

第 1、2 波攻击
08:45—09:20
10:00—10:10

17:00

秋月
08:56沉没

07:00
06:00

10:30

06:00

16:30

23:29

14:15

04:00

12:30

10:07

10月 25 日 00:01

机动部队
第五战斗群

05:50

美国
第38特遣舰队

10月 25 日
00:01

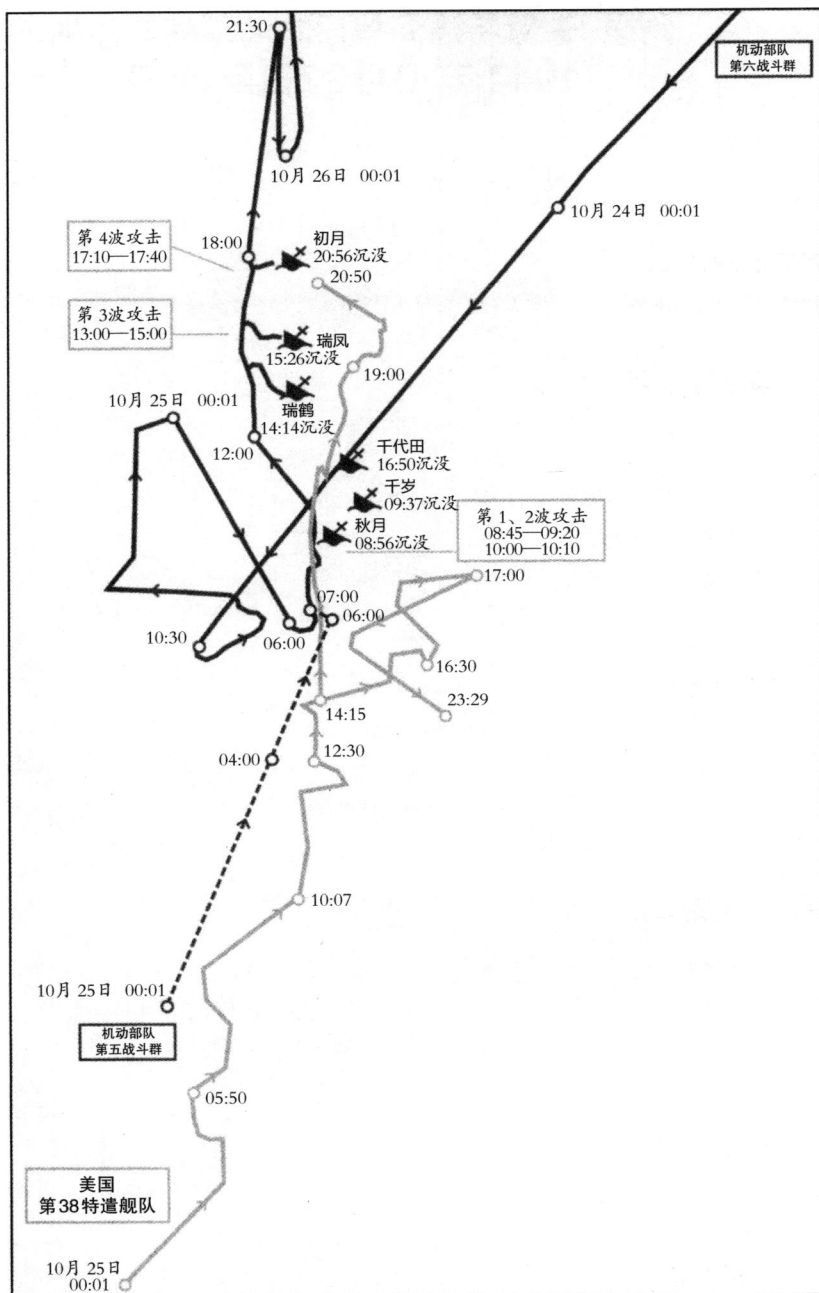

△ 恩加诺角海战，1944 年 10 月 25 日

附录 B 莱特湾海战日本海军战斗序列，1944年10月22日至28日

机动部队本队

小泽治三郎海军中将，坐镇舰队航母"瑞鹤"号

第3航空战队

- ★ 舰队航母"瑞鹤"号（贝塚武男海军少将），轻型航母"千岁"号（岸良幸海军大佐）、"千代田"号（城英一郎海军大佐）、"瑞凤"号（杉浦矩郎海军大佐）

第4航空战队

- ★ 松田千秋海军少将，坐镇航空战列舰"日向"号
  - ★ 航空战列舰"日向"号（野村留吉海军大佐）、"伊势"号（中濑泝海军少将）

第31战队

- ★ 江户兵太郎海军少将，坐镇轻巡洋舰"五十铃"号
  - ★ 轻巡洋舰"五十铃"号（松田源吾海军大佐），第43驱逐队驱逐舰"桑"号（山下正伦海军中佐）、"桐"号（川畑诚海军少佐）、"杉"号（菊地敏隆海军少佐）、"槙"号（石塚荣海军少佐）

第61驱逐队

- ★ 天野重隆海军大佐，坐镇驱逐舰"初月"号
  - ★ 驱逐舰"初月"号（桥本金松海军中佐）、"若月"号（铃木保厚海军中佐）、"秋月"号（绪方友兄海军中佐），以及来自第41驱逐队（胁田喜一郎海军大佐，坐镇驱逐舰"霜月"号）的驱逐舰"霜月"号（畑野健二海军少佐）

附属部队

- ★ 轻巡洋舰"大淀"号（牟田口格郎海军大佐）、"多摩"号（山本岩多海军大佐）

补给部队

- ★ 驱逐舰"秋风"号（山崎仁太郎海军少佐），海防舰22号（羽场良海军大尉）、29

号（桑岛包子助海军大尉）、31号（久保武海军少佐）、33号（森本正春海军少佐）、43号（斋藤祐一海军少佐）、132号（武村操海军少佐），油船"高岭丸"号、"仁荣丸"号

第一游击部队
栗田健男海军中将，坐镇重巡洋舰"爱宕"号

第一部队
★ 栗田健男海军中将，坐镇重巡洋舰"爱宕"号

第 1 战队
☆ 宇垣缠海军中将，坐镇战列舰"大和"号
★ 战列舰"武藏"号（猪口敏平海军少将）、"长门"号（兄部勇次海军大佐）、"大和"号（森下信卫海军大佐）

第 4 战队
★ 重巡洋舰"爱宕"号（荒木传海军大佐）、"鸟海"号（田中穣海军大佐）、"摩耶"号（大江览治海军大佐）、"高雄"号（小野田舍次郎海军大佐）

第 5 战队
☆ 桥本信太郎海军少将，坐镇重巡洋舰"妙高"号
★ 重巡洋舰"羽黑"号（杉浦嘉十海军大佐）、"妙高"号（石原𦈉海军大佐）

第 2 水雷战队
☆ 早川干夫海军少将，坐镇轻巡洋舰"能代"号
★ 轻巡洋舰"能代"号（梶原季义海军大佐）、驱逐舰"岛风"号（上井宏海军中佐）

第 2 驱逐队
☆ 白石长义海军大佐
★ 驱逐舰"秋霜"号（中尾小太郎海军少佐）、"早霜"号（平山敏夫海军少佐）

第 31 驱逐队
☆ 福冈德治郎海军中佐
★ 驱逐舰"朝霜"号（杉原舆四郎海军少佐）、"岸波"号（三舨俊郎海军中佐）、"长波"号（飞田清海军少佐）、"冲波"号（牧野坦海军中佐）

第 32 驱逐队
☆ 大岛一太郎海军大佐
★ 驱逐舰"滨波"号（本仓正义海军中佐）、"藤波"号（松崎辰治海军中佐）

第二部队

★ 铃木义尾海军中将，坐镇战列舰"金刚"号

第 3 战队

☆ 铃木义尾海军中将，坐镇战列舰"金刚"号

★ 战列舰"榛名"号（重永主计海军大佐）、"金刚"号（岛崎利雄海军大佐）

第 7 战队

☆ 白石万隆海军中将，坐镇重巡洋舰"铃谷"号

★ 重巡洋舰"筑摩"号（则满宰次海军大佐）、"熊野"号（人见铮一郎海军大佐）、"铃谷"号（寺冈正雄海军大佐）、"利根"号（黛治夫海军大佐）

第 10 战队

☆ 木村进海军少将，坐镇轻巡洋舰"矢矧"号

★ 轻巡洋舰"矢矧"号（吉村真武海军大佐），驱逐舰"清霜"号（梶本觊海军少佐）、"野分"号（守屋节司海军中佐）

第 17 驱逐队

☆ 谷井保海军大佐

★ 驱逐舰"浦风"号（横田保辉海军少佐）、"矶风"号（前田实穗海军少佐）、"雪风"号（寺内正道海军少佐）、"滨风"号（前川万卫海军少佐）

第三部队

★ 西村祥治海军中将，坐镇战列舰"山城"号

第 2 战队

★ 战列舰"扶桑"号（阪匡身海军少将）、"山城"号（篠田胜清海军少将），航空巡洋舰"最上"号（藤间良海军大佐）

第 2 驱逐队

★ 驱逐舰"时雨"号（西野繁海军少佐）

第 4 驱逐队

☆ 高桥龟四郎海军大佐，坐镇驱逐舰"满潮"号

★ 驱逐舰"山云"号（小野四郎海军中佐）、"满潮"号（田中知生海军少佐）、"朝云"号（柴山一雄海军中佐）

西南方面部队

三川军一海军中将

第二游击部队

★ 志摩清英海军中将，坐镇重巡洋舰"那智"号

第21战队

☆ 志摩清英海军中将，坐镇重巡洋舰"那智"号

★ 重巡洋舰"足柄"号（三浦速雄海军大佐）、"那智"号（鹿冈圆平海军大佐）

第1水雷战队

☆ 木村昌福海军少将，坐镇轻巡洋舰"阿武隈"号

★ 轻巡洋舰"阿武隈"号（花田卓夫海军大佐）

第7驱逐队

☆ 古闲孙太郎海军大佐

★ 驱逐舰"曙"号（余田四郎海军少佐）、"潮"号（荒木政臣海军少佐）

第18驱逐队

☆ 井上良雄海军大佐

★ 驱逐舰"霞"号①、"不知火"号（荒悌三郎海军中佐）

配属部队

第16战队

★ 左近允尚正海军少将

★ 重巡洋舰"青叶"号（山澄忠三郎海军大佐），轻巡洋舰"鬼怒"号（川崎晴实海军大佐），驱逐舰"浦波"号（佐古加荣海军少佐）

※ 该部负责护卫从棉兰老岛起航的运输船，没有参战。

第21驱逐队

★ 石井汞海军大佐

★ 驱逐舰"初春"号（大熊安之助海军少佐）、"初霜"号（酒匂雅三海军少佐）、"若叶"号（二之方兼文海军少佐）

先遣部队

三轮茂义海军中将，指挥14艘潜艇

———————————————

① 译注：时任舰长是山名宽雄海军中佐。

甲潜水部队

★ 潜艇"伊 -26"（西内正一海军少佐）、"伊 -45"（河岛秀海军大尉）、"伊 -53"（丰增清八海军少佐）、"伊 -54"①、"伊 -56"（森永正彦海军少佐）

乙潜水部队

★ "伊 -38"（下濑吉郎海军中佐）、"伊 -41"（近藤文武海军少佐）、"伊 -44"②、"伊 -46"（山口幸三郎海军少佐）、"吕 -41"（椎塚三夫海军大尉）、"吕 -43"（月形正气海军大尉）、"吕 -46"（铃木正吉海军少佐）

丙潜水部队

★ "吕 -109"（增泽清司海军大尉）、"吕 -112"（上杉一秋海军少佐）
★ 两艘潜艇用于运载袖珍潜艇，对位于乌利西泊地的美军舰艇实施攻击。分别是"伊 -36"（寺本海军少佐③）、"伊 -47"（折田善次海军少佐）

海军航空部队

第5基地航空部队

★ 大西泷治郎海军中将
  ★ 至10月18日约35架飞机

第6基地航空部队

★ 福留繁海军中将
  ★ 至10月23日约200架飞机

注：
[1] 无法核实驱逐舰"霞"号、潜艇"伊 -44"、"伊 -54"及油船、运输船的首长。
[2] 翻译日军人名是极为困难，部分名字拼写无法确定。

感谢目前身处格拉斯哥大学的小林吾④、在防卫研究所从事相关战史研究的进藤裕之，以及玉川大学的等松春夫教授。没有他们的帮助，是无法完成这个战斗序列的。

---

① 译注：时任艇长是中山传七海军少佐。
② 译注：时任艇长是川口源兵卫海军大尉。
③ 译注：时任艇长是寺本岩海军少佐。
④ 译注：音译。

附录 C 美国第三舰队战斗序列，
1944年10月9日

第三舰队

小威廉·弗雷德里克·哈尔西（William Frederick Halsey Jr.）海军上将，坐镇战列舰"新泽西"号

第38特遣舰队（TF 38）

★ 麦克·安德鲁·米切尔（Marc Andrew Mitscher）海军中将，坐镇舰队航母"列克星敦"号

第38特遣舰队第1支队（TG 38.1）

☆ 约翰·悉尼·麦凯恩（John Sidney McCain）海军中将，坐镇舰队航母"黄蜂"号

第1分遣舰队（TU 38.1.1）

★ 舰队航母"大黄蜂"号 [Hornet，奥斯汀·凯尔文·多伊尔（Austin Kelvin Doyle）海军上校]、"黄蜂"号 [Wasp，奥斯卡·阿瑟·韦勒（Oscar Arthur Weller）海军上校]

★ 轻型航母"考伯恩斯"号 [Cowpens，小赫伯特·沃森·泰勒（Herbert Watson Taylor，Jr.）海军上校]、"蒙特里"号 [Monterey，斯图亚特·豪·英格索尔（Stuart Howe Ingersoll）海军上校]

第2分遣舰队（TU 38.1.2）

★ 第6巡洋舰分队 [查尔斯·特纳·乔伊（Charles Turner Joy）海军少将]：重巡洋舰"威基塔"号 [Wichita，道格拉斯·安克拉姆·斯宾塞（Douglas Ancrum Spencer）海军上校]

★ 第10巡洋舰分队 [劳埃德·杰罗姆·威尔茨（Lloyd Jerome Wiltse）海军少将]：重巡洋舰"波士顿"号 [Boston，欧内斯特·爱德华·赫尔曼（Ernest Edward Herrmann）海军上校]、轻巡洋舰"休斯敦"号 [Houston，威廉·沃尔森·贝伦斯（William Wohlsen Behrens）海军上校]

★ 第5巡洋舰分队 [阿伦·爱德华·史密斯（Allen Edward Smith）海军少将]：重巡洋舰"切斯特"号 [Chester，亨利·哈特利（Henry Hartley）海军上校]、"彭萨科拉"号 [Pensacola，威拉德·约翰·休茨（Willard John Suits）海军上校]、"盐湖城"号 [Salt Lake City，小莱奥利·怀特·巴斯比（Leroy White Busbey，Jr.）海军上校]

第3分遣舰队（TU 38.1.3）

★ 第46驱逐舰中队 [卡尔·弗雷德里克·埃斯佩（Carl Frederick Espe）海军上校，坐镇驱逐舰"伊扎德"号]：

- 驱逐舰"贝尔"号 [Bell，约翰·加博特（John Sterett Crittenden Gabbert）海军少校]、"伯恩斯"号 [Burns，雅各布·汤普森·布伦（Jacob Thompson Bullen, Jr.）海军中校]、"沙雷特"号 [Charrette，杰拉德·帕特里克·乔伊斯（Gerald Patrick Joyce）海军中校]、"康诺"号 [Conner，威廉·尤金·凯特纳（William Eugene Kaitner）海军中校]、"伊扎德"号 [Izard，米尔顿·西奥多·戴顿（Milton Theodore Dayton）海军中校]
- 第92驱逐舰分队 [威廉·斯维切尔（William Merton Sweetser）海军上校，坐镇驱逐舰"博伊德"号]：驱逐舰"博伊德"号 [Boyd，尤利西·辛普森·夏普（Ulysses Simpson Grant Sharp）海军中校]、"考埃尔"号 [Cowell，查尔斯·威廉·帕克（Charles William Parker）海军中校]
- 第100驱逐舰分队 [华莱士·约瑟夫·米勒（Wallace Joseph Miller）海军中校，坐镇驱逐舰"科格斯维尔"号]：驱逐舰"卡珀顿"号 [Caperton，乔治·肯尼迪·卡迈克尔（George Kennedy Carmichael）海军中校]、"科格斯维尔"号 [Cogswell，哈罗德·托马斯·多特曼（Harold Thomas Deutermann）海军中校]、"英格索尔"号 [Ingersoll，亚历山大·克莱格·维齐（Alexander Craig Veasey）海军中校]、"纳普"号 [Knapp，威廉·巴特勒·布朗（William Butler Brown）海军少校]
- ★ 第12驱逐舰中队 [威廉·佩吉·巴福德（William Page Burfold）海军上校，坐镇驱逐舰"麦卡拉"号]：驱逐舰"布朗"号 [Brown，托马斯·亨利·科普曼（Thomas Henry Copeman）海军中校]、"格雷森"号 [Grayson，威廉·维齐·普拉特（William Veazie Pratt Ⅱ）海军中校]、"麦卡拉"号 [McCalla，艾力·维诺克（Eli Vinock）海军少校]、"伍德沃思"号 [Woodworth，查尔斯·罗伯特·斯蒂芬（Charles Robert Stephan）海军中校]

第38特遣舰队第2支队（TG 38.2）

☆ 杰拉尔德·弗兰西斯·博根（Gerald Francis Bogan）海军少将，坐镇舰队航母"无畏"号

第1分遣舰队（TU 38.2.1）

- ★ 舰队航母"邦克山"号 [Bunker Hill，马歇尔·雷蒙德·格里尔（Marshall Raymond Greer）海军上校]、"汉考克"号 [Hancock，弗雷德·克林顿·迪基（Fred Clinton Dickey）海军上校]、"无畏"号 [Intrepid，约瑟夫·弗兰西斯·博尔杰（Joseph Francis Bolger）海军上校]
- ★ 轻型航母"卡伯特"号 [Cabot，斯坦利·约翰·迈克尔（Stanley John Michael）海军上校]、"独立"号 [Independence，爱德华·科伊尔·尤恩（Edward Coyle Ewen）海军上校]

第2分遣舰队（TU 38.2.2）

- ★ 第7战列舰分队 [奥斯卡·查尔斯·巴杰二世（Oscar Charles Badger, Ⅱ）海军少将，坐镇战列舰"依阿华"号]：战列舰"依阿华"号 [Iowa，阿伦·罗克韦尔·麦

卡恩（Allan Rockwell McCann）海军上校]、"新泽西"号 [New Jersey，卡尔·弗雷德里克·霍登（Carl Frederick Holden）海军上校]

★ 第14巡洋舰分队 [弗兰西斯·埃利奥特·梅纳德·怀廷（Francis Eliot Maynard Whiting）海军少将，坐镇轻巡洋舰 "文森斯"号]：轻巡洋舰 "迈阿密"号 [Miami，约翰·克劳福德（John Graybill Crawford）海军上校]、"文森斯"号 [Vincennes，亚瑟·达德利·布朗（Allen Dudley Brown）海军上校]、"奥克兰"号 [Oakland，肯德尔·斯特蒂文特·里德（Kendall Sturtevant Reed）海军上校]、"圣迭戈"号 [San Diego，威廉·埃文斯·安东尼·马伦（William Evans Anthony Mullan）海军上校]

第3分遣舰队（TU 38.2.3）

[小约翰·菲利普·旺布尔（John Philip Womble，Jr）海军上校,坐镇驱逐舰"欧文"号]

★ 第52驱逐舰中队（旺布尔海军上校，坐镇驱逐舰 "欧文"号）：

· 第103驱逐舰分队：驱逐舰 "米勒"号 [Miller，德怀特·莱曼·约翰逊（Dwight Lyman Johnson）海军少校]、"欧文"号 [Owen，卡尔顿·本顿·琼斯（Carlton Benton Jones）海军中校]、"沙利文兄弟"号 [The Sullivans，拉尔夫·雅各布·鲍姆里（Ralph Jacob Baum）海军中校]、"斯蒂芬·波特"号 [Stephen Potter，利奥达尼斯·沃索尔·潘克斯特（Leonidas Walthall Pancoast）]、"廷吉"号 [Tingey，约翰·奥杰斯·迈纳（John Odgers Miner）海军中校]

· 第104驱逐舰分队 [威廉·塔尔提·肯尼（William Talty Kenny）海军中校，坐镇驱逐舰 "希克考斯"号]：驱逐舰 "希克考斯"号 [Hickox，约瑟夫·霍斯·维森（Joseph Hawes Wesson）海军少校]、"亨特"号 [Hunt，哈尔福德·科诺特泽（Halford A. Knoertzer）海军中校]、"刘易斯·汉考克"号 [Lewis Hancock，威廉·马文·西尔斯（William Marvin Searles）海军中校]、"马歇尔"号 [Marshall，约瑟夫·德怀特·麦克金尼（Joseph Dwight McKinney）海军中校]

★ 第53驱逐舰中队 [哈里·比恩·贾勒特（Harry Bean Jarrett）海军上校，坐镇驱逐舰 "库欣"号]：

· 第105驱逐舰分队：驱逐舰 "科拉汉"号 [Colahan，唐纳德·泰勒·威尔伯（Donald Taylor Wilber）海军中校]、"库欣"号 [Cushing，路易斯·弗兰克·沃尔克（Louis Frank Volk）海军中校]、"哈尔西·鲍威尔"号 [Halsey Powell，悉尼·道格拉斯·巴克斯顿·梅里尔（Sidney Douglas Buxton Merrill）海军中校]、"乌尔曼"号 [Uhlmann，塞尔登·盖恩·胡珀（Selden Gain Hooper）海军中校]

· 第106驱逐舰分队 [本杰明·弗兰西斯·汤普金斯（Benjamin Francis Tompkins）海军中校,坐镇驱逐舰 "斯托克姆"号]:驱逐舰 "亚纳尔"号 [Yarnall,詹姆斯·亨利·霍格（James Henry Hogg）海军中校]、"斯托克姆"号 [Stockham，伊弗雷姆·保罗·霍姆斯（Ephraim Paul Holmes）海军中校]、"特文宁"号 [Twining，埃利斯·克尔·韦克菲尔德（Ellis Kerr Wakefield）海军中校]、"韦德伯恩"号 [Wedderburn，查尔斯·汉斯福特·肯德尔（Charles Hansford Kendall）海军中校]

第38特遣舰队第3支队（TG 38.3）

☆ 弗雷德里克·卡尔·谢尔曼（Frederick Carl Sherman）海军少将，坐镇舰队航母"埃塞克斯"号

第1分遣舰队（TU 38.3.1）

★ 舰队航母"埃塞克斯"号 [Essex，卡洛斯·威廉·威伯（Carlos Wilhelm Wieber）海军上校支队旗舰]、"列克星敦"号 [Lexington，欧内斯特·惠勒·里奇（Ernest Wheeler Litch）海军上校，第38特遣舰队旗舰]

★ 轻型航母"兰利"号 [Langley，约翰·弗雷德·韦格福思（John Fred Wegforth）海军上校]、"普林斯顿"号 [Princeton，威廉·霍克·伯拉克（William Houck Buracker）海军上校]

第2分遣舰队（TU 38.3.2），太平洋舰队战列舰部队

[小威利斯·奥古斯塔斯·李（Willis Augustus Lee, Jr.）海军中将]

★ 战列舰"华盛顿"号 [Washington，托马斯·罗斯·库利（Thomas Ross Cooley Jr.）海军上校]

★ 第8战列舰分队 [格伦·本森·戴维斯（Glenn Benson Davis）海军少将]：战列舰"马萨诸塞"号 [Massachusetts，威廉·沃尔特·沃利克（William Walter Warlick）海军上校]

★ 第9战列舰分队 [爱德华·汉森（Edward William Hanson）海军少将，坐镇战列舰"南达科他"号]：战列舰"亚拉巴马"号 [Alabama，文森特·拉斐尔·墨菲（Vincent Raphael Murphy）海军上校]、"南达科他"号 [South Dakota，查尔斯·鲍尔斯·莫姆森（Charles Bowers Momsen）海军上校]

★ 第13巡洋舰分队 [劳伦斯·图姆斯·杜博斯（Laurence Toombs DuBose）海军少将，坐镇轻巡洋舰"圣菲"号]：轻巡洋舰"伯明翰"号 [Birmingham，托马斯·布朗宁·英格利斯（Thomas Browning Inglis）海军上校]、"莫比尔"号 [Mobile，查尔斯·惠勒（Charles J. Wheeler）海军上校]、"雷诺"号 [Reno，拉尔夫·克隆特斯·亚历山大（Ralph Clonts Alexander）海军上校]、"圣菲"号 [Santa Fe 杰劳德·赖特（Jerauld Wright）海军上校]

第3分遣舰队（TU 38.3.3）

[卡尔顿·赖斯·托德（Carlton Rice Todd）海军上校，坐镇驱逐舰"波特菲尔德"号]

★ 第50驱逐舰中队 [埃德温·理查德·威尔金森（Edwin Richard Wilkinson）海军上校，坐镇驱逐舰"克拉伦斯·布朗森"号]：驱逐舰"克拉伦斯·布朗森"号 [Clarence K. Bronson，吉福德·斯卡尔（Gifford Scull）海军中校，中队旗舰]、"科腾"号 [Cotten，菲利普·华莱士·温斯顿（Philip Wallace Winston）海军中校]、"多奇"号 [Dortch，理查德·埃德温·迈耶斯（Richard Edwin Myers）海军中校]、"加特林"号 [Gatling，阿尔文·富兰克林·理查森（Alvin Franklin Richardson）海军中校]、"希利"号 [Healy，约翰·康奈·阿特基森（John Conner Atkeson）海军中校]

★ 第55驱逐舰中队 [卡尔顿·赖斯·托德海军上校，坐镇驱逐舰"波特菲尔德"号]：

- 第109驱逐舰分队：驱逐舰"卡拉汉"号 [*Callaghan*，查尔斯·马里纳·伯索夫（Charles Marriner Bertholf）海军中校]、"卡辛·扬"号 [*Cassin Young*，厄尔·托拜厄斯·施赖伯（Earl Tobias Schreiber）海军中校]、"欧文"号 [*Irwin*，丹尼尔·伯德·米勒（Daniel Byrd Miller）海军中校]、"波特菲尔德"号 [*Porterfield*，唐纳德·韦斯利·伍尔曾（Donald Wesley Wulzen）海军中校]、"普雷斯顿"号 [*Preston*，戈尔兹伯勒·瑟普尔·帕特里克（Goldsborough Serpell Patrick）海军中校]
- 第110驱逐舰分队 [默尔·范·米特（Merle van Metre）海军中校，坐镇驱逐舰"劳斯"号]：驱逐舰"劳斯"号 [*Laws*，罗伯特·爱德华·辛诺特（Robert Edward Sinnott）海军少校 Lester Orin Wood]、"朗格肖"号 [*Longshaw*，罗伯特·赫尔赛·斯佩克（Robert Hursey Speck）海军中校]、"莫里森"号 [*Morrison*，沃尔特·哈罗德·普莱斯（Walter Harold Price）海军中校]、"普里切特"号 [*Prichett*，塞西尔·蒂尔曼·考尔菲尔德（Cecil Thilman Caulfield）海军中校]

第38特遣舰队第4支队（TG 38.4）

☆拉尔夫·尤金·戴维森（Ralph Eugene Davison）海军少将，坐镇舰队航母"富兰克林"号

第1分遣舰队（TU 38.4.1）

★ 舰队航母"企业"号 [*Enterprise*，小卡托·道格拉斯·格洛弗（Cato Douglas Glover，Jr.）海军上校]、"富兰克林"号 [*Franklin*，詹姆斯·马歇尔·休梅克（James Marshall Shoemaker）]
★ 轻型航母"贝劳森林"号 [*Belleau Wood*，约翰·佩里（John Perry）海军上校]、"圣哈辛托"号 [*San Jacinto*，迈克尔·霍尔特·克诺德尔（Michael Holt Kernodle）海军上校]

第2分遣舰队（TU 38.4.2）

★ 重巡洋舰"新奥尔良"号 [*New Orleans*，杰克·埃利特·胡夫（Jack Ellett Hurff）海军上校]、轻巡洋舰"比洛克西"号 [*Biloxi*，保罗·拉尔大·海涅曼（Paul Ralph Heineman）海军上校]

第3分遣舰队（TU 38.4.3）

[维克托·迪斯穆克·朗（Victor Dismukes Long）海军上校，坐镇驱逐舰"莫里"号]

★ 第6驱逐舰中队 [朗（Long）海军上校，坐镇驱逐舰"莫里"号]：
- 驱逐舰"格瑞德里"号 [*Gridley*，菲利普·迪凯特·夸克（Philip Decatur Quirk）海军中校]、"赫尔姆"号 [*Helm*，谢尔比·克劳斯·圣特迈尔斯（Selby Kra Santmyers）海军少校]、"莫里"号 [*Maury*，约瑟夫·威廉·柯尼格（Joseph William Koenig）海军少校]、"麦考尔"号 [*McCall*，约翰·布莱克·克罗尔（John Blake Carroll）海军少校]
- 第12驱逐舰分队 [卡尔·弗雷德里克·珀尔曼（Karl Frederick Poehlmann）海军中校，坐镇驱逐舰"马格福德"号]：驱逐舰"巴格利"号 [*Bagley*，小威廉·亨利·施（William Henry Shea，Jr.）海军少校]、"马格福德"号 [*Mugford*，马丁·亚当·舍拉巴格（Martin Adam Shellabarger）海军少校]、"帕特森"号 [*Patterson*，沃尔特·安

德鲁·赫林（Walter Andrew Hering）海军少校]、"拉尔夫·塔尔博特"号 [*Ralph Talbot*，温斯顿·布朗（Winston Stewart Brown）海军中校]
· 第24驱逐舰分队 [奥尔沃德·约翰·格里纳克（Alvord John Greenacre）海军中校，坐镇驱逐舰"威尔克斯"号]：驱逐舰"尼克尔森"号 [*Nicholson*，小沃菲尔德·克莱·伯内特（Warfield Clay Bennett Jr.）海军中校]、"斯旺森"号 [*Swanson*，威廉·肯尼思·拉特利夫（William Kenneth Ratliff）海军少校]、"威尔克斯"号 [*Wilkes*，小弗雷德·厄尔·麦金泰尔（Fred Earle McEntire Jr.）海军中校]

第30特遣舰队第8支队（TG 30.8）

☆ 贾斯帕·特里·阿库（Jasper Terry Acuff）海军上校，坐镇驱逐舰"约翰·亨利"号

搭载补充舰载机的护航航母

★ "奥尔塔玛霍"号 [*Altamaha*，小艾尔弗雷德·克莱伦斯·奥尔尼（Alfred Clarence Olney, Jr.）海军上校]、"巴恩斯"号 [*Barnes*，丹尼尔·尼科尔·洛根（Daniel Nicol Logan）海军上校]、"埃斯佩郎斯角"号 [*Cape Esperance*，罗伯特·沃斯（Robert Wurts Bockius）海军上校]、"夸贾林"号 [*Kwajalein*，罗伯特·克劳福德（Robert Crawford Warrack）海军上校]、"拿骚"号 [*Nassau*，诺曼·怀亚特·埃利斯（Norman Wyatt Ellis）海军上校]、"尼亨塔湾"号 [*Nehenta Bay*，霍勒斯·布什内尔·巴特菲尔德（Horace Bushnell Butterfield）海军上校]、"鲁德亚德湾"号 [*Rudyard Bay*，柯蒂斯·斯坦通·斯迈利（Curtis Stanton Smiley）海军上校]、"萨金特湾"号 [*Sargent Bay*，威廉·西奥多·拉修尔（William Theodore Rassieur）海军上校]、"希普利湾"号 [*Shipley Bay*，埃德加·蒂尔曼·尼尔（Edgar Tilghman Neale）海军上校]、"锡特科湾"号 [*Sitkoh Bay*，罗伯特·格林·洛克哈特（Robert Green Lockhart）海军上校]、"斯蒂默湾"号 [*Steamer Bay*，斯特德曼·特勒（Steadman Teller）海军上校]

油船

★ "阿塔斯科萨"号 [*Atascosa*，霍勒斯·莱兰·德·里弗拉（Horace Leland de Rivera）海军中校]、"奥西拉"号 [*Aucilla*，小查尔斯·科弗（Charles L. Cover, Jr.）海军中校]、"屈什"号 [*Cuche*，科尔曼·科斯格罗夫（Coleman R. Cosgrove）海军少校]、"卡利恩特"号 [*Caliente*，艾伦（Allen E. Stiff）海军少校]、"奇克皮"号 [*Chicopee*，查尔斯·皮克（Charles O. Peak）海军中校]、"奇卡斯基亚河"号 [*Chikaskia*，乔治·齐默曼（George Zimmenman）海军少校]、"锡马龙"号 [*Cimarron*，小亨利·施纳尔斯（Henry C.Schnaars, Jr.）海军少校]、"艾斯康比亚"号 [*Escambia*，理查德·古尔吉安（Richard Goorgian）海军少校]、"瓜达鲁普"号 [*Guadalupe*，赫伯特·奥古斯塔斯·安德森（Herbert Augustus Anderson）海军中校]、"坎卡基"号 [*Kankakee*，沃尔特·弗伦德特（Water G. Frundt）海军少校]、"卡斯卡斯基亚"号 [*Kaskaskia*，威廉·帕腾（William F. Patten）海军少校]、"肯内巴戈"号 [*Kennebago*，查尔斯（Charles W. Brockway 海军少校）、"拉克万纳"号 [*Lackawanna*，艾尔弗雷德·詹

姆斯·霍曼（Alfred James Homann）海军中校]、"曼纳提"号[*Manatee*，约瑟夫·史密斯（Joseph B. Smyth）海军少校]、"马里亚斯"号[*Marias*，詹斯·奥尔森（Jens G. Olsen）海军中校]、"马斯科马"号[*Mascoma*，西里尔·埃登（Cyril C. Eden）海军上校]、"梅里马克"号[*Merrimack*，沃恩·贝利（Vaughn Bailey）海军中校]、"米利科马河"号[*Millicoma*，乔治·埃利（George E. Ely）海军中校]、"密西西内瓦"号[*Mississinewa*，菲利普·贝克（Philip G. Beck）海军中校]、"莫农加希拉河"号[*Monongahela*，弗雷德里克·约瑟夫·伊尔塞曼（Frederick Joseph Ilsemann）海军中校]、"楠塔哈拉河"号[*Nantahala*，帕尔默·麦肯齐·贡内利（Palmer Mackenzie Gunnell）海军上校]、"内切斯"号[*Neches*，赫德利·汉森（Hedley G. Hansen）海军中校]、"尼奥索"号[*Neosho*，弗兰西斯·帕金森（Francis P. Parkinson）海军少校]、"奈厄布拉勒"号[*Niobrara*，拉尔夫·斯波尔丁（Ralph C.Spaulding）海军中校]、"帕曼塞特"号[*Pamanset*，唐纳·霍尔（Dona J. Houle）海军中校]、"帕塔克森特河"号[*Patuxent*，弗兰克·费雷尔（Frank P. Ferrell）海军少校]、"佩科斯"号[*Pecos*，乔治·华盛顿·雷尼加（George Washington Renegar）海军少校]、"普拉特"号[*Platte*，弗兰西斯·斯蒂芬森·吉布森（Francis Stephenson Gibson）海军中校]、"萨宾"号[*Sabine*，汉斯·冯·魏恩（Hans C. von Weien）海军少校]、"索格塔克"号[*Saugatuck*，詹姆斯（James F. Ardagh）海军少校]、"塞贝克"号[*Sebec*，霍华德·埃尔德（Howard M. Elder）海军少校]、"塔卢加"号[*Taluga*，汉斯·米克尔森（Hans M. Mikkelsen）海军中校]、"塔帕汉诺克"号[*Tappahannock*，切斯特·亚瑟·斯沃福德（Chester Arthur Swafford）海军中校]、"托马霍克"号[*Tomahawk*，本杰明·沃特金斯·克劳德（Benjamin Watkins Cloud）海军上校]

驱逐舰

★ "艾尔温"号[*Aylwin*，威廉·基特里奇·罗杰斯（William Kittredge Rogers）海军少校]、"卡普斯"号[*Capps*，布鲁斯·爱德华·斯科菲尔德·特里彭斯（Bruce Edward Scofeld Trippensee）海军中校]、"戴尔"号[*Dale*，斯坦利·迈克尔·齐姆尼（Stanley Michael Zimny）海军少校]、"大卫·泰勒"号[*David W. Taylor*，威廉·哈里·约翰森（William Harry Johnsen）海军中校]、"杜威"号[*Dewey*，查斯·雷蒙德·卡尔霍恩（Charles Raymond Calhoun）海军少校]、"戴森"号[*Dyson*，劳伦斯·欧内斯特·拉夫（Lawrence Ernest Ruff）海军中校]、"埃文斯"号[*Evans*，弗洛伊德·查尔斯·坎普（Floyd Charles Camp）海军中校]、"法拉格特"号[*Farragut*，小查尔斯·康威·哈蒂根（Charles Conway Hartigan, Jr.）海军少校]、"黑利"号[*Hailey*，帕克·豪尔·布雷迪（Parke Howle Brady）海军中校]、"霍尔"号[*Hall*，劳伦斯·查尔斯·巴尔德奥夫（Laurence Charles Baldauf）海军中校]、"霍比"号[*Hobby*，乔治·华盛顿·普雷西（George Washington Pressey）海军中校]、"赫尔"号[*Hull*，詹姆斯·亚历山大·马克斯（James Alexander Marks）海军少校]、"约翰·亨利"号[*John D.Henley*，克莱德·温德尔·史密斯（Clyde Wendell Smith）海军中校]、"莫纳汉"号[*Monaghan*，沃尔德玛·弗雷德里克·奥古斯特·温特（Waldemar Frederick August Wendt）海军中校]、"保

罗·汉密尔顿"号 [*Paul Hamilton*，利奥·乔治·梅（Leo George May）海军中校]、"撒切尔"号 [*Thatcher*，威廉·亚瑟·科克尔（William Arthur Cockell 海军中校）]、"索恩"号 [*Thorn*，小弗雷德里克·亨利·施耐德（Frederick Henry Schneider, Jr.）海军少校]、"韦尔斯"号 [*Welles*，约翰·斯劳特（John Sin Slaughter）海军少校]

　　※ 上述驱逐舰属于第 102 驱逐舰分队 [本杰明·范·梅特·罗素（Benjamin Van Meter Russell）海军上校，坐镇"卡普斯"号]、第 1 驱逐舰中队 [雷斯顿·弗吉尼厄斯·默瑟（Preston Virginius Mercer）海军上校，坐镇"杜威"号]，或者第 38 驱逐舰分队 [乔·布赖斯科克伦（Joe Brice Cochran）海军上校，坐镇"霍比"号]，但是无法确定具体的隶属关系。

不同时期配属的护航驱逐舰

★ "阿克里"号 [*Acree*，克莱蒙特·戴维森（Clement O. Davidson）海军少校]

★ "班古斯特"号 [*Bangust*，查尔斯·麦克尼什（Charles F MacNish）海军少校]

★ "克劳利"号 [*Crowley*，小托马斯·斯克维斯（Thomas J. Skewes, Jr.）海军少校]

★ "唐纳德森"号 [*Donaldson*，亨利·哈特曼（Henry G. Hartmann）海军少校]

★ "埃尔登"号 [*Elden*，小弗雷德里克·查斯·哈特曼（Frederick Charles Hartman, Jr.）海军少校]

★ "哈洛伦"号 [*Halloran*，詹姆斯·斯克里普斯（James G. Scripps）海军少校]

★ "希尔伯特"号 [*Hilbert*，约翰·伯纳姆（John B. Burnham）海军少校]

★ "凯恩"号 [*Kyne*，小卡罗尔·斯威特（Carroll F. Sweet, Jr.）海军少校]

★ "雷克"号 [*Lake*，小亚瑟·维克斯（Arthur D. Weekes, Jr.）海军少校]

★ "拉蒙斯"号 [*Lamons*，查尔斯·肯尼思·哈钦森（Charles Kenneth Hutchison）海军少校]

★ "利维"号 [*Levy*，威廉·克拉伦巴赫（William G. Clarenbach）海军少校]

★ "莱曼"号 [*Lyman*，詹姆斯·伍德罗·威尔逊三世（James Woodrow Wilson, Ⅲ）海军少校]

★ "麦康奈尔"号 [*McConnell*，洛里斯（Loris C. Oglesby）海军少校]

★ "米歇尔"号 [*Mitchell*，吉姆·卡彭特（Jim K. Carpenter）海军少校]

★ "奥斯特豪斯"号 [*Osterhaus*，维克托·伯顿（Victor D. Burton）海军少校]

★ "帕克斯"号 [*Parks*，米尔福德·麦奎尔金（Milford McQuilkin）海军少校]

★ "拉尔"号 [*Rall*，克里滕登·巴特尔·泰勒（Crittenden Battelle Taylor）海军少校]

★ "雷诺兹"号 [*Reynolds*，爱德华·亚当斯（Edward P. Adams）海军少校]

★ "里德尔"号 [*Riddle*，弗兰西斯·斯蒂尔（Francis P.Steel）海军少校]

★ "塞缪尔·米尔斯"号 [*Samuel S. Miles*，亨利·吉尔莫尔·布鲁索（Henry Gilmore Brousseau）海军少校]

★ "斯韦尔"号 [*Swearer*，约翰·特伦特（John M. Trent）海军少校]

★ "沃特曼"号 [*Waterman*，约翰·斯塔勒（John H. Stahle）海军少校]

★ "韦弗"号 [*Weaver*，威廉·艾伦·泰勒（William Allen Taylor）海军少校]

★ "韦森"号 [*Wesson*，亨利·西尔（Henry Sear）海军上尉]

※ 塞缪尔·埃利奥特·莫里森著《第二次世界大战美国海军作战史第11卷：莱特岛，1944年6月至1945年1月》（*History of United States Naval Operations in World War Ⅱ, Volume Ⅺ : Leyte, June 1944– January 1945*，简称《海军史》）第429页称，护航驱逐舰"奥尼尔"号（*O'Neill*）和"斯特恩"号（*Stern*）一起行动，但是前者到10月31日才进入太平洋，后者在1944年11月23日抵达珍珠港，它们在海战期间及之后均不在菲律宾水域，因此将两舰舰名排除在本战斗序列之外。

随行弹药船

★ "澳大利亚的胜利"号 [*Australian Victory*，马斯特·奥尔森（Master N. Olsen）]
★ "拉森"号 [*Lassen*，约翰·韦德（John E. Wade）海军中校]
★ "茂纳洛亚"号 [*Mauna Loa*，乔治·杜威·马丁（George Dewey Martin）海军中校]
★ "胡德山"号 [*Mount Hood*，迈克尔·托尔（Michael Toal）海军中校]
★ "桑盖"号 [*Sangay*，霍默·泰勒（Homer C. Taylor）海军少校]
★ "沙斯塔"号 [*Shasta*，威廉·林奇·韦尔（William Lynch Ware）海军中校]

※ "胡德山"号于1944年11月10日在马努斯的席德勒（Seadler）港停泊时因意外爆炸而损毁。

舰队拖船

★ "希奇提"号 [*Hitchiti*，哈里·阿伦索·格思里（Harry Alonzo Guthrie）海军少校]
★ "吉卡里拉"号 [*Jicarilla*，温弗雷德·科茨（Winfred B. Coats）海军少校]
★ "马塔科"号 [*Mataco*，塞西尔·霍尔（Cecil O. Hall）海军上尉]
★ "梅诺米尼"号 [*Menominee*，约翰·扬（John A. Young）海军上尉]
★ "莫拉拉"号 [*Molala*，鲁道夫·李·沃德（Rudolph Lee Ward）海军上尉]
★ "蒙西"号 [*Munsee*，约翰·弗兰西斯·平格利（John Francis Pingley）海军少校]
★ "波尼"号 [*Pawnee*，霍华德·克拉默（Howard C. Cramer）海军少校]
★ "苏族"号 [*Sioux*，伦纳德·马克·扬森（Leonard Mac Jahnsen）海军上尉]
★ "特克斯塔"号 [*Tekesta*，保罗·彼得里奇（Paul D.Petrich）]
★ "祖米"号 [*Zumi*，雷·爱德华·钱斯（Ray Edward Chance）海军上尉]

附录 D　美国第七舰队战斗序列，
1944年10月17日

第七舰队

司令：托马斯·卡辛·金凯德海军中将，坐镇两栖登陆指挥舰"沃萨奇"号

副司令：西奥多·斯塔克·威尔金森海军中将，坐镇两栖登陆指挥舰"奥林匹斯山"号

第77特遣舰队（TF 77）

★ 托马斯·卡辛·金凯德（Thomas Cassin Kinkaid）海军中将，坐镇两栖登陆指挥舰"沃萨奇"号

第77特遣舰队第1支队（TG 77.1）

* 两栖登陆指挥舰"沃萨奇"号 [Wasatch，艾尔弗雷德·马塞勒斯·格拉纳姆（Alfred Marcellus Granum）]

* 轻巡洋舰"纳什维尔"号 [Nashville，查尔斯·爱德华·科尼（Charles Edward Coney）海军上校]

* 驱逐舰"阿布纳·里德"号 [Abner Read，亚瑟·蒙哥马利·珀迪（Arthur Montgomery Purdy）海军中校]、"阿门"号 [Ammen，詹姆斯·哈佛·布朗（James Harvey Brown）海军中校]，"布什"号 [Bush，罗林·埃弗顿·韦斯特霍尔姆（Rollin Everton Westholm）海军中校]、"马拉尼"号 [Mullany，艾伯特·奥托·莫姆（Albert Otto Momm）海军中校]

第77特遣舰队第3支队（TG 77.3）

☆ 罗素·斯坦利·伯基（Russell Stanley Berkey）海军少将，坐镇轻巡洋舰"凤凰城"号

* 澳大利亚重巡洋舰"澳大利亚"号 [Australia，埃米尔·弗兰克·韦拉纳·（Emile Frank Verlaine Dechaineux）海军上校]、"什罗普郡"号 [Shropshire，查尔斯·艾尔弗雷德·戈弗雷·尼科尔斯（Charles Alfred Godfrey Nichols）海军上校]，美国海军轻巡洋舰"博伊斯"号 [Boise，约翰·萨默菲尔德·罗伯茨（John Summerfield Roberts）海军上校]、"凤凰城"号 [Phoenix，杰克·哈伦·邓肯（Jack Harlan Duncan）海军上校]

* 第24驱逐舰中队 [肯莫尔·马修·马克梅内斯（Kenmore Mathew McManes）海军上校，坐镇驱逐舰"哈钦斯"号]：驱逐舰"贝奇"号 [Bache，罗伯特·卡梅隆·莫顿（Robert Cameron Morton）海军中校]、"比尔"号 [Beale，多伊尔·默里·科菲（Doyle Murray Coffee）海军中校]、"戴利"号 [Daly，理查德·赫尔本·维瑟

（Richard Gerben Visser）海军中校]、"哈钦斯"号 [*Hutchins*，凯莱布·巴雷特·拉宁（Caleb Barrett Laning 海军中校]、"基伦"号 [*Killen*，霍华德·格兰特·科里（Howard Grant Corey）海军中校]，澳大利亚驱逐舰"阿伦塔人"号 [*Arunta*，艾尔弗雷德·埃德加·布坎南（Alfred Edgar Buchanan）海军少校]、"瓦拉蒙加人"号 [*Warramunga*，约翰·梅尔维尔·阿里斯顿（John Melvill Alliston）海军少校]

第 77 特遣舰队第 4 支队（TG 77.4）

☆ 托马斯·拉米森·斯普拉格（Thomas Lamison Sprague）海军少将，坐镇护航航母"桑加蒙"号

第 1 分遣舰队（TU 77.4.1）

★ 第1分队 / 第22航母分队（TU 77.4.11/Carrier Division 22）：护航航母"希南戈"号 [*Chenango*，乔治·范·多伊斯（George van Deurs）海军上校]、"桑加蒙"号 [尤金·布劳德（Maurice Eugene Browder）海军上校]、"桑提"号 [*Santee*，小罗伯特·埃德温·布利克（Robert Edwin Blick, Jr.）海军上校]、"索旺里"号 [*Suwannee*，小威廉·大卫·约翰逊（William David Johnson, Jr.）海军上校]

★ 第2分队 / 第28航母分队（TU 77.4.12/Carrier Division 28）[乔治·雷蒙德·亨德森（George Raymond Henderson）海军少将，坐镇护航航母"萨吉诺湾"号]：护航航母"彼得罗夫湾"号 [*Petrof Bay*，约瑟夫·莱斯特·凯恩（Joseph Lester Kane）海军上校]、"萨吉诺湾"号 [*Saginaw Bay*，弗兰克·卡林·萨顿（Frank Carlin Sutton）海军上校]

★ 第3分队（TU 77.4.13）[艾拉·赫德森·纳恩（Ira Hudson Nunn）海军上校，坐镇驱逐舰"麦科德"号]：驱逐舰"黑兹尔伍德"号 [*Hazelwood*，沃尔克特·彼得勒斯·道（Volckert Petrus Douw）海军中校]、"麦科德"号 [*McCord*，约翰·雷蒙德·米利特（John Raymond Millett）海军中校]

★ 护航驱逐舰"库尔鲍"号 [*Coolbaugh*，斯图亚特·霍奇基斯（Stuart T.Hotchkiss）海军少校]、"埃德蒙兹"号 [*Edmonds*，小约翰·伯罗斯（John S.Burrows, Jr.）海军少校]、"埃弗绍尔"号 [*Eversole*，乔治·埃利奥特·马里克斯（George Elliott Marix）海军少校]、"理查德·罗厄尔"号 [*Richard M.Rowell*，小哈里·艾伦·巴纳德（Harry Allan Barnard, Jr.）海军少校]、"理查德·布尔"号 [*Richard S.Bull*，小艾尔弗雷德·维尔策·加尔德（Alfred Wiltze Gardes, Jr.）海军少校]

第 2 分遣舰队（TU 77.4.2）

[费利克斯·布德韦尔·斯顿普（Felix Budwell Stump）海军少将，坐镇护航航母"纳托马湾"号]

★ 第1分队 / 第24航母分队（TU 77.4.21/Carrier Division 24）：护航航母"马尼拉湾"号 [*Manila Bay*，菲茨休·李二世（Fitzhugh Lee, Ⅱ）海军上校]、"纳托马湾"号 [*Natoma Bay*，艾伯特·凯洛格·莫尔豪斯（Albert Kellogg Morehouse）海军上校]

★ 第2分队 / 第27航母分队（TU 77.4.22/Carrier Division 27）[威廉·道奇·桑普尔

（William Dodge Sample）海军少将，坐镇护航航母"马库斯岛"号］：护航航母"卡达山湾"号 [*Kadashan Bay*，罗伯特·尼斯比特·亨特（Robert Nisbet Hunter）海军上校]、"马库斯岛"号 [*Marcus Island*，查尔斯·弗雷德里克·格雷贝尔（Charles Frederic Greber）海军上校]、"翁曼尼湾"号 [*Ommaney Bay*，霍华德·莱兰·扬（Howard Leyland Young）海军上校]、"萨沃岛"号 [*Savo Island*，查尔斯·尤金·艾克斯特龙（Clarence Eugene Ekstrom）海军上校]

★ 第3分队（TU 77.4.23）[卢瑟·肯德里克·雷诺兹（Luther Kendrick Reynolds）海军上校]：驱逐舰"弗兰克斯"号 [*Franks*，大卫·理查德·斯蒂芬（David Richard Stephan）海军中校]、"哈格德"号 [*Haggard*，大卫·阿伦索·哈里斯（David Alonzo Harris）海军中校]、"黑利"号（*Hailey*）①

★ 护航驱逐舰"阿伯克龙比"号 [*Abercrombie*，伯纳德·卡钦斯基（Bernard H. Katschinsk）海军少校]、"勒雷·威尔逊"号 [*LeRay Wilson*，小马修·卡森（Matthew V. Carson, Jr）海军少校]、"奥伯伦德尔"号 [*Oberrender*，塞缪尔·弗洛伊德·斯潘塞（Samuel Floyd Spencer）海军少校]、"理查德·聚森斯"号 [*Richard W. Suesens*，罗伯特·华莱士·格雷厄姆（Robert Wallace Graham）海军少校]、"沃尔特·沃恩"号 [*Walter C. Wann*，约翰·斯特德曼（John W.Stedman, Jr.）海军少校]

第3分遣舰队（TU 77.4.3）

[C. A. F. 斯普拉格（C. A. F. Sprague）海军少将，坐镇护航航母"范肖湾"号]

★ 第1分队 / 第25航母分队（TU 77.4.31/Carrier Division 25）（斯普拉格）：护航航母"范肖湾"号 [*Fanshaw Bay*，道格拉斯·波洛克·约翰逊（Douglass Pollock Johnson）海军上校]、"加里宁湾"号 [*Kalinin Bay*，托马斯·宾尼·威廉森（Thomas Binney Williamson）海军上校]、"圣洛"号 [*St. Lo*，弗兰克斯·约瑟夫·麦克纳（Francis Joseph McKenna）海军上校]、"白平原"号 [*White Plains*，丹尼斯·约瑟夫·沙利文（Dennis Joseph Sullivan）海军上校]

★ 第2分队 / 第26航母分队（TU 77.4.32/Carrier Division 26）[拉尔夫·安德鲁·奥夫斯蒂（Ralph Andrew Ofstie）海军少将，坐镇护航航母"基特昆湾"号]：护航航母"甘比尔湾"号 [*Gambier Bay*，沃尔特·维克托·鲁道夫（Walter Victor Rudolph）海军上校]、"基特昆湾"号 [*Kitukun Bay*，约翰·佩里·惠特尼（John Perry Whitney）海军上校]

★ 警戒部队 [威廉·道·托马斯（William Dow Thomas）海军中校,坐镇驱逐舰"赫尔"号]：驱逐舰"希尔曼"号 [*Heermann*，阿马斯·汤森·哈撒韦（Amas Townsend Hathaway）海军中校]、"赫尔"号 [*Hoel*，利昂·塞缪尔·金特伯格（Leon Samuel Kintberger）海军中校]、"约翰斯顿"号 [*Johnston*,欧内斯特·埃德温·埃文斯（Ernest

---

① 译注：经查，"黑利"号时任舰长是帕克·豪尔·布雷迪（Parker Howle Brady）中校。

Edwin Evans）海军中校]，护航驱逐舰 "丹尼斯" 号 [*Dennis*，塞缪尔・汉森（Samuel Hansen）海军少校]、"约翰・C. 巴特勒" 号 [*John C. Butler*，约翰・爱德华・佩斯（John Edward Pace）海军少校]、"雷蒙德" 号 [*Raymond*，小阿龙・弗雷德里克・拜尔（Aaron Frederick Beyer, Jr.）海军少校]、"塞缪尔・罗伯茨" 号 [*Samuel B. Roberts*，小罗伯特・沃森・科普兰（Robert Watson Copeland, Jr.）海军少校]

第 77 特遣舰队第 5 支队（TG 77.5）

☆ 沃尔特・罗・劳德（Walter Rowe Loud）海军中校，坐镇扫雷舰 "霍维" 号

★ 布雷舰 "布里斯" 号 [*Breese*，大卫・巴尼・科恩（David Barney Cohen）海军少校]、"普雷布尔" 号 [*Preble*，爱德华・弗兰西斯・鲍尔里奇（Edward Francis Baldridge）海军少校]

★ 高速扫雷舰 "钱德勒" 号 [*Chandler*，弗兰克・墨菲（Frank M. Murphy）海军上尉]、"汉密尔顿" 号 [*Hamilton*，约翰・克莱格（John Clague）海军少校]、"霍维" 号 [*Hovey*，小艾伯特・克拉克（Albert A. Clark, Jr.）海军上尉]、"霍华德" 号 [*Howard*，奥诺弗里奥・弗雷德里克・萨尔维亚（Onofrio Frederick Salvia）海军少校]、"朗" 号 [*Long*，斯坦利・卡普兰（Stanley Caplan）海军上尉]、"索瑟德" 号 [*Southard*，约翰・布伦南（John E. Brennan）海军上尉]、"帕尔默" 号 [*Palmer*，小威廉・麦圭克（William E. McGuirk, Jr.）海军上尉]

★ 扫雷舰 "驱逐" 号 [*Pursuit*，罗默・古德（Romer F. Good）海军少校]、"必要" 号 [*Requisite*，小赫伯特・佩尔斯（Herbert R. Peirce, Jr.）海军少校]、"复仇" 号 [*Revenge*，约翰・杰克逊（John L. Jackson）海军少校]、"智者" 号 [*Sage*，富兰克林・津恩（Franklin K. Zinn）]、"致敬" 号 [*Salute*，约翰・霍奇斯（John R. Hodges）海军上尉]、"漫步" 号 [*Saunter*，詹姆斯・基弗（James R. Keefer 海军少校）]、"侦察" 号 [*Scout*，小埃德蒙德・安德森（Edmund G.Anderson, Jr.）海军上尉]、"混战" 号 [*Scrimmage*，罗伯特・范・温克尔（Robert van Winkle）海军上尉]、"哨兵" 号 [*Sentry*，托马斯・福尼克（Thomas R. Fonick）海军少校]、"象征" 号 [*Token*，威廉・亨特（William U. Hunt）海军上尉]、"动荡" 号 [*Tumult*，威廉・麦克达菲（William K. McDuffie）海军上尉]、"速度" 号 [*Velocity*，乔治・拜斯（Geonge J. Buyse）海军上尉]、"热情" 号 [*Zeal*，欧内斯特・伍德豪斯（Ernest W. Woodhouse 海军上尉）]；另有26艘320吨级摩托扫雷艇

★ 高速运输舰 "桑德斯" 号 [*Sands*，小杰罗姆・塞缪尔斯（Jerome M. Samuels, Jr.）海军上尉]

★ 澳大利亚护卫舰 "加斯科内" 号 [*Gascoyne*，内文・罗宾森・里德（Neven Robinson Read）海军少校]

★ 摩托艇 HDML -1704号 [斯坦利・威廉・斯科特・罗伯特森（Stanley William Scott Robertson）海军少校]

第 77 特遣舰队第 6 支队（TG 77.6）

☆ 查尔斯・克劳德・摩根海军少校，坐镇高速运输舰 "塔尔博特" 号

★ 作为临时滩头爆破支队，该部下辖7支水下爆破队以及高速运输舰"贝尔纳普"号 [Belknap，拉尔夫·蔡尔兹（ Ralph Childs ）海军上尉]、"布鲁克斯"号 [Brooks，小悉尼·拉斯姆森（ Sidney C. Rasmussen, Jr. ）海军上尉]、"克莱姆森"号 [Clemson，威廉·弗兰西斯·莫兰（ William Francis Moran ）海军上尉]、"乔治·巴杰"号 [George E. Badger，爱德华·希金斯（ Edward M. Higgins ）海军少校]、"戈尔兹伯勒"号 [Goldsborough，威廉·米汉二世（ William J. Meehan Ⅱ ）海军上尉]、"汉弗莱斯"号 [Humphreys，欧文·墨菲（ Owen B. Murphy ）海军少校]、"凯恩"号 [Kane，弗兰·克里斯蒂安森（ Fran M. Christiansen ）海军上尉]、"曼利"号 [Manley，小罗伯特·内维尔（ Robert T. Newell, Jr. ）海军上尉]、"奥弗顿"号 [Overton，德斯蒙德·基尔南·奥康纳（ Desmond Kiernan O'Connor ）海军少校]、"拉思本"号 [Rathburne，理查德·韦尔奇（ Richard L. Welch ）海军少校]、"塔尔博特"号 [Talbot，查尔斯·克劳德·摩根（ Charles Claude Morgan ）海军少校]

第 77 特遣舰队第 7 支队（TG 77.7）

★ 该支队为后勤保障队，由杰斐逊·戴维斯·比尔德（ Jefferson Davis Beard ）海军上校指挥，下辖：油船"阿什塔比拉"号 [Ashtabula，小沃尔特·巴尼特（ Walter Barnett, Jr. ）海军少校]、"基什沃基"号 [Kishwaukee，弗兰西斯·希尔曼（ Francis M.Hillman ）海军上尉]、"萨拉莫尼"号 [Salamonie，卢埃林·詹姆斯·约翰斯（ Llewellyn James Johns ）海军中校]、"萨拉纳克"号 [Saranac，哈罗德·里文顿·帕克（ Harold Rivington Parker ）海军中校]、"斯古吉尔"号 [Schuylkill，弗雷德·哈德斯蒂（ Fred Archibald Hardesty ）海军上校]、"苏阿米科"号 [Suamico，阿莱·悉尼·约翰逊（ Arley Sidney Johnson ）海军少校]、"塔卢拉"号 [Tallulah，威廉·赫卡比（ William F. Huckaby ）海军少校]

★ 上述单位编为第77特遣舰队第7支队第1分遣舰队，由坐镇"马扎马"号（ Mazama ）的帕西瓦尔·哈里斯（ Percival V. R. Harris ）海军中校指挥的5艘弹药供应船也配属该分遣舰队。这两支补给船队均由弗雷德里克·毫斯（ Frederick W. Howes ）海军中校的警戒舰艇护航，包括护航驱逐舰"鲍尔斯"号 [Bowers，弗雷德里克·威廉·霍斯（ Frederic William Hawes ）海军中校]、"怀特赫斯特"号 [Whitehurst，杰克·霍顿（ Jack C. Horton ）海军少校]、"威特"号 [Witter，乔治·赫尔曼（ George Hermann ）海军少校][1]

★ 此外，一些其他部队受该支队节制，分别是：

· 埃默里·保罗·海兰特（ Emory Paul Hylant ）海军上校指挥的莱特湾支队，下辖油船"海洋女神"号 [Arethusa，雷吉纳·巴林顿（ Regina L. Barrington ）海军上尉]、"驯鹿"号 [Caribou，朱利安·汉弗莱（ Julian B. Humphrey ）海军上尉]、"水貂"号 [Mink，威廉·马尔（ William J. Meagher ）海军上尉]、"熊猫"号 [Panda，尼古拉斯·波尔克（ Nicholas Polk ）海军上尉]、"豪猪"号 [Porcupine，丹尼尔·保罗（ Daniel M. Paul ）海军上尉] 以及澳大利亚油船"毕晓普代尔"号（ Bishopdale ）[2]

· 在科索尔水道驻守的编队，由亨利·华莱士（ Henry K. Wallace ）海军少校指挥，包括油船"切帕奇特"号（Chepachet）、护航驱逐舰"威尔马思"号[Willmarth，小詹姆斯·索伯恩（James G. Thorburn, Jr.）海军少校]，以及两艘淡水供应船。

★ 布网船"印度河"号[Indus，安德烈斯·艾恩莫（Andreas S. Einmo）海军中校]、"金缕梅"号[Satinleaf，亚瑟·丘奇（Arthur B. Church）海军上尉]、"银铃"号[Silverbell，哈罗德·伯格（Harold N.Berg）海军上尉]、"柚木"号[Teak，拜伦·霍利特（Byron P. Hollet）海军上尉]，登陆艇维修舰"阿喀琉斯"号[Achilles，康弗斯·史密斯（Converse O. Smith）海军上尉][3]，打捞船"卡博尔"号[Cable，赫特韦尔·庞德（Hertwell Pond）海军少校]，维修舰"迈达斯"号[Midas，罗伯特·扬（Robert A. Young）海军上尉]，浮坞"ARD-19"号、淡水供应船"塞文"号[Severn，欧文·里斯（Owen Rees）海军少校]，弹药船"军市一"号[Murzim（大犬座 β），德维特·沃尔顿（DeWitt S. Walton）海军少校]，澳大利亚弹药船"鄱阳"号[Poyang，约翰·沃伦·爱德华兹（John Warren Edwards）海军上尉]、"云南"号[Yunnan，托马斯·特拉弗斯·马修·赫尔（Thomas Travers Matthew Hehir）海军上尉]，供应船"鱿鱼"号[Calamares，小兰斯福德·富兰克林·肯格尔（Lansford Franklin Kengle, Jr.）海军少校]、"南十字座"号[Crux，查尔斯·拜尔（Charles R. Beyer）海军中校]、"木卫三"号[Ganymede，格伦·梅利查（Glenn H.Melichar）海军少校]、"开阳"号[Mizar（大熊座 ζ），卡尔·克里斯滕森（Carl H. Christensen）海军中校]、"南极座"号[Octans，奥托·约翰·斯泰恩（Otto John Stein）海军中校]、"北河三"号[Pollux（双子座 β），哈利·卢埃林·毕克斯比（Harry Llewellyn Bixby）海军中校]、"三角座"号[Triangulum，查尔斯·拉图斯（Charles K. S. Latus）海军少校]，澳大利亚供应船"水星"号（Merkur）[4]。

※ 莫里森《海军史》第423页提到供应船"柳宿增三"号（Acubens，即巨蟹座 α）、"阿雷基帕"号（Arequipa）曾跟随第77特遣舰队第7支队，但是"柳宿增三"号离开纽约后到1944年10月25日才抵达荷兰地亚执行第一次任务，"阿雷基帕"号则等到1945年1月才服役。

第78特遣舰队（TF 78）

★ 丹尼尔·爱德华·巴比（Daniel Edward Barbey）海军少将，坐镇两栖登陆指挥舰"蓝岭"号，为北部攻击部队

北部火力支援队

☆ 乔治·莱斯特·韦勒（George Lester Weyler）海军少将，坐镇战列舰"密西西比"号
★ 第4战列舰分队[小西奥多·戴维斯·拉多克（Theodore Davis Ruddock, Jr.）海军少将，坐镇战列舰"西弗吉尼亚"号]：战列舰"马里兰"号[Maryland，赫伯特·詹姆斯·雷（Herbert James Ray）海军上校]、"密西西比"号[Mississippi，海明·贾德·雷

德菲尔德（Hemen Judd Redfeld 海军上校）]、"西弗吉尼亚"号 [*West Virginia*，赫伯特·维克托·威利（Herbert Victor Wiley）海军上校]

★ 驱逐舰"奥利克"号 [*Aulick*，约翰·道格拉斯·安德鲁（John Douglas Andrew）海军中校]、"科尼"号 [*Cony*，艾伦·威利·摩尔（Allen Willi Moore）海军中校]、"西戈内"号 [*Sigourney*，小弗莱彻·黑尔（Fletcher Hale, Jr.）海军少校]

第 78 特遣舰队第 1 支队（TG 78.1）

☆ 丹尼尔·爱德华·巴比海军少将，坐镇两栖登陆指挥舰"蓝岭"号

★ 临时编组为帕洛（Palo）攻击支队，下辖"蓝岭"号 [*Blue Ridge*，刘易斯·理查德·麦克道尔（Lewis Richard McDowell）海军中校]、坐镇"杜佩奇"号的托马斯·鲍德温·布里顿（Thomas Baldwin Brittain）海军上校指挥的两支运输编队、丹福德·贝克（Danford M. Baker）海军中校指挥的一支 12 艘登陆舰编队、尼尔·邓肯·布兰特利（Neill Duncan Brantly）海军上校指挥的登陆舰艇以及坐镇驱逐舰"约翰·罗杰斯"号的亨利·克罗姆林（Henry Crommelin）海军上校指挥的警戒队。具体情况如下：

· 第 24 运输分队（两栖船坞登陆舰）：武装运输船"杜佩奇"号 [*DuPage*，乔治·沃科普（George M. Wauchope）海军上校]、"埃尔莫尔"号 [*Elmore*，德雷顿·哈里森（Drayton Harrison）海军上校]、"富勒"号 [*Fuller*，纳撒尼尔·摩尔·皮格曼（Nathaniel More Pigman）海军上校]、"韦恩"号 [*Wayne*，托马斯·瓦伦丁·库珀（Thomas Valentine Cooper）海军上校]，武装货船"宝瓶座"号 [*Aquarius*，艾拉·埃德温·埃斯克里奇（Ira Edwin Eskridge）海军中校]，运输船"约翰·兰德"号 [*John Land*，弗雷德里克·奥古斯特·格拉夫（Frederic August Graf）海军中校]、船坞登陆舰"冈斯顿·霍尔"号 [*Gunston Hall*，戴尔·科林斯（Dale E. Collins）海军中校]

· 第 6 运输分队 [哈罗德·戴维斯·贝克（Harold Davies Baker）海军上校]：攻击运输舰"法耶特"号 [*Fayette*，约翰·坎贝尔·莱斯特（John Campbell Lester）海军上校]、"利兹敦"号 [*Leedstown*，哈罗德·拜（Harold Bye）海军上校]、"奥姆斯比"号 [*Ormsby*，伦纳德·弗里斯科（Leonard Frisco）海军上校]，武装货船"天卫三"号 [*Titania*，马尔科姆·惠特菲尔德·卡拉汉（Malcolm Whitfeld Callahan）海军中校]，货船"赫拉克勒斯"号 [*Hercules*，威廉·特恩奎斯特（William Turnquist）海军中校]，登陆运输舰"查尔斯·霍尔"号 [*Carter Hall*，塞西尔·爱德华·布朗特（Cecil Edward Blount）海军中校]、"埃平·福里斯特"号 [*Epping Forest*，莱斯特·马丁（Lester Martin）海军中校]；另有舰队拖船"阿帕克"号 [*Apache*，克莱德·霍纳（Clyde S. Horner）海军少校]、"夸波"号 [*Quapaw*，诺思拉普·卡斯尔（Northrup H. Castle）海军少校]

· 警戒队：驱逐舰"哈里森"号 [*Harrison*，小沃尔特·文森特·库姆斯（Walter Vincent Combs, Jr.）海军中校]、"约翰·罗杰斯"号 [*John Rodgers*，詹姆斯·吉尔伯特·富兰克林（James Gilbert Franklin）海军中校]、"麦基"号 [*McKee*，罗素·鲍斯·艾伦（Russell Bowes Allen）海军中校]、"默里"号 [*Murray*，保罗·拉姆泽·安德森（Paul Ramseur Anderson）海军中校]

第 78 特遣舰队第 2 支队（TG 78.2）

☆ 威廉·莫罗·费克特勒（William Morrow Fechteler）海军少将，坐镇运输舰"弗里蒙特"号

★ 临时编组为圣雷卡多（San Ricardo）攻击支队，该部下辖运输舰"弗里蒙特"号 [Fremont，克莱伦斯·文森特·康兰（Clarence Vincent Conlan）海军上校、坐镇"哈里斯"号的米尔顿·奥伦·卡尔森（Milton Oren Carlson）海军上校指挥的两支运输编队、理查德·马丁·斯克鲁格斯（Richard Martin Scruggs）海军上校指挥的一支14艘登陆舰艇编队，以及坐镇"弗莱彻"号的艾伯特·埃德蒙森·贾雷尔（Albert Edmondson Jarrell）海军上校指挥的警戒队。具体情况如下：

· 第32运输分队（米尔顿·奥伦·卡尔森海军上校）：武装运输船"哈里斯"号 [Harris，埃默森·墨菲（Marion Emerson Murphy）海军上校]、"巴恩斯特贝尔"号 [Barnstable，哈维·托马斯·沃尔什（Harvey Thomas Walsh）海军上校]，运输船"晨报"号 [Herald of the Morning，小哈里·艾伯特·邓恩（Harry Albert Dunn, Jr.）海军中校]，武装货船"厕一"号 [Arneb，霍华德·拉瑟福德·肖（Howard Rutherford Shaw）海军上校]，登陆舰"怀特马什"号 [White Marsh，乔治·埃普曼（George H. Eppeman）海军中校]

· 第20运输分队 [唐纳德·伍德·拉米斯（Donald Wood Lamis）海军上校]：武装运输船"伦纳德·伍德"号 [Leonard Wood，亨利·克劳福德·金斯（Henry Crawford Perkins）海军上校]、"皮尔斯"号 [Pierce，弗兰西斯·麦基·亚当斯（Francis McKee Adams）海军上校]、"詹姆斯·奥哈拉"号 [James O'hara，以利亚·沃里纳·艾里什（Elijah Warriner Irish）海军上校]，运输船"拉萨莱"号 [La Salle，弗雷德·弗吕格尔（Fred C. Fluegel）海军中校]，武装货船"昴宿一"号 [Electra，丹尼斯·霍利（Dennis S. Holle）海军少校]，船坞登陆舰"橡山"号 [Oak Hill，卡尔·亚瑟·彼得森（Carl Arthur Peterson）海军中校]，以及9艘中型登陆舰

· 警戒队：驱逐舰"安德森"号 [Anderson，小拉尔夫·汉密尔顿·本森（Ralph Hamilton Benson, Jr.）海军少校]、"弗莱彻"号 [Fletcher，约翰·李·福斯特（John Lee Foster）海军中校]、"拉瓦莱特"号 [La Vallette，韦尔斯·汤普森（Wells Thompson）海军中校]、"詹金斯"号 [Jenkins，菲利普·戴利·加勒里（Philip Daly Gallery）海军中校]

※ 第78特遣舰队第2支队另有8艘登陆艇、1艘拖船"索诺马"号 [Sonoma，沃尔特·沃茨勒（Walter R.Wirzler）海军上尉]。后者在10月24日被一架坠落的日机撞击，沉没在迪奥（Dio）岛。（《美国海军战斗舰艇词典》第六章第 555—556页）

第 78 特遣舰队第 3 支队（TG 78.3）

☆ 亚瑟·杜威·斯特鲁贝尔（Arthur Dewey Struble）海军少将，坐镇驱逐舰"休斯"号

★ 临时编组为"帕纳翁"号（Panaon）攻击支队，下辖：

· 澳大利亚登陆舰"卡尼布拉"号 [Kanimbla，安德鲁·维奇·布尼安（Andrew Veitch Bunyan）海军中校]、"马努拉"号 [Manoora，艾伦·帕特森·库赞（Alan

Paterson Cousin）海军中校]、"韦斯特拉利亚"号 [*Westralia*，艾尔弗雷德·维克托·奈特（Alfred Victor Knight）海军中校]

· 查尔斯·德雷瑟·墨菲（Charles Dresser Murphey）海军上校指挥的登陆艇、驱逐舰：驱逐舰"达希尔"号 [*Dashiell*，道格拉斯·李·利普斯科姆·科迪纳（Douglas Lee Lipscomb Cordiner）海军中校]、"休斯"号 [*Hughes*，埃利斯·布鲁克·里腾豪斯（Ellis Brooke Rittenhouse）海军中校]、"林戈尔德"号 [*Ringgold*，沃伦·拜伦·克里斯蒂（Warren Byron Christie）海军中校]、"施罗德"号 [*Schroeder*，罗伯特·麦克尔里思（Robert McElrath）海军中校]、"西格斯比"号 [*Sigsbee*，戈登·派伊亚·钟云（Gordon Paiea Chung- Hoon）海军中校]

· 英国皇家海军布雷舰"阿里阿德涅"号 [*Ariadne*，阿什伯恩（Ashbourne）海军上校]

第 78 特遣舰队第 4 支队（TG 78.4）

☆ 亚瑟·杜威·斯特鲁贝尔（Arther Dewey Strube）海军少将，坐镇驱逐舰"休斯"号

★ 临时编组为"迪纳加特"号（*Dinagat*）攻击支队，下辖：

· 高速运输舰"克罗斯比"号 [*Crosby*，乔治·G.莫法特（George G. Moffatt）海军上尉]、"赫伯特"号 [*Herbert*，杰拉德·塞伦·休伊特（Gerald Sellen Hewitt）海军上尉]、"基尔蒂"号 [*Kilty*，劳埃德·乔治·本森（Lloyd George Benson）海军上尉]、"施莱"号 [*Schley*，爱德华·法利（Edward T. Farley）海军少校]、"沃德"号 [*Ward*，理查德·法韦尔（Richard E. Farwell）海军上尉]

· 舰队拖船"克奇索"号 [*Chickasaw*，劳伦斯·奥尔森（Lawrence C. Olsen）海军上尉]

· 德雷瑟·墨菲海军上校指挥的巡逻艇、登陆艇部队：驱逐舰"朗"号 [*Lang*，小哈罗德·佩森（Harold Payson, Jr.）海军中校]、"斯塔克"号 [*Stack*，罗伯特·爱德华·惠勒（Robert Edward Wheeler）海军中校]，护卫舰"比斯比"号 [*Bisbee*，约翰·杰曼（John P. German）海军中校]、"盖洛普"号 [*Gallup*，克莱顿·奥普（Clayton M. Opp）海军中校]

第 78 特遣舰队第 6 支队（TG 78.6）

★ 该部编入第 1 增援支队，10 月 22 日下辖：

· 武装运输船"卡拉韦"号 [*Callaway*，唐纳德·C.McNeil（Donald C.McNeil）海军上校]、"克莱森特城"号 [*Crescent City*，莱昂内尔·刘易斯·罗威（Lionel Lewis Rowe）海军上校]、"里昂"号 [*Leon*，布鲁斯·拜伦·阿德尔（Bruce Byron Adell）]、"萨姆特"号 [*Sumte*，詹姆斯·（James T. O'Pry, Jr.）海军中校]、"沃伦"号 [*Warren*，威廉·麦克黑尔（William A. McHale）海军上校]、"温莎"号 [*Windsor*，道格拉斯·卡斯尔伯里（Douglas Castleberry）海军上校]，运输船"斯托姆·金"号 [*Storm King*，哈里·詹姆斯·汉森（Harry James Hansen）海军中校]，货船"木星"号 [*Jupiter*，约翰·摩根·布里斯托尔（John Morgan Bristol）海军中校]，以及 4 艘无名商船。

· 32 艘登陆艇组成的部队 [奥勒尔·雷蒙德·斯威加特（Oral Raymond Swigart）海军上校] 以及其他登陆艇

· 警戒队 [爱德华·阿尔瓦·莫里斯（Edward Alva Solomongmthe Morris）海军上校]：
驱逐舰 "豪沃思" 号 [Howorth，爱德华·伯恩斯（Edward Stitt Burns）海军中校]、"莫
里斯" 号 [Morris，小雷斯福德·维纳尔·惠勒（Rexford Vinal Wheeler, Jr.）海军少校]、
"马斯廷" 号 [Mustin，约翰·杰拉德·休斯（John Gerard Hughes）海军少校]、"史蒂
文斯" 号 [Stevens，威廉·马格努斯·拉科（William Magnus Rakow）海军少校]，护
卫舰 "伯林顿" 号 [Burlington，埃德加·威戈·卡尔森（Edgar Vigo Carlson）海军中校]、
"卡森城" 号 [Carson City，哈罗德·贝特曼·罗伯茨（Harold Bateman Roberts）海军中校]

第 78 特遣舰队第 7 支队（TG 78.7）

☆ 约翰·肯尼思（John Kenneth）海军上校，坐镇驱逐舰 "尼古拉斯" 号
★ 该部编入第 2 增援支队，10 月 24 日下辖：
· 23 艘登陆艇 [小厄斯金·奥斯丁·希耶（Erskine Austin Seay, Jr.）海军上校]
· 24 艘自由轮、护卫舰及各类支援船舶
· 护卫舰艇 [约翰·肯尼思·伯克霍尔德·金德（John Kenneth Burkholder Ginder）
海军上校，坐镇 "尼古拉斯" 号]：驱逐舰 "霍普韦尔" 号 [Hopewell，华纳·斯
科特·莫迪康（Warner Scott Rodimon）海军中校]、"尼古拉斯" 号 [Nicholas，罗
伯特·泰勒·斯科特·基思（Robert Taylor Scott Keith）海军中校]、"奥班农" 号
[O'Bannon，理查德·怀尔德·史密斯（Richard Wilder Smith）海军中校]、"泰勒"
号 [Taylor，小尼古拉斯·约翰·弗雷德里克·弗兰克（Nicholas John Frederick
Frank, Jr.）海军中校]，护卫舰 "马斯科吉" 号 [Muskogee，拉福斯·爱德华·姆
罗奇科夫斯基（Rufus Edward Mroczkowski）海军中校]、"圣佩德罗" 号 [San
Pedro，哈罗德·萨瑟兰（Harold L. Sutherland）海军上尉]

第 78 特遣舰队第 8 支队（TG 78.8）

☆ 约翰·斯坦梅茨（John L. Steinmetz）海军中校
★ 该部编入第 3 增援支队，10 月 29 日下辖护卫舰舰及各类支援船舶。护卫舰艇部队 [威
廉·马尔汉特·科尔（William Marchant Cole）海军上校，坐镇 "弗卢塞尔" 号] 包括：
· 驱逐舰 "德雷顿" 号 [Drayton，理查德·斯塔尔（Richard Starr Craighill）海军中校]、
"弗卢塞尔" 号 [Flusser，西奥多·罗伯特·福格莱（Theodore Robert Vogeley）海军
中校]、"拉姆森" 号 [Lammson，约翰·瓦瓦苏·诺埃尔（John Vavasour Noel, Jr.）
海军中校]、"马汉" 号 [Mahan，欧内斯特·坎贝尔（Earnest Goodrich Campbell）海
军中校]、"史密斯" 号 [Smith，弗兰克·沃里斯·李斯特（Frank Voris List）海军中校]
· 护卫舰 "埃尔帕索" 号 [EL Paso，罗密欧·巴罗米（Romeo J. Barromey）海军中校]、
"尤金" 号 [Eugene，克利福德·麦克莱恩（Clifford R. MacLean）海军上尉]、"奥
兰治" 号 [Orange，约翰·阿姆斯特朗·德克斯（John Armstrong Dirks）海军中校]、
"范·布伦" 号 [Van Buren，查尔斯·布雷肯里奇·阿林顿（Charles Breckenridge
Arrington）海军中校]

第79特遣舰队（TF 79）

★ 西奥多·斯塔克·威尔金森海军中将，坐镇两栖登陆指挥舰"奥林匹斯山"号，为南部攻击部队

南部火力支援队

☆ 杰西·巴雷特·奥登多夫（Jesse Barrett Oldendorf）海军少将，坐镇重巡洋舰"路易斯维尔"号

★ 第2战列舰分队 [西奥多·艾德森·钱德勒（Theodore Edson Chandler）海军少将，坐镇战列舰"田纳西"号]：战列舰"加利福尼亚"号 [California，亨利·波因特·伯内特（Henry Poynter Burnett）海军上校]、"宾夕法尼亚"号 [Pennsylvania，查尔斯·富兰克林·马丁（Charles Franklin Martin）海军上校]、"田纳西"号 [Tennessee，约翰·巴皮斯特·赫弗曼（John Baptist Hefferman）海军上校]

★ 第4巡洋舰分队（奥登多夫海军少将，坐镇重巡洋舰"路易斯维尔"号）：重巡洋舰"路易斯维尔"号 [Louisville，塞缪尔·汉斯福德·赫特（Samuel Hansford Hurt）海军上校]、"明尼阿波利斯"号 [Minneapolis，哈利·布朗宁·斯洛克姆（Harry Browning Slocum）海军上校]、"波特兰"号 [Portland，托马斯·格林豪·威廉斯·塞特尔（Thomas Greenhow Williams Settle）海军上校]

★ 第9巡洋舰分队 [沃尔登·李·安斯沃思（Walden Lee Ainsworth）海军少将]：轻巡洋舰"檀香山"号 [Honolulu，哈罗德·雷蒙德·瑟伯（Harold Raymond Thurber）海军上校]

★ 第12巡洋舰分队 [罗伯特·华德·海勒（Robert Ward Hayler）海军少将，坐镇轻巡洋舰"丹佛"号]：轻巡洋舰"哥伦比亚"号 [Columbia，莫里斯·埃德温·柯特兹（Maurice Edwin Curts）海军上校]、"丹佛"号 [Denver，艾伯特·麦奎恩·布莱索（Albert McQueen Bledsoe）海军上校][5]

★ 第56驱逐舰中队 [罗兰·内希特·斯穆特（Roland Neshit Smoot）海军上校，坐镇驱逐舰"洛伊策"号]：驱逐舰"本尼恩"号 [Bennion，乔舒亚·温弗雷德·库珀（Joshua Winfred Cooper）海军中校]、"爱德华兹"号 [Heywood L. Edwards，乔·伍德·博尔韦尔（Joe Wood Boulware）海军中校]、"洛伊策"号 [Leutze，小伯顿·奥尔德里奇·罗宾斯（Berton Aldrich Robbins, Jr.）海军中校]、"纽康姆"号 [Newcomb，劳伦斯·布兰查德·库克（Lawrence Blanchard Cook）海军中校]、"理查德·利里"号 [Richard P. Leary，弗雷德里克·萨罗姆·哈贝克（Frederic Shrom Habecker）海军中校]

★ 第112驱逐舰分队 [小托马斯·弗兰西斯·康利（Thomas Francis Conley, Jr.）海军上校，坐镇驱逐舰"罗宾森"号]：驱逐舰"艾伯特·格兰特"号 [Albert W. Grant，特里尔·安德鲁·尼斯瓦纳（Terrell Andrew Nisewaner）海军少校]、"布赖恩特"号 [Bryant，保罗·拉弗内·海伊（Paul Laverne High）海军中校]、"克拉克斯顿"号 [Claxton，迈尔斯·亨特·哈巴德（Miles Hunter Hubbard）海军中校]、"哈尔福德"号 [Halford，罗伯特·詹姆斯·哈迪（Robert James Hardy）海军中校]、

"罗宾森"号 [*Robinson*，小艾隆佐·鲍登·格兰瑟姆（Elonzo Bowden Grantham, Jr.）海军中校]、"罗斯"号 [*Ross*，本杰明·科（Benjamin Coe）海军中校][6]、"索恩"号（Thorn）、"韦尔斯"号（Welles）

★ 亨利·福斯（Henry O.Foss）海军中校指挥的救援队：拖船"乔万"号 [*Chowanoc*，罗德尼·弗雷德·斯奈普斯（Rodney Fred Snipes）海军上尉]、"美诺米尼"号 [*Menominee*，扬（J. A. Young）海军上尉][7]、"波塔瓦托米"号 [*Potawatomi*，查尔斯·亨利·斯特德曼（Charles Henry Stedman）海军上尉]，维修舰 "厄革里亚" 号 [*Egeria*，安塞尔·威尔逊（Ansel H. Wilson）海军上尉]，打捞船 "保存者" 号 [*Preserver*，路易斯·伯德特·弗兰克（Louis Burdett Frank）海军上尉]

第79特遣舰队第1支队（TG 79.1）

☆ 理查德·兰辛·康诺利（Richard Lansing Conolly）海军少将，坐镇两栖登陆指挥舰将 "阿巴拉契亚山" 号

★ 该部临时编组为A攻击队，下辖 "奥林匹斯山" 号 [Mount Olympus，约翰·亨利·舒尔茨（John Henry Shultz）海军上校]、"阿巴拉契亚" 号 [Appalachia，查尔斯·理查德森·杰弗斯（Charles Richardson Jeffs）海军上校]，节制第79特遣舰队第3支队

第79特遣舰队第3支队（TG 79.3）

☆ 克利福德·古尔·理查德森（Clifford Geer Richardson）海军上校，坐镇武装运输船 "骑兵" 号

★ 该部受第79特遣舰队第1支队节制，具体编成如下：

· Y 运输分队（克利福德·古尔·理查德森海军上校）：武装运输船 "骑兵" 号 [*Cavalier*，亚瑟·格拉姆·黑尔（Arthur Graham Hal）海军上校]、"费兰" 号 [*Feland*，乔治·弗莱伊·普雷斯维奇（George Fry Prestwich）海军上校]、"富兰克林·贝尔" 号 [*J. Franklin Bell*，奥利弗·亨德森·里奇（Oliver Henderson Ritchie）海军上校]，运输船 "黄金城" 号 [*Golden City*，小查尔斯·马歇尔·弗洛（Charles Marshall Furlow, Jr.）海军中校]，武装货船 "右枢" 号 [*Thuban*，詹姆斯·坎贝尔（James C.Campbell）海军中校]，船坞登陆舰 "林登沃尔德" 号 [*Lindenwald*，小威廉·韦弗（William H. Weaver, Jr.）海军少校]

· 第30运输分队 [克林顿·阿伦索·米松（Clinton Alonzo Misson）海军上校，坐镇 "诺克斯" 号]：武装运输船 "骑士" 号 [*Cavalice*，约翰·福特·沃里斯（John Ford Warris）海军中校]、"卡斯特" 号 [*Custer*，温斯罗普·尤金（Winthrop Eugene Teay）海军上校]、"诺克斯" 号 [*Knox*，约翰·休斯敦·布雷迪（John Huston Brady）海军上校]、"里克西" 号 [*Rixey*，菲利普·哈根伯奇·詹金斯（Philip Hagenbuch Jenkins）海军上校][8]，武装货船 "恰拉" 号 [*Chara*，约翰·克拉克（John P. Clark）海军中校]，船坞运输舰 "阿什兰" 号 [*Ashland*，威廉·考伊（William A. Caughey）海军少校]

· 第38运输分队 [查尔斯·艾伦（Charles Allen）海军上校，坐镇 "拉马尔" 号]：武

装运输船"阿尔派恩"号 [*Alpine*，乔治·肯尼思·戈登·赖利（George Kenneth Gordon Reilly）海军中校]、"海伍德"号 [*Heywood*，戈登·琼斯（Gordon M. Jones）海军中校]、"拉马尔"号 [*Lamar*，伯恩特内特·肯特·卡尔弗（Burntnett Kent Culver）海军上校]，运输船"莫涅特"号 [*Monitor*，卡尔·奥尔森（Karl J. Olsen）海军上校]、"星光"号 [*Starlight*，威廉·布里顿（William O.Britton）海军中校]，武装货船"河鼓一"号 [*Alshain*，罗兰·欧内斯特·克劳斯（Roland Ernest Krause）海军上校]

- "X 光"号运输分队 [约翰·亚瑟·斯纳肯伯格（John Arthur Snackenberg）海军上校]：武装运输船"乔治·克莱默"号 [*George Clymer*，约翰·亚瑟·斯纳肯伯格海军上校]、"海斯总统"号 [*President Hayes*，赫尔曼·爱德华·希克（Herman Edward Schieke）海军上校]，货船"水星"号 [*Mercury*，纳尔逊·萨曼（Nelson D.Salmon）海军上校]

- 护航队 [威廉·杰斐逊·马歇尔（William Jefferson Marshall）海军上校，坐镇驱逐舰"厄尔本"号]：驱逐舰"阿博特"号 [*Abbot*，弗兰西斯·沃尔福德·英格林（Francis Walford Ingling）海军中校]、"布莱克"号 [*Black*，爱德华·鲁本·金（Edward Reuben King, Jr.）海军中校]、"布雷恩"号 [*Braine*，威廉·威尔逊·菲茨（William Wilson Fitts）海军中校]、"昌西"号 [*Chauncey*，莱斯特·卡梅隆·康韦尔（Lester Cameron Conwell）海军中校]、"厄尔本"号 [*Erben*，摩根·斯莱顿（Morgan Slayton）海军少校]、"甘斯沃尔特"号 [*Gansevoort*，约翰·麦考利·斯泰恩贝克（John Macauley Steinbeck）海军少校]、"黑尔"号 [*Hale*，唐纳德·沃勒尔·威尔逊（Donald Worrall Wilson）海军少校]、"沃尔克"号 [*Walker*，哈里·艾德森·汤森（Harry Edson Townsend）海军中校]

第 79 特遣舰队第 5 支队（TG 79.5）

★ 该部是小理查德·克里斯托弗·韦伯（Richard Christopher Weber, Jr.）海军上校指挥的31艘登陆舰船编队。

★ 另有威廉·克莱恩·比斯克（Vilhelm Klein Busck）海军上校指挥的32艘登陆艇、驱逐舰"斯坦布尔"号 [*Stembel*，威廉·伦纳德·塔格（William Leonard Tagg）海军中校]，以及一支由迈耶·瓦塞尔（Meyer Wassell）海军上尉指挥的12艘LCT 登陆艇编队。

第 79 特遣舰队第 2 支队（TG 79.2）

☆ 福里斯特·贝顿·罗亚尔（Forrest Betton Royal）海军少将，坐镇两栖登陆指挥舰"洛基山"号

★ 该部临时编组为 B 攻击队，下辖"洛基山"号 [*Rocky Mount*，斯坦利·弗莱彻·帕腾（Stanley Fletcher Patten）海军上校]：

- 节制第79特遣舰队第4支队
- 其他附属舰船：6艘登陆舰、30艘登陆艇，以及10艘其他舰船

第 79 特遣舰队第 4 支队（TG 79.4）

☆ 赫伯特·贝恩·诺尔斯（Herbert Bain Knowles）上校，坐镇武装运输船"康布里亚"号

★ 该部受第79特遣舰队第2支队节制，下辖3支运输编队、坐镇驱逐舰"卢斯"号 [Luce，欣顿·艾伦·奥尼斯（Hinton Allen Ownes）海军中校] 的亚瑟·安斯利·阿吉顿（Arthur Ainsley Ageton）海军中校指挥的登陆编队，以及威廉·拉梅尔（William K.Rummel）海军中校指挥的一支登陆船混成编队。具体编成如下：

- 第10运输分队 [乔治·道格拉斯·莫里森（George Douglas Morrison）海军上校，坐镇"克莱"号]：武装运输船"亚瑟·米德尔顿"号 [Arthur Middleton，安德鲁·奥尔森（Severt Andrew Olsen）海军上校]、"巴克斯特"号 [Baxter，瓦尔文·罗宾森·辛克莱（Valvin Robinson Sinclair）海军上校]、"克莱"号 [Clay，尼古拉斯·鲍尔·范·伯根（Nicholas Bauer van Bergen）海军上校]、"威廉·比德尔"号 [Willian P. Biddle，罗伯特·华莱士·伯里（Robert Wallace Berry）海军上校]，运输船"乔治·埃利奥特"号 [George F. Elliott，沃尔特·弗雷德里克·韦德纳（Walter Frederick Weidner）海军中校]，武装货船"摩羯座"号 [Capricornus，本杰明·麦古金（Benjamin F. McGuckin）海军少校]，船坞登陆舰"卡兹奇山"号 [Catskill，雷蒙德·坎伯斯（Raymond W. Chambers）海军上校]

- 第18运输分队（赫尔伯特·贝恩·诺尔斯海军上校，坐镇"康布里亚"号）：武装运输船"康布里亚"号 [Cambria，查尔斯·沃尔特·迪恩（Charles Walter Dean）海军上校]、"弗雷德里克·芬斯顿"号 [Frederick Funston，查尔斯·卡特·安德森（Charles Carter Anderson）海军中校]、"蒙洛维亚"号 [Monrovia，约翰·唐纳德·凯尔西（John Donald Kelsey）海军上校]，运输船"战鹰"号 [War Hawk，斯坦利·汤普森（Stanley H. Thompson）海军中校]，武装货船"昴宿六"号 [Alcyone，赫尔曼·皮尔斯（Hermann Pierce Knickerbocker）海军中校]，船坞登陆舰"卡萨格兰德"号 [Casa Gremde，弗雷德·斯特鲁姆（Fred E. Strumm）海军少校]、"拉什莫尔"号 [Rushmore，埃利思·詹森（Elith A. Jansen）海军中校]

- 第28 运输分队（亨利·克林顿·弗拉纳根（Henry Clinton Flanagan）海军上校，坐镇"玻利瓦尔"号）：武装运输船"玻利瓦尔"号 [Bolivar，罗伯特·保罗·沃德尔（Robert Paul Waddell）海军上校]、"杜瓦扬"号 [Doyen，约翰·格伦·麦克劳里（John Glenn McClaughry）海军中校]、"谢里登"号 [Sheridan，保罗·霍利斯特·维多尼（Paul Hollister Wiedorny）海军上校]，运输船"彗星"号 [Comet，西奥多·方达（Theodore C. Fonda）海军少校]，武装货船"天大将军一"号 [Almaack，克莱德·希克斯（Clyde O. Hicks）海军少校]，货船"奥里加"号 [Auriga，约翰·哈特（John G. Hart）海军中校]，船坞登陆舰"贝尔·格罗夫"号 [Belle Grove，莫里斯·西维（Morris Seavey）海军中校]

- 两栖混成编队：西奥多·韦斯莱·赖纳（Theodore Wesley Rinier）海军上校、乔治·汉内特（George W. Hannett）海军少校麾下的弗兰克·吉利伯蒂（Frank R. Giliberty）海军上尉指挥的登陆舰艇，小约翰·古德曼·布兰奇（John Goodman Blanche, Jr.）海军少校指挥的6艘LSM中型登陆舰编队，戈登·富兰克林（Gordon P. Franklin）海军上尉指挥的11艘LCT登陆艇编队
- 警戒队［小伊弗雷姆·兰金·麦克莱恩（Ephraim Rankin McLean, Jr.）海军上校指挥］：驱逐舰"查尔斯·巴杰"号［Charles J. Badger，约翰·亨德森·科腾（John Henderson Cotten）海军中校］、"哈利根"号［Halligan，克莱伦斯·爱德华·科特纳（Clarence Edward Cortner）海军中校］、"哈拉登"号［Haraden，小黑尔·查尔斯·艾伦（Halle Charles Allan, Jr.）海军中校］、"伊舍伍德"号［Isherwod，小路易斯·爱德华·施密特（Louis Edward Schmidt, Jr.）海军中校］、"麦克多诺"号［Macdonough，伯顿·赫伯特·舒珀（Burton Herbert Shupper）海军少校］、"皮金"号［Picking，小贝内迪克·约瑟夫·塞姆斯（Benedict Joseph Semmes, Jr.）海军中校］、"斯普罗斯顿"号［Sproston，迈克尔·约瑟夫·卢奥西（Michael Joseph Luosey）海军中校］、"特威格斯"号［Twiggs，小乔治·菲利普（George Philip, Jr.）海军中校］、"威克斯"号［Wickes，乔治·巴顿·克雷萨普（James Barton Cresap）海军少校］

第79特遣舰队第1支队第1分遣舰队（TU 79.1.1）

☆ 小杰西·格兰特·科沃德（Jesse Grant Coward, Jr.）海军上校，坐镇驱逐舰"里米"号
★ 该部负责为第79特遣舰队第3、第4支队的登陆舰船提供护航，下辖驱逐舰"麦德蒙特"号［McDermut，卡特·布鲁克·詹宁斯（Carter Brooke Jennings）海军中校］、"麦高恩"号［McGowan，威廉·拉芬·考克斯（William Ruffin Cox）海军中校］、"麦克尼尔"号［McNeir，蒙哥马利·林兹·麦卡洛（Montgomery Lientz McCullough）海军中校］、"梅尔文"号［Melvin，巴里·肯尼迪·阿特金斯（Barry Kennedy Atkins）海军中校］、"默茨"号［Mertz，小威廉·伊斯特布鲁克（William S. Eastabrook, Jr.）海军中校］、"蒙森"号［Monssen，查尔斯·尼斯·伯金（Charles Kniese Bergin）海军中校］、"里米"号［Remey，里德·普里尔·菲亚拉（Reid Puryear Fiala）海军中校］

第70特遣舰队（TF 70）

第70特遣舰队第1支队（TG 70.1）

☆ 希尔曼·斯图亚特·鲍林（Selman Stewart Bowling）海军中校，坐镇"奥伊斯特湾"号
★ 鱼雷艇母舰"奥伊斯特湾"号［Oyster Bay，沃尔特（Walter W. Holroyd）海军少校］、"沃彻普里格"号［Wachapreague，哈罗德·斯图亚特（Harold A. Stewart）海军少校］、"威罗比"号［Willoughby，阿奇·丘奇（Archie J. Church）海军少校］

★ 39艘PT艇，3艇一小队，共13个小队，由坐镇第6小队的PT-134的罗伯特·利森（Robert Leeson）海军少校统一指挥：

· 1944年10月24日至夜晚至25日，PT艇位于北纬9°10′至10°10′，即苏里高海峡南方入口

· 两个小队在棉兰老岛阿焦角（Agio Point）、保和岛、西普卡角（Sipuca Point）：第1小队[韦斯顿·普伦（Weston C. Pullen）海军上尉]下辖PT-130、PT-131、PT-152；第2小队[约翰·卡迪（John A. Cady）海军上尉]下辖PT-126、PT-127、PT-129

· 第3小队[大卫·欧文（David H.Owen）海军上尉]位于北纬9°52′，东经125°04′，即利马萨瓦外，下辖PT-146、PT-151、PT-190

· 两个小队在比尼斯角（Binis Point）、帕纳翁岛：第5小队[罗曼·乔治·米斯利奇（Roman George Mislicky）海军上尉]下辖PT-150、PT-194、PT-196；第6小队[罗伯特·利森海军少校]下辖PT-132、PT-134、PT-137

· 三个小队在苏里高海峡南、棉兰老岛北端的比拉斯角（Bilas Point），依次是：第4小队[西奥·斯坦斯伯里（Theo R. Stansbury）海军少校]，下辖PT-191、PT-192、PT-195；第7小队[约瑟夫·莫兰（Joseph H. Moran）海军上尉]，下辖PT-324、PT-494、PT-497；第8小队[弗兰西斯·塔潘（Francis D. Tappan）海军少校]，下辖PT-523、PT-524、PT-526

· 三个小队集结在迪纳加特岛西侧的滕谷角（Tungo Point）：第9小队[约翰·麦克尔弗雷什（John H. McElfresh）海军上尉]，下辖PT-490、PT491、PT-493；第10小队[亚瑟·普雷斯顿（Arthur M. Preston）海军上尉]，下辖PT-489、PT-492、PT-495；第11小队[卡尔·托马斯·格利森（Carl Thomas Gleason）海军上尉]，下辖PT-321、PT-326、PT-327

· 两个小队在莱特岛东南的阿玛古桑角（Amagusan Point）外：第12小队[小乔治·霍根（George W. M. Hogan, Jr.）海军上尉]，下辖PT-320、PT-330、PT-331；第13小队[霍华德·扬（Howard G. Young）海军上尉]，下辖PT-323、PT-328、PT-329

第70特遣舰队第3支队（TG 70.3）

★ 水上飞机母舰"半月"号[Half Moon，杰克·欧文·班迪（Jack Irving Bandy）海军中校]、"圣卡洛斯"号[San Carlos，德隆·米尔斯（DeLong Mills）海军少校]

★ 一个PBY卡塔琳娜式水上飞机中队[瓦季姆·维克托洛维奇·乌特戈夫（Vadym Victorovich Utgoff）海军少校]，共12架水上飞机

其他受第七舰队节制的部队

第17特遣舰队（TF 17）[9]

★ 小查尔斯·安德鲁·洛克伍德（Charles Andrew Lockwood, Jr.）海军中将，身处珍珠港

* 潜艇 "叶鲹" 号 [Atule，伯纳德·安布罗斯·克拉里（Bernard Ambrose Clarey）海军中校]、"白仿石鲈" 号 [Jallao，约瑟夫·布赖恩·埃森豪尔（Joseph Bryan Icenhower）海军中校]、"后鳍锥齿鲨" 号 [Pintado，约瑟夫·霍华德·莫勒（John Howard Maurer）海军中校] 于10月9日从珍珠港起航

* 潜艇 "黑线鳕" 号 [Haddock，约翰·保罗·罗奇（John Paul Roach）海军中校] 在10月9日离开珍珠港，"庸鲽" 号 [Halibut，伊格内修斯·约瑟夫·高洛廷（Ignatius Joseph Galantin）海军中校]、"金枪鱼" 号 [Tuna，小爱德华·弗兰克·斯特凡德斯（Edward Frank Steffanides, Jr.）海军中校] 10月8日起航

* 潜艇 "石首鱼" 号 [Drum，莫里斯·赫伯特（Maurice Herbert Rindskopf）海军少校]、"冰鱼" 号 [Icefish，理查德·沃德·彼得森（Richard Ward Peterson）海军中校]、"锯鳐" 号 [Sawfish，艾伦·博伊德·巴尼斯特（Alan Boyd Banister）海军中校] 于10月9日从珍珠港起航 [10]

* 潜艇 "鲑鱼" 号 [Salmon，哈利·肯特·瑙曼（Harley Kent Nauman）海军中校]、"银汉鱼" 号 [Silversides，小约翰·斯塔尔·库瓦（John Starr Coye, Jr.）海军中校]、"鳞鲀" 号 [Trigger，弗雷德里克·约瑟夫·哈尔芬格二世（Frederick Joseph Harlfinger, II）海军中校] 于9月24日从珍珠港起航

* 潜艇 "牛鼻鲼" 号 [Gabilan，卡尔·雷蒙德·惠兰（Karl Raymond Wheland）海军中校] 在9月26日离开珍珠港，"金线鱼" 号 [Besugo，托马斯·林肯·沃根（Thomas Lincoln Wogan）海军中校]、"深海鳝" 号 [Ronquil，亨利·斯托·门罗（Henry Stoue Monroe）海军中校] 于9月30日起航

* 潜艇 "河鲃" 号 [Barbel，小罗伯特·艾伦·基廷（Robert Allen Keating, Jr.）海军中校]、"锯盖鱼" 号 [Snook，乔治·亨利·布朗（George Henry Browne）海军中校]9月25日离开珍珠港

* 潜艇 "小体鲟" 号 [Sterlet，奥姆·坎贝尔·罗宾斯（Orme Campbell Robbins）海军中校]9月18日离开中途岛，"刺尾鲷" 号 [Tang，理查德·赫瑟林顿·奥凯恩（Richard Hetherington O'Kane）海军中校] 于9月24日从珍珠港起航

第30特遣舰队第2支队（TG 30.2）
★ 艾伦·爱德华·史密斯海军少将，坐镇重巡洋舰 "切斯特" 号

第5巡洋舰分队
☆ 艾伦·爱德华·史密斯（Allan Edward Smith）海军少将，坐镇 "切斯特" 号
* 重巡洋舰 "切斯特" 号 [Chester，亨利·哈特利（Henry Hartley）海军上校]、"彭萨科拉" 号 [Pensacola，艾伦·普拉瑟·马林尼克斯（Allen Prather Mullinnix）海军上校]、"盐湖城" 号 [Salt Lake City，小勒罗伊·怀特·巴斯比海军上校]

第4驱逐舰中队
☆ 哈罗德·佩奇·史密斯（Harold Page Smith）海军上校，坐镇 "邓拉普" 号 [11]
* 驱逐舰 "卡明斯" 号 [Cummings，小威廉·约翰·科勒姆（William John Collum

Jr.）海军少校]、"凯斯"号 [*Case*，罗伯特·索尔·威利（Robert Soule Willey）海军少校]、"卡辛"号 [*Cassin*，文森特·詹姆斯·米奥拉（Vincent James Meola）海军中校]、"唐斯"号 [*Downs*，罗伯特·施伯·法勒（Robert Schley Fahle）海军中校]、"邓拉普"号 [*Dunlap*，西塞尔·赖斯·韦尔特（Cecil Rice Welte）海军少校]、"范宁"号 [*Fanning*，詹姆斯·卡尔文·本特利（James Calvin Bentley）海军中校]

第30特遣舰队第3支队（TG 30.3）[12]

★ 劳伦斯·图姆斯·杜博斯海军少将，坐镇"圣菲"号；1944年10月16日组建

第1分遣舰队（TU 30.3.1）

☆ 杜博斯（Laurence Toombs Dubose）海军少将，坐镇"圣菲"号

★ 受损的重巡洋舰"堪培拉"号、轻巡洋舰"休斯敦"号（均来自第38特遣舰队第1支队）以及随行的重巡洋舰"波士顿"号

★ 来自第38特遣舰队第1、2、3支队的轻巡洋舰"伯明翰"号、"圣菲"号，驱逐舰"博伊德"号、"卡珀顿"号、"科格斯韦尔"号、"考埃尔"号、"格雷森"号、"英格索尔"号、"斯蒂芬·波特"号以及"沙利文兄弟"号

★ 来自第30特遣舰队第8支队的拖船"蒙西"号、"波尼"号

第2分遣舰队（TU 30.3.2）

☆ 查尔斯·特纳·乔伊（Charles Turner Joy）海军少将，坐镇"威基塔"号

★ 来自第38特遣舰队第1、2支队的轻型航母"卡伯特"号、"考彭斯"号，重巡洋舰"威基塔"号、轻巡洋舰"莫比尔"号，以及驱逐舰"贝尔"号、"伯恩斯"号、"沙雷特"号、"纳普"号、"米勒"号

第71特遣舰队第1支队 [13]

★ 拉尔夫·克里斯蒂（Ralph W. Christie）海军少将，身处弗里曼特尔（Fremantle）

潜艇部队

★ 潜艇"鲅鲦"号 [*Angler*，富兰克林·格兰特·赫斯（Franklin Grant Hess）海军中校]

★ "太阳鱼"号 [*Bluegill*，小埃里克·劳埃德·巴尔（Eric Lloyd Barr, Jr.）海军中校]

★ "欧鳊"号 [*Bream*，里福德·戈斯·查普尔（Wreford Goss Chapple）海军中校]

★ "鲤鱼"号 [*Dace*，布莱登·杜拉尼·克拉格特（Bladen Dulany Claggett）海军中校]

★ "镖鲈"号 [*Darter*，大卫·海沃德·麦克林托克（David Hayward McClintock）海军中校]

★ "琵琶鳑"号 [*Guitarro*，昂里克·德哈梅尔·哈斯金斯（Enrique D'Hamel Haskins）海军中校]

★ "鼠尾鳕"号 [*Raton*，莫里斯·威廉·谢伊（Maurice William Shea）海军中校][14]

注：

[1] 1944年10月24日，"阿什塔比拉"号被一架日军飞机投射的鱼雷击中，但没有沉没，后于10月27日经科索尔水道（Kossol Roads）、洪堡湾（Humboldt Bay）、珍珠港向加利福尼亚的圣佩德罗（San Pedro）回航。1945年2月，该船重返前线。原坐镇"阿什塔比拉"号的比尔德海军上校在10月26日将指挥部转移到"萨拉纳克"号。

[2] 澳大利亚方面的档案没有记录"毕晓普代尔"号的舰长姓名。

[3] 莫里森《海军史》第十二卷在417页将第77特遣舰队第7支队的"阿喀琉斯"号记录在第78特遣舰队第6支队的战斗序列中。

[4] 澳大利亚方面的资料不完整，未记录"水星"号船长姓名，安德鲁·罗素·约翰斯顿（Andrew Russell Johnston）海军少校可能是这艘船的高级军官，但只是负责船上的财务而非船长。

[5] 进攻迪纳加特期间，第12巡洋舰分队、第112驱逐舰分队配属第78特遣舰队第4支队。

[6] "罗斯"号于10月19日早上在位于莱特湾入海口的霍蒙洪岛以西，连续两次被水雷炸伤。该舰是唯一一艘中雷的主要舰艇，12月13日才完成就地维修。中雷后，该舰被拖航到洪堡湾，然后返回马尔岛（Mare Island）海军船坞，1945年3月2日抵达，6月底才完全修复。8月14日，"罗斯"号返回乌利西。

[7] 莫里森《海军史》第十二卷第420页、第429页记录"美诺米尼"号分别配属南火力支援队及第30特遣舰队第8支队。

[8] "里克西"号同时作为医院运输船，舷号为APH-3。

[9] 该部大致在菲律宾登陆作战期间提供支援。

[10] "石首鱼"号、"冰鱼"号、"锯鲳"号编成第17特遣舰队第15支队，但是其他潜艇编成的支队的番号尚不清楚。

[11] 该部在10月9日炮击马库斯岛，后于10月16日加入第38特遣舰队第1支队。

[12] 10月18日，该部在离开乌利西后向南航行以避开台风。10月20日，当台风远离后，"卡伯特"号、"米勒"号、"斯蒂芬·波特"号、"沙利文兄弟"号归队，奉命加入第38特遣舰队。根据战斗报告记载，第30特遣舰队第7支队组成了反潜警戒幕，具体编成不明，另配有两支支援部队，包含"堪萨拉"号、"休斯敦"号和"蒙西"号、"波尼"号，具体编成同样不明。

第30特遣舰队第3支队加入后，"考彭斯"号、"威基塔"号、"格雷森"号离队，复归旧部。驱逐舰"尼科尔森"号跟随上述舰艇行动，但战斗报告未有相关记录，该舰的条目见《美国海军战斗舰艇词典》第五卷第88页。

10月24日，"波士顿"号、"贝尔"号、"伯恩斯"号、"考埃尔"号、"沙雷特"号离队，加入第38特遣舰队第1支队，相关空缺由"法伦霍尔特"号（Farenholt）、"格雷森"号、"麦卡拉"号、"伍德沃思"号填补。此处有三个问题。一是在1944年10月上报给尼米兹的战斗报告未提及轻巡洋舰"伯明翰"号、"圣菲"号，驱逐舰"博伊德"号、"卡珀顿"号、"科格斯韦尔"号、"英格索尔"号、"纳普"号的情况，但是"圣菲"号在10月17日离队（《美国海军战斗舰艇词典》第五卷第322页）。"卡帕顿"号、"科格斯韦尔"号、"纳普"号的条目（《美国海军战斗舰艇词典》第五卷第31页、第139页，以及《美国海军战斗舰艇词典》第四卷第667页）指出上述驱逐舰返回第38特遣舰队第1支队，但是"伯明翰"号、"英格索尔"号的记录没有提及它们是否已经出发。"伯明翰"号肯定在10月23日返航，次日"普林斯顿"号沉没。

其次，尼米兹的战斗报告指出"法伦霍尔特"号、"格雷森"号、"麦卡拉"号、"伍德沃思"号在10月24日跟随第38特遣舰队第1支队，但是没有报告和记录提供10月24日美军的战斗序列支持"法伦霍尔特"号跟随第38特遣舰队第1支队。《美国海军战斗舰艇词典》第二卷第39页证实与第38特遣舰队第1支队有关，但是它所属的中队脱离第30特遣舰队第3支队，并且暗示这发生在10月24日。《美国海军战斗舰艇词典》关于"格雷森"号、"麦卡拉"号、"伍德沃思"号的条目没有上述驱逐舰一起行动的内容，这也包括"法伦霍尔特"号。实际上只有"伍德沃思"号（《美国海军战斗舰艇词典》第八卷459—460页）跟随第30特遣舰队第3支队。

再次，这份记录推测"格雷森"号在10月20日返回第38特遣舰队，3天后被派遣到第30特遣舰队第3支队。但是"格雷森"号的记录(《美国海军战斗舰艇词典》第一卷第143页)没有相关内容,只记载该舰从"休斯敦"号上接走了194人,然后从乌利西前往塞班岛。

第30特遣舰队第3支队抵达乌利西的时间是在10月27日上午。

[13] 该部主要支援在菲律宾登陆的部队。

[14] "鲛鳞"号在9月18日从弗里曼特尔起航;"欧鳊"号、"琵琶鳟"号在10月8日起航;"鲤鱼"号在9月1日离开布里斯班(Brisbane),9月10日在达尔文补充油料,10月1日由米奥斯·温地岛(Mios Woendi Island)出港;"鼠尾鳕"号可能在10月6日离开弗里曼特尔。

附录 E　美国第三、第七舰队主力实力，1944年10月

	CV	CVL	CVE	a/c	BB	CA	CL	DD	DE	PF	CM	AM/DMS	SS	AO
第38特遣舰队														
第1支队	2	2	–	244	–	3	1	15	–	–	–		–	–
第2支队	3	2	–	339	2	–	4	17	–	–	–	–	–	–
第3支队	2	2	–	253	2	–	4	14	–	–	–	–	–	–
第4支队	2	2	–	241	2	–	2	11	–	–	–	–	–	–
第77特遣舰队														
第1支队	–	–	–	–	–	–	1	4	–	–	–	–	–	–
第3支队	–	–	–	–	–	2	2	7	–	–	–	–	–	–
第4支队	–	–	18	507	–	–	–	9	14	–	–	–	–	–
第5支队	–	–	–	–	–	–	–	–	–	–	2	22	–	8
第7支队	–	–	–	–	–	–	–	–	3	–	–	–	–	–
第78特遣舰队														
第1支队	–	–	–	–	3	–	–	3	–	–	–	–	–	–
第2支队	–	–	–	–	–	–	–	4	–	–	–	–	–	–
第3支队	–	–	–	–	–	–	–	3	–	–	1	–	–	–
第4支队	–	–	–	–	–	–	–	5	–	2	–	–	–	–
第6支队	–	–	–	–	–	–	2	2	–	2	–	–	–	–
第7支队	–	–	–	–	–	–	–	4	–	2	–	–	–	–
第8支队	–	–	–	–	–	–	–	5	–	4	–	–	–	–
第79特遣舰队														
第3支队	–	–	–	–	3	3	1	13	–	–	–	–	–	–
第4支队	–	–	–	–	–	–	–	8	–	–	–	–	–	–
	–	–	–	–	–	–	–	10	–	–	–	–	–	–
第11支队	–	–	–	–	–	–	–	7	–	–	–	–	–	–

（续表）

	CV	CVL	CVE	a/c	BB	CA	CL	DD	DE	PF	CM	AM/DMS	SS	AO
第17特遣舰队	–	–	–	–	–	–	–	–	–	–	–	–	22	–
第71特遣舰队第1支队	–	–	–	–	–	–	–	–	–	–	–	–	7	–
第30特遣舰队第2支队	–	–	–	–	–	3	–	6	–	–	–	–	–	34
第30特遣舰队第8支队	–	–	11	约300	–	–	–	18	26	–	–	–	–	–
总数	9	8	29	约1884	12	11	17	169	43	10	3	22	29	42

AO 油船　a/c 舰载机　AM/DMS 扫雷舰　BB 战列舰　CA 重巡洋舰　CL 轻巡洋舰　CM 布雷舰
CV 舰队航母　CVE 护航航母　CVL 轻型航母　DD 驱逐舰　DE 护航驱逐舰　PF 护卫舰　SS 潜艇

注：仅统计舰队主力、护航舰艇、布雷舰艇、扫雷舰、潜艇、油船。

附录 F　第38特遣舰队编成及下辖单位，1944年10月23日至11月30日

（舰船次序依照舰艇类别及英文首字母顺序排列，并不按照所属分遣舰队或中队排列）

第38特遣舰队，1944年10月23日

第38特遣舰队第1支队

* ★ 舰队航母"汉考克"号、"大黄蜂"号、"黄蜂"号
* ★ 轻型航母"考伯恩斯"号、"蒙特里"号
* ★ 重巡洋舰"切斯特"号、"彭萨科拉"号、"盐湖城"号
* ★ 驱逐舰"贝尔"号、"博伊德"号、"布朗"号、"伯恩斯"号、"凯斯"号、"卡辛"号、"沙雷特"号、"科格索维尔"号、"康诺"号、"考埃尔"号、"卡明斯"号、"唐斯"号、"邓立普"号、"范宁"号、"格雷森"号、"英格索尔"号、"伊扎德"号、"纳普"号、"麦卡拉"号、"伍德沃思"号

第38特遣舰队第2支队

* ★ 舰队航母"无畏"号
* ★ 轻型航母"卡伯特"号、"独立"号
* ★ 战列舰"依阿华"号、"新泽西"号
* ★ 轻巡洋舰"比洛克西"号、"迈阿密"号、"文森斯"号
* ★ 驱逐舰"本纳姆"号、"科拉汉"号、"库欣"号、"哈尔西·鲍威尔"号、"希克考斯"号、"亨特"号、"刘易斯·汉考克"号、"马歇尔"号、"米勒"号、"欧文"号（Owen）、"斯蒂芬·波特"号、"斯托克姆"号、"沙利文兄弟"号、"廷吉"号、"特文宁"号、"乌尔曼"号、"韦德伯恩"号、"亚纳尔"号

第38特遣舰队第3支队

* ★ 舰队航母"埃塞克斯"号、"列克星敦"号
* ★ 轻型航母"兰利"号、"普林斯顿"号
* ★ 战列舰"马萨诸塞"号、"南达科他"号
* ★ 轻巡洋舰"伯明翰"号、"莫比尔"号、"雷诺"号、"圣菲"号
* ★ 驱逐舰"卡拉汉"号、"卡辛·扬"号、"克拉伦斯·布朗森"号、"科腾"号、"多奇"号、"加特林"号、"希利"号、"波特菲尔德"号、"普雷斯顿"号

第38特遣舰队第4支队
- ★ 舰队航母"企业"号、"富兰克林"号
- ★ 轻型航母"贝劳森林"号、"圣哈辛托"号
- ★ 战列舰"亚拉巴马"号、"华盛顿"号
- ★ 重巡洋舰"新奥尔良"号、"威基塔"号
- ★ 驱逐舰"巴格利"号、"格瑞德里"号、"赫尔姆"号、"欧文"号(Irwin)、"劳斯"号、"朗格肖"号、"莫里"号、"麦考尔"号、"莫里森"号、"马格福德"号、"尼克尔森"号、"帕特森"号、"普里切特"号、"拉尔夫·塔尔博特"号、"斯旺森"号、"威尔克斯"号

第38特遣舰队，1944年10月24日 [1]

第38特遣舰队第1支队
- ★ 舰队航母"汉考克"号、"大黄蜂"号、"黄蜂"号
- ★ 轻型航母"考伯恩斯"号、"蒙特里"号
- ★ 重巡洋舰"波士顿"号、"切斯特"号、"彭萨科拉"号、"盐湖城"号
- ★ 轻巡洋舰"奥克兰"号、"圣迭戈"号
- ★ 驱逐舰"布朗"号、"凯斯"号、"卡辛"号、"康诺"号、"考埃尔"号、"卡明斯"号、"唐斯"号、"邓立普"号、"范宁"号、"格雷森"号、"伊扎德"号、"纳普"号、"麦卡拉"号、"伍德沃思"号

第38特遣舰队第2支队
- ★ 舰队航母"无畏"号
- ★ 轻型航母"卡伯特"号、"独立"号
- ★ 战列舰"依阿华"号、"新泽西"号
- ★ 轻巡洋舰"比洛克西"号、"迈阿密"号、"文森斯"号
- ★ 驱逐舰"科拉汉"号、"库欣"号、"哈尔西·鲍威尔"号、"希克考斯"号、"亨特"号、"刘易斯·汉考克"号、"马歇尔"号、"米勒"号、"欧文"号(Owen)、"斯托克姆"号、"沙利文兄弟"号、"廷吉"号、"特文宁"号、"乌尔曼"号、"韦德伯恩"号、"亚纳尔"号

第38特遣舰队第3支队
- ★ 舰队航母"埃塞克斯"号、"列克星敦"号
- ★ 轻型航母"兰利"号、"普林斯顿"号
- ★ 战列舰"马萨诸塞"号、"南达科他"号
- ★ 轻巡洋舰"伯明翰"号、"莫比尔"号、"雷诺"号、"圣菲"号

★ 驱逐舰"卡拉汉"号、"卡辛·扬"号、"克拉伦斯·布朗森"号、"科腾"号、"多奇"号、"加特林"号、"希利"号、"欧文"号（Irwin）、"劳斯"号、"朗格肖"号、"莫里森"号、"波特菲尔德"号、"普雷斯顿"号 [2]

第38特遣舰队第4支队

- ★ 舰队航母"企业"号、"富兰克林"号
- ★ 轻型航母"贝劳森林"号、"圣哈辛托"号
- ★ 战列舰"亚拉巴马"号、"华盛顿"号
- ★ 重巡洋舰"新奥尔良"号、"威基塔"号
- ★ 驱逐舰"巴格利"号、"卡珀顿"号、"科格斯韦尔"号、"格瑞德里"号、"赫尔姆"号、"英格索尔"号、"纳普"号、"莫里"号、"麦考尔"号、"马格福德"号、"尼克尔森"号、"帕特森"号、"拉尔夫·塔尔博特"号、"斯旺森"号、"威尔克斯"号

第34特遣舰队（TF 34）

第34特遣舰队第1支队（TG 34.1）

- ★ 战列舰"亚拉巴马"号、"依阿华"号、"马萨诸塞"号、"新泽西"号、"南达科他"号、"华盛顿"号

第34特遣舰队第2支队（TG 34.2）（部署右翼）

- ★ 轻巡洋舰"比洛克西"号、"迈阿密"号、"文森斯"号
- ★ 第50驱逐舰中队的驱逐舰"米勒"号、"欧文"号（Owen）、"沙利文兄弟"号、"廷吉"号、"希克考斯"号、"亨特"号、"刘易斯·汉考克"号、"马歇尔"号

第34特遣舰队第3支队（TG 34.3）（先导）

- ★ 重巡洋舰"新奥尔良"号、"威基塔"号
- ★ 第52驱逐舰中队的驱逐舰"科格斯韦尔"号、"卡珀顿"号、"英格索尔"号、"纳普"号

第34特遣舰队第4支队（TG 34.4）

- ★ 轻巡洋舰"莫比尔"号、"圣菲"号
- ★ 第52驱逐舰中队的驱逐舰"克拉伦斯·布朗森"号、"科腾"号、"多奇"号、"巴格利"号、"帕特森"号

第34特遣舰队第5支队（TG 34.5），10月25日 [3]

- ★ 战列舰"依阿华"号、"新泽西"号
- ★ 轻巡洋舰"比洛克西"号、"迈阿密"号、"文森斯"号
- ★ 驱逐舰"希克考斯"号、"亨特"号、"刘易斯·汉考克"号、"马歇尔"号、"米勒"号、"欧文"号（*Owen*）、"沙利文兄弟"号、"廷吉"号

第38特遣舰队，1944年10月27日以后 [4]

第38特遣舰队第1支队

10月27日编成

- ★ 舰队航母"汉考克"号、"大黄蜂"号、"黄蜂"号
- ★ 轻型航母"考伯恩斯"号、"蒙特里"号
- ★ 重巡洋舰"波士顿"号、"切斯特"号、"彭萨科拉"号、"盐湖城"号
- ★ 轻巡洋舰"奥克兰"号、"圣迭戈"号
- ★ 驱逐舰"贝尔"号、"博伊德"号、"布朗"号、"伯恩斯"号、"凯斯"号、"卡辛"号、"沙雷特"号、"康诺"号、"考埃尔"号、"卡明斯"号、"唐斯"号、"邓立普"号、"范宁"号、"伊扎德"号

变动情况

10月27日
- · 离队：舰队航母"汉考克"号

10月28日
- · 离队：驱逐舰"考埃尔"号

10月29日
- · 离队：重巡洋舰"波士顿"号、"切斯特"号、"彭萨科拉"号、"盐湖城"号，驱逐舰"凯斯"号、"卡辛"号、"卡明斯"号、"唐斯"号、"邓立普"号、"范宁"号

10月30日
- · 加入：驱逐舰"布卢"号、"德黑文"号（*De Haven*）、"马多克斯"号（*Maddox*）、"曼斯菲尔德"号（*Mansfield*）、"陶西格"号（*Taussig*）

11月2日
- · 离队：轻巡洋舰"奥克兰"号、"圣迭戈"号
- · 加入：战列舰"南达科他"号，重巡洋舰"路易斯维尔"号、"波特兰"号，驱逐舰"布拉什"号（*Brush*）、"莱曼·斯旺森"号（*Lyman K.Swenson*）、"马歇尔"号、"米勒"号

11月4日

· 离队：战列舰"南达科他"号，驱逐舰"马歇尔"号、"米勒"号

· 加入：战列舰"亚拉巴马"号、"马萨诸塞"号

11月5日

· 加入：驱逐舰"斯伯恩斯"号（Spence）

11月7日

· 离队：舰队航母"黄蜂"号，轻型航母"蒙特里"号，重巡洋舰"路易斯维尔"号，轻巡洋舰"奥克兰"号，驱逐舰"博伊德"号、"布朗"号

· 加入：舰队航母"约克城"号，驱逐舰"科利特"号、"塞缪尔·摩尔"号（Samuel N.Moore）

11月13日

· 加入：舰队航母"黄蜂"号、驱逐舰"博伊德"号、"布朗"号

11月16日

· 离队：舰队航母"大黄蜂"号，驱逐舰"贝尔"号、"伯恩斯"号

11月18日

· 离队：驱逐舰"沙雷特"号

· 加入：轻巡洋舰"奥克兰"号

11月19日

· 离队：战列舰"亚拉巴马"号

11月20日

· 离队：轻巡洋舰"奥克兰"号，驱逐舰"布卢"号、"博伊德"号、"布朗"号、"考埃尔"号

· 加入：战列舰"亚拉巴马"号，轻巡洋舰"帕萨迪纳"号（Pasadena），驱逐舰"戴森"号（Dyson）、"麦考尔"号、"索恩"号、"韦尔斯"号

11月21日

· 离队：重巡洋舰"波士顿"号、"波特兰"号，驱逐舰"康诺"号、"伊扎德"号、"麦考尔"号

11月23日

· 加入：驱逐舰"斯托克姆"号、"韦德伯恩"号、"亚纳尔"号

11月24日

· 离队：轻巡洋舰"帕萨迪纳"号，驱逐舰"斯托克姆"号、"韦德伯恩"号、"亚纳尔"号

· 加入：重巡洋舰"巴尔的摩"号、"旧金山"号，轻巡洋舰"圣胡安"号，驱逐舰"布卢"号

11 月 29 日

・ 离队：驱逐舰"索恩"号

・ 加入：驱逐舰"布坎南"号、"霍比"号（Hobby）、"撒切尔"号（Thatcher）

11 月 30 日编成 [5]

★ 舰队航母"黄蜂"号、"约克城"号

★ 轻型航母"考伯恩斯"号

★ 战列舰"亚拉巴马"号、"马萨诸塞"号

★ 重巡洋舰"巴尔的摩"号、"旧金山"号

★ 轻巡洋舰"圣胡安"号

★ 驱逐舰"布卢"号、"布拉什"号、"布坎南"号、"科利特"号、"德黑文"号、"戴森"号、"霍比"号、"莱曼·斯旺森"号、"马多克斯"号、"曼斯菲尔德"号、"塞缪尔·摩尔"号、"斯伯恩斯"号、"陶西格"号、"撒切尔"号、"韦尔斯"号

第38特遣舰队第2支队

10 月 27 日

★ 舰队航母"无畏"号

★ 轻型航母"卡伯特"号、"独立"号

★ 战列舰"亚拉巴马"号、"马萨诸塞"号、"华盛顿"号

★ 驱逐舰"科拉汉"号、"库欣"号、"哈尔西·鲍威尔"号、"斯托克姆"号、"特文宁"号、"乌尔曼"号、"韦德伯恩"号、"亚纳尔"号

变动情况

10 月 27 日

・ 加入：舰队航母"汉考克"号，战列舰"依阿华"号、"新泽西"号，轻巡洋舰"比洛克西"号、"迈阿密"号、"文森斯"号，驱逐舰"希克考斯"号、"亨特"号、"刘易斯·汉考克"号、"马歇尔"号、"米勒"号、"欧文"号（Owen）、"沙利文兄弟"号、"廷吉"号

10 月 28 日

・ 离队：战列舰"亚拉巴马"号、"马萨诸塞"号、"华盛顿"号

10 月 31 日

・ 离队：驱逐舰"马歇尔"号、"米勒"号

11 月 4 日

・ 加入：驱逐舰"马歇尔"号、"米勒"号

11 月 5 日

・ 离队：驱逐舰"韦德伯恩"号

11月7日

· 离队：轻巡洋舰"比洛克西"号，驱逐舰"科拉汉"号、"希克考斯"号、"刘易斯·汉考克"号

· 加入：舰队航母"黄蜂"号，重巡洋舰"路易斯维尔"号，驱逐舰"博伊德"号、"布朗"号

11月9日

· 加入：轻巡洋舰"帕萨迪纳"号

11月10日

· 加入：驱逐舰"卡珀顿"号、"科格斯韦尔"号、"科拉汉"号、"希克考斯"号、"刘易斯·汉考克"号、"纳普"号

11月11日

· 加入：驱逐舰"拉尔夫·塔尔博特"号

11月12日

· 加入：驱逐舰"哈尔福德"号

11月13日

· 加入：驱逐舰"马格福德"号

11月14日

· 离队：重巡洋舰"路易斯维尔"号，驱逐舰"科拉汉"号、"马歇尔"号、"乌尔曼"号

11月15日

· 离队：驱逐舰"哈尔福德"号、"纳普"号、"卡珀顿"号、"科格斯韦尔"号

11月16日

· 离队：轻巡洋舰"帕萨迪纳"号，驱逐舰"马格福德"号、"拉尔夫·塔尔博特"号、

· 加入："贝纳姆"号、"斯蒂芬·波特"号

11月17日

· 加入：驱逐舰"马歇尔"号、"乌尔曼"号、"韦德伯恩"号

11月18日

· 离队：驱逐舰"特文宁"号

11月20日

· 离队：驱逐舰"贝纳姆"号、"库欣"号、"哈尔西·鲍威尔"号、"乌尔曼"号

· 加入：驱逐舰"博伊德"号、"布朗"号、"库珀"号、"考埃尔"号

11月21日

· 离队：驱逐舰"库珀"号

· 加入：驱逐舰"科拉汉"号（一说11月23日加入）

11 月 23 日
- 离队：驱逐舰 "斯托克姆" 号、"韦德伯恩" 号、"亚纳尔" 号、
- 加入：驱逐舰 "卡普斯" 号（*Capps*）、"大卫·泰勒" 号（*David W.Taylor*）、"约翰·亨利" 号（*John D.Henley*）

11 月 24 日
- 离队：驱逐舰 "亨特" 号

11 月 27 日
- 离队：驱逐舰 "科拉汉" 号

11 月 28 日
- 加入：驱逐舰 "埃文斯" 号（*Evans*）

11 月 29 日
- 加入：驱逐舰 "亨特" 号

11 月 30 日
- 离队：舰队航母 "无畏" 号
- 加入：舰队航母 "列克星敦" 号

11 月 30 日编成

- ★ 舰队航母 "汉考克" 号、"列克星敦" 号
- ★ 轻型航母 "卡伯特" 号、"独立" 号
- ★ 战列舰 "依阿华" 号、"新泽西" 号
- ★ 轻巡洋舰 "迈阿密" 号、"文森斯" 号
- ★ 驱逐舰 "博伊德" 号、"布朗" 号、"卡普斯" 号、"考埃尔" 号、"大卫·泰勒" 号、"埃文斯" 号、"希考克斯" 号、"亨特" 号、"约翰·亨利" 号、"刘易斯·汉考克" 号、"马歇尔" 号、"米勒" 号、"欧文" 号（*Owen*）、"斯蒂芬·波特" 号、"沙利文兄弟" 号、"廷吉" 号

第38特遣舰队第3支队

10 月 27 日编成

- ★ 舰队航母 "埃塞克斯" 号、"列克星敦" 号
- ★ 轻型航母 "兰利" 号
- ★ 轻巡洋舰 "莫比尔" 号、"雷诺" 号、"圣菲" 号
- ★ 驱逐舰 "卡拉汉" 号、"卡珀顿" 号、"卡辛·扬" 号、"克拉伦斯·布朗森" 号、"科格斯韦尔" 号、"科腾" 号、"多奇" 号、"希利" 号、"英格索尔" 号、"纳普" 号、"劳斯" 号、"朗格肖" 号、"波特菲尔德" 号、"普雷斯顿" 号

变动情况

10 月 28 日

· 加入：战列舰"亚拉巴马"号、"马萨诸塞"号、"华盛顿"号

10 月 30 日

· 加入：舰队航母"提康德罗加"号，驱逐舰"加特林"号、"普利切特"号

11 月 3 日

· 离队：轻巡洋舰"雷诺"号，驱逐舰"卡珀顿"号、"纳普"号

11 月 4 日

· 离队：战列舰"亚拉巴马"号、"马萨诸塞"号，驱逐舰"科格斯韦尔"号

· 加入：战列舰"南达科他"号

11 月 7 日

· 离队：舰队航母"列克星敦"号

· 加入：战列舰"北卡罗来纳"号，轻巡洋舰"比洛克西"号，驱逐舰"贝纳姆"号、"斯蒂芬·波特"号

11 月 15 日

· 离队：驱逐舰"贝纳姆"号、"斯蒂芬·波特"号

11 月 16 日

· 加入：驱逐舰"哈尔福德"号、"纳普"号

11 月 17 日

· 离队：驱逐舰"哈尔福德"号

11 月 18 日

· 加入：驱逐舰"卡珀顿"号、"科格斯韦尔"号

11 月 21 日

· 加入：驱逐舰"卡普斯"号、"大卫·泰勒"号、"约翰·亨利"号

11 月 30 日编成

★ 舰队航母"埃塞克斯"号、"提康德罗加"号

★ 轻型航母"兰利"号

★ 战列舰"北卡罗来纳"号、"南达科他"号

★ 轻巡洋舰"比洛克西"号、"莫比尔"号、"圣菲"号

★ 驱逐舰"卡拉汉"号、"卡珀顿"号、"卡辛·扬"号、"克拉伦斯·布朗森"号、"科格斯韦尔"号、"科腾"号、"多奇"号、"希利"号、"英格索尔"号、"纳普"号、"劳斯"号、"朗格肖"号、"波特菲尔德"号、"普利切特"号

第38特遣舰队第4支队

10月27日编成

★ 舰队航母"企业"号、"富兰克林"号

★ 轻型航母"贝劳森林"号、"圣哈辛托"号

★ 重巡洋舰"新奥尔良"号、"威基塔"号

★ 驱逐舰"巴格利"号、"布拉什"号、"格瑞德里"号、"赫尔姆"号、"莱曼·斯温森"号、"莫里"号、"麦考尔"号、"马格福德"号、"帕特森"号、"拉尔夫·塔尔博特"号

变动情况

10月28日

· 加入：战列舰"南达科他"号

10月31日

· 加入：驱逐舰"马歇尔"号、"米勒"号

11月2日

· 离队：列舰"南达科他"号，驱逐舰"马歇尔"号、"米勒"号

· 加入：重巡洋舰"明尼阿波利斯"号，轻巡洋舰"圣迭戈"号，驱逐舰"索恩"号、"韦尔斯"号

11月3日

· 加入：舰队航母"约克城"号，驱逐舰"科利特"号、"英格拉哈姆"号（Ingraham）、"奥布赖恩"号（O'Brien）、"塞缪尔·摩尔"号（Samuel N.Moore）

11月4日

· 加入：驱逐舰"考埃尔"号、"戴森"号

11月5日

· 加入：战列舰"北卡罗来纳"号，驱逐舰"艾伦·萨默"号（Allen M.Summer）、"巴顿"号（Barton）、"库珀"号、"拉菲"号（Laffey）、"莫阿尔"号（Moale）、"沃克"号（Walke）

11月6日

· 加入：舰队航母"邦克山"号，驱逐舰"贝纳姆"号、"斯蒂芬·波特"号

11月7日

· 离队：舰队航母"约克城"号，战列舰"北卡罗来纳"号，驱逐舰"贝纳姆"号、"科利特"号、"考埃尔"号、"塞缪尔·摩尔"号、"斯蒂芬·波特"号

11月15日

· 加入：轻型航母"蒙特里"号，轻巡洋舰"奥克兰"号

11 月 16 日
- 离队：舰队航母"邦克山"号，重巡洋舰"明尼阿波利斯"号
- 加入：舰队航母"大黄蜂"号，轻巡洋舰"帕萨迪纳"号

11 月 18 日
- 离队：轻巡洋舰"奥克兰"号，驱逐舰"英格拉哈姆"号

11 月 19 日
- 加入：战列舰"亚拉巴马"号

11 月 20 日
- 离队：战列舰"亚拉巴马"号，轻巡洋舰"帕萨迪纳"号，驱逐舰"库珀"号、"戴森"号、"索恩"号、"韦尔斯"号
- 加入：轻巡洋舰"奥克兰"号，驱逐舰"布卢"号、"库欣"号、"哈尔西·鲍威尔"号、"乌尔曼"号

11 月 22 日
- 加入：舰队航母"列克星敦"号

11 月 24 日
- 离队：驱逐舰"布卢"号
- 加入：轻巡洋舰"帕萨迪纳"号，驱逐舰"斯托克姆"号、"韦德伯恩"号、"亚纳尔"号

11 月 25 日
- 加入：驱逐舰"弗兰克斯"号、"哈格德"号、"黑兹尔伍德"号、"麦科德"号、"特雷森"号（*Trathen*）

11 月 26 日
- 加入：重巡洋舰"阿斯托里亚"号

11 月 27 日
- 离队：驱逐舰"艾伦·萨默"号、"巴顿"号、"拉菲"号、"莫阿尔"号、"奥布赖恩"号、"沃克"号
- 加入：驱逐舰"科拉汉"号

11 月 29 日
- 离队：驱逐舰"特文宁"号、"乌尔曼"号

11 月 30 日
- 离队：舰队航母"列克星敦"号

11 月 30 日编成
- ★ 舰队航母"大黄蜂"号
- ★ 轻型航母"蒙特里"号

★ 重巡洋舰"阿斯托里亚"号、"新奥尔良"号

★ 轻巡洋舰"奥克兰"号、"帕萨迪纳"号、"圣迭戈"号

★ 驱逐舰"贝纳姆"号、"科拉汉"号、"库欣"号、"弗兰克斯"号、"哈格德"号、"哈尔西·鲍威尔"号、"黑兹尔伍德"号、"麦科德"号、"斯托克姆"号、"特雷森"号、"韦德伯恩"号、"亚纳尔"号

注：

[1] ADM199/1493，第230页。

[2] "普林斯顿"号在当天沉没，"伯明翰"号、"加特林"号、"欧文"号（Irwin）及"莫里森"号奉命返回乌利西。

[3] ADM199/1494，第316页。

[4] ADM199/1493，第286—288页。

[5] "圣迭戈"号并没有出现在第1支队的序列中，但是该舰在11月2日加入第2支队，可以肯定是在当天离开第1支队的。根据舰队的战报，"黄蜂"号、"博伊德"号、"布朗"号在11月18日归队，但这是错误的。"黄蜂"号在11月13日归队（见莫里森《海军史》第十二卷第349页），推测"博伊德"号、"布朗"号跟随"黄蜂"号归队。根据记录，10月27日"考埃尔"号在第1支队序列，但该舰又在11月7日加入第1支队，后于11月20日离队。《美国海军战斗舰艇词典》第二卷199页称其在返回第1支队前曾跟随"堪培拉"号和"休斯敦"号，并在10月28日返回乌利西，然后被派遣去执行其他任务。

附录G　第38特遣舰队舰载机保有量，1944年10月9日

支队及航母	战斗机						俯冲轰炸机			水平轰炸机				总计
	F6F-3	F6F-3N	F6F-3P	F6F-5	F6F-5N	F6F-5P	F6F-3	F6F-5	SB2C-3	TBF-1C	TBF-1D	TBM-1C	TBM-1D	
第38特遣舰队第1支队														
舰队航母"大黄蜂"号	11	2	1	21	2	3	—	—	25	1	—	17	—	83
舰队航母"黄蜂"号	30	3	2	7	1	—	3	7	25	5	1	11	1	96
轻型航母"考伯恩斯"号	—	—	—	25	—	1	—	—	—	—	—	9	—	35
轻型航母"蒙特里"号	—	—	—	21	—	—	—	—	—	—	—	9	—	30
支队总数	41	5	3	74	3	4	3	7	50	6	1	46	1	244
第38特遣舰队第2支队														
舰队航母"邦克山"号	27	4	—	14	4	—	—	—	24	—	—	17	1	91
舰队航母"汉考克"号	—	—	—	37	4	—	—	—	42	—	—	18	—	101
舰队航母"无畏"号	—	5	—	36	—	3	—	—	28	1	—	17	—	90
轻型航母"卡伯特"号	3	—	—	18	—	—	—	—	—	—	—	9	—	30
轻型航母"独立"号	3	—	—	2	14	—	—	—	—	—	—	—	8	27
支队总数	33	9	—	107	22	3	—	—	94	1	—	61	9	339
第38特遣舰队第3支队														
舰队航母"埃塞克斯"号	22	3	2	23	1	—	—	—	25	15	—	5	—	96
舰队航母"列克星敦"号	14	2	1	22	1	1	—	—	30	—	—	18	—	89
轻型航母"兰利"号	19	—	—	6	—	—	—	—	—	—	—	9	—	34
轻型航母"普林斯顿"号	18	—	—	7	—	—	—	—	—	—	—	9	—	34
支队总数	73	5	3	58	2	1	—	—	55	15	—	41	—	253
第38特遣舰队第4支队														
舰队航母"企业"号	—	4	—	36	—	—	—	—	34	—	—	19	—	93
舰队航母"富兰克林"号	1	3	—	30	1	4	—	—	31	—	—	18	—	88
轻型航母"贝劳森林"号	—	—	—	24	—	1	—	—	—	—	—	9	—	34
轻型航母"圣哈辛托"号	14	—	—	5	—	—	—	—	—	—	—	7	—	26
支队总数	15	7	—	95	1	5	—	—	65	—	—	53	—	241
第38特遣舰队总数	162	26	6	334	28	13	3	7	264	22	1	201	10	1077
各机型总数	569						274			234				1077

资料来源：莫里森，《海军史》第十二卷，第424—429页。

附录 H 日军在莱特湾海战中的损失，1944年10月22日至10月28日

舰艇数量	所属部队、分类	1944年10月22日至10月24日沉没	1944年10月25日沉没	1944年10月26日至28日沉没	1944年10月29日至11月30日沉没	1944年11月1日至1945年8月15日沉没	1945年8、9月幸存、投降
	北路部队						
2	战列舰	—	—	—	—	2	—
1	舰队航母	—	1	—	—	—	—
3	轻型航母	—	3	—	—	—	—
—	重巡洋舰	—	—	—	—	—	—
3	轻巡洋舰	—	1	—	—	2	—
4	驱逐舰	—	2	—	2	—	—
4	海防舰	—	—	—	—	1	3
17	总数	—	7	—	2	5	3
	中路部队						
5	战列舰	1	—	—	1	2	1
10	重巡洋舰	2	3	—	1	2	2
2	轻巡洋舰	—	—	1	—	1	—
15	驱逐舰	—	—	3	6	5	1
32	总数	3	3	4	8	10	4
	南路部队						
2	战列舰	—	2	—	—	—	—
3	重巡洋舰	—	1	—	1	1	—
1	轻巡洋舰	—	—	1	—	—	—
8	驱逐舰	—	3	1	1	2	1
14	总数	—	6	2	2	3	1

（续表）

舰艇数量	所属部队、分类	1944年10月22日至24日沉没	1944年10月25日沉没	1944年10月26日至28日沉没	1944年10月29日至11月30日沉没	1944年11月1日至1945年8月15日沉没	1945年8、9月幸存、投降
配属部队							
1	重巡洋舰	—	—	—	—	1	—
1	轻巡洋舰	—	—	1	—	—	—
4	驱逐舰	1	—	1	1	1	—
6	总数	1	—	2	1	2	—
总计							
9	战列舰	1	2	—	1	4	1
1	舰队航母	—	1	—	—	—	—
3	轻型航母	—	3	—	—	—	—
14	重巡洋舰	2	4	—	2	4	2
7	轻巡洋舰	—	1	1	—	3	2
31	驱逐舰	1	5	4	10	8	3
4	海防舰	—	—	3	—	1	—
69	**总数**	**4**	**16**	**8**	**13**	**20**	**8**
	保有量	65	49	41	28	8	—
14	潜艇	1	—	3	2	7	1
13	海防舰	—	—	—	1	7	5
10	油船	—	1	1	4	4	—

附录 I　哈尔西追亡逐北：最后的一两句话

　　哈尔西决定带领麾下的3个航母支队跟随小泽的机动部队北上，导致圣伯纳迪诺海峡门户洞开。这个决定总会引起争议，并且至今都没有盖棺定论。本书的最后有两组评论，之所以放在这里，是因为它们并不适合列入正文。

　　在北方，战事按照剧本进行：小泽部队扮演了诱饵的角色，吸引了米切尔的航母与哈尔西在南下时派遣的巡洋舰和驱逐舰，占据了四艘航母和两艘驱逐舰的兵力。关于哈尔西最初决定全力向北进军而不是在圣伯纳迪诺海峡留下舰队，尼米兹在他的官方报告（第18段）[1] 中表示，有三个理由集中战列舰部队：为航母提供全面的防空支援；对付在扫荡阶段可能遇到的任何残缺的敌方单位；对抗"日向"号和"伊势"号。最后一个目的看起来相当特殊，而且引出了一个独特的论点：像"日向"号、"伊势"号这样的舰艇能在面对三个特遣支队的舰载机时接近美军，让美军航母身处险境。很难相信尼米兹真的认为所有六艘战列舰都需要用来对抗"日向"号和"伊势"号。

　　尼米兹论述道：

　　　　20.……如果不需要在其他地方分兵，那么就应该使用压倒性的力量而不是适度的优势力量。在这里，我们必须再次避免假设战列舰部队在24日晚就能明确地知道的日军中路部队的动向，因为事实证明这是25日上午的事。

　　毫无疑问，尼米兹在表达这种观点时是正确的，即动用具有压倒性优势的兵力而不是中等优势的兵力，但需要注意的是，这有个前提，即其他地方不需要分配兵力，这非常重要，而且圣伯纳迪诺海峡确实需要战列舰。有人可能对此持有异议，但尼米兹接下来的论述证明了这一点。10月24日晚，美军就已经悉知栗田部队正在向东进逼圣伯纳迪诺海峡。当时日本人的意图可能不像次日早晨那样被"明确地悉知"，但如果栗田抵达海峡以东都不足以让战列舰部队留下设防的话，还有什么其他的事能留下这支队伍呢？哈尔西的观点——日军可能取得的任何成功都微不足道且很容易被逆转，是以这样的假设为前提的：10月24日晚上美军清楚地知道日军的意图。尼米兹的观点看起来没有逻辑基础，他这样论述：

> 21.……杜博斯海军少将指挥一支由2艘重巡洋舰、2艘轻巡洋舰外加数艘驱逐舰组成的小型水面部队，负责收拾所有失去动力的敌舰。
>
> 22. 如果整个第34特遣舰队能够继续追击，而非在11时08分左右掉头，将会比杜博斯海军少将指挥的4艘巡洋舰及驱逐舰推得更快，继而逮到更多受损、失去动力的日舰，甚至可能已经逮到据报告说已高速转向的"伊势"号、"日向"号。在追击、扫荡的过程中，整个第34特遣舰队是否能比北上的两艘快速战列舰外加巡洋舰、驱逐舰做得更好，是个很好的争论主题。
>
> 23. 在讨论第38特遣舰队整个炮击力量北上而不是分兵一部监视日军中路部队的好处时，最具争议的地方是，留下战列舰后是不是需要再分出一些航母为它们提供空中掩护。这会减少第38特遣舰队的航母数量，继而可能降低对北方之敌的打击力度。多少航母算是够用？为第34特遣舰队提供战斗空中巡逻对第38特遣舰队的攻击力量来说有多重要？这仍旧值得讨论。
>
> 24. 分兵的做法通常都会引来争议……

尼米兹的陈述也许会引起错误的评论。在追击日军战舰方面，一支满编的战列舰部队很难比哈尔西在南下时指派给航母的支援部队做得更多。在10月25日中午和下午早些时候集中战列舰部队是否可以彻底击垮小泽部队，这是很值得怀疑的。此外，很难相信一支完全集中的部队，包括不在第34特遣舰队第5支队序列中的4艘战列舰，能够在傍晚时分，于"初月"号沉没处追上小泽的残余部队。[2] 如果再次发生接触，那么日军很可能再牺牲一到两艘驱逐舰，以确保其他舰艇逃脱，小泽部队的残兵不会再遭受更大的损失了。如此看来，美军在恩加诺角没法做得更好了。

自相矛盾的是，支持哈尔西集中兵力的唯一真实论点并非北方可能发生的事情，而是防守海峡的战列舰部队需要航母掩护。尼米兹指出，哈尔西的行为动机并不是保持兵力集中，而是避免分散航母部队。然而，尼米兹对这一特定问题的评论似乎是为了使哈尔西免责，而不是对情况进行任何客观的评估。第38特遣舰队的每艘轻型航母有7到9架复仇者式鱼雷轰炸机，再算上地狱俯冲者式俯冲轰炸机，攻击队共有26至34架飞机。从北上的部队中调走两艘轻型航母，不会显著削弱其攻击力。尼米兹在这里的说辞非常可疑，事实表明航母部队的分兵不会带来任何实质问题。人们会认为李在整件事上都是正确的。

尼米兹的双重断言，即要留下战列舰就必须让一些航空母舰在后方提供空中掩护，以及两艘快速战列舰外加巡洋舰、驱逐舰留在北方，会引出另一个观点。当哈尔西南下时，他带走了六艘战列舰。第34特遣舰队第5支队编组时，该部只有"依阿华"号、"新泽西"号。其他四艘战舰——"亚拉巴马"号、"马萨诸塞"号、"南达科他"号和"华盛顿"号，奉命加入第38特遣舰队第2支队，该支队南下时奉命为第34特遣舰队第5支队提供空中掩护。换句话说，两个航母支队被留在北方，他们的护航舰艇被调派至南下的第34特遣舰队。[3] 在10月24日让航母部队分兵这一做法不可接受，在尼米兹的报告里并未提及。当第二天这种可能性出现时，也没有产生批评的意见。为了避免这一点被忽视，有必要强调，在击沉"千代田"号和"初月"号时，战列舰并没有与巡洋舰、驱逐舰一起行动。换句话说，战列舰并未给航母帮上什么忙，也没有在追击中发挥作用。尼米兹指出投入六艘战列舰将比投入两艘战列舰起到更大的作用，然而事实上从来没有两艘战列舰留在北方。为什么尼米兹持这样的说辞呢？这很值得研究。

很难抵制这样的结论：尼米兹没有对记录进行适当的检查，或者没有弄清事件的真正进展，或者刻意选择了一个片面的记录。最糟糕的可能是，他不如实描述事件，以确保哈尔西不受批评和责备。如果后一种解释是正确的，那么可能是出于两个原因。第一，新兴的空中力量为美国海军投下了阴影，尼米兹要极力维护哈尔西作为"空中海军上将"的形象——当时陆军航空队试图成为一个独立军种，这给美国海军带来了一定的挑战，海军航空兵难于守住原有的地位。[4] 第二，也是对尼米兹的行为的唯一正面解释，这是远见和记忆的结合，这表明尼米兹可能预见到了之后会发生的争论。他试图避免问题的个性化，从而避免圣地亚哥战役（1898年7月）之后的施莱—桑普森（Schley-Sampson）争议再次发生。[5]这场战役开始时，尼米兹已经13年岁了。此后，他加入了一支决定永远不让自己再次陷入如此无拘无束和不完整的境地的海军。[6]也许尼米兹在这个问题上被"严阵以待"（circle-the-wagons）的心态引导。[7]

如果尼米兹的评论带来了理解和接受方面的真正问题，那么这些苍白的理解与哈尔西在写给金的文件中对这些问题的关注是一致的。这份文件藏在卷宗号为ADM199/1494的档案中，名为"'列克星敦'号关于1944年10月24日在锡布延海及1944年10月25日在吕宋岛东与敌军舰队遭遇战的战斗报告"，落款日期为1944年12月23日。它收录在档案的第176至177页，据说是由第三舰队司令发给美国海军作战部长的，经由太平洋舰队总司令转交（即哈尔西通过尼米兹发给金）。该报告的主题被定义为：

第38特遣舰队第3支队关于1944年10月24日至25日菲律宾方面战斗的报告

文件编号是00100，档案编号为A16-3/（11），并且带有如下附件：

第二次备忘录

第38特遣舰队第3支队指挥官密件，编号0090，1944年12月2日

这份文件的落款日期是1945年2月8日。[8]撰写人不记得曾经看过这份文件的任何附件——人们普遍相信这一点，但这毫无疑问会回过头来困扰他。

第一段标示着"如前文所述"，接下来的内容超过16行是关于安排侦察任务的。文件第二页上的第四段也是最后一段指出，鱼雷和炸弹的有效性问题正在考虑之中。相关部分是第三段，内容如下：

基本报告第三段中的建议在　中（原文如此）并不一致。当一个机会出现在敌人舰队所在的大部分地区时，应该使用一切可能的武器来对抗敌人。在空袭过程中可以攻击敌人的先进重型水面击打力量为完全消灭敌军提供了最好的机会。没有证据表明单纯用空袭就可以歼灭整个敌军主力舰队，主张在收拾残局时才出动重型舰只的学说只会让更多的敌方单位逃脱。[9]

有人说哈尔西的这些观察结果引出了四条评论，这可能会结束诸多争论。

首先，"全歼敌军"是非常美式的，非常马汉化的，而且完全不切实际。这似乎可以追溯到菲律宾海海战和对斯普鲁恩斯的批评，需要重申的是，美军在1944年6月的胜利比当时所认识的更为广泛，此外，这一评论可以扩展到1944年美国在太平洋地区取得的一系列胜利。但是，"在海战中全歼敌军"是另外一回事。

其次，哈尔西可能会声称"没有一艘敌军主力舰单独被航空兵突击击沉"，但是1941年12月10日日本海军岸基飞机在中国南海击沉了"威尔士亲王"号和"反击"号。也许按照1944年的标准，英军Z舰队确实名不副实，但是哈尔西没有理由混淆概念。在空袭过程中大型水面舰艇的攻击能为全歼敌军提供最佳机会这一点并不值得考虑。

第三，这种说辞接近于怪诞。[10]如果战列舰果真如此重要，那么舰载机的作用是什么呢，哈尔西在过去三年中又在做什么呢？人们可能会认为，舰载机的全部意义在于避免近距离的战斗，这样的战斗充满了错误的识别和友军误击，并且在问题解决之前让战列舰、巡洋舰和驱逐舰前出寻战不会有问题。事实上，到1944年，海战的结局主要由航空母舰而不是任何其他舰只决定的。哈尔西的声明与战争的经验是相违背的，这着实令人惊讶。除了与幻想和想象相关之外，他的断言没有依据。人们不禁想知道这是否是他打算在10月24日进行的战斗，以及尼米兹在次年5月份的报告中是如何转述哈尔西的声明的。[11]当然，还有一个小问题，即战列舰、巡洋舰和驱逐舰应该如何缩小可能达200海里的接敌距离，以便在空袭过程中攻击敌人，以及航空母舰在这个过程中应该如何自生自灭。

第四点，也是最后一点是，在听到这样的"胡话"之后，金、尼米兹为什么没有将哈尔西从指挥位置上移除。当然，这很好理解：哈尔西是民族英雄，哈尔西是时势英雄，海军需要他来凝聚人心，来和陆军及麦克阿瑟分庭抗礼，来抵消陆军航空队的崛起带来的阴影。但是这一事件的后记显得非常奇怪，这可以在尼米兹本人撰写的关于莱特湾的著作中找到。这本书是尼米兹与波特（E. B. Potter）一起写作、编辑的，书中写道：

> 北方和中路部队的舰艇都能够逃脱，因为在战斗的大部分关键时刻，哈尔西徒劳地带着美军水面部队主力北上，然后在海战中最危险的时刻南下，留下处于劣势的部队对付两个方面的敌军。[12]

人们也许会争辩说，第一、第二游击部队舰艇的逃脱并不是因为美国战列舰部队失去交战机会。我们先抛开这个争议不管，尼米兹的评论似乎非常明确地指责了哈尔西遗漏和失败的责任。当然，我们很难理解"留下处于劣势的部队对付两个方面的敌军"的意思，特别是"两个方面"这几个字。接下来，尼米兹话锋一转，继续写道：

> 莱特湾海战就是第二次世界大战中的特拉法尔加。1944年的哈尔西和金凯德就像1805年的纳尔逊，"最终歼灭了一支有效的日本舰队"。[13]

换句话说，19页之后，以及海战爆发19年后，哈尔西和金凯德共同取得了压倒性的胜利。[14] 从某种意义上说，这是正确的，但是描述这一点的方式明显暗示着哈尔西和金凯德之间心照不宣的合作关系，这是胜利的基础。这似乎会产生一些误导，但是在尼米兹的著作中这是一个小问题。尼米兹（和波特）的观察是完整的，他们提供了一段经过修正的历史记录。显然，尼米兹需要纠正这件事。他经常对1805年10月21日的特拉法尔加海战抱有错误的认识，那次英国风帆战列舰部队与法国、西班牙联合舰队交战并将其击败了。

注：

[1] 太平洋舰队总司令、太平洋战区总司令，《关于1944年10月太平洋战区作战的战斗报告》（ADM 199/1493），附录C。

[2] 在击沉"千代田"号后，巡洋舰、驱逐舰部队以25节航速北上，因此难以看到一支集中起来的、包含北卡罗来纳级、南达科他级的战列舰部队击败北方的日军。"依阿华"号和"新泽西"号是仅有的两艘快速战列舰，战列舰部队一旦与日军相遇，其行踪将被立即通报，其他日舰可能迅速离开战区。

[3] 10月25日，第38特遣舰队第2支队的"无畏"号、"卡伯特"号、"独立"号只有8艘驱逐舰随行，详见 ADM199/1494第316页。

[4] 见托马斯·比尔（Thomas Buell），《海上力量之主：欧内斯特·金五星上将传记》（Mater of Sea Power:A Biography of Fleet Admiral Ernest J.King），第468—479页。笔者感谢迈克尔·科尔斯（Michael Coles），他让笔者注意到这个插曲并指出了各种利害关系。

[5] 圣地亚哥战役和莱特湾海战，以及施莱与金凯德，桑普森与哈尔西似乎有一些奇怪的相似之处。

[6] 感谢约翰·斯威特曼（John Sweetman）提醒笔者施莱与桑普森的争议，并指出可能的关联。

[7] 由衷地感谢美国海军约翰·库恩（John Kuehn）中校为本部分进行指导及提供思路。

[8] 文件第二页有铅笔备注，显示该文件在1945年2月12日14时35分签收，可能是金的办公室。有趣的是，尼米兹写给金的第三份备忘录的标注已经被删掉。

[9] 谢尔曼备忘录中的段落遭到了哈尔西的反对，该内容见于ADM199/1494第178页，原文为"在现代海战模式下，快速战列舰的最好定位是跟随航母，直到空中突击重创敌舰，使其成为战列舰的最佳目标，以及夺取制空权，以便战列舰出击后不再需要战斗空中巡逻的战斗机"。战报编号为F-B2-1/A16-3/Rwg。

[10] 感谢斯潘塞·约翰逊（Spencer Johnson）海军上校审阅本文草稿，他建议将"怪诞"这个词放在一边，使用一个更为尖锐的术语或词语。笔者并没有接受，不过仍然赞赏他的帮助和他的观察。同样感谢杰拉尔德·龙科拉托（Gerard Roncolato）海军上校和斯蒂芬·魏恩加特纳（Steven Weingartner）。

[11] 尼米兹"确信哈尔西现在……赶在航母支队前面，与掉队的日舰、米切尔的航母舰载机留下的受损日舰进行老旧模式的水面战斗"。

[12] E. B. 波特、切斯特·尼米兹（Chester W. Nimitz），《太平洋大胜利：海军与日本斗争》（Triumph in the Pacific: The Navy's Struggle Against Japan），第132页。波特《海权力量：一部海军史》（Sea Power:A Naval History），第795页。

[13] 波特，《海权力量：一部海军史》，第813—814页。

[14] 感谢肯尼思·哈根（Kenneth Hagen）提供宝贵的意见，见将在《从总体战到总体胜利》（From Total War to Total Victory）上刊载的文章。2005年，坎迪尼（Cantigny）博物馆的斯蒂文·魏因加特纳（Steven Weingartner）就此附录的第一部分进行了探讨。

注释

第二章

1. 从巡洋舰的角度来讲，部分人肯定会因为这样的判定而感到惊讶。整体来讲，在菲律宾海海战之中，日方出动了 5 艘舰队航空母舰、4 艘轻型航空母舰、5 艘战列舰、11 艘重巡洋舰和两艘轻巡洋舰；美方拥有 8 艘舰队航空母舰、7 艘轻型航空母舰、7 艘战列舰、8 艘重巡洋舰、13 艘轻巡洋舰和 97 艘驱逐舰。美方舰艇的总数只包含第 58 特遣舰队麾下的舰艇，不包含两栖登陆部队、支援部队和预备舰队中的护航航空母舰、战列舰和巡洋舰。

2. H. P. 威尔莫特，《十二个方案的坟墓：英国海军计划与对日战争，1943—1945 》（*Grave of A Dozen Schemes: British Naval Planning and the War Against Japan, 1943-1945* ），第 110 页。

3. 弗里斯特·C. 波格，《乔治·C. 马歇尔：折磨与希望》（*George C. Marshall: Ordeal and Hope* ），第 255 页。威廉·曼彻斯特，《美国的恺撒：道格拉斯·麦克阿瑟，1880—1964）》（*American Caesar: Douglas MacArthur, 1880-1964* ），第 283 页。另参见 H. P. 威尔莫特，《矛与盾：1942 年 2 月至 6 月日本和盟国的太平洋战略》（*The Barrier and the Javelin: Japanese and Allied Pacific Strategies, February to June 1942*，以下简称《矛与盾》），第 165 页。

4. H. P. 威尔莫特，《矛与盾》，第 186—187 页。

5. 这种说法肯定是对局势的一种笼统概括。另见格雷斯·珀森·海斯，《二战参谋长联席会议的历史：对日战争》（*The History of the Joint Chiefs of Staff in World War Ⅱ: The War against Japan*，以下简称《参联会历史》），特别是第二十二章 " 1944 年早期的东南亚战区和缅甸"（SEAC and Burma in early 1944 ）、第二十三章 "中国在太平洋战役中扮演的角色"（China's Role in the Pacific Campaign ）、第二十六章 "召回史迪威"（The Recall of General Stilwell ）。查尔斯·F. 罗曼诺斯、莱利·桑德兰，《二战中的美国陆军：中缅印战场——史迪威的指挥问题》（*United States Army in World War Ⅱ: China–Burma–India Theater—Stilwell's Command Problems* ），特别是第十章 "面对指挥问题"（Facing the Command Problem ）、第十一章 "1944 年的中国危机"（The China Crisis of 1944 ）和第十二章 "中缅印战场的结局"（The End of CBI Theater ）。芭芭拉·W. 塔琪曼，《抵风之沙：1911—1945 年史迪威和美国在中国的经历》（*Sand against the Wind: Stilwell and the American Experience in China, 1911-1945* ），特别是第十九章 "行事的局限，1944 年 9 月至 11 月"（The Limits of 'Can Do.' September-November 1944 ）。

6. 海耶斯，《参联会历史》，第 603—604 页。

7. E. B. 波特，《尼米兹》（*Nimitz* ），第 310 页。

8. 波特，《尼米兹》，第 311—315 页。约翰·帕拉多斯，《联合舰队解密：二战中的美国情报部门与日本海军之秘史》（*The Combined Fleet Decoded: The Secret History of American Intelligence and the Japanese Navy in World War Ⅱ*，以下简称《联合舰队解密》），第 586 页。

9. 对这些讨论的总论，可参见罗伯特·罗斯·史密斯，《菲律宾的胜利》（*Triumph in the Philippines* ），第 3—17 页。关于最终的方案，可参见克拉克·G. 雷诺兹，《快速航母：打造上天的海军》（*The Fast Carriers: The Forging of an Air Navy*，以下简称《快速航母》），第 248—249 页。

10. 海斯，《参联会历史》，第 613 页。

11. 据美军官方统计，在 1944 年 10 月 20 日至 1945 年 5 月 8 日的战事中，莱特岛和萨马岛上的伤亡人数为 "15584 人阵亡，11991 受伤，89 人失踪"。M. 汉姆林·加农，《莱特岛：重返菲律宾》（*Leyte: The Return to the Philippines*，以下简称《重返菲律宾》），第 367—368 页。

12. 比方说，在整个冲绳岛战役中，美军伤亡人数为 "12520 人死亡或失踪，36631 人受伤"，美国陆军和海军陆战队的非战斗减员为 26211 人。总共有 36 艘战舰被击沉 [参见罗伊·E. 阿普尔曼等人合著的《冲绳岛：最后的战斗》（*Okinawa: The Last Battle* ），第 473 页]。平均来看，在 1941 年 6 月 22 日至 1945 年 5 月 12

日这段时期中的任何一周内，苏联的死亡人数都要多于太平洋上美军的死亡人数。

13. 雷诺兹，《快速航母》，第 240—243 页。雷诺兹强调，运输舰队包含 8 艘货船和 3 艘护航舰艇，舰载机"击沉了 9 艘舰船并且……巡洋舰终结了其余 2 艘舰艇；总共击沉日舰 20000 吨"。有人估计，舰载机击沉了 3 艘运输舰（合计 4002 吨）、4 艘商船（合计 13677 吨）、3 艘陆军运输舰（合计 12348 吨）。同时，舰载机和战舰共同击沉了 1262 吨的护航驱逐舰"松"号（Matsu）。另见汉斯格奥格·延丘拉、迪特尔·荣格、彼得·米夏埃尔合著，《日本帝国海军战舰，1869—1945》（Warships of the Imperial Navy, 1869-1945），在第 152 页中，作者们认为"松"号的沉没没归功于 3 艘美军驱逐舰。

14. 塞缪尔·E. 莫里森，《第二次世界大战美国海军史·第十二卷：莱特岛，1944 年 6 月至 1945 年 1 月》（History of United States Naval Operations in World War II, Vol. XII: Leyte, June 1944-January 1945，以下简称《海军史》），第 19—25 页。皮托（Pitoe）机场之所以相对缓慢地投入作战，是不利的天气状况所致。莫罗泰岛上的日军被击毙和被停147 人，比美军阵亡、失踪和受伤的总人数多一人。预估有另外两百名日军在返回哈马黑拉岛的途中被击毙，因为他们乘坐的小艇被美军的鱼雷艇拦截。10 月 3 日，日军潜艇"吕-41"在莫罗泰附近海域向美军护航驱逐舰"谢尔顿"号（USS Shelton, DE-407）发射鱼雷，美舰随后在拖航中沉入了海底。美军潜艇"海狼"号（USS Seawolf, SS-197）被一架从护航航母"中途岛"号（USS Midway, CVE-63）起飞的舰载机攻击，接着护航驱逐舰"理查德·M. 罗威尔"号（USS Richard M. Rowell, DE-403）也向潜艇发动进攻，"海狼"号便与所有艇员一起沉没了。

15. 到了 1944 年 10 月底，贝里琉岛上的日本驻军被压缩到乌莫布罗格包围圈中。这个包围圈在山脊之上，周长为 600 多码，最高海拔 475 码。战斗一直持续到 11 月 27 日才停止，最后五名日军在 1945 年 2 月 1 日才投降。大约有 13600 名日军被击毙，400 名日军投降。美方的海军陆战一师损失 1250 名官兵，另有 5275 名官兵受伤；第 81 步兵师（81st Infantry Division）中有 542 名官兵阵亡，2750 名官兵受伤。

16. 在作者自己的评估当中，舰载机共击沉了 19 艘战斗舰艇（合计 10887 吨）、13 艘海军辅助舰艇和支援舰艇（两者合计 56677 吨）、19 艘陆军运输舰（合计 81743 吨）和 21 艘商船（合计 61434 吨）。另有 8 艘战斗舰艇（合计 2705 吨）、1 艘支援舰（853 吨）、1 艘陆军运输舰（6382 吨）和 3 艘商船（3483 吨）由于未知原因在 9 月沉没。其中，5 艘战斗舰艇很可能是被舰载机击沉的。这个作者提供的列表应当附上"如有错误，敬请更正"的字样。舰艇列表的问题显易易见：所有数据的来源都是不同的，人们无从得知哪个是绝对正确的，而这些个人的臆测也无法真正地否认其他数据的准确性。人们可能会发现，帕拉多斯撰写的《联合舰队解密》第 600 页提道，在混战中总共有 213250 吨的舰艇被击沉；雷诺兹的《快速航母》第 251 页提道，总共有 67 艘，合计 224000 吨的舰艇被击沉；罗韦尔和许梅尔辛则认为有"150 艘各类舰艇被摧毁和击沉"。而 9 月 21 日至 24 日发生的战事，莫里森并未记录任何战斗过程，也未统计日舰的损失情况。

17. 雷诺兹的《快速航母》第 251 页提道，日本共损失 893 架战机。

18. 哈利·A. 盖利，《贝里琉 1944》（Peleliu 1944），第 189 页。

19. 到目前为止，被航母舰载机击沉的日军战斗舰艇和海上舰只的具体情况，可参见表 2.2。显而易见的是，在 1944 年 9 月之前，美军航空母舰并没有将日本的商船作为打击目标。实际上，航母舰载机对支援舰只的打击比较保守。当然楚克岛除外，因为楚克岛给航母提供了一次大快朵颐的机会。但是在 1944 年 9 月至 11 月期间，航母舰载机摧毁的日军支援舰只的数量，是从开战起到 1944 年 9 月期间的两倍。不过当战事进行到这一阶段的时候，被击沉的支援舰只更为小巧，因此在击沉的吨位上，美军的成果是不到两倍的。

第三章

1. 曾经有人给出过这样的建议。在菲律宾海战之后，海军军令部中就出现了这样的言论："我们帝国的联合舰队已经无力再战，请立即准备重组内阁，以便寻求和平。"约翰·托兰德所著的《崛起的太阳：日本帝国的衰退和没落 1936—1945》（The Rising Sun: The Decline and Fall of the Japanese Empire 1936-1945，以下简称《崛起的太阳》）的第 507 页提到了这一点。该书引用的是 W. D. 迪克森撰写的《菲律宾海海战》

（*The Battle of the Philippine Sea*）第 168 页的内容。但引文的第一句话是："杀了东条和嶋田！"。后者是海军中东条最亲密的伙伴嶋田繁太郎（Shigetarō Shimada）。

2. 说这话的是海军少将小柳富次（Tomiji Koyanagi），言论记载于大卫·C. 埃文斯编著的《二战：旧日本海军军官言论集》（*World War Ⅱ : In the Words of Former Japanese Naval Officers*，以下简称《言论集》）中《日本海军》分册的"莱特湾海战"部分。帕拉多斯的《联合舰队解密》第 584 页也有所涉及。

3. C. 范·伍德沃德，《莱特湾海战》（*The Battle for Leyte Gulf*），第 21 页。

4. 小柳富次的观点，参见埃文斯编著的《言论集》，第 357 页。

5. 帕拉多斯，《联合舰队解密》，第 581 页。

6. 帕拉多斯，《联合舰队解密》，第 588 页。

7. 吉村昭，《"武藏"号战列舰：世界上最大战舰的铸造和陨落》（*Battleship Musashi: The Making and Sinking of the World's Biggest Warship*，以下简称《铸造与陨落》），第 154 页。

8. H. P. 威尔莫特，《第二次世界大战远东战场》（*The Second World War in the Far East*），第 211 页。

9. 这些舰艇列表和统计数字并未将"五百岛"号（Ioshima）和"八十岛"号（Yasoshima）计算在内。这两艘舰本是在 20 世纪 30 年代早期日本为中国建造的"宁海"号和"平海"号。它们在 1938 年下半年被日方俘获并被移交汪伪政府。两舰在 1943 年被日本帝国海军征用："宁海"号更名为"五百岛"号，承担护航任务，1944 年 9 月沉没；"平海"号更名"八十岛"号，1944 年 11 月沉没。

10. 日方依然健在的驱逐舰有：属于峰风级的"秋风"号、"波风"号、"野风"号、"潮风"号和"夕风"号；枞级"莲"号（Hasu）、"栗"号（Kuri）、"栂"号（Tsuga）；属于若竹级的"朝颜"号（Asagao）、"吴竹"号（Kuretake）；神风级"春风"号、"旗风"号和"神风"号；属于睦月级的"卯月"号（Uzuki）和"夕月"号（Yuzuki）。

11. 日方仍然存活的驱逐舰有：属于吹雪级的"曙"号（Akebono）、"浦波"号、"潮"号；属于晓级的"响"号；属于初春级的"初春"号、"初霜"号、"若叶"号；属于白露级的"时雨"号；属于朝潮级的"朝云"号、"霞"号（Kasumi）、"满潮"号（Michishio）、"山云"号（Yamagumo）,属于阳炎级的"天津风"号、"浜风"号、"矶风"号、"野分"号、"不知火"号（Shiranui）、"浦风"号、"雪风"号；属于夕云级的"秋霜"号、"朝霜"号、"藤波"号（Fujinami）、"滨波"号（Hamanami）、"早霜"号、"岸波"号、"清霜"号、"长波"号（Naganami）、"冲波"号（Okinami）；以及单独的"岛风"号。秋月级中剩余的 6 艘舰艇分别为"秋月"号、"冬月"号（Fuyutsuki）、"初月"号（Hatsutsuki）、"霜月"号（Shimotsuki）、"凉月"号（Suzutsuki）、"若月"号（Wakatsuki）。

12. H. P. 威尔莫特，《伟大的远征：第二次世界大战全史新解》（*The Great Crusade: A New Complete History of the Second World War*），第 296—299 页。

13. 伍德沃德，《莱特湾海战》，第 8 页；帕拉多斯，《联合舰队解密》，第 602 页。

14. 帕拉多斯，《联合舰队解密》，第 586 页。

15. 我们应当关注日本两大军种间的协同。战后，菲律宾驻军总司令山下奉文（Tomoyuki Yamashita）否认自己曾知晓海军的作战意图，并抱怨自己岛上的陆军航空兵处于南方军（Southern Area Army）的掌控之下。南方军总司令部位于西贡（Saigon）。参见伍德沃德撰写的《莱特湾海战》第 23—24 页。

16. H. P. 威尔莫特，《1944 年 6 月》（*June 1944*），第 228—230 页；帕拉多斯，《联合舰队解密》，第 583 页。

17. 帕拉多斯，《联合舰队解密》，第 584 页。

18. 小柳富次的论述，参见埃文斯编著的《言论集》，第 335—336 页。

19. 帕拉多斯，《联合舰队解密》，第 585 页。

20. 帕拉多斯，《联合舰队解密》，第 587 页。

21. 我们应当了解，此时的海军航空队仍然在使用过时的战机，因为他们得不到战机的补充。参见雷诺兹，《快速航母》，第 219 页。

22. 海军中将福留繁的言论，收录于埃文斯编著的《言论集》中《日本海军》分册的"台湾空战"这一部分，第 336—337 页。

23. 伍德沃德，《莱特湾海战》，第 16 页。

24. 托马斯·J. 卡特勒，《莱特湾海战，1944 年 10 月 23—26 日，基于历史上对最伟大海战的最新研究成果之戏剧性战事全貌》(The Battle of Leyte Gulf, 23-26 October 1944, The Dramatic Full Story, Based on the Latest Research, of the Greatest Naval Battle in History，以下简称《戏剧性战事全貌》)，第 93 页。小柳富次的论述，埃文斯编著的《言论集》，第 360 页。吉村昭，《铸造与陨落》，第 153 页。埃德温·P. 霍伊特，《莱特湾海战：日本舰队的死亡丧钟》(The Battle of Leyte Gulf: The Death Knell of the Japanese Fleet，以下简称《死亡丧钟》)，第 4—5 页的内容；该书将这段历史放到了 10 月 20 日之后，但这点与日方的史料有冲突。

25. 帕拉多斯，《联合舰队解密》，第 587 页。

26. 帕拉多斯，《联合舰队解密》，第 588 页。

27. 托兰德，《崛起的太阳》，第 539 页。约翰·埃利斯，《冗长战争的一天：1944 年 10 月 25 日这个周三》(One Day in a Very Long War: Wednesday, 25 October 1944，以下简称《冗长战争的一天》)，第 332 页。卡特勒撰写的《戏剧性战事全貌》第 66 页提道，陆军军官在大本营的会议上递交总抗议，他们认为（捷号作战）是浪费菲律宾地区的海军舰队，这种不必要的风险将会导致日本本土打开天窗迎接美军的入侵。陆军少将佐藤贤了（Sato Kenyro）提醒海军军官，联合舰队并不仅属于海军，而且属于整个国家，只有联合舰队才能让敌人有所忌惮。

28. 帕拉多斯，《联合舰队解密》，第 584 页。伍德沃德，《莱特湾海战》，第 21 页。安德里厄·德·阿巴斯撰写的《海军的覆灭：二战中日本天皇的舰队，1941—1945》(Death of a Navy: The Fleets of the Mikado in the Second World War, 1941-1945，以下简称《海军的覆灭》)一书第 164 页引用了丰田副武的话："如果我们在菲律宾被美军打败，就算舰队仍然幸存下来，南方的资源产地仍然会陷入孤立。舰队返回日本本土就无法补给燃油，而如果将它们部署在南方，它们又无法得到弹药和武器装备的补给。因此，舍弃菲律宾而拯救舰队这一举措，是毫无意义的。"

29. 摧毁"大和"号的想法是日本帝国海军在 1945 年 4 月提出的，日本绝不允许这艘以日本古名命名的战舰，在国家战败后依然存活。这一通行的说法流传了数十年。但是乔治·费福尔撰写的《冲绳岛之战：血与弹》(The Battle of Okinawa: The Blood and the Bomb)第 3—5 页提道，日本帝国海军并未指派"大和"号，或是任何一艘水面舰艇，参与冲绳岛的防御作战，特攻作战部队纯粹只是由战机组成的。根据费福尔的描述，天皇在 1945 年 3 月 25 日的作战指示中质问及川古志郎（Koshiro Oikawa）：为什么水面舰艇并未投入作战？这种姿态让天皇的颜面扫地。因此海军重新拟定计划，将"大和"号编入特攻作战的作战序列之中。该书第 10 页有更为准确的阐释："对日本帝国海军来说，他们不可能不落实天皇那具备典型的日式特征的、旁敲侧击般的建议，即水面舰艇必须与'神风'敢死队一道做出牺牲。哪怕他承认战斗舰艇的数量少得可怜，他仍然会觉得自己颜面扫地、不可饶恕。"有趣的是，费福尔在该书 16 页提道，"大和"号具备足够的油料存量以供它从冲绳返航，这一细节刷新了我们的认知。

30. 此外，我们也应该了解，在台湾岛和菲律宾北部上空的空战结束之后，日本帝国陆军认为：航空兵夺取"菲律宾上空短暂的局部制空权就够了。这样就能够确保前往莱特岛进攻地区的援军和补给安全到达。如此一来，原先日军在菲律宾中部和南部进行拖延战术的意图便可以取消了。"参见道格拉斯·麦克阿瑟撰写的《麦克阿瑟上将的报告：西南太平洋战区中的日军行动》(Reports of General MacArthur: Japanese Operations in the Southwest Pacific Area，以下简称《麦克阿瑟的报告》)第二卷第二部分，第 369 页。由于人们对日本和二战的成见，我们很难判断事情的动机是人们所期望得到的答案，还是日军本身的计划，抑或是事后人们即兴创作、合理化解读之后的结果。

31. 1943 年 11 月 24 日至 1944 年 10 月 24 日间，美国海军在太平洋地区损失的舰艇如下：护航航母"利斯康湾"号在 1943 年 11 月 24 日沉没；驱逐舰"珀金斯"号（USS Perkins, DD-377）在同年 11 月 29 日毁于撞击事故；驱逐舰"布朗森"号在同年 12 月 26 日沉没；潜艇"毛鳞鱼"号（USS Capelin, SS-289）在同年 12 月失踪；潜艇救援舰"金刚鹦鹉"号（USS Macaw, ASR-11）在 1944 年 2 月 12 日搁浅并沉没；潜艇"灰湖鲱鱼"号（USS Grayback, SS-208）在同年 2 月 26 日沉没；潜艇"鲑鱼"号（USS Trout, SS-202）在同年 2 月 29 日沉没；潜艇"蝎"号（USS Scorpion, SS-278）在同年 2 月失踪；潜艇"美洲白鲑"号（USS Tullibee, SS-284）在同年 3 月 26 日的事故中沉没；潜艇"鲔鱼"号（USS Gudgeon, SS-211）在同年 4 月失踪；潜艇"鲱鱼"号（USS Herring, SS-233）在同年 6 月 1 日失踪；潜艇"加州鲑鱼"号（USS

Golet, SS-361）在同年 6 月 14 日失踪；潜艇"S-28"号（USS *S-28*, SS-133）在同年 7 月 4 日的演练中失踪；潜艇"锯盖鱼"号（USS *Robalo*, SS-273）在同年 7 月 26 日因内部爆炸沉没；潜艇"日鲈"号（USS *Flier*, SS-250）在同年 8 月 13 日沉没；潜艇"南非鲻鱼"号（USS *Harder*, SS-257）在同年 8 月 24 日被一艘泰国舰艇击沉；高速运输舰"诺亚"号（USS *Noa*, APD-24）在同年 9 月 12 日因撞船事故而沉没；扫雷舰"佩里"号（USS *Perry*, DMS-17）在同年 9 月 13 日沉没；潜艇"海狼"号（USS *Seawolf*, SS-197）在同年 10 月 3 日因友军误击沉没；护航驱逐舰"谢尔顿"号（USS *Shelton*, DE-407）在同年 10 月 3 日沉没；布雷舰"蒙哥马利"号（USS *Montgomery*, DM-17）在同年 10 月 17 日沉没；轻型航母"普林斯顿"号、拖船"索诺玛"号（USS *Sonoma*, ATO-12）和潜艇"鲨鱼"号（USS *Shark*, SS-314）在同年 10 月 24 日沉没，潜艇"镖鲈"号在当天搁浅，而潜艇"刺尾鲷"号（USS *Tang*, SS-306）在当天因事故沉没。整体来讲，美国海军在这段时期丢失了 26 艘舰艇，其中 16 艘为潜艇。在损失的舰艇中，有 8 艘是因为事故，而非因对敌作战沉没；有 4 艘在行动中失踪，沉没原因至今未知。包括 6 艘潜艇在内的 13 艘舰艇，是因为日舰攻击或触发水雷沉没的，另有一艘潜艇被泰国舰艇击沉。

32. 等松春夫（Tohmatsu Haruo）教授在 2001 年 12 月 18 日向作者发来的电子邮件内容。

33. H. P. 威尔莫特，《对日战争：相持阶段，1942 年 5 月—1943 年 10 月》（*The War with Japan: The Period of Balance, May 1942–October 1943*），第 147—148 页。

34. 宇垣缠等合著，《逝去的胜利：海军上将宇垣缠的日记，1941—1945》（*Fading Victory: The Diary of Admiral Matome Ugaki, 1941–1945*，以下简称《逝去的胜利》，本书为宇垣缠《战藻录》的英译版），第 478 页、第 482 页。罗卡尔和许梅尔辛在《海战年表，1939—1945》（*Chronology of the War at Sea, 1939–1945*）第 309 页也有所提及。

35. 为了说明一个史实，我觉得有必要提及这件有意思的事：1942 年 3 月，美军航母舰载机在休恩湾（Huon Gulf）击沉了一艘海岸扫雷舰、一艘辅助扫雷舰、一艘武装商船和一艘运输舰。为了报告美军航母的突出战果，罗斯福在 3 月 18 日写信给丘吉尔称：两艘重巡洋舰被美军击沉；另有一艘轻巡洋舰也被击沉；一艘驱逐舰和一艘扫雷舰"很可能"被美军击沉；两艘驱逐舰遭受重创，也可能沉没了；另有两艘驱逐舰也"大概沉没了"。除此之外，有 5 艘运输舰不是沉没就是遭受了重创；两艘鱼雷艇也许是沉没了；一艘水上飞机母舰被重创。看来，夸大事实并不只是日本人的专长。参见 H. P. 威尔莫特撰写的《矛与盾》第 61—62 页。

36. 伍德沃德在《莱特湾海战》第 18 页提过。第 19 页对"病态的恐惧"和"自我欺骗的传染"有更为详细的描述。

37. 栗田健男对言论的处理方法，参见詹姆斯·A. 菲尔德撰写的《日本人在莱特湾：捷号作战行动》（*The Japanese at Leyte Gulf: The Sho Operation*，以下简称《日本人在莱特湾》）第 29—30 页。对丰田副武和福留繁的评论，可参见帕拉多斯撰写的《联合舰队解密》第 610 页。我们应当注意的是，日方的报道在之后经过了修订。在最终版本里，日方认为他们击伤或击沉了 4 艘美军航母。这显然和 10 月 16 日的陈述相去甚远，最重要的是，这个经过修改的版本产生于莱特湾海战之后。参见菲尔德撰写的《日本人在莱特湾》第 27 页第二条脚注。

38. 帕拉多斯，《联合舰队解密》，第 601 页。

39. 帕拉多斯，《联合舰队解密》，第 585 页。

40. 帕拉多斯，《联合舰队解密》，第 588 页、第 590 页。帕拉多斯在第 621 页提道：第一航空舰队司令大西泷治郎在 10 月 18 日预估，美军的登陆地点是莱特岛的塔克洛班地区。

41. 德·阿巴斯，《海军的覆灭》，第 163 页。

42. 麦克阿瑟，《麦克阿瑟的报告》，第二卷第二部分，第 381 页。日本第 35 军（35th Army）的情报部门预估，美军会在 1944 年 10 月 20 日登陆莱特岛。

43. 菲尔德，《日本人在莱特湾》，第 19 页。

44. 宇垣缠在收到 1945 年 8 月 6 日广岛核爆的消息后认为日本应立即做出反制，他也希望日本能拥有原子弹，参见宇垣缠等合著的《逝去的胜利》第 655 页。宇垣缠作为联合舰队的参谋，早在中途岛战役之前就组织了战役推演，但结果对日本来说不容乐观，参见 H. P. 威尔莫特撰写的《矛与盾》第 111 页。他在莱特湾海战之前的战役推演结束后认为，如果战争真的按照推演的方向进行，那么"我们应该有赢得胜利的机会，就算我们失去了这样的机会，那也应该会走得泰然"。参见帕拉多斯撰写的《联合舰队解密》第588页。

45. 10月18日，脱离粟田健男指挥的舰艇支队还管辖着经过混编的第十六战队，该战队包含了重巡洋舰"青叶"号、轻巡洋舰"鬼怒"号和驱逐舰"浦波"号。其中，"青叶"号正在新加坡入港，并未真正加入粟田舰队。这些舰艇将为前往菲律宾南部的运输船只护航。驱逐舰"若叶"号、"初春"号、"初霜"号在10月20日早上到达彭璐列岛之后，也同样从粟田舰队中脱离了出来。这3艘驱逐舰奉命前往高雄，将第二航空舰队的人员和装备装载上舰，运至菲律宾。因此粟田舰队分为两大部分，第一部分包含了3艘战列舰、6艘重巡洋舰、1艘轻巡洋舰和9艘驱逐舰；第二部分包含2艘战列舰、4艘重巡洋舰、1艘轻巡洋舰和6艘驱逐舰。

46. 帕拉多斯，《联合舰队解密》，第588—589页；伍德沃德，《莱特湾海战》，第22页。小泽舰队包含1艘舰队航母、3艘轻型航母、2艘战列舰、3艘轻巡洋舰、4艘驱逐舰和4艘护航驱逐舰。

47. 帕拉多斯，《联合舰队解密》，第630页。作者在第589—590页评论道："如果小泽的建议被全部采纳，那么莱特湾海战的结局将会发生逆转。"实际上，在这里值得我们考虑和推敲的是，将一个航母编队并入粟田旗下的可能性。西村舰队从粟田舰队中脱离是因为战列舰"扶桑"号和"山城"号。这两艘舰是日本最老的无畏舰，改装年代也最早（20世纪30年代早期），它们的航速比粟田舰队中其他战列舰缓慢不少。参见菲尔德撰写的《日本人在莱特湾》第32页第四条脚注。

48. 帕拉多斯，《联合舰队解密》，第606页；伍德沃德，《莱特湾海战》，第22—23页。

49. 帕拉多斯，《联合舰队解密》，第622—623页。麦克阿瑟在他的《麦克阿瑟的报告》第二卷第二部分第371页提道：10月19日第一航空舰队在菲律宾拥有的所有战力，为5架海军战机和3架陆航战机。

50. 伍德沃德，《莱特湾海战》，第23页。

51. 帕拉多斯，《联合舰队解密》，第620—621页。

第四章

1. 莫里森，《海军史》第十二卷，第86页；雷诺兹，《快速航母》，第258页。

2. 基特·C. 卡特、罗伯特·穆勒，《二战中的美国陆军航空队：战斗年表，1941—1945》（*U.S. Army Air Forces in World War II : Combat Chronology, 1941-1945*，以下简称《美军陆航年表》），1944年10月7日，第468页。

3. 第30特遣舰队第2支队包含重巡洋舰"切斯特"号、"彭萨科拉"号、"盐湖城"号，以及驱逐舰"凯斯"号（USS *Case*, DD-370）、"卡辛"号（USS *Cassin*, DD-372）、"卡明斯"号（USS *Cummings*, DD-365）、"唐斯"号（USS *Downes*, DD-375）、"邓拉普"号和"范宁"号。罗韦尔和许梅尔辛撰写的《海战年表，1939—1945》第308页提供了准确的炮击日期——10月8日。莫里斯撰写的《海军史》第十二卷第87页给出的日期是10月9日。在《美国海军战斗舰艇词典》（*Dictionary of American Naval Fighting Ships*，以下简称《舰艇词典》）第二卷第46页、第48页、第216页、第295页、第306页、第389页以及第五卷第257页的这些条目都把10月9日作为炮击的日期。在"盐湖城"号的条目下，即该词典第六卷第270页中，炮击时间却为9月9日，但这显然是一个笔误。因为条目讲道，它直到10月6日才从马库斯岛出发。

尼米兹在关于1944年10月的战事报告（ADM 199.1493①，第213页）中提道，美军战舰在打击过程中发射了889枚8英寸炮弹和1933枚5英寸炮弹。美军的轰击招来了日本守军密集、持续的还击。这些从18000码以外打来的日方炮弹异常精准，但其中多是近失弹，无一命中美军舰艇。

此次行动后，第30特遣舰队第2支队便在10月16日加入了第38特遣舰队第1支队。直到后者返

---

① 译注：这份报告的全称为"美国太平洋作战战斗报告"（*American Operations in Pacific Ocean: Action Reports*），收录于英国国家档案馆（The National Archives）。ADM是旧时英国海军部（Admiralty）的简称，具体内容可依照英国国家档案馆官网的相关目录进行查询。

回乌利西环礁时，第2支队才从舰队中脱离并加入到了进攻硫磺岛的炮击准备之中。

其后，第30特遣舰队第2支队的第一次舰炮射击在11月11日和12日的午夜展开，不过驱逐舰"邓拉普"号并未参加。该支队于11月8日从乌利西环礁出发。参见ADM 199.1493，第288页。舰炮射击的效果和航母舰载机的空袭比起来相形见绌，在相关的战史记录中，舰炮射击很少被提到，它们的体量和书本的尾注差不多。

在炮击马库斯岛之前，这些舰艇参与了其他炮击任务：6月13日炮击松轮岛（Matua Island）、6月26日炮击幌筵岛（Paramushir Island）、9月3日炮击威克岛（Wake Island）。

4. 莫里森，《海军史》第十二卷，第90—91页；雷诺兹，《快速航母》，第260页。罗韦尔与许梅尔辛在《海战年表，1939—1945》第308—309页报道，航母起飞了1936个架次，但显然这是一处笔误。作者自身统计的战舰和船只损失数字，与莫里森和雷诺兹给出的数字有出入。

5. 莫里森在《海军史》第十二卷第94页提道，美军航母舰载机的损失数量为17架战斗机和6架轰炸机。帕拉多斯撰写的《联合舰队解密》第609页提供了驻扎在中国大陆的超级堡垒式轰炸机空袭台湾岛的日期——10月13日，但实际上空袭是在14日展开的。卡特和穆勒在他们合著的《美军陆航年表》的第895页对某一个概念表示困惑，那就是台湾岛的冈山（Okayama）是否在日本本土。此时的台湾岛被日本占领，当人们在区分台湾岛和日本的时候，很容易忽略这一点。两位作者为了解除自己的疑虑，在2002年1月26日向理查德·哈利恩发送了一份电子邮件。这个问题很快得到了回答，来自美国空军历史支援处（Air Force History Support Office）的伊冯·金凯德（Yvonne Kinkaid）在2002年1月28日回复了作者的疑虑。

6. 莫里森，《海军史》第十二卷，第94页。《舰艇词典》第二卷，第443页。

7. 《舰艇词典》第二卷，第24页；第四卷，第456页。莫里森，《海军史》第十二卷，第94页、第98页。"堪培拉"号在10月27日被拖至马努斯岛进行临时修复，次年2月26日至10月17日期间在波士顿海军船坞（Boston Navy Yard）进行完整的修复。直到1945年底，它都没能重新入役。

8. 《舰艇词典》第三卷，第376页。莫里森，《海军史》第十二卷，第102页。

9. 莫里森，《海军史》第十二卷，第94页。

10. 帕拉多斯，《联合舰队解密》，第590页。

11. 帕拉多斯，《联合舰队解密》，第604—605页。

12. 帕拉多斯，《联合舰队解密》，第607—608页。

13. 莫里森，《海军史》第十二卷，第96页及以后各页。E. B. 波特，《阿利·伯克海军上将生平》（Admiral Arleigh Burke: A Biography，以下简称《阿利·伯克》），第191页。

14. 草鹿龙之介打算在9时25分加强一号作战行动和捷二号作战行动的空中力量。

15. 帕拉多斯，《联合舰队解密》，第606页。

16. 莫里森，《海军史》第十二卷，第94页。《舰艇词典》第二卷，第443页。

17. 帕拉多斯，《联合舰队解密》，第609页。罗韦尔、许梅尔辛，《海战年表，1939—1945》，第309页。

18. 帕拉多斯，《联合舰队解密》，第608页。

19. 福留繁的言论，埃文斯编著，《言论集》，第351页。菲尔德在其撰写的《日本人在莱特湾》第27页提道，在10月13日全天，只有32架次的战机前去执行打击任务；10月14日，数字上升为419架次；10月15日为199架次（这些数字在雷诺兹的《快速航母》的第260页也有所提及）。菲尔德还讲道，在10月14日当天升空的最大规模的进攻波次，包含225架战机，但却未能找到目标。这些数字同样也出现在诺曼·波尔玛撰写的《航空母舰：图说舰载航空兵及其对国际事件的影响》（Aircraft Carriers: A Graphic History of Carrier Aviation and Its Influence on World Events，以下简称《图说航空母舰历史》）一书第381页。

20. 帕拉多斯，《联合舰队解密》，第609—610页。福留繁的言论，埃文斯编著，《言论集》，第352页。后者提道"我们总共升空了761架次的战机，前去对抗敌军航母特遣舰队的水面舰艇单位"。"我们"到底指代谁并不清楚，似乎指代的是第二航空舰队本身。值得注意的是他声称损失了179架战机，在台湾岛上空或是地面上损失了另外150架。这些看起来都是第二航空舰队的。托兰撰写的《崛起的太阳》一书第537页指出，日方在三天的行动之中（即10月12日至14日）损失的战机数量超过500架，雷诺兹在《快速航母》第260页也给出了相同的数字。罗韦尔与许梅尔辛在合著的《海战年表，1939—1945》第

309 页陈述道，在 10 月 12 日至 15 日的战事中，日方共起飞了 881 架次用于进攻的战机。

21. 莫里森，《海军史》第十二卷，第 106 页。罗韦尔、许梅尔辛，《海战年表，1939—1945》，第 309 页。日方的统计数据得到了大家的公认，但是对这个数据的宣告甚是低调。

22. 海军战争学院的分析。迪克森，《菲律宾海海战》，第 168—169 页正文及注释。

23. 伍德沃德，《莱特湾海战》，第 19 页。林三郎（Hayashi Saburo）在他撰写的《皇军：太平洋战争中的日本陆军》(*Kōgun: The Japanese Army in the Pacific War*) 第 208—209 页给出了略微不同的数据。他在书中提供的最终数据为：10 月 12 日，4 艘舰队航母被击沉，1 艘航母受创；11 艘其他舰艇受创。10 月 13 日，3 艘航母被击沉，2 艘航母受创；1 艘其他舰只击沉，9 艘其他舰只受创。10 月 14 日，3 艘航母被击沉，2 艘航母受创；2 艘战列舰被击沉；8 艘其他舰只受创。10 月 15 日，1 艘航母被击沉，3 艘航母受创；1 艘其他舰只受创。10 月 16 日，一艘航母和一艘战列舰受创。综上所述，一共有 11 艘航母和 2 艘战列舰被击沉，9 艘航母和 2 艘战列舰受创。这样的陈述最为鲜明的特征，就是剔除了那些无关紧要的舰艇，只保留了最为重要的舰艇。

24. 莫里森，《海军史》第十二卷，第 109 页。

25. 帕拉多斯，《联合舰队解密》，第 608—609 页。

26. 加农，《重返菲律宾》，第 85 页。

27. 经过修改后，日方的陈述将美军航母的损失降为 3—4 艘，但是直到战斗结束后修改才算完成。参见菲尔德撰写的《日本人在莱特湾》第 27 页第二条脚注。

28. 福留繁的言论，埃文斯编著，《言论集》，第 347 页。相关内容在托兰德的《崛起的太阳》第 536—537 页有部分的引用，而在波尔玛的《图说航空母舰历史》的第 380 页有完整的引用。

29. 莫里森，《海军史》第十二卷，第 100—101 页。

30. 福留繁的言论，埃文斯编著，《言论集》，第 352 页。福留繁写道："在战后……我被告知美军舰队中，只有两艘巡洋舰遭受了重创。到底为什么在我们的报告中会存在对现实如此过分的夸大和扭曲呢？我在知晓了美舰真实的损伤情况后，对两者的差距诧异不已。我们无法回避自己曾经做出这样的报告之责任。"即使我们考虑到这样的一个事实——福留繁自己承认了罪过，并且坚持认为精锐的飞行员应当相信官方数据的三分之一，这些内容仍然无法解释一切，因为福留繁的言论和他在 10 月 12 日亲眼所见的内容对不上。有人怀疑福留繁自己捏造了这一段谎言，但同时我们也无法判断他撒谎的动机。

31. 《舰艇词典》第三卷，第 443 页。

32. 莫里森，《海军史》第十二卷，第 101 页。

33. 埃文斯编著的《言论集》第 351 页，福留繁说道，丰田副武"命令他的整个舰队"——不仅仅是粟田健男的舰队——"竭尽全力追击敌人"。这件事是在日本大本营公布了口军击沉 12 艘巡洋舰及以上吨位的舰艇和 33 艘其他类型的船只这一消息之后发生的。

34. 伍德沃德，《莱特湾海战》，第 20 页。菲尔德在其撰写的《日本人在莱特湾》第 28 页谈道，粟田舰队奉命前往琉球的奄美大岛。

35. 莫里森，《海军史》第十二卷，第 104 页。菲尔德在其撰写的《日本人在莱特湾》第 28 页提道，在 10 月 16 日 9 时整，日方的侦察机在台湾岛以东发现了一个包含两艘大型航母和两艘战列舰的舰艇编队。在 10 时 30 分，侦察机报告："在东面……埋伏着 7 艘航母、7 艘战列舰和 10 艘巡洋舰。"就美方舰艇位置和不同的编队组成来看，日方报告的内容和事实差异巨大。但是报告中提到了美方航母编队的完整性和处于战位的状态，在这方面的准确性是毋庸置疑的。

36. 莫里森，《海军史》第十二卷，第 104 页。《舰艇词典》第三卷，第 376 页。在"休斯敦"号条目下，词典陈述道，"休斯敦"号和"堪培拉"号在 10 月 27 日到达乌利西环礁。"休斯敦"号经过临时的整修之后，便"在 12 月 20 日前往马努斯岛，最终在 1945 年 3 月 24 日到达了纽约海军船坞"。经过大量的改装整修之后，它在 1945 年 11 月重新下水，之后便在战场上扮演次要角色并作训练之用。它于 1947 年 12 月在费城海军船坞退役，1959 年 3 月被拆解。

37. 莫里森，《海军史》第十二卷，第 109 页。波特，《尼米兹》，第 328 页。托兰德，《崛起的太阳》，第 537—538 页。

38. 托兰德，《崛起的太阳》，第 538 页。

39. 加农，《重返菲律宾》，第 23 页。

40. 加农，《重返菲律宾》，第 26 页、第 31—33 页。莫里森在其撰写的《海军史》第十二卷第 65 页提道，在前五天的作战过程中，有 145000 名美军士兵登上了莱特岛，有 55000 名士兵紧随其后。

41. 参与此次作战行动的美军部队有：第 10 军，包含第 1 骑兵师、第 24 步兵师、一个步兵团和两个工兵旅；第 24 军，包含第 7 步兵师和第 96 步兵师；一个步兵团和一个游骑兵营组成的海上预备队；另外还有44600 名支援部队和其他部队的官兵。战略预备队包含了驻扎在霍兰迪亚的第 32 步兵师和驻扎在关岛的第 77 步兵师。总体来讲，北方部队从霍兰迪亚和马努斯岛出发，同时，南方部队从夏威夷群岛出发，途径霍兰迪亚。预备部队和支援舰队被部署在霍兰迪亚、莫罗泰岛和关岛。参与行动的岸基飞机包括432 架 B-24 解放者式轰炸机、116 架 B-25 米切尔式轰炸机、286 架 A-20 波士顿式攻击机、375 架 P-38闪电式战斗机、250 架 P-47 雷电式战斗机、46 架 P-61 黑寡妇式夜间战斗机、111 架侦察机和航空摄影单位，另外还有 336 架 C-47 达科他式运输机。这些战机数据的来源是英国海军、军事和空军观察员。原报告中并未提供关于登陆部队的具体数据，相关内容可参阅 ADM 199.1056。①

42. 杰罗德·E. 惠勒，《第七舰队的金凯德：托马斯·C. 金凯德海军上将传记》(*Kinkaid of the Seventh Fleet: A Biography of Admiral Thomas C. Kinkaid*，以下简称《金凯德》)，第 389—390 页。

43. 莫里森，《海军史》第十二卷，第 118 页。

44. 莫里森撰写的《海军史》第十二卷第 94 页第十条脚注提道，第 38 特遣舰队表明自己击落了 655 架日军战机，而日方承认自身损失了 492 架战机，其中包含 100 架左右的陆军航空兵各型战机。接着，莫里森自然而然地说道，美方的数据大致正确，日方的损失数量在 550 架至 600 架战机之间。莫里森接着陈述道，美方在三天中击沉了 40 艘客轮。很不幸，莫里森的这个轻率的结论不够客观，现实情况是，只有 21 艘舰艇被美方击沉。菲尔德在其撰写的《日本人在莱特湾》第 17 页给出了一组统计数字：10 月 11 日至 16日期间，日方共损失 807 架战机和 26 艘舰艇。

45. 托兰德，《崛起的太阳》，第 538 页。

46. 帕拉多斯在其撰写的《联合舰队解密》第 608—609 页陈述道，日军潜艇奉命在台湾岛附近海域集结，以便干掉受创的美军战舰。但是第六舰队（6th Fleet）的 55 艘潜艇中，只有 16 艘可以投入作战，并且"在集结真正完成之前，麦克阿瑟就会展开莱特岛的两栖登陆，美军的潜艇也会前往该处"。桥本以行（Hashimoto Mochitsura）在他撰写的《沉没：1942—1945 年的日军潜艇舰队往事》(*Sunk: the Story of the Japanese Submarine Fleet 1942–1945*)一书中谈道，"我们潜水战队的生还者接到命令，应在 10 月 11 日于菲律宾地区集结，那里总共有 11 艘潜艇"。它们的名字在第 112—113 列出。两个陈述在日期上存在冲突，但是潜艇总数没有问题。有意思的是，桥本提到在 3 艘正在执行任务的潜艇中，每一艘潜艇都声称自己击沉了一艘舰队航母。

47. 托兰德，《崛起的太阳》，第 538 页。

48. 托兰德，《崛起的太阳》，第 539 页。

49. 菲尔德，《日本人在莱特湾》，第 36 页，第 6 条脚注。雷诺兹在《快速航母》的第 262 页也有所引用。波尔玛在其撰写的《图说航空母舰历史》第 386 页提出了自己的观点，并且这经常被认为是混淆事实的源头。他认为，航母"隼鹰"号、"龙凤"号以及航空战列舰"日向"号和"伊势"号都隶属第四航空战队（4th Carrier Division），但实际上两艘航空战列舰是在 1944 年 5 月 1 日加入第四航空战队的，7 月 10 日"隼鹰"号加入其中，8 月 10 日"龙凤"号加入其中。额外信息可参阅安东尼·J. 沃茨和布莱恩·G. 戈登合著的《日本帝国海军》(*The Imperial Japanese Navy*)的第 55 页、第 190 页和第 194 页。另外两艘在役的航母分

---

① 译注：由于是英方的历史文档，原文中的 A-20 和 C-47 分别采用了英国皇家空军的名称，即"波士顿"(*Boston*)和"达科他"(*Dakota*)，对应的美方原始称呼分别为"浩劫"(*Havoc*)和"空中列车"(*Skytrain*)。ADM 199.1056 作为收录在英国国家档案馆的文档，其全称为"美军登陆菲律宾的报告"(*US Landings in the Philippines: Reports*)。

别为"天城"号和"云龙"号，它们共同组成了第一航空战队（1st Carrier Division）。

50. 这个内容源于勒内·J. 弗兰西昂撰写的《太平洋战争中的日军战机》（*Japanese Aircraft of the Pacific War*）第314—317页。日本只生产了15架紫云式水上侦察机（包括原型机），所有该型飞机全部跟随"大淀"号服役，而"大淀"号在返回本土的过程中没有搭载其他水上飞机的记录。因此，这两个空中单位就是紫云式水上侦察机。"大淀"号本身并不归属小泽舰队，直到10月18日离开了船坞之后，它才被编入其中。它曾经是联合舰队的旗舰，但是当丰田副武上岸之后，"大淀"号便在10月5日奉命与航母一同行动。另可参见菲尔德撰写的《日本人在莱特湾》第36页的内容。

51. 延丘拉等在他们合著的《日本帝国海军战舰，1869—1945》第48页、第51页和第57页给出的航母"瑞鹤"号的机库容量为84架战机，其他3艘轻型航母每艘容纳30架战机。4艘航母加起来一共具有174架战机的容量。我采纳了沃茨等在他们合著的《日本帝国海军》一书第183页、第186页和189页给出的数据，即159架可投入作战的飞机以及15架空闲的战机。

52. 帕拉多斯，《联合舰队解密》，第621页。

53. 帕拉多斯，《联合舰队解密》，第622页。

54. 帕拉多斯，《联合舰队解密》，第620页。

55. 帕拉多斯，《联合舰队解密》，第622页。

56. "麦考利"号于1943年6月30日在伦多瓦（Rendova）附近海域被日军战机发射的鱼雷击中。之后由于误判敌我，6艘鱼雷艇给了它致命一击。我们能够确定，在舰员弃舰之后，"麦考利"号无论如何都会沉入大海。然而，这一事件是两年间为数不多的盟军舰船被日方军机击沉的案例。

57. 伍德沃德，《菲律宾海战》，第32页。加农在其撰写的《重返菲律宾》第41—42页使用了相同的统计数字，但坦克登陆舰除外。他认为坦克登陆舰的数量为21艘，这显然是一处笔误。菲尔德在其撰写的《日本人在莱特湾》一书的第26页讲道："第七舰队……包含了总共738艘舰只。（其中）157艘为战斗舰艇，420艘为两栖登陆舰艇，84艘舰艇用于巡逻、扫雷和水文勘探，另外还有73艘服务船^①。"

第五章

1. 伍德沃德，《莱特湾海战》，第31页。

2. 托兰德，《崛起的太阳》，第543页。伍德沃德，《莱特湾海战》，第32页。在打击开始的头两天，有103000名官兵登岛。

3. 乔治·W. 加兰德、楚门·R. 斯特罗布里奇，《西太平洋军事行动》（*Western Pacific Operations*），第二次世界大战美国海军陆战队官方战史第四卷，第310—311页。玛丽·H. 威廉姆斯，《第二次世界大战美国陆军年表，1941—1945》（*United States Army in World War Ⅱ. Chronology, 1941–1945*）。在12月22日，第77步兵师肃清并攻占了奥尔莫克之后，莱特岛上的大部分战斗在1944年12月中旬顺利结束，扫尾工作是在1945年开始的。这份工作交给了美军第八集团军，该部直到1945年5月8日才完成这项任务。

4. 菲尔德，《日本人在莱特湾》，第30页。霍伊特，《死亡丧钟》，第3页。帕拉多斯，《联合舰队解密》，第628页。上述三本书全都报道，栗田舰队1时在林加港。伍德沃德《莱特湾海战》一书第35页给出的时间是1时45分。吉村昭撰写的《铸造与陨落》并未提供准确的时间。但是以上所有著作都给出了日期：10月18日。莫里森在《海军史》第十二卷第164页提道，栗田舰队离开林加港的日期为10月22日。

5. 帕拉多斯，《联合舰队解密》，第615页。

6. 帕拉多斯，《联合舰队解密》，第622页。

7. 菲尔德在《日本人在莱特湾》第61页提道，第二航空舰队的司令部在10月22日转移至马尼拉，包含350架战机。菲尔德还谈到当地的第四航空军（4th Air Army）的战机数量与第二航空舰队差不多，而大西泷治

---

① 译注：服务船大致指的是拖船，经常于港口和近海服务。

郎麾下的战机已缩减至 100 架左右。上述部队只有半数战机在 10 月 24 日处于可用状态。帕拉多斯在其撰写的《联合舰队解密》第 624 页谈道，福留繁麾下的大约 350 架战机奉命前往菲律宾，另有 48 架"较长航程的轰炸机"奉命驻留在台湾岛。帕拉多斯还提道，在 10 月 22 日 17 时之前，有 178 架战机到达了菲律宾，而在这个时候，大西泷治郎麾下却只有 24 架可参战的战机。陆军航空兵一共装备了 98 架战机。

8. 帕拉多斯，《联合舰队解密》，第 617 页。

9. 莫里森，《海军史》第十二卷，第 156 页。

10. 杰罗米·B. 科恩，《日本的战时经济与重建》(*Japan's Economy in War and Reconstruction*)，第 142 页。科恩在书中谈道，美军航母对楚克岛的空袭（1944 年 2 月 17 日）及对帕劳群岛中的科罗尔岛的空袭（3 月 30 日），共"击沉了联合舰队旗下三分之一的油轮"。似乎这些空袭只击沉了 9 艘油轮，因此在夏季损失的类似舰船也被计入其中。

11. 帕拉多斯，《联合舰队解密》，第 615 页。科恩在《日本的战时经济与重建》第 194 页谈道，1941 年的日本燃油需求有一半由外国油轮提供的。

12. 文莱市（Brunei Town），现被称为斯里巴加湾市（Bandar Seri Begawan），位于北纬 4° 56′、东经 114° 58′。乌卢甘湾位于北纬 10° 04′、东经 118° 47′。科伦岛（Coron Island，现在也被称为 Koron）的位置为北纬 11° 56′、东经 120° 14′。

13. "严岛丸"号、"日荣丸"号、"御室山丸"号、"良荣丸"号、"八纮丸"号和"日邦丸"号的注册吨位皆为 10000 吨，可以一次性运输 13000 吨燃油。"万荣丸"号和"雄凤丸"号的吨位为 5266 吨，每舰最多可携带 7000 吨燃油。日本防卫厅防卫研修所战史室（Japanese National Institute for Defense Studies）在其撰写的官方战史《海军捷号作战》(海軍捷号作戦, *Kaigun shogo sakusen*)第二卷《菲律宾外海海战》(フィリピン沖海戦, *Firipin oki kaisen*)第 62 页谈道，这些舰船中有两艘支持机动状态下的燃油补给。从被击沉的顺序来看，它们是姊妹舰"万荣丸"号和"雄凤丸"号。因为它们携带的燃油不够，栗田无法在行进中加油，他除了在文莱湾等待油轮之外别无选择。

14. 栗田舰队的加油工作于 5 时完成，三小时后舰队出发。10 月 22 日到达的 4 艘油轮，并未参与栗田健男的加油作业。它们在 10 月 28 日之后才加入到补给栗田舰队的行列。"6 艘油轮皆在此时参与了为停靠在文莱湾的栗田舰队加油的作业"这一说法是不准确的，参见波尔玛撰写的《图说航空母舰历史》的第 386 页。

15. 日本防卫厅防卫研修所战史室，《海军捷号作战》第二卷，第 62—63 页、第 71—75 页。

16. 同上，第 65 页、第 67—68 页。尽管它提到了日方的记录，可是矛盾依然存在。油轮是在 11 时 20 分（原书第 68 页）还是在 17 时（原书第 67 页）到达并不确定。看起来不管到达的具体时间如何，它们肯定是赶在计划之前了，也许是因为"雄凤丸"号只携带了 6300 吨的燃油，抑或是因为它的航速比预计的要快一至两节。如果我们忽略油轮到达的时间，那么给舰艇加油消耗的 12 小时时间，本身便可以说明日方曾经试图在舰船行进时加油。

17. 帕拉多斯，《联合舰队解密》，第 628 页。

18. 霍伊特，《死亡丧钟》，第 3 页。莫里森，《海军史》第十二卷，第 167 页。

19. 卡特勒，《戏剧性战事全貌》，第 91 页、第 95 页。霍伊特，《死亡丧钟》，第 37 页。

20. 卡特勒，《戏剧性战事全貌》，第 95 页。霍伊特，《死亡丧钟》，第 84—86 页。

21. 这次会议是在晚饭后的舰队作战简报完成后进行的。宇垣缠陈述道："我麾下的各舰舰长"已经集合完毕。"各舰舰长"只有三个人，也就是第一战队的各战列舰舰长。然而，这也有可能是指第一部队中所有舰艇的舰长。参见宇垣缠的原话，埃文斯等编著的《言论集》第 485 页。

22. 伊藤正德（Ito Masanori），《帝国海军的末日》(*The End of the Imperial Navy*)，第 119 页。帕拉多斯，《联合舰队解密》，第 631 页。

23. 霍伊特的《死亡丧钟》第 5 页和伊藤正德的《帝国海军的末日》第 119—120 页包含了全部内容。

24. 帕拉多斯，《联合舰队解密》，第 629 页。

25. 日本防卫厅防卫研修所战史室，《海军捷号作战》第二卷，第 56—57 页、第 486—490 页。

26. 帕拉多斯，《联合舰队解密》，第 629 页。

27. 帕拉多斯，《联合舰队解密》，第 613 页。

28. 雷诺兹在其《快速航母》一书第 264 页描述了这个细节，这似乎是唯一的资料来源了。

29. 10 月 20 日，"桑加蒙"号被一枚零式战斗机投放的航弹击中。航弹在爆炸前被主甲板反弹至水中，该舰只受到了轻微的损伤。可参见《舰艇词典》第六卷第 318 页的内容。"檀香山"号在 10 月 20 日被一枚鱼雷击中，次日离开莱特岛，10 月 29 日到达马努斯岛。它经过临时整修后于 11 月 19 日前往诺福克海军船坞（Norfolk Navy Yard），1945 年 10 月重新入役，1946 年 1 月退役。可参见《舰艇词典》第三卷第 356—357 页内容。"澳大利亚"号被一架俯冲的日机投放的航弹击中，在"瓦拉蒙加"号（HMAS Warramunga，I44）的护航下前往马努斯岛。可参见《海军参谋史：二战中的对日作战》（Naval Staff History: Second World War–War with Japan，以下简称《海军参谋史》）第六卷《向日本推进》（The Advance to Japan）第 83 页、第 97 页内容。霍伊特在《死亡丧钟》第 52 页提道，与"澳大利亚"号和"瓦拉蒙加"号共同航行的还有"檀香山"号和驱逐舰"理查·P. 利里"号（USS Richard P. Leary，DD-664），后者参与了苏里高海峡海战。《死亡丧钟》第 220 页的注释中也提到了相关内容。

30. 莫里森，《海军史》第十二卷，第 106 页。

31. 莫里森，《海军史》第十二卷，第 125 页。

32. 莫里森，《海军史》第十二卷，第 150 页。伍德沃德在《莱特湾海战》第 44 页谈道，10 月 22 日 22 时 30 分，第 38 特遣舰队第 1 支队收到指令，在路途中打击雅蒲岛。

33. 《舰艇词典》第三卷第 232 页提道，10 月 19 日，"汉考克"号在第 38 特遣舰队第 1 支队的陪同下前往乌利西环礁，但这显然是一处笔误。在该舰的条目第五段，似乎有一两句话被刻意省略了。

34. 雷诺兹，《快速航母》，第 264 页。

35. 莫里森，《海军史》第十二卷，第 104 页。

36. 《海军参谋史》第六卷，第 61 页。

37. 美方的历史记载对哈尔西将接近 40% 的舰队力量分离出去几乎只字未提。两本提及这个史实的书籍分别为波特撰写的《尼米兹》（第 331 页）和雷诺兹撰写的《快速航母》（第 264 页）。

38. 伍德沃德，《莱特湾海战》，第 35 页。

39. 卡特勒，《戏剧性战事全貌》，第 85 页。帕拉多斯，《联合舰队解密》，第 644—645 页。

40. 霍伊特，《死亡丧钟》，第 28—29 页。

41. 卡特勒，《戏剧性战事全貌》，第 84—85 页。

42. 《舰艇词典》第三卷，第 3 页。西奥多·罗斯科在《二战中的美军驱逐舰行动》（United States Destroyer Operations in World War II，以下简称《驱逐舰行动》）第 390 页提道，在丰后水道附近游弋的潜艇确实对日舰的动向提供了预警："'鲷鱼'号和'鳐'号（USS Skate，SS-305）电告尼米兹，日本海军正赶来作战。同时，哈尔西的第三舰队正准备采取反制措施以应对来自日本帝国的威胁。美军在苏里高海峡和圣伯纳迪诺海峡的上空展开了搜索。"但是这种说法似乎没有任何现实依据。

43. 伍德沃德，《莱特湾海战》，第 39—40 页。

44. 帕拉多斯，《联合舰队解密》，第 654 页。

45. 伍德沃德，《莱特湾海战》，第 39 页。日本防卫厅防卫研修所战史室，《海军捷号作战》第二卷，第 73 页。

46. 菲尔德，《日本人在莱特湾》，第 33 页。帕拉多斯，《联合舰队解密》，第 654、656 页。

47. 帕拉多斯，《联合舰队解密》，第 654—656 页。

48. 帕拉多斯，《联合舰队解密》，第 660 页。

49. 菲尔德，《日本人在莱特湾》，第 33 页。帕拉多斯，《联合舰队解密》，第 656 页。

50. 霍伊特，《死亡丧钟》，第 85—86 页。帕拉多斯，《联合舰队解密》，第 656 页。

51. 伊藤正德，《帝国海军的末日》，第 140 页。帕拉多斯，《联合舰队解密》，第 656 页。

52. 卡特勒，《戏剧性战事全貌》，第 96 页。伊藤正德，《帝国海军的末日》，第 117 页。帕拉多，《联合舰队解密》，第 635 页。水上飞机前往位于民import鲁岛的圣何塞机场。

53. 罗斯科，《驱逐舰行动》，第 392 页。

54. 佐藤和正（Sato Kazumasa），《莱特湾海战》（レイテ沖海戦）上卷，第 265 页。由等松春夫在 2003 年 10 月 12 日送来的信件提供。

55. 伊藤正德，《帝国海军的末日》，第 165 页。

56. 2004 年 1 月 19 日迈克尔·科尔（Michael Cole）发来的邮件中，包含了对粟田健男的谨慎评价。十分感谢这位作者。

57. 《舰艇词典》第一卷，第 153 页。罗斯科，《驱逐舰行动》，第 391 页。具体位置由海军历史部提供，出处为《第 40 号战斗概要：莱特湾海战，1944 年 10 月 23 日—26 日》(Battle Summary No. 40. Battle for Leyte Gulf, 23rd–26th October 1944，以下简称《第 40 号战斗概要》) 第 22 页。延丘拉等合著，《日本帝国海军战舰，1869—1945》，第 81 页。沃茨等合著，《日本帝国海军》，第 142 页。M. J. 惠特利，《第二次世界大战中的巡洋舰：国际百科全书》(Cruisers of World War II : An International Encyclopedia，以下简称《巡洋舰百科全书》)，第 173 页。

58. 海军历史部，《第 40 号战斗概要》，第 19—20 页。

59. 海军历史部的行动后报告显示，"镖鲈"号声称日方的编队包含 3 艘战列舰、4 艘重巡洋舰和 3 艘其他舰只。行动地点在北纬 9° 24'、东经 117° 11'。延丘拉等共同撰写的《日本帝国海军战舰，1869—1945》第 84 页也提供了相同的位置，并提到了"高雄"号受到鱼雷攻击。海军报告指出，"鳜鱼"号在北纬 9° 29'、东经 117° 20'进行了汇报。莫里森，《海军史》第十二卷，第 169—172 页。罗斯科，《驱逐舰行动》，第 392—394 页。伍德沃德，《莱特湾海战》，第 71—72 页。

60. 卡特勒，《戏剧性战事全貌》，第 101—102 页。罗斯科，《驱逐舰行动》，第 393 页。

61. 菲尔德，《日本人在莱特湾》，第 37 页。宇垣缠的论述，埃文斯等，《言论集》，第 487 页。惠特利，《巡洋舰百科全书》，第 180 页。伍德沃德，《莱特湾海战》，第 74—75 页。

62. 不同的资料对具体时间有不同的说法。比如，莫里森认为"爱宕"号在 6 时 32 分被鱼雷击中，并在 6 时 53 分开始沉没。日方的官方战史给出的时间，分别为 6 时 33 分与 6 时 53 分。在福田幸弘（Fukuda Yukihiro）撰写的《联合舰队：塞班岛和莱特湾海战》[The Combined Fleet: The Battles of Saipan and Leyte（连合艦隊—サイパン・レイテ海戦記），以下简称《塞班岛和莱特湾》] 引用的重巡洋舰"羽黑"号战报之中，"爱宕"号被鱼雷击中和开始下沉的时间分别为 6 时 29 分与 7 时 02 分。"爱宕"号下沉的地点在海军历史部《第 40 号战斗概要》第 21 页已经给出。

63. 菲尔德，《日本人在莱特湾》，第 37 页。

64. 帕拉多斯，《联合舰队解密》，第 637 页。

65. 福田幸弘，《塞班岛和莱特湾》，第 150 页。3 艘舰艇在 10 月 26 日抵达文莱。"高雄"号在 11 月 12 日抵达新加坡。另参见惠特利，《巡洋舰百科全书》，第 180—181 页；以及伍德沃德，《莱特湾海战》，第 75 页。

66. 菲尔德，《日本人在莱特湾》，第 51—52 页。

67. 卡特勒，《戏剧性战事全貌》，第 170 页。伍德沃德，《莱特湾海战》，第 70 页。

68. 卡特勒认为巴拉望航道的宽度为 20 海里，而莫里森则认为是 25 海里。水道狭窄被认为是制约日舰规避打击的主要因素。这样的宽度和多佛海峡相仿，但并没有遏制日方在 10 月 23 日第一次进行 Z 型机动的尝试。较小的航向变动才是制约日方舰艇的真正因素，也就是说一旦日舰进入水道，它们的行进路线就基本固定了。

69. 莫里森，《海军史》第十二卷，第 173—174 页。罗斯科，《驱逐舰行动》，第 394 页。

70. 罗斯科，《驱逐舰行动》，第 395 页。《舰艇词典》第四卷，第 323 页。

71. 莫里森，《海军史》第十二卷，第 170 页。

72. 这个结论虽然是作者原创的，但是他发现这个论点已经被卡特勒叙述过了。参见其撰写的《戏剧性战事全貌》第 107 页。

73. 《舰艇词典》第二卷，第 241 页。

74. 《舰艇词典》第一卷，第 47 页。《舰艇词典》第三卷，第 184 页。埃利斯，《冗长战争的一天》，第 330 页。霍伊特，《死亡丧钟》，第 83 页。伍德沃德，《莱特湾海战》，第 38—39 页。海军历史部的《第 40 号战斗概要》第 21—22 页提到了"鲛鳐鱼"号在 21 时 30 分的首次报告。该潜艇正要前往民都洛海峡，并在北纬 13° 00'、东经 119° 30'的位置与日舰接触，游走于 15—20 艘舰艇之间，其中包含 3 艘战列舰。在 10 月 24 日的 0 时 30 分与 3 时 30 分，该潜艇发送了两份报告，其中提到日舰编队中可能包含两艘航空母舰。这份概要并未提及"犁头鳐"号潜艇。尼米兹的战斗报告（即 ADM 199.1493 档案的第 229 页）谈道，"鲛鳒鱼"号是在 10 月 23 日 22 时 15 分，于北纬 12° 40′、东经 118° 58′ 的位置报告自身接触日舰的。

75. 在菲律宾群岛大部的西面，美军至少拥有 14 艘潜艇，我本该在原文中提到这一点的。这些潜艇是：位于巴拉望西北面的"黑鳍白鲑"号（USS *Blackfin*, SS–322）、位于文莱湾的"魣鱼"号（USS *Gurnard*, SS–254）、位于巴拉望航道中的"青鲈"号（USS *Bergall*, SS–320）、"镖鲈"号、"鳑鱼"号、"条纹鲈"号；位于锡布图水道（Sibutu Passage）的"军曹鱼"号（USS *Cobia*, SS–245）；位于棉兰老岛西北苏禄海的"蝙蝠鱼"号（USS *Batfish*, SS–310）；最初位于马尼拉附近的"鲛鳒鱼"号和"犁头鳐"号，以及位于吕宋岛西北方向的"欧鳊鱼"号、"条纹马鲛"号（USS *Cero*, SS–225）、"鳕鱼"号（USS *Cod*, SS–224）和"鹦鹉螺"号。参见罗斯科撰写的《驱逐舰行动》第 391 页，书中提到了官方的报告。而霍伊特在其撰写的《死亡丧钟》一书第 59 页的战斗序列部分，提到了上述 14 艘潜艇中的 10 艘，外加在印度洋游弋的 4 艘英方潜艇。

76. 霍伊特，《死亡丧钟》，第 83 页。

77. 卡特勒，《戏剧性战事全貌》，第 150 页。海军历史部，《第 40 号战斗概要》，第 23 页。《海军参谋史》第六卷，第 81 页。这些资料认为，第 38 特遣舰队第 3 支队的位置在北纬 15° 00′、东经 123° 30′。

78. 卡特勒，《戏剧性战事全貌》，第 115—116 页。《海军参谋史》第六卷，第 81 页。

79. 卡特勒在其撰写的《戏剧性战事全貌》第 115 页陈述道，收到的报告来源于潜艇"镖鲈"号，此处显然是一个笔误。本书已经讲过"镖鲈"号的故事，但是我并没有提到"鲛鳒鱼"号和"犁头鳐"号与日舰接触的内容。

80. 伍德沃德在其撰写的《莱特湾海战》第 47—48 页谈道，每个由地狱俯冲者式俯冲轰炸机和地狱猫式战斗机组成的单独舰队，将负责 10° 的扇形区域，而第 38 特遣舰队第 2 支队的舰载机，掌管了 6 个扇形区域。第 38 特遣舰队第 4 支队掌管的区域大小与前者无异，第 3 支队负责的地区较前两个支队更大，掌管的扇形区域为 8 个。除了伍德沃德之外，其余的战史记录（如霍伊特撰写的《死亡丧钟》的第 103 页、莫里森撰写的《海军史》第十二卷第 174—175 页以及雷诺兹撰写的《快速航母》的第 264 页）均未提及侦察编队的数量和搜索区域的面积大小。波尔玛在其撰写的《图说航空母舰历史》第 387 页写道，美军舰载机编队中的一个常规搜索编队，包含"8 架战斗机，每架战斗机（在自身 6 挺机枪的基础上）额外装备 4 枚 5 英寸火箭弹；6 架俯冲轰炸机，每架携带 2 枚 500 磅航弹"。菲尔德在其撰写的《日本人在莱特湾》一书第 54 页和第 66 页，提到了被美军侦察机发现的日本舰艇，但书中并未提及是美军航母舰载机执行了该搜索任务。只有霍伊特撰写的《死亡丧钟》提到是"埃塞克斯"号航空母舰放飞的战机打击了马尼拉地区的日军机场。

81. 只有伍德沃德在其撰写的《莱特湾海战》第 48—49 页提到了首次接触的时间。帕拉多斯在《联合舰队解密》一书第 639 页给出的接触时间为 8 时 10 分，但这更像是第一份报告发送的时间。尼米兹在其战斗报告（ADM 199.1493 第 230 页）中说道，首次接触时间正是栗田健男将舰队从巡航阵型转为战斗阵型的时间。

82. 莫里森在其撰写的《海军史》第十二卷第 175 页谈道，哈尔西在 8 时 27 分下达了命令，"离收到接敌报告的时刻只差 5 分钟"。

83. 卡特勒，《戏剧性战事全貌》，第 121 页。莫里森《海军史》第十二卷，第 175 页。伍德沃德，《莱特湾海战》，第 50—51 页。

84. 卡特勒在其撰写的《戏剧性战事全貌》中认为，接敌时间是 8 时 20 分。霍伊特在其撰写的《死亡丧钟》一书第 129 页写道，西村舰队在卡加延群岛（Cagayan Islands）以东 75 英里处被美军发现，时间为"刚过 9 点"。菲尔德在其撰写的《日本人在莱特湾》第 54 页写道，9 时 10 分才是被发现的时间。而莫里森在《海军史》第十二卷第 191 页指出，进攻行动开始的时间为 9 时 18 分。考虑到美军飞机已经处于航程的极限，而且发动进攻之前的集结时间不足一小时，因此上述差异似乎是时区的差异造成的。

85. 德·阿巴斯，《海军的覆灭》，第 171 页。伍德沃德，《莱特湾海战》，第 50—51 页。

86. 日本防卫厅防卫研修所战史室，《海军捷号作战》第二卷，第 56—57 页。10 月 24 日，美军在马尼拉附近对"青叶"号和其他各类商船发动了多波次的进攻，但这些打击只是顺带完成的任务。

87. 伍德沃德，《莱特湾海战》，第 50—51 页。

88. 菲尔德《日本人在莱特湾》第 134 页脚注，以及莫里森《海军史》第十二卷第 184 页脚注，都提到了它的沉没。霍伊特在其撰写的《死亡丧钟》一书第 192—193 页谈道，作为幸存的驱逐舰，"初春"号和"初霜"号在当天继续承受美军的打击。在"初霜"号受创后，两艘驱逐舰被迫返回马尼拉，在午夜刚刚来临之时到达了目的地。

89. 波尔玛，《图说航空母舰历史》，第 387 页。

90. 莫里森在其撰写的《海军史》第十二卷第 177 页给出了"50 至 60"这一数据。伍德沃德的《莱特湾海战》第 53 页提道，第一波打击大约有 40 架战机。帕拉多斯在《联合舰队解密》一书第 624 页认为，三个任务总共"将战机数量提升到约 150 架次"。

91. 海军历史部，《第 40 号战斗概要》，第 25 页。

92. 霍伊特在《死亡丧钟》第 102 页谈道，日方的战机击伤了驱逐舰"洛伊茨"号（USS Leutze，DD-481）、油轮"阿什塔比拉"号（USS Ashtabula，AO-51）、坦克登陆舰 552 号（USS LST-552），另外还击沉了"普林斯顿"号。日机对"洛伊茨"号的轰炸和扫射造成 11 人伤亡。参见《舰艇词典》第四卷第 95 页。文中声称"阿什塔比拉"号被一枚鱼雷击中，但未遭受人员伤亡，而且并未失去战力。1944 年 12 月 17 日至 1945 年 1 月 26 日，它在圣佩德罗地区接受修复，这意味着它承受的损伤是极其轻微的。参见《舰艇词典》第一卷第 67 页。这些舰艇正处于莱特岛周边海域，8 时 30 分至 9 时 30 分在吕宋岛附近执行任务期间，未遭受任何攻击。波特在其撰写的《阿利·伯克》一书第 198 页谈道，在战斗的这个阶段，谢尔曼指挥的舰队击落了 76 架日军飞机。

93. 伍德沃德，《莱特湾海战》，第 56 页。莫里森，《海军史》第十二卷，第 178 页。哈利·A. 盖利，《太平洋战事：从珍珠港到东京湾》（The War in the Pacific: From Pearl Harbor to Tokyo Bay），第 357 页。

94. 霍伊特，《死亡丧钟》，第 107—108 页。伍德沃德，《莱特湾海战》，第 57 页。罗杰·切斯诺，《插图百科：1914 年至今的世界航空母舰》（Aircraft Carriers of the World, 1914 to the Present: An Illustrated Encyclopedia），第 233 页。帕拉多斯，《联合舰队解密》，第 625 页。西奥多·泰勒，《杰出的米切尔》（The Magnificent Mitscher），第 257 页。

95. 霍伊特，《死亡丧钟》，第 109 页、第 112 页。莫里森，《海军史》第十二卷，第 178 页。帕拉多斯，《联合舰队解密》，第 625 页。伍德沃德，《莱特湾海战》，第 57—58 页。《舰艇词典》第五卷，第 385 页。

96. 霍伊特，《死亡丧钟》，第 113 页。

97. "欧文"号（Irwin）从海上救起了 646 人，参见《舰艇词典》第三卷第 461 页。"莫里森"号"在一个半小时内，救起了大约 400 名幸存者"，参见《舰艇词典》第四卷第 439 页。文中说"雷诺"号也救起了幸存者，但估计人数很少，因为当"欧文"号和"莫里森"号前去乌利西环礁之时，它留在了第 38 特遣舰队第 3 支队之中，参见《舰艇词典》第六卷第 73—74 页。

98. 《海军参谋史》第六卷，第 81—82 页。伍德沃德，《联合舰队解密》，第 67 页。

99. 霍伊特，《死亡丧钟》，第 114 页。

100. 霍伊特，《死亡丧钟》，第 115—119 页。莫里森，《海军史》第十二卷，第 179—181 页。伍德沃德，《联合舰队解密》，第 67—69 页。

101. 霍伊特，《死亡丧钟》，第 121—122 页。伍德沃德，《联合舰队解密》，第 69 页。《海军参谋史》第六卷，第 80 页。

102. 《舰艇词典》第五卷，第 385 页。"伯明翰"号不得不返回马累岛（Mare Island）海军船坞，直到 1945 年 1 月才完成修理，参见《舰艇词典》第一卷第 125 页。它从舰队中脱离，并加入了"加特林"号（USS Gatling，DD-671）、"欧文"号（Irwin）和"莫里森"号的队伍，参见 ADM 199.1493 第 231 页与 251 页。在该报告的第 256 页，"伯明翰"号的伤亡数字会有些许的不同，并且报告认为"普林斯顿"号上阵亡 7 人、失踪 101 人，另有 190 人受伤。

103. 莫里森的《海军史》第十二卷第 182 页给出的决策时间为 16 时。但是在《舰艇词典》第五卷第 385 页"普林斯顿"号条目之下，决策时间为 16 时 04 分。"普林斯顿"号舰长弃舰的时间为 16 时 38 分。

104. 霍伊特，《死亡丧钟》，第 123 页。莫里森，《海军史》第十二卷，第 182—183 页。伍德沃德，《莱特湾海战》，第 73 页。

105. 霍伊特，《死亡丧钟》，第 123—124 页。莫里森，《海军史》第十二卷，第 183 页。有趣的是，霍伊特在描写这段战事的时候花费了 16.5 页（第 107—124 页），而莫里森在描述这段战事时只用了 6.5 页（第 177—183 页）。菲尔德在《日本人在莱特湾》一书第 62 页只消耗了 4 行字正文和 5 行脚注的笔墨。该舰下沉的时间为 17 时 50 分，下沉的位置是北纬 15° 12′、东经 123° 35′。参见 ADM 199.1494，第 6 页与第 28 页。具体的位置信息与前者差了一个经度。

106. 卡特勒在其撰写的《戏剧性战事全貌》第 154 页阐述了这一观点。

107. 伊藤正德，《帝国海军的末日》，第 145 页。伍德沃德，《莱特湾海战》，第 129—132 页。另参见菲尔德撰写的《日本人在莱特湾》第 47 页，其中详细描述了小泽在 10 月 23 日做出的预估。小泽意图在 10 月 24 日早晨 5 时 45 分实施侦察行动，一旦遇敌就会在当天早上进行打击。如果没有发现美军部队，小泽的舰队将会继续向南航行，并在 13 时进行第二次侦察，如果遇敌便给予适当的打击。如果日军未能成功将美军引诱至北方，那么日列舰"日向"号和"伊势"号，以及它们的掩护编队可能会主动前行并期盼与美军在夜间交火。如果以上这一切都没将美军的注意力从莱特岛、萨马岛、圣伯纳迪诺海峡和粟田舰队转移开的话，那么小泽将会到达萨马岛附近的某处并在次日清晨展开某种形式的进攻。以上要点霍伊特撰写的《死亡丧钟》一书第 162 页也有所提及。另参见莫里森撰写的《海军史》第十二卷的第 187 页。

108. 卡特勒，《戏剧性战事全貌》，第 116 页。

109. 菲尔德在其撰写的《日本人在莱特湾》第 62 页报道，小泽收到了美军正位于吕宋岛东北处的接敌报告，这显然是错误的。在 9 时 10 分，第二份接敌报告记载道，美军舰队包含 4 艘航空母舰和 10 艘其他舰只，正位于黎牙实比半岛（Legaspi Peninsula）的北面。卡特勒在《戏剧性战事全貌》第 154 页只提到了 8 时 20 分的侦察报告，该报告中的美军位置比真实的位置偏离了 80 英里。不过他还在第 142 页说道，小泽舰队的侦察机在 7 时发现了第 38 特遣舰队第 3 支队。

110. 卡特勒，《戏剧性战事全貌》，第 154 页。菲尔德在其撰写的《日本人在莱特湾》第 62 页写道，美军在位于日军舰队 210 度、180 英里外被发现。伍德沃德在《莱特湾海战》第 132 页并未给出相应的数据，不过他提到进攻舰队"由……组成，且所有日军舰队上空都没有足够的空中掩护，只有 20 架战机"。

111. 参见卡特勒撰写的《戏剧性战事全貌》第 155 页。菲尔德，《日本人在莱特湾》，第 63 页、第 166 页。伊藤正德，《帝国海军的末日》，第 146—147 页。帕拉多斯，《联合舰队解密》，第 650 页。从某个方面来看，我们可以从进攻中较少的鱼雷轰炸机数量推测出当天早上执行侦察任务的战机数量。

112. 波尔玛在其撰写的《图说航空母舰历史》一书第 391 页谈道，小泽的航母只剩下 19 架零式战斗机、5 架零式战斗轰炸机、4 架鱼雷轰炸机和一架彗星式俯冲轰炸机。实际上，日方航母留有 20 架零式战斗机、8 架零式战斗轰炸机、15 架天山式鱼雷轰炸机、4 架九七式鱼雷轰炸机和 5 架彗星式俯冲轰炸机。这些数字可以从最初的编制推算出来，只要除去那些参与打击任务的战机即可。应当注意的是，帕拉多斯在《联合舰队解密》一书第 645 页谈道，在 10 月 21 日当天，航母舰载机损失了 3 架，可能有一架在 10 月 24 日黄昏之前尝试降落到"瑞鹤"号航母上，不慎撞击损毁了。

113. 我们很难拿捏伤亡的具体细节。伍德沃德《莱特湾海战》一书第 133 页谈道，部分战机回到了航母，剩余的"30 至 40 架"战机在与美军战机的交火中幸存并降落到了吕宋岛。关于行动的具体描述，可以参考该书第 65—66 页。菲尔德的《日本人在莱特湾》第 63 页则说，30 架战机到达了吕宋岛，3 架战机回到了它们的航母。霍伊特《死亡丧钟》第 165—166 页并未提及任何具体的数字，不过他认为美军的航母舰载机一定在 10 月 24 日当天击落了至少 150 架日军战机。伊藤正德《帝国海军的末日》第 147 页写道，来自轻型航母的日军战机在"靠近目标区域"的地点与美军战机相遇，并且它们继续前往克拉克机场。伊藤认为，"瑞鹤"号航母上起飞的战机打击了美军的水面舰艇，击伤了一艘舰队航母和一艘轻型航母，然后它们向克拉克机场飞去，有 3 架战机返回了它们的航母。看起来，只有莫里森撰写的《海军史》第十二卷第 180 页谈到了日军战机打击美军水面舰艇的具体行动。他认为，6 至 8 架彗星式俯冲轰炸机（不过该舰队中没有 8 架那么多）向"埃塞克斯"号、"列克星敦"号和"兰利"号发起了进攻。霍伊特在其撰写的《死亡丧钟》一书第 113 页谈道，轻巡洋舰"雷诺"号"击落了正在逼近的日军飞机"。伍德沃德在《莱特湾海战》第 70 页写道，谢尔曼的舰队在 10 月 24 日当天击落了 167 架日军战机。另有 5 架彗星式俯冲轰炸机避开了美军的战斗空中巡逻，转而向"埃塞克斯"号航母发动进攻。它们在进攻无果并且损失了两架飞机后转而向"列克星敦"号发动进攻。霍伊特和伍德沃德都没有提到上述事件发生的具体时间，因此我们也不清楚这些日军战机是来自小泽舰队的航母还是来自吕宋岛的机场。如果它们是航母舰载机，那么这件事就被人忽略了。

大部分对这一战事的陈述都认为日军战机不是奉命前往克拉克机场，就是自行前往该处。但是海军历史部编写的《第40号战斗概要》的第35页提道，它们的目标是尼克尔斯机场（Nichols Field）。这个版本应该是所有资料中最权威的，而之前的记录是等松春夫在2002年1月22日发给作者的邮件中给出的。39架战机飞向吕宋岛的机场，这种说法是作者依据其他数据估算得到的。

114. 卡特勒，《戏剧性战事全貌》，第156—157页。波特，《阿利·伯克》，第200页。

115. 卡特勒，《戏剧性战事全貌》，第154—155页。帕拉多斯，《联合舰队解密》，第646—647页。伍德沃德，《莱特湾海战》，第132页。霍伊特，《死亡丧钟》，第160—161页。看起来"瑞鹤"号的无线电传输没能很好地运作，联合舰队司令部并未收到它发出的电报。由此推测，这是它未能吸引美军注意力的原因。

116. 卡特勒，《戏剧性战事全貌》，第146页。菲尔德，《日本人在莱特湾》，第66页。伍德沃德，《莱特湾海战》，第85页。霍伊特，《死亡丧钟》，第146页。宇垣缠的言论，埃文斯等编著，《言论集》，第489页。这些著作都提道，只有一艘驱逐舰为它护航，但这是一种误导。帕拉多斯在其撰写的《联合舰队解密》一书第639页谈道，它在次日到达了科伦湾，并在10月26日离开此处前往文莱。"长波"号为它提供护航。"长波"号之前从舰队中脱离，给"高雄"号护航。"妙高"号在新加坡经过临时的维修后于12月13日，在中国南海的保皇岸（Royalist Bank）①，被美军潜艇"青鲈"号重创。它被再次被拖往新加坡，但从未被修复，最终向英军投降。参见延丘拉撰写的《日本帝国海军战舰，1869—1945》一书第83页。另参见惠特利撰写的《巡洋舰百科全书》第177页。不过需要注意的，这份资料错误地将"妙高"号遭受鱼雷攻击时间写成了10月25日。

117. 小威廉·H. 加兹克、小罗伯特·O. 杜林，《二战中的轴心国与中立国的战列舰》（Battleships: Axis and Neutral Battleships of World War Ⅱ，以下简称《战列舰》），第58页。宇垣缠的陈述，埃文斯等编著，《言论集》，第489—490页。菲尔德在其撰写的《日本人在莱特湾》一书第69页谈道，"长门"号战列舰首先受创的部位是它的无线电设施，受创后它降速至24节。

118. 菲尔德《日本人在莱特湾》一书第69页陈述道，"榛名"号被一枚单独的航弹击中。而"矢矧"号被一连串的近失弹击伤，它的航速暂时下降至22节。伍德沃德《莱特湾海战》第85页写道，"大和"号被四枚航弹击中，而"长门"号承受着"通信系统的部分损伤"。霍伊特《死亡丧钟》的第147—148页谈道，"长门"号的船腹被两枚航弹击中，"榛名"号则因为近失弹而受创。加兹克和杜林合著的《战列舰》一书第58页谈道，"长门"号被两枚航弹击中，"榛名"号则被五枚近失弹击伤。

119. 海军历史部，《第40号战斗概要》，第31页。这份材料认为这艘驱逐舰为"清霜"号，并且它"报告自己受创"。这一页还谈道，"妙高"号是被迫返回新加坡的，但是"除了'矢矧'号可能是特例之外，没有其他的巡洋舰被击伤"。《海军参谋史》第六卷第82页写道，"矢矧"号和"清霜"号"受了轻伤"。

120. 海军历史部，《第40号战斗概要》，第30页。菲尔德在《日本人在莱特湾》一书第63页使用了这些"瞎猜的内容"。

121. 哈尔西个人认为，该报告"表现出了危险的乐观态度，但是我们此时没有什么怀疑他们（这里原文有笔误）的理由"。参见小威廉·F. 哈尔西和J. 布莱恩三世合著的《哈尔西将军的故事》（Admiral Halsey's Story）第216页。詹姆斯·M. 梅里尔，《属于水手的将军：威廉·F. 哈尔西传》（A Sailor's Admiral: A Biography of William F. Halsey，以下简称《属于水手的将军》），第154页。不过可以肯定的是，米切尔对此持怀疑态度，认为这里的内容经过了过滤与加工。

122. 吉村昭，《铸造与陨落》，第150页。

123. 两个舰队的内环防御圈共包含6艘战列舰和巡洋舰。栗田健男拥有7艘驱逐舰，而志摩清英拥有6艘。只有两份资料提供了日方部署情况的图解，它们在个别舰只的位置上存在分歧。这些资料是伊藤正德撰

———————

① 译注：是一处狭长的礁石。

写的《帝国海军的末日》以及佐藤和正撰写的《莱特湾海战》。

124. 这些数字来源于罗韦尔与许梅尔辛合著的《海战年表，1939—1945》第311页。这一页提道，有98架地狱猫式战斗机、77架地狱俯冲者式俯冲轰炸机和76架复仇者式鱼雷轰炸机，总共251架战机。传统的统计数据来源于莫里森撰写的《海军史》第十二卷第184页：总共259架战机，但是缺少每种类型的数量。

125. 参见加兹克和杜林合著的《战列舰》一书第67—73页。

126. 海军历史部《第40号战斗概要》第31页，以及《第41号问讯记录》（Interrogation No. 41）第170—172页。另外，应当指出的是，同一编队中的攻击波过于零散，因此攻击持续的时间较长。有人认为打击"武藏"号的美军战机分为了5个或6个攻击波次，但实际上却只有4个，最多也只能说有5个攻击波次。

127. 加兹克与杜林合著，《战列舰》，第73页。应当注意的是，指出"武藏"号被17枚航弹击中的消息来源，实际上却列出了18枚航弹。最后一枚航弹被重复记录了（见该书第71页）。

128. 帕拉多斯，《联合舰队解密》，第641页。

129. 加兹克与杜林合著，《战列舰》，第67—70页。吉村昭，《铸造与陨落》，第157页、第166页。

130. 卡特勒，《戏剧性战事全貌》，第146—147页。我们要注意的是，一门火炮卡弹了，第二波齐射中它未能发射。

131. 在美军的前四波进攻中，"武藏"号每波都被击中。第一波进攻中，"武藏"号的右正横被一枚鱼雷击中；第二波进攻中，左舷被三枚鱼雷和两枚航弹击中；第三波进攻中，左舷被两枚鱼雷击中，右舷被一枚鱼雷击中；第四波进攻中，左右两舷分别被一枚鱼雷击中，接着有三枚鱼雷击中了右舷。在人类历史上，"武藏"号承受的打击已经是空前的了。"摩耶"号巡洋舰的舰员在他们的舰只沉没后被救起，"武藏"号收留了这些舰员。这些舰员在美军进攻时正好位于上层甲板。另外，虽然"武藏"号配备大量的机枪位已经是不争的事实，但是这些火力点从未得到有效的防护。美军战机在进攻中使用机枪扫射"武藏"号的甲板，因此该舰的舰员伤亡巨大。吉村昭写道，在第三波进攻中"如波浪般的爆炸席卷了主甲板，肢解了人们的身体，并将潮水般的鲜血扫了个干净"。由于急救和手术战比挤满了人，第四波打击中，一枚击中舰艉附近的航弹，夺走了医务室中许多医护人员和伤员的性命。参见H.P.威尔莫特，《战列舰》（Battleship），第201页。

132. 吉村昭，《铸造与陨落》，第165页。

133. 卡特勒，《戏剧性战事全貌》，第148页。加兹克与杜林合著，《战列舰》，第71页。吉村昭，《铸造与陨落》，第167页。

134. 菲尔德，《日本人在莱特湾》，第69页。

135. 吉村昭，《铸造与陨落》，第167页。圣何塞位于民都洛东部的北部海岸。霍伊特在其撰写的《死亡丧钟》一书第148页谈道，"武藏"号奉命前往马尼拉，随行的舰艇为驱逐舰"清霜"号。埃文斯编著的《言论集》的第490页，宇垣缠在他的言论中也有所引用。

136. 加兹克与杜林合著，《战列舰》，第72页。帕拉多斯，《联合舰队解密》，第641页。吉村昭，《铸造与陨落》，第167页。

137. 西方历史对这段战事的描述，有意避开了"武藏"号上"摩耶"号舰员的人数和他们的命运。

吉村昭在其撰写的《铸造与陨落》一书中第157页谈道，重巡洋舰上的769名官兵被转移到战列舰上。埃文斯编著的《言论集》第491页提及，宇垣缠认为"武藏"号将"摩耶"号的舰员转移到了一艘附近的驱逐舰上，但是吉村昭并未谈到这种可能性。不过他在《铸造与陨落》一书第167页写道，栗田健男确实曾命令驱逐舰"岛风"号将"摩耶"号的舰员转移到"武藏"号上。依据福田幸弘《塞班岛和莱特湾》第165—166页的内容来看，"岛风"号将"摩耶"号上的607名生还者转移到了"武藏"号上。"岛风"号之后便返回粟田的编队并在剩下的战事中发挥余热。从这些天中转移的舰员数量来看，这样的成就非同寻常。福田认为，由于"浜风"号和"清霜"号正在掩护落水的1329名舰员，在战斗中阵亡和失踪的1179名舰员中，有117人来自"摩耶"号。（该数据的来源是等松春夫在2003年12月3日发来的邮件）。加兹克与杜林在其合著的《战列舰》一书第73页提道，总共有1023名官兵阵亡。但是这个数据只涵盖了"武藏"号本身的舰员，并未将转移到"武藏"号上的"摩耶"号舰员纳入其中。

138. 吉村昭，《铸造与陨落》，第168—169页。

139. 吉村昭，《铸造与陨落》，第170页。卡特勒，《戏剧性战事全貌》，第154页。

140. 吉村昭，《铸造与陨落》，第 176 页。有多少舰只参与救援行动，不同的历史陈述给出的答案永远是不同的。就拿"浜风"号来说，该舰本身"已经被近失弹重创"。在接替了"岛风"号的岗位后，它与"清霜"号一起将幸存者从"武藏"号运送至科伦湾。有人认为这两舰将幸存者从"武藏"号上转送到了文莱，而吉村昭断言是"岛风"号和"清霜"号把幸存者运到了科雷吉多尔岛。

现实情况是，"浜风"号本身已经被近失弹重创。它在接替了"岛风"号的任务后，与"清霜"号一道，分别拯救了"武藏"号上的 850 名和 500 名生还者，然后它们便朝科伦开去。"清霜"号在 10 月 25 日 11 时 30 分到达目的地，而"浜风"号则在当天的 13 时 06 分到达。两艘驱逐舰在那里停下后，便从受损的"妙高"号上获取燃油，然后它们再前往科雷吉多尔岛。那里才是幸存者最终落脚的地方。福田幸弘，《塞班岛和莱特湾》，第 165—166 页。佐藤和正，《莱特湾海战》下卷，第 40 页。另见等松春夫在 2003 年 12 月 4 日发来的邮件。

141. 加兹克与杜林合著，《战列舰》，第 74 页。

142. 海军历史部，《第 40 号战斗概要》，第 31 页。

143. 加兹克与杜林合著，《战列舰》，第 73—74 页。

144. 加兹克与杜林合著，《战列舰》，第 73 页。帕拉多斯，《联合舰队解密》，第 641 页。

145. 卡特勒，《戏剧性战事全貌》，第 163 页。莫里森，《海军史》第十二卷，第 184 页。

146. 菲尔德在其撰写的《日本人在莱特湾》第 70—71 页引用了 16 时栗田健男的报告内容。

147. 帕拉多斯，《联合舰队解密》，第 641 页。霍伊特，《死亡丧钟》，第 149 页。

148. 宇垣缠的陈述，埃文斯等编著，《言论集》，第 490 页。

149. 帕拉多斯，《联合舰队解密》，第 641 页。惠勒，《金凯德》，第 397 页。

150. 霍伊特，《死亡丧钟》，第 153—154 页。波特，《阿利·伯克》，第 202 页。伍德沃德，《莱特湾海战》，第 71—72 页。

151. 海军历史部，《第 40 号战斗概要》，第 36 页。

152. 帕拉多斯，《联合舰队解密》，第 649 页。

153. 卡特勒，《戏剧性战事全貌》，第 150 页。莫里森，《海军史》第十二卷，第 187 页。波特，《阿利·伯克》，第 201 页。

154. 哈尔西与布莱恩三世合著，《哈尔西将军的故事》，第 215 页。雷诺兹，《快速航母》，第 266 页。作者长期以来一直认为，对东方问题的研究是米切尔参谋团队中低阶军官争论后的结果。但是唯一谈到这个问题的资料是伍德沃德撰写的《莱特湾海战》(第 138—139 页)，以及 E. 卡尔弗特·切斯顿中尉和布莱恩·R. 怀特中尉的言论。

155. 海军历史部，《第 40 号战斗概要》，第 36 页。

156. 卡特勒，《戏剧性战事全貌》，第 162 页。波特，《阿利·伯克》，第 202 页。雷诺兹，《快速航母》，第 64—66 页。

157. 莫里森，《海军史》第十二卷，第 198 页。

158. 卡特勒，《戏剧性战事全貌》，第 160—161 页。波特，《阿利·伯克》，第 201 页。雷诺兹，《快速航母》，第 266 页。

159. 卡特勒，《戏剧性战事全貌》，第 161 页。雷诺兹，《快速航母》，第 266 页。

160. 梅里尔，《属于水手的将军》，第 157 页。

161. 这段叙述取材于波特撰写的传记《阿利·伯克》，但是这里概述的具体细节存在争议。伍德沃德在《莱特湾海战》一书第 72—73 页谈道，米切尔和伯克总结道：其中一个日方舰艇编队包含 4 艘战列舰或重巡洋舰，5 艘巡洋舰(大概指轻巡洋舰)、6 艘驱逐舰。另外一个编队包括 2 艘翔鹤级的航母、1 艘轻型航母、1 艘轻巡洋舰和 3 艘驱逐舰。关于舰队数量和类型的误差，这里不必多谈。但是哈尔西收到这份评估报告后便"总结道，(小泽舰队)被分为两个编队。两个编队预估的舰艇总数大致在 17 艘至 24 艘之间"。从最严谨的角度出发，在美军确认了日军的 4 艘战列舰和 12 艘巡洋舰的身份之后，伯克的言论显得颇为模棱两可。

162. 霍伊特，《死亡丧钟》，第 179 页。波特，《阿利·伯克》，第 204 页。伍德沃德，《莱特湾海战》，第 74 页。

163. 伍德沃德，《莱特湾海战》，第 73 页。

164. 海军历史部，《第 40 号战斗概要》，第 39 页。

165. 海军历史部，《第 40 号战斗概要》，第 37 页。舰队包含 17 艘舰艇，即 4 艘航空母舰、2 艘战列舰、3 艘轻巡洋舰、8 艘驱逐舰和护航驱逐舰。

166. 海军历史部，《第 40 号战斗概要》，第 38 页。卡特勒，《戏剧性战事全貌》，第 162—163 页。霍伊特，《死亡丧钟》，第 181—182 页。伍德沃德，《莱特湾海战》，第 79—80 页。

167. 卡特勒，《戏剧性战事全貌》，第 164—165 页。波特，《阿利·伯克》，第 173 页。伍德沃德，《莱特湾海战》，第 30 页。

168. 哈尔西与布莱恩三世合著，《哈尔西将军的故事》，第 216—217 页。梅里尔，《属于水手的将军》，第 155 页。

169. 卡特勒，《戏剧性战事全貌》，第 136—138 页。雷诺兹，《快速航母》，第 267 页。伍德沃德，《莱特湾海战》，第 80—81 页。

170. 卡特勒，《戏剧性战事全貌》，第 160 页。霍伊特，《死亡丧钟》，第 174 页。惠勒，《金凯德》，第 398—399 页。

171. 雷诺兹在其撰写的《快速航母》一书第 266 页低调地阐述了这个观点，但在之后的 3 页中明确地进行了展开。雷诺兹在该书的第 269 页谈到了打击舰队的分离并注意到了滞留在第 38 特遣舰队第 3 支队中的两艘战列舰。金凯德认为这样的安排"符合当时的情境"。但重点在于，当哈尔西给出警示命令之时，美军并未知晓"日向"号和"伊势"号的存在。

172. 参见卡特勒撰写的《戏剧性战事全貌》第 159 页的内容。

173. 帕拉多斯，《联合舰队解密》，第 682 页。惠勒，《金凯德》，第 461 页。史蒂芬·豪沃斯，《战争人物：二战中伟大的海军领袖》（Men of War: Great Naval Leaders of World War Ⅱ，以下简称《伟大的海军领袖》），第 240 页。参见梅里尔撰写的《属于水手的将军》第 171—172 页。他对金的观点采取了另一种解读，但是最终的结论应当还是参照了欧内斯特·金出版的言论。可以在欧内斯特·金与沃尔特·缪尔·怀特希尔合著的《舰队司令金：一本海军的纪录》（Fleet Admiral King: A Naval Record）第 371 页找到，该处对金凯德进行了严厉谴责。

174. 雷诺兹，《快速航母》，第 267 页。

175. 卡特勒，《戏剧性战事全貌》，第 163 页。

176. 雷诺兹，《快速航母》，第 267 页。

177. 梅里尔，《属于水手的将军》，第 255 页。

178. 向东返航的时间为 17 时 14 分。参见：帕拉多斯，《联合舰队解密》，第 642 页；霍伊特，《死亡丧钟》，第 155 页；伊藤正德，《帝国海军的末日》，第 132 页。莫里森在《海军史》第十二卷第 189 页给出的时间是 17 时 15 分。卡特勒在其撰写的《戏剧史战事全貌》一书中 152 页谈道，17 时 15 分栗田决定让舰队掉头返航。

179. 帕拉多斯，《联合舰队解密》，第 642 页。卡特勒，《戏剧性战事全貌》，第 211 页。

180. 卡特勒，《戏剧性战事全貌》，第 170 页。

181. 卡特勒，《戏剧性战事全貌》，第 211 页。莫里森，《海军史》第十二卷，第 189 页。惠勒，《金凯德》，第 400 页。

182. 帕拉多斯，《联合舰队解密》，第 649 页。

183. 帕拉多斯，《联合舰队解密》，第 634 页。

184. 梅里尔，《属于水手的将军》，第 160 页。

185. 莫里森，《海军史》第十二卷，第 245 页。伍德沃德，《联合舰队解密》，第 163 页。

186. 菲尔德，《日本人在莱特湾》，第 91 页。梅里尔，《属于水手的将军》，第 161 页。惠勒，《金凯德》，第 400 页。

187. 卡特勒，《戏剧性战事全貌》，第 120 页。波特，《阿利·伯克》，第 193 页。伍德沃德，《莱特湾海战》，第 30 页。

188. 卡特勒，《戏剧性战事全貌》，第 121 页。豪沃斯，《伟大的海军领袖》，第 237—238 页。波特，《阿利·伯克》，第 194 页。值得一提的是，如果美军对哈尔西的质询得到了后者的回答，那么哈尔西就"不需要"在那时向西航行了。在一天前的 10 月 20 日，澳大利亚重巡洋舰"什罗普郡"号（HMAS Shropshire，83）在苏里高海峡中航行时，它的扫雷器勾住了一枚水雷，不过万幸的是，这枚水雷并未爆炸。参见 ADM 199.153 报告中第 445—448 页的内容：M/S 0613/45。报告由墨尔本的澳大利亚海军委员会秘书长在 1944 年 11 月 1 日提交给海军历史部。另可参见卡特勒撰写的《戏剧性战事全貌》第 178 页和霍伊特撰写的《死亡丧钟》第 43 页，两者都提到了海峡中的水雷一事。

189. 参见波特撰写的《尼米兹》一书第 331 页。

190. 也许值得关注的是相同资料中的另一个观点，这个观点典型地体现了这段记载中提出的质疑的价值："日军舰队显然也不愿意接近哈尔西，而哈尔西在自己寻找日舰的意图被禁止之后，做出了下面一件最好的事情：将他的航母编队送到了最近的锚地以进行重新补给和武装，同时让他的人休息一下。"参见波特撰写的《尼米兹》一书第 331 页。

191. 梅里尔，《属于水手的将军》，第 158 页。惠勒，《金凯德》，第 404 页。

192. 杰克·斯威特曼编著，《伟大的美国海战》(Great American Naval Battles)，第 347 页。卡特勒，《戏剧性战事全貌》，第 59—60 页。波特，《尼米兹》，第 325—326 页。伍德沃德，《莱特湾海战》，第 28 页。关于这次任务改变的全文，来源并未给出。但是尼米兹的报告《莱特湾海战，10 月 24 日—26 日》——收录于 1944 年 10 月战事总报告附录 A——的第 13 段，却包含如下文字："参谋长联席会议指示美国太平洋舰队总司令部 (CINCPAC)，命令后者使用西南太平洋的美军舰队为正在进行军事行动的美军舰队提供必要的支援（包括在莱特岛和西太平洋的美军）。太平洋海区 (Pacific Ocean Area) 的舰队为西南太平洋战区的美军舰队提供掩护与支援。西太平洋的特遣舰队（即第三舰队）应当摧毁正在威胁或位于菲律宾境内的敌军海空力量，保证中太平洋战区分界线附近的海空通信的畅通。一旦摧毁敌舰队主力的机会来到，或者能够创造这样的机会，那么摧毁敌舰将会成为舰队（即所有太平洋海区的美军舰队）的主要目标。各舰队司令将会对西太平洋特遣舰队和西南太平洋美军舰队间的协同作战进行必要的安排。"

更为有趣的也许是下一段中关于作战优先级的内容，哈尔西"根据派道得出结论，认为应当在中国海执行任务，至于（在莱特岛区域）掩护西南太平洋舰队的必要性，他感觉受到了限制"。尼米兹对哈尔西的指示清晰地表明"不能对第 4 号至第 44 号行动计划中阐述的任务内容进行任何变更"。从这份报告来看，这话是尼米兹说的。对尼米兹而言，"必要性"这个词和"他感受到了"这句话相比，具有更重大的意义。如果哈尔西说的是"他认为"，那么这件事就不存在了，人们也不会继续谈论这一点。

193. 卡特勒，《戏剧性战事全貌》，第 237 页。哈尔西与布莱尔三世合著，《哈尔西将军的故事》，第 217 页。豪沃斯，《伟大的海军领袖》，第 239 页。

194. 梅里尔，《属于水手的将军》，第 156 页。波特，《尼米兹》，第 325—326 页。

195. 卡特勒，《戏剧性战事全貌》，第 170 页。莫里森，《海军史》第十二卷，第 193 页。波特，《阿利·伯克》，第 204 页。

196. 海军历史部，《第 40 号战斗概要》，第 33—34 页。

197. 海军历史部，《第 40 号战斗概要》，第 39 页。

198. 同上。我们很容易忽略这样一个事实，那就是日军舰队在北纬 18° 10′、东经 125° 30′ 的侦察报告早在 17 时 55 分就发出了。这份报告显示，日军舰队位于美军舰队次日午夜所在位置以北 240 英里。考虑到次日的战事，有人认为节省油料并不是真正需要考虑的问题。

199. 霍伊特，《死亡丧钟》，第 310—311 页。波尔玛，《图说航空母舰历史》，第 392 页。雷诺兹，《快速航母》，第 270—271 页。我们不清楚到底有多少架战机从"独立"号航母上升空，但这里提到的这架战机显然是重新遇敌的那架。"独立"号航母奉命放飞 5 架战机用于侦察。参见哈尔西与布莱尔三世合著的《哈尔西将军的故事》一书第 217 页。伍德沃德在其撰写的《联合舰队解密》一书第 135—137 页提供的时间分别为 2 时 08 分与 2 时 38 分。他认为从两架从"企业"号上起飞的夜间战斗机在 1 时 40 分之后，迅速击落了一架九七式飞行艇 (H6K Mavis)。

200. 卡特勒，《戏剧性战事全貌》，第 170—171 页。

201. 卡特勒，《戏剧性战事全貌》，第 207—208 页。

202. 卡特勒，《戏剧性战事全貌》，第 212—213 页。豪沃斯，《伟大的海军领袖》，第 261 页。雷诺兹，《快速航母》，第 269—270 页。

203. 梅里尔，《属于水手的将军》，第 160 页。

204. 卡特勒，《戏剧性战事全貌》，第 210—212 页。波特，《阿利·伯克》，第 206 页。雷诺兹，《快速航母》，第 270 页。

205. 霍伊特，《死亡丧钟》，第 185 页。梅里尔，《属于水手的将军》，第 159 页。雷诺兹，《快速航母》，第 270 页。

206. 卡特勒，《戏剧性战事全貌》，第 172 页。霍伊特，《死亡丧钟》，第 157 页。宇垣缠的陈述，埃文斯等编著，《言论集》，第 491 页。

207. 伍德沃德，《莱特湾海战》，第 83—84 页。

208. 卡特勒撰写的《戏剧性战事全貌》第 206 页是唯一一谈到这一点的战史记录。波特撰写的《阿利·伯克》并未谈到这一点。难以置信的是，哈尔西本应该声称自己考虑过这方面的问题，以避免任何日军的航母编队逃过他的监视并推进到吕宋岛和美军航母之间的某处，从而"加入中央部队进攻莱特湾"。从地理上来讲，即便使用最宽泛的标准来衡量，这种假设也完全不可能成立。

209. 卡特勒，《戏剧性战事全貌》，第 149—151 页。霍伊特，《死亡丧钟》，第 150—151 页。

210. 帕拉多斯，《联合舰队解密》，第 641 页。

211. 丰田副武电告的具体措辞晦涩难懂。卡特勒，《戏剧性战事全貌》，第 152 页。德·阿巴斯，《海军的覆灭》，第 201 页。菲尔德，《日本人在莱特湾》，第 72 页。霍伊特，《死亡丧钟》，第 155 页。伊藤正德，《帝国海军的末日》，第 132 页。莫里森，《海军史》第十二卷，第 189 页。伍德沃德，《联合舰队解密》，第 87 页。以上著作给出了这份电告的 7 个不同版本，而令人费解的是也许他们谈到的报告内容并不源于同一个编队，或许是粟田编队的，或许是所有日舰编队的，又或许是粟田编队和其他海空编队的。

 该文本的翻译稿来源于等松春夫 2003 年 12 月 3 日的邮件。每个词的具体译文如下：

 天佑（Tenyu）/ 上天保佑；ヲ（Wo）/ 指代对象或目标；確信（Kakushin）/ 坚定地相信；シ（Shi）/ "去做"这一动词的变型。因此加起来就是：天佑ヲ確信シ（Tenyu wo kakushin shi）/ 坚信上天的护佑。

 全軍（Zengun）/ 所有部队；突擊（Totsugeki）/ 冲锋；セヨ（Seyo）/ 祈使句的后缀。因此加起来就是：全軍突擊セヨ（Zengun totsugeki seyo）/ 所有部队冲啊！

 比较流畅的翻译可以是这样的："上苍会保佑我们的，所有部队，冲啊！"有人承认，除了翻译成类似"卫兵，起来，进攻！"这样西方人熟悉的说法之外，还真的没有太好的其他译法。

 应该指出的是，电告中的"所有部队"单单指的是粟田舰队。但也有人怀疑，根据当时的军事用语，全軍（Zengun）可能应当译作"所有军事单位"。

212. 伊藤正德，《帝国海军的末日》，第 132—133 页。

213. 菲尔德，《日本人在莱特湾》，第 71 页。霍伊特，《死亡丧钟》，第 155 页。莫里森，《海军史》第十二卷，第 189 页。帕拉多斯，《联合舰队解密》，第 642 页。

214. 卡特勒，《戏剧性战事全貌》，第 152 页。霍伊特，《死亡丧钟》，第 155 页。宇垣缠的陈述，埃文斯等编著，《言论集》，第 491 页。

215. 霍伊特，《死亡丧钟》，第 151 页。莫里森，《海军史》第十二卷，第 189 页。帕拉多斯给出的时间是 20 时 20 分。奇怪的是，11 时也是哈尔西及其参谋相信粟田将会到达莱特湾的时间（如果粟田在午夜掉头向东航行的话）。相关内容可参见雷诺兹撰写的《快速航母》第 267—268 页。但是这样的判断基于粟田舰队会全速前进的假设，并且忽略了粟田健男早就掉头向东航行的事实。

216. 霍伊特，《死亡丧钟》，第 151 页。

217. 菲尔德，《日本人在莱特湾》，第 115—116 页。伍德沃德，《莱特湾海战》，第 206 页。

218. 卡特勒，《戏剧性战事全貌》，第 255—268 页。霍伊特，《死亡丧钟》，第 167 页。第一个"神风"特攻编队在 10 月 20 日由第 201 海军航空队（201st Air Group）组建。编队基地位于马巴拉卡特（Mabalacat）机场，是克拉克机场的一部分。

219. 帕拉多斯，《联合舰队解密》，第 642 页。

220. 莫里森，《海军史》第十二卷，第 208 页。0 时 08 分，正好是月落一分钟之后。参见帕拉多斯，《联合舰队解密》，第 661 页。

221. 两艘战列舰总计 69400 吨，一艘舰队航母 25675 吨，三艘轻型航母总计 33642 吨，四艘重巡洋舰总计 38006 吨，一艘轻巡洋舰 5100 吨，五艘驱逐舰总计 9402 吨，还有一艘潜艇重 2140 吨。

222. 向《启示录》（Book of Revelation）第六章第十七行表达歉意。

第六章

1. 波特的《阿利·伯克》第208页。根据这个说法，伯克与哈尔西的参谋长卡尼（Carney）交涉，而后者则下令展开搜寻。而波特的《"蛮牛"哈尔西》（Bull Halsey）第331页说，是伯克与哈尔西交涉，哈尔西下令搜索。

2. 莫里森，《海军史》第十二卷，第318页。

3. 波特，《阿利·伯克》，第209页。

4. 莫里森，《海军史》第十二卷，第322页。

5. 波特，《阿利·伯克》，第209页。

6. 比如菲尔德《日本人在莱特湾》第75页、霍伊特《死亡丧钟》第241页，后者指出并不是22艘。

7. 伍德沃德，《莱特湾海战》，第87页。

8. 菲尔德，《日本人在莱特湾》，第76—77页。

9. 伍德沃德，《莱特湾海战》，第88页。

10. 莫里森，《海军史》第十二卷，第208页、第230页。

11. 莫里森，《海军史》第十二卷，第207—208页。伍德沃德，《莱特湾海战》，第99—100页。

12. 卡特勒，《戏剧性战事全貌》，第184页。 帕拉多斯，《联合舰队解密》，第661页。

13. 莫里森，《海军史》第十二卷，第209页。

14. 菲尔德，《日本人在莱特湾》，第82页。

15. 惠勒，《金凯德》，第398。

16. 福田幸弘，《塞班岛和莱特湾》，第216页。

17. 伊藤正德，《帝国海军的末日》，第133页。 伍德沃德，《莱特湾海战》，第92页。注意这个评价，对西村在苏里高海峡的行动的一个可能的解释是，他认为自己负有重要职责，正如那些踊跃加入"神风"特攻队的人。这是一种重视英雄主义和悲情叙事的文化特征。一些西方分析家称之为"失败的特质"。

18. 伊藤正德，《帝国海军的末日》，第134页。

19. 卡特勒，《戏剧性战事全貌》，第184页。

20. 菲尔德，《日本人在莱特湾》，第83页。西村242013号电报称部队将于4时，即日出前90分钟离开杜拉格。

21. 伍德沃德，《莱特湾海战》，第94页。科恩，《日本的战时经济与重建》，第245页。

22. 菲尔德，《日本人在莱特湾》，第86页。

23. 莫里森，《海军史》第十二卷，第203页。

24. 卡特勒，《戏剧性战事全貌》，第174页。另外两个驱逐舰编队，即第48驱逐舰中队和第49驱逐舰中队，分别有8艘和9艘驱逐舰。其中第48中队已经离开了该区域，但是第49中队仍然在战场。参见《舰艇词典》第八卷第6页、第296页。奥登多夫认为有必要提及这一点。

25. 卡特勒，《戏剧性战事全貌》，第175页。据推测，它们此时正在前往苏里高海峡。这些舰艇包括2艘战列舰，3艘重巡洋舰，1艘轻巡洋舰和8艘驱逐舰。还有另外的两艘驱逐舰——"初春"号和"初霜"号。这一数据是接近实际的，但关于具体细节的目击记录和报道与之大相径庭。

26. 在本文中，美军巡洋舰部队被称为"西编队"和"东编队"。

27. 该舰被迫派遣"澳大利亚"号和"瓦拉蒙加人"号，另一支巡洋舰编队派出了"檀香山"号。

28. 卡特勒，《戏剧性战事全貌》，第175页。

29. 莫里森，《海军史》第十二卷，第223页。

30. 因此，分配的是"麦克奈尔"号和"默茨"号。见《舰艇词典》第四卷，第306页、第339页。

31. 伍德沃德，《莱特湾海战》，第99页。

32. 伍德沃德，《莱特湾海战》，第96页。

33. 比如卡特勒《戏剧性战事全貌》，第182—184页。

34. 伍德沃德，《莱特湾海战》，第99页。金凯德被限制在北纬10°。电报全文见霍伊特《死亡丧钟》第174页。

35. 卡特勒，《戏剧性战事全貌》，第180页。

36. 伍德沃德，《莱特湾海战》，第95页。

37. 火力、充足的火力，是美军战斗的本质特征。但是有人指出10月18日，日军在莱特岛的炮兵阵地仅被一发炮弹击中，而驱逐舰"戈尔兹伯勒"号在25分钟内发射了至少258发炮弹。见霍伊特《死亡丧钟》第17页。

38. 伍德沃德，《莱特湾海战》，第96页。

39. 伍德沃德，《莱特湾海战》，第96页。

40. 伍德沃德，《莱特湾海战》，第98页。

41. 例如卡特勒《戏剧性战事全貌》第182页、莫里森《海军史》第十二卷第202页。霍伊特的《死亡丧钟》第191页引用了全文。

42. 卡特勒，《戏剧性战事全貌》，第182页。

43. 卡特勒，《戏剧性战事全貌》，第188页。莫里森《海军史》第十二卷，第208—210页。伍德沃德，《莱特湾海战》，第99页。

44. 莫里森，《海军史》第十二卷，第210页。

45. 卡特勒，《戏剧性战事全貌》，第190页。伍德沃德，《莱特湾海战》，第104页。

46. 莫里森，《海军史》第十二卷，第214页。人们认为这种说法很难成立，因为鱼雷发射将近5分钟后才到达，这就有8720码的射程。从发射到到达目标，距离据说是8200到9300码。

47. 卡特勒，《戏剧性战事全貌》，第192页。莫里森，《海军史》第十二卷，第215页。

48. 卡特勒，《戏剧性战事全貌》，第191页。莫里森，《海军史》第十二卷，第215页。

49. 莫里森，《海军史》第十二卷，第216页。

50. 菲尔德，《日本人在莱特湾》，第90页。伊藤正德，《帝国海军的末日》，第136页。莫里森《海军史》第十二卷，第216页。帕拉多斯，《联合舰队解密》，第661页。

51. 莫里森，《海军史》第十二卷，第215页。这是个问题。达尔巴斯、菲尔德、伍德沃德，以及后来的布雷耶、卡特勒均指出，"山城"号中弹并且脱离队列，"扶桑"号继续向北前进，最终被盟军的战列舰、巡洋舰击沉。日方资料的说法则相当明确："扶桑"号脱离队列，"山城"号继续北上。

52. 莫里森，《海军史》第十二卷，第215页。

53. 伍德沃德，《莱特湾海战》，第121页。

54. 菲尔德，《日本人在莱特湾》，第90页。霍伊特，《死亡丧钟》，第23页。莫里森，《海军史》第十二卷，第232页。伍德沃德，《莱特湾海战》，第122页。

55. 卡特勒，《戏剧性战事全貌》第190页。霍伊特，《死亡丧钟》，第217页。莫里森，《海军史》第十二卷，第217—219页。

56. 卡特勒，《戏剧性战事全貌》，第193页。莫里森，《海军史》第十二卷，第218页。

57. 霍伊特，《死亡丧钟》，第218页。莫里森，《海军史》第十二卷，第219页。

58. 莫里森，《海军史》第十二卷，第220页。

59. 伍德沃德，《莱特湾海战》，第108页。有趣的是，帕拉多斯《联合舰队解密》第661页没有提起第二次鱼雷命中，仅仅指出"满潮"号被一枚鱼雷击沉。

60. 卡特勒，《戏剧性战事全貌》，第195页。伍德沃德，《莱特湾海战》，第109页。

61. 莫里森，《海军史》第十二卷，第221页。

62. 霍伊特，《死亡丧钟》，第220页。莫里森，《海军史》，第222页。

63. 保罗·S. 达尔（Paul S. Dull），《日本帝国海军战史（1941—1945）》[*A Battle History of the Janpanese Navy (1941–1945)*]，第220页。莫里森，《海军史》第十二卷，第222页，第319—320页。

64. 爱德华·德雷亚（Edward Drea）在书中提出了一个有趣的观点。

65. 卡特勒，《戏剧性战事全貌》，第197页。伍德沃德，《莱特湾海战》，第227页。莫里森，《海军史》第十二卷，第113页。值得一提的是，"凤凰城"号后来改名为"贝尔格拉诺将军"号，于1982年5月2日被击沉在南大西洋。

66. 莫里森，《海军史》第十二卷，第25页。霍伊特《死亡丧钟》第191页提道，"哥伦比亚"号独自射击1100发炮弹。对巡洋舰而言，消耗如此数量的弹药意味着在一分钟内发射34发炮弹。重巡洋舰有9门8英寸主炮，轻巡洋舰则有12门6英寸主炮。帕拉多斯《联合舰队解密》第661页称巡洋舰各口径主炮射击"大约4300发炮弹"。

67. 伍德沃德，《莱特湾海战》，第114页。莫里森，《海军史》第十二卷，第224页。没有提供完整的齐射数据。海军历史部《第40号战斗概要》第57页同样如此。

68. 见德·阿巴斯《海军的覆灭》第202页、菲尔德《日本人在莱特湾》第87页、莫里森《海军史》第十二卷第105页。另见齐格菲尔德·布雷耶《1905年至1970年的战列舰和巡洋舰：主力舰的历史演变》(Battleships and battle cruisers, 1905-1970: Historical development of the capital ship)第341页、卡特勒《戏剧性战事全貌》第199页、M. J. 惠特利《第二次世界大战中的战列舰：国际大百科》(Battleships of World War Two: An International Encyclopedia，以下简称《战列舰百科全书》)第193页。

69. 正如帕拉多斯《联合舰队解密》第661—第662页所述。这得到了等松春夫2002年10月25日的电子邮件的证实。

70. 在各种书里说法不一，但似乎无可置疑的是，"路易斯维尔"号于3时19分目睹了爆炸，可以确定它发生在北方数海里外，但不能确定是不是"山城"号。见伍德沃德《莱特湾海战》第109页。

71. 菲尔德，《日本人在莱特湾》，第87页。伊藤正德，《帝国海军的末日》，第136页。莫里森，《海军史》第十二卷，第217页。

72. 伊藤正德，《帝国海军的末日》，第137页。伍德沃德，《莱特湾海战》，第108—109页。

73. 加兹克，《战列舰》，第104页。

74. 布雷耶，《1905年至1970年战列舰和巡洋舰：主力舰的历史演变》，第140页、第149页。伊安·斯图顿，《1906年至今的全球战列舰合集》(Conway's All the World's Battleships: 1906 to the Present)，第76页、第78页。惠特利，《战列舰百科全书》第103页、第111页。这两本书的说法不太一样，但在关键点上保持一致。"扶桑"号被一枚鱼雷击中，断成两截并发生大火。

75. 莫里森，《海军史》第十二卷，第232页。

76. 莫里森，《海军史》第十二卷，第228页。

77. 卡特勒，《戏剧性战事全貌》，第199页。莫里森，《海军史》第十二卷，第228页。伍德沃德，《莱特湾海战》，第115—116页。

78. 莫里森，《海军史》第十二卷，第220页。

79. 莫里森，《海军史》第十二卷，第229页。帕拉多斯，《联合舰队解密》，第662页。

80. 莫里森，《海军史》第十二卷，第221页。第一次中弹起火时舰员即意识到将要沉没，该舰随即朝日舰大致方向发射了所有鱼雷，但是没有任何证据表明命中目标。"纽康姆"号和"理查德·利里"号就在它旁边，它们将其拖进莱特湾进行初步修理，使它得以开到珍珠港，再航行至梅尔岛海军船厂进行修理。返回前线后，该舰先后在1945年6月和7月参加了支援登陆文莱、巴厘巴板的任务。见《舰艇词典》第一卷第23—24页。

81. 伍德沃德，《莱特湾海战》，第114—115页。

82. 莫里森，《海军史》第十二卷，第229页。

83. 卡特勒，《戏剧性战事全貌》，第197页。保罗·S. 杜尔，《日本帝国海军作战史(1941年至1945年)》(A Battle History of the Imperial Japanese Navy, 1941-1945)，第320页。莫里森《海军史》第十二卷第222页指出，一名幸存者声称"山城"号被4枚鱼雷击中，但此前该舰早已被两枚鱼雷命中。有人推测如果上述说法准确，那么"山城"号在最后的攻击中被命中了两次。

84. 莫里森，《海军史》第十二卷，第229页。伍德沃德，《莱特湾海战》，第120页。

85. 伍德沃德，《莱特湾海战》，第119页。

86. 莫里森，《海军史》第十二卷，第229页。

87. 《舰艇词典》第四卷，第258页。

88. 伍德沃德，《莱特湾海战》，第113页。

89. 菲尔德，《日本人在莱特湾》，第92页。莫里森《海军史》第十二卷第232页指出这四艘驱逐舰组成纵队，在两艘重巡洋舰前方占位，书中对后续战斗的描述意义不大，它们本来就在"足柄"号、"那智"号与北方的目标之间，因此巡洋舰直接向日舰发射鱼雷。

90. 卡特勒，《戏剧性战事全貌》，第200—201页。志摩遇上"最上"号，因此西野的解释肯定有问题。伍德沃德《莱特湾海战》第122页、霍伊特《死亡丧钟》第238—239页均指出"时雨"号在遭遇"那智"号时被截停，然后进行维修，但是事实并非如此。志摩部队随后才停下。

91. 卡特勒，《戏剧性战事全貌》，第202页。菲尔德，《日本人在莱特湾》，第92页。莫里森，《海军史》第十二卷，第232—233页。

92. 关于撞击，似乎有不同的说法。卡特勒《戏剧性战事全貌》第203页称"那智"号"左前舷撞上'最上'号"。莫里森《海军史》第十二卷第233页称"那智"号受损严重，因此暗示"最上"号已经撞击了"那智"号。菲尔德《日本人在莱特湾》第93页、伍德沃德《莱特湾海战》第123页称"那智"号的左舷被撞开一个破口。伊藤正德《帝国海军的末日》第142页说法相反，称"最上"号左舷被撞开一个破口。帕拉多斯《联合舰队解密》第662页称"那智"号右前舷被撕开，锚机舱进水，航速降至18节。霍伊特《死亡丧钟》第235页称"最上"号的舰艏"以大约10度的角度撞上'那智'号的左后舷，导致锚机舱、舵机室相继进水"。

93. 菲尔德，《日本人在莱特湾》，第92页。伍德沃德，《莱特湾海战》，第123页。应该指出，莫里森《海军史》第十二卷第232页称驱逐舰有机会发射鱼雷。

94. 卡特勒，《戏剧性战事全貌》，第203页。莫里森，《海军史》第十二卷，第233页。伍德沃德，《莱特湾海战》，第123页。

95. 菲尔德，《日本人在莱特湾》，第91页。伍德沃德，《莱特湾海战》，第116页。

96. 伍德沃德，《莱特湾海战》，第124页。

97. 等松春夫2002年10月25日的电邮。

98. 伍德沃德，《莱特湾海战》，第124—125页。

99. 霍伊特，《死亡丧钟》，第228—229页。

100. 伍德沃德，《莱特湾海战》，第125页。

101. 莫里森，《海军史》第十二卷，第234页。

102. 伍德沃德，《莱特湾海战》，第126页。这些舰艇是"哥伦比亚"号、"丹佛"号，以及"克莱斯顿"号、"科尼"号和"索恩"号。莫里森《海军史》第十二卷第237页称在两艘轻巡洋舰出现之前，"科尼"号、"西戈内"号与"朝云"的交火。帕拉多斯《联合舰队解密》第663页称"本尼恩"号参与了行动，"朝云"号舰长在海上漂浮了一整天后游到帕纳翁岛岸边，然后被菲律宾游击队俘虏，"朝云"号机关长第二天在莱特岛被俘。

103. 菲尔德，《日本人在莱特湾》，第92页。

104. 霍伊特，《死亡丧钟》，第236页。

105. 菲尔德《日本人在莱特湾》第94页称"阿武隈"号原来奉命前往卡加延。在11时05分时没有接到后续命令，它决定继续前往。第133页称卡加延容易受到美国飞机攻击，这意味着"阿武隈"号在没有指示的情况下，于11时05分自行前往达皮丹。

106. 卡特勒，《戏剧性战事全貌》，第203页。莫里森，《海军史》第十二卷，第237页。

107. 菲尔德，《日本人在莱特湾》，第94页。伍德沃德，《莱特湾海战》，第127页。霍伊特《死亡丧钟》第204页称该舰被一枚航弹击中，航弹穿透至轮机舱。"最上"号损失196名舰员，然后在12时30分被己方鱼雷击沉。见杜尔《日本帝国海军作战史（1941年至1945年）》第322页。

108. 伍德沃德，《莱特湾海战》，第127页。

109. 《舰艇词典》第八卷，第224页。伍德沃德，《莱特湾海战》，第128页。

110. 莫里森，《海军史》第十二卷，第320页。

111. 菲尔德，《日本人在莱特湾》，第94页。在这种情况下，小泽部队缺少"桐"号和"杉"号，这两艘驱逐舰正在接受油料补给。见海军历史部《第40号战斗概要》第84页脚注4、伍德沃德《莱特湾海战》第137页。

112. 杜尔，《日本帝国海军作战史（1941年至1945年）》，第328页。

113. 卡特勒，《戏剧性战事全貌》，第250—251页。

114. 作为总结及尚未发生的事情，这些舰艇是舰队航母"瑞鹤"号，轻型航母"千岁"号、"千代田"号、"瑞凤"号，轻巡洋舰"多摩"号，以及驱逐舰"秋月"号和"初月"号。

115. 伍德沃德，《莱特湾海战》，第138页。为数不多的明确数据记录表明，第一波进攻有"大约60架战斗机，

65架俯冲轰炸机和55架鱼雷攻击机"。

116. 莫里森《海军史》第十二卷第324页称小泽在6时53分看到美国飞机。雷诺兹《快速航母》第273页指出，南下时机动部队的雷达发现了美军搜索飞机，它们随即北上并拉开40英里的距离，后于7时10分被发现。这是有可能的，但前提是日军必须在5时30分左右发现美军飞机，然后全速航行10分钟，以大约27节航速转向，然后再行驶90分钟。

117. 菲尔德《日本人在莱特湾》，第94页。莫里森，《海军史》，第324页。

118. 令人惊讶的是日军没有察觉哈尔西已经带领航母支队北上，他们的搜索飞机四架一组，显然没有发现美军航母编队，见菲尔德《日本人在莱特湾》第94页。莫里森《海军史》第十二卷第324—325页称，日军有12到15架战斗机在巡逻，而地狱猫式战斗机击落了其中9架。伍德沃德《莱特湾海战》第140页称，"15到20架敌军战斗机升空截击我军攻击机群"，虽然一架复仇者式鱼雷轰炸机被击落，但是日军迅速溃散，"让我方在这一天剩下的时间里没有空中对手"。

119. 杜尔《日本帝国海军作战史（1941年至1945年）》第328页、霍伊特《死亡丧钟》第322页、伍德沃德《莱特湾海战》第139页、菲尔德《日本人在莱特湾》第95页称60架舰载机攻击了南方的第六战斗群。

120. 根据莫里森《海军史》第十二卷第325页、伍德沃德《莱特湾海战》第140页，"埃塞克斯"号上的地狱俯冲者式俯冲轰炸机确认8枚航弹击中"千岁"号，复仇者式鱼雷轰炸机两次击中了该航母。此外，"列克星敦"号的舰载机确认两弹命中。

121. 菲尔德，《日本人在莱特湾》，第95页。日方资料指出该舰的沉没时间是8时56分，这个时间美方一直沿用。杜尔《日本帝国海军作战史（1941年至1945年）》第328页指出时间是7时56分，这是日方记录的时间。

122. 菲尔德，《日本人在莱特湾》，第95页。伍德沃德，《莱特湾海战》，第142页。

123. 莫里森，《海军史》第十二卷，第324—325页。

124. 霍伊特，《死亡丧钟》，第322页。莫里森，《海军史》第十二卷，第325页。目前还不清楚这次损伤是由哪次攻击造成的。大多数的说法都表明，破坏一开始就造成了，但是菲尔德《日本人在莱特湾》第96页表明它是持续性的，在第二次攻击期间或第二次攻击之后，这些目标"最终确定无疑地崩溃了"。

125. 菲尔德，《日本人在莱特湾》，第96页。

126. 莫里森，《海军史》第十二卷，第325页。伍德沃德，《莱特湾海战》，第143页。

127. 莫里森，《海军史》第十二卷，第292页。惠勒，《金凯德》，第400页。

128. 莫里森，《海军史》第十二卷，第292页。波特《"蛮牛"哈尔西》第318页称哈尔西"带着困惑"向金凯德回电。

129. 卡特勒，《戏剧性战事全貌》，第226—227页。伍德沃德，《莱特湾海战》，第164—165页。

130. 帕拉多斯，《联合舰队解密》，第668页。伍德沃德，《莱特湾海战》，第165页。

131. 惠勒，《金凯德》，第400页。伍德沃德，《莱特湾海战》，第165页。

132. 莫里森，《海军史》第十二卷，第293页。伍德沃德《莱特湾海战》第165页指出，来自"卡达山湾"号的舰载机的报告"是道听途说，几乎难以理解"。

133. 菲尔德，《日本人在莱特湾》，第100页。

134. 惠勒，《金凯德》，第401页。莫里森《海军史》第十二卷第292页指出，7时24分金凯德接到第一份报告，第293页指出金凯德在7时07分电告哈尔西。伍德沃德《莱特湾海战》第170页给出的时间是7时24分，很明显这是错误的，但是在该书第144至145页没有补充纠正。

135. 伍德沃德，《莱特湾海战》，第171页。

136. 惠勒，《金凯德》，第401页。伍德沃德，《莱特湾海战》，第171页。

137. 惠勒，《金凯德》，第401页。伍德沃德，《莱特湾海战》，第172页。

138. 惠勒，《金凯德》，第402页。

139. 伍德沃德，《莱特湾海战》，第169页。这是一艘舰队航母执行单次任务所需的复仇者式鱼雷轰炸机的数量。

140. 伍德沃德，《莱特湾海战》，第187页。

141. 惠勒，《金凯德》，第401页。莫里森，《海军史》第十二卷，第285页。

142. 杜尔《日本帝国海军作战史（1941年至1945年）》第325页指出，相当于5艘舰队航母。这三个支队原本各有6艘护航航母，但是"希南戈"号和"萨吉诺湾"号离开第77特遣舰队第4支队第1分遣舰队。显然，这两艘航母在10月24日奉命将舰载机和机组转移到其他航母上，然后前往莫罗泰岛休整。见《舰艇词典》第二卷第93页、第六卷第231页。菲尔德《日本人在莱特湾》第169页称其中一艘航母受损，这显然是错误的。

143. 莫里森，《海军史》第十二卷，第286—287页。伍德沃德《莱特湾海战》187页指出，第77特遣舰队第4支队第3分遣舰队在行动的前30分钟内放出65架战斗机和44架复仇者式鱼雷轰炸机。

144. 伍德沃德《莱特湾海战》第182页引用金特伯格（L.S.Kintberger）中校的言论。

145. 《舰艇词典》第三卷，第585页。

146. 《舰艇词典》第三卷，第341页。

147. 《舰艇词典》第三卷，第556页。"约翰斯顿"号在接战时就发射了200发炮弹，这意味着所有五门主炮，包括舰艉主炮，每分钟发射8发炮弹并持续射击5分钟，或者在舰桥前方的主炮每分钟各发射20发炮弹。根据第二组数据，即40秒内射出30发炮弹，可推测平均每分钟射击超过22发。

　　斯宾塞·约翰逊上校在2004年8月1日的电子邮件中指出，5英寸38倍口径炮的平均射速为每分钟15发，但是调整好高度的话，射速可能高达每分钟22发，舰炮能比炮组承受更高的射速。炮组短时间内可以不断装填，但在5分钟内维持这样的射速确实是可疑的。

　　射程数据引自伍德沃德《莱特湾海战》第175页。

148. 卡特勒，《戏剧性战事全貌》，第219—248页，尤其是第238页的标题为"轻骑兵的冲锋"。另见之后的章节"全世界都想知道"。这本书可能是最好的叙述莱特湾海战的著作。

149. 威廉·莎士比亚《亨利五世》第4幕第3场。似乎只有波特的《尼米兹》第339页称这一天为圣诞盛宴。

150. 帕拉多斯，《联合舰队解密》，第669页。

151. 伊藤正德，《帝国海军的末日》，第151页。

152. 卡特勒，《戏剧性战事全貌》，第232页。

153. 莫里森，《海军史》第十二卷，第254页。

154. 帕拉多斯，《联合舰队解密》，第664页。

155. 帕拉多斯，《联合舰队解密》，第664—665页。

156. 伍德沃德，《莱特湾海战》，第173页。根据莫里森《海军史》第十二卷第248页，小柳称美军部队有一两艘战列舰、4至5艘舰队航母，以及"至少"10艘重巡洋舰。

157. 独立级轻型航母的标准排量为10662吨，尺寸为660×71.5×12.5英尺。卡萨布兰卡级护航航母的标准排量为8200吨，尺寸为490×65.2×20.75英尺。相比之下，埃塞克斯级舰队航母尺寸为820×93×23英尺，标准排量27200吨。见丘斯诺，《插图百科：1914年至今的世界航空母舰》第220页、第232页、第238页。轻巡洋舰和驱逐舰之间的差异显然很小，特别是在日本帝国海军中。参见延吉拉《日本帝国海军战舰，1869—1945》第110页、第149页、第151页，罗杰·切斯诺与罗伯特·加德纳合著《全球战斗舰艇，1922—1946》（Conway's All the World's Fighting Ships）第187页、第195页。

158. 莫里森《海军史》第十二卷第298页称栗田的参谋将弗莱彻级驱逐舰误认为是一艘轻巡洋舰，并指出"它们的轮廓有些相似"。虽然轮廓可能近似，但巴尔的摩级巡洋舰的吨位几乎是弗莱彻级驱逐舰的六倍。《全球战斗舰艇，1922—1946》第120页、第130页给出的剪影与《简氏战斗舰艇，1943—1944年》第458页、第470页中出现的照片更为相似。

159. 卡特勒，《戏剧性战事全貌》，第221页。

160. 杜尔，《日本帝国海军作战史（1941年至1945年）》，第323页，正文及图表。

161. 卡特勒，《戏剧性战事全貌》，第233页。莫里森，《海军史》第十二卷，第252—253页。根据菲尔德《日本人在莱特湾》第100页，"大和"号在距离35000码或20英里的范围内开火。据帕拉多斯《联合舰队解密》第671页，相隔一分钟后"金刚"号在26500码的距离上射击。

162. 莫里森，《海军史》第十二卷，第258页。宇垣缠《逝去的胜利》492—493页称，"以2到3次齐射将敌舰重创，随即转移射击目标……大约此时，一艘航母被击沉，另一艘航母起火，一艘巡洋舰沉没"。

163. 卡特勒，《戏剧性战事全貌》，第234页。

164. 伍德沃德，《莱特湾海战》，第172页。莫里森《海军史》第十二卷第255页指出，美军舰艇在7时16分前进入雷雨区。

165. 卡特勒，《戏剧性战事全貌》，第230—232页。伍德沃德，《莱特湾海战》，第175页。

166. 莫里森，《海军史》第十二卷，第257页。伍德沃德，《莱特湾海战》，第175页。

167. 卡特勒，《戏剧性战事全貌》，第231页。霍伊特，《死亡丧钟》，第251页。

168. 莫里森，《海军史》第十二卷，第256页。海军历史部，《第40号战斗概要》，第73页。

169. 帕拉多斯，《联合舰队解密》，第675页。杜尔，《日本帝国海军作战史（1941年至1945年）》，第326页。

170.《舰艇词典》，第三卷，第286页。伍德沃德，《莱特湾海战》，第176页。

171. 卡特勒，《戏剧性战事全貌》，第241页。关于"希尔曼"号参战，见帕拉多斯《联合舰队解密》第677页。

172. 伍德沃德，《莱特湾海战》，第176—177页。

173. 莫里森，《海军史》第十二卷，第259页。

174. 莫里森，《海军史》第十二卷，第268—269页。海军历史部，《第40号战斗概要》，第68页。

175. 莫里森，《海军史》第十二卷，第269页。伍德沃德，《莱特湾海战》，第178页。

176. 这一阶段，美军确认一艘青叶级重巡洋舰攻击"罗伯茨"号，见伍德沃德《莱特湾海战》第178页。但是日军战斗序列中没有青叶级巡洋舰。据推测，这可能是"羽黑"号或其姊妹舰。

177. 莫里森，《海军史》第十二卷，第263—264页。

178. 莫里森，《海军史》第十二卷，第266页。

179. 菲尔德，《日本人在莱特湾》，第100页。帕拉多斯，《联合舰队解密》，第672页。

180. 伊藤正德，《帝国海军的末日》，第152页。

181. 栗田的作战参谋回忆，"（美军）很快就施放烟雾，对烟雾的使用非常熟练"。见帕拉多斯《联合舰队解密》第677页、伍德沃德《莱特湾海战》第182页。

182. 卡特勒，《戏剧性战事全貌》，第234页。伍德沃德，《莱特湾海战》，第182页。

183. 帕拉多斯，《联合舰队解密》，第682页。

184. 莫里森，《海军史》第十二卷，第281—282页。帕拉多斯，《联合舰队解密》，第682—683页。

185. 菲尔德，《日本人在莱特湾》，第106页。

186.《舰艇词典》，第二卷第390—391页，第三卷第585页。

187.《舰艇词典》，第二卷第660页，第四卷第355页，第八卷第266页。

188.《舰艇词典》第三卷，第15页。莫里森，《海军史》第十二卷，第282页。

189. 梅里尔，《属于水手的将军》，第163页。哈尔西、布莱尔三世，《哈尔西将军的故事》，第219页。哈尔西在其自传中表示，他相信第77特遣舰队第4支队的18艘护航航母能够应付得来。即使到了1947年，他也不知道两艘护航航母已提前一天离队。

190. 哈尔西、布莱尔三世，《哈尔西将军的故事》，第220页。梅里尔，《属于水手的将军》，第163页。波特，《"蛮牛"哈尔西》，第334—335页。

191. 波特，《"蛮牛"哈尔西》，第177—178页，第295—296页。

192. 哈尔西、布莱尔三世，《哈尔西将军的故事》，第219页。该电报在7时07分发送并且十分清晰。见莫里森《海军史》第十二卷第293页。

193. 卡特勒，《戏剧性战事全貌》，第237页。哈尔西、布莱尔三世，《哈尔西将军的故事》，第219页。

194. 哈尔西、布莱尔三世，《哈尔西将军的故事》，第219页。伍德沃德《莱特湾海战》第144—145页表示，第38特遣舰队第1支队收到这份电报时，麾下一艘航母和一艘巡洋舰正在进行加油。麦凯恩立即下令停止加油并率部向西南方向挺进。即使以航速30节计算，也不能让航母在一个小时后进入放出舰载机的最远距离，实际上麦凯恩部需要二到三个小时才能放飞舰载机，从舰载机起飞、集合出航到到达战场还需要二到三个小时。飞机13时10分到达，这表明麦凯恩部缩短了转弯距离。卡特勒《戏剧性战事全貌》称第38特遣舰队第1支队在距离335英里时放出了舰载机。

195. 哈尔西、布莱尔三世，《哈尔西将军的故事》，第224页。

196. 哈尔西、布莱尔三世，《哈尔西将军的故事》，第219—220页。电报发送时间是7时27分，见莫里森《海军史》第十二卷第293—294页。

197. 哈尔西、布莱尔三世，《哈尔西将军的故事》，第220页。这个电报做出了相当令人惊讶的声明："事实上，金凯德出错了，他的战列舰每门主炮只有21发穿甲弹"，很难以碾压性优势取胜。

198. 波特，《"蛮牛"哈尔西》，第335页。哈尔西、布莱尔三世，《哈尔西将军的故事》，第220页。

199. 哈尔西、布莱尔三世，《哈尔西将军的故事》，第220页。梅里尔，《属于水手的将军》，第165页。

200. 霍伊特，《死亡丧钟》，第185页。

201. 哈尔西、布莱尔三世，《哈尔西将军的故事》，第219页。

202. 菲尔德，《日本人在莱特湾》，95页。

203. 莫里森，《海军史》第十二卷，第325页。

204. 菲尔德，《日本人在莱特湾》，第95页。帕拉多斯，《联合舰队解密》，第652页。雷诺兹，《快速航母》，第274页。

205. 莫里森《海军史》第十二卷第325页称美军舰载机大致于"9时45分至10时整攻击"。日方资料称这次攻击发生在10时至10时30分。

206. 菲尔德，《日本人在莱特湾》，第96页。帕拉多斯，《联合舰队解密》，第652页。

207. 麦克阿瑟，《麦克阿瑟的报告》，第二卷第二部分，第401页，注释117。莫里森，《海军史》第十二卷，第325—326页。

208. 莫里森，《海军史》第十二卷，第326页。

209. 莫里森《海军史》第十二卷第25页称决定于7时06分做出。

210. 莫里森，《海军史》第十二卷，第261页。罗斯科，《二战中的美军驱逐舰行动》，第427页。《舰艇词典》第三卷，第341页。舰员中有86人获救，253人阵亡。

211. 莫里森，《海军史》第十二卷，第261页。卡特勒，《戏剧性战事全貌》，第241—242页。

212. 切斯诺，《插图百科:1914年至今的世界航空母舰》，第241页。《舰艇词典》第一卷，第15页。莫里森，《海军史》第十二卷，第282—284页。

213. 莫里森，《海军史》第十二卷，第269—270页。罗斯科，《二战中的美军驱逐舰行动》，第428—429页。

214. 莫里森，《海军史》第十二卷，第273页。

215. 卡特勒，《戏剧性战事全貌》，第256页。

216. 罗斯科，《二战中的美军驱逐舰行动》，第430—431页。

217. 卡特勒，《戏剧性战事全貌》，第248页。莫里森，《海军史》第十二卷，第274页。《舰艇词典》第二卷，第556页。后者称327名官兵中有141人获救。"约翰斯顿"号有大约50人阵亡，其中已知45人死在救生筏上，其余人员落水后死亡。

218. 比如《舰艇词典》第二卷第26页、第一卷第524页、第五卷第45页提供的"官方记录"。

219. 莫里森，《海军史》第十二卷，第269页。罗斯科，《二战中的美军驱逐舰行动》，第426页。

220. 菲尔德，《日本人在莱特湾》，第101页。

221. 伍德沃德，《莱特湾海战》，第188页。

222. 惠特利，《巡洋舰百科全书》，第181页。莫里森，《海军史》第十二卷，第285页。

223. 宇垣缠《逝去的胜利》第494页的编辑备注。菲尔德，《日本人在莱特湾》，第107页。

224. 霍伊特，《死亡丧钟》，第295页。海军历史部《第40号战斗概要》第78页指出，"筑摩"号轮机舱被毁，航速降至18节，并且无法继续运转。

225. 菲尔德，《日本人在莱特湾》，第107页。帕拉多斯，《联合舰队解密》，第684页。惠特利，《巡洋舰百科全书》第181页。

226. 霍伊特，《死亡丧钟》，第295—296页。

227. 伊藤正德，《帝国海军的末日》，第152页。

228. 莫里森，《海军史》第十二卷，第284—285页。大多数资料，如菲尔德《日本人在莱特湾》第198页、惠特利《巡洋舰百科全书》第181页表明，"藤波"号用鱼雷发起了最后一击。

229. 菲尔德，《日本人在莱特湾》，第133页。

230. 帕拉多斯，《联合舰队解密》，第683页。许多记录，如杜尔《日本帝国海军作战史（1941年至1945年）》第326页显示，命令是:"停止行动。跟随我。航速20节。"

231. 伊藤正德，《帝国海军的末日》，第156页。

232. 卡特勒，《戏剧性战事全貌》，第257页。

233. 宇垣缠，《逝去的胜利》，第497页。莫里森《海军史》第十二卷第299页称9时45分接到电报，但是宇垣缠的记录相当具体。

234. 菲尔德，《日本人在莱特湾》，第125页，注释17。

235. 人们怀疑栗田也许从来没有见过美军护航航母，但是卡特勒《戏剧性战事全貌》第257页提及参谋长小柳称看到美军航母不断中弹，因此有人推测栗田一定目睹了这一幕。

236. 宇垣缠，《逝去的胜利》，第494页。

237. 伍德沃德，《莱特湾海战》，第199—200页。第198页记录"早霜"号已经奉命留在"熊野"号旁边。菲尔德《日本人在莱特湾》第123页也表明"早霜"号在上午的中间时段离开了栗田的部队。

238. 卡特勒，《戏剧性战事全貌》，第234页。莫里森，《海军史》第十二卷，第280页。

239. 卡特勒，《戏剧性战事全貌》，第222页。

240. 伊藤正德，《帝国海军的末日》，第166页。

241. 菲尔德，《日本人在莱特湾》，第125—126页。

242. 帕拉多斯，《联合舰队解密》，第685页。

243. 帕拉多斯，《联合舰队解密》，第685页。

244. 《联合舰队：塞班岛和莱特湾海战》，第333—359页。作者感谢等松春雄在2004年2月23日发来电子邮件。

245. 伊藤正德，《帝国海军的末日》，第166页。

246. 波特，《尼米兹》，第337页。

247. 莫里森，《海军史》第十二卷，第329页。雷诺兹的《快速航母》第275页可能是对在下达命令前浪费的这一小时的唯一记录。

248. 波特，《尼米兹》，第341页。莫里森《海军史》第十二卷第331页称有9艘驱逐舰。

249. 波特，《"蛮牛"哈尔西》，第336页。波特，《尼米兹》，第341页。

250. 伍德沃德，《莱特湾海战》第80页。

251. 莫里森，《海军史》第十二卷，第329页。

252. 卡特勒，《戏剧性战事全貌》，第261页。

253. 莫里森，《海军史》第十二卷，第329—330页。

254. 莫里森，《海军史》第十二卷，第318—319页，第330页。

255. 莫里森，《海军史》第十二卷，第330页。

256. 伍德沃德，《莱特湾海战》，第217—218页。首先是第38特遣舰队第3支队、第4支队，其次是第38特遣舰队第1支队，第三是第34特遣舰队第5支队，最后是第34特遣舰队与第38特遣舰队的第2支队。

257. 哈尔西、布莱尔三世，《哈尔西将军的故事》，第220—221页。

258. 波特，《尼米兹》，第340页。

259. 波特，《"蛮牛"哈尔西》，第335页。

260. 哈尔西、布莱尔三世，《哈尔西将军的故事》，第221页。

261. "自圆其说"的主要和确切的意思是，对事实或证据进行安排，以确认一个预先确定的论点或结论，即军事术语"预判"。

262. 帕拉多斯，《联合舰队解密》，第650页。

263. 莫里森，《海军史》第十二卷，第327页。切斯诺，《插图百科：1914年至今的世界航空母舰》，第172页。伍德沃德，《莱特湾海战》，第151页。

264. 伍德沃德，《莱特湾海战》，第151—152页。

265. 杜尔，《日本帝国海军作战史（1941年至1945年）》，第330页。莫里森，《海军史》第十二卷，第327页。佐藤和正，《莱特湾海战》下卷，第299—336页。等松春夫2004年11月27日的电邮。

266. 伍德沃德，《莱特湾海战》，第153页。

267. 霍伊特，《死亡丧钟》，第336页。

268. 伍德沃德，《莱特湾大战》，第153—154页。

269. 《舰艇词典》第八卷，第290页。此记录仅有过程。"莫比尔"号和"圣菲"号的记录（见《舰艇词典》第四卷第402页、第六卷第322页）草草地描述这些战斗。同时"新奥尔良"号的记录完全没有提及此次战斗，并声称该舰跟随战列舰南下，见《舰艇词典》第五卷第68页。

270. 伍德沃德，《莱特湾海战》，第154页。该资料将日军航母误认是"千岁"号。海军历史部《第40号战斗概要》第90页记录的"千代田"号的沉没时间是16时55分。

271. 菲尔德，《日本人在莱特湾》，第120页。

272. 伍德沃德，《莱特湾海战》，第156页。

273. 菲尔德，《日本人在莱特湾》，第120—121页。伍德沃德，《莱特湾海战》，第156页。

274. 莫里森，《海军史》第十二卷，第331页。

275. 罗斯科，《二战中的美军驱逐舰行动》，第434页。

276. 莫里森，《海军史》第十二卷，第331—332页。伍德沃德，《莱特湾海战》，第158页。海军历史部《第40号战斗概要》第92页声称"初月"号"被打成碎片"，"沉没后在海里发生六次爆炸"。该资料指出"新奥尔良"号和"威基塔"号此战分别消耗35%和22%的穿甲弹，"圣菲"号发射了952发6英寸炮弹、972发5英寸炮弹和104发5英寸照明弹。"莫比尔"号发射了779发6英寸炮弹。

277. 伍德沃德，《莱特湾海战》，第158页。

278. 西奥多·罗斯科，《二战中的美军潜艇行动》(United States Submarine Operations in World War Ⅱ)，第399—400页。菲尔德《日本人在莱特湾》第122页有一段脚注提及"多摩"号，霍伊特《死亡丧钟》第339页在括号中以两段文字进行了描述。

279. 伍德沃德，《莱特湾海战》，第160—161页。

280. 罗斯科，《二战中的美军潜艇行动》，第398页。

281. 莫里森，《海军史》第十二卷，第288页。卡特勒，《戏剧性战事全貌》，第259页。

282. 莫里森，《海军史》第十二卷，第310页。

283. 《舰艇词典》第六卷，第327页。莫里森，《海军史》第十二卷，第300—301页。帕拉多斯，《联合舰队解密》，第689页。

284. 有趣的是，《舰艇词典》第五卷第279页表明，有四架飞机在这一天试图对"彼得罗夫湾"号航母发起"神风"攻击。《舰艇词典》第六卷第318页"桑加蒙"号的战斗记录提到了这次攻击，还注意到在中午这艘船的舵机、发电机和弹射器发生了故障。但很明显这两者并没有被证实。

285. 《舰艇词典》第六卷，第692页。"索旺里"号机库的火灾被扑灭了，但该航母的后升降机仍然无法运转。

286. 莫里森《海军史》第十二卷第302页指出这架飞机的炸弹爆炸造成"相当大的破坏"。"基特昆湾"号的战斗记录（《舰艇词典》第二卷第660页）没有提到任何舰船损伤，只提有1人死亡16人受伤。相关记录指出，一架零式战斗机撞击成功，此外该航母击落了一架一式陆攻。

287. 莫里森，《海军史》第十二卷，第302—303页。波尔玛，《图说航空母舰历史》，第401页。大卫·布朗《神风》(Kamikaze)第23页声称航母被零式战斗机撞击，飞机沿着飞行甲板滑行并跌落在船头，它的炸弹引爆了船上的燃油系统，后者又引爆了深水炸弹、普通炸弹和鱼雷。《舰艇词典》中"圣洛"号条目毫不含糊地说明了日军飞机撞击飞行甲板并引起弹药舱爆炸。《神风》第22页称在这次袭击中护航驱逐舰"理查德·罗厄尔"号击落了一架日军飞机。"理查德·罗厄尔"号在第77特遣舰队第4支队第1分遣舰队，而不是第77特遣舰队第4支队第3分遣舰队。见《舰艇词典》第六卷第98页，该舰的条目没有提起这样的战绩。

288. 《舰艇词典》第四卷，第355页。伍德沃德，《莱特湾海战》，第210—211页。

289. 《舰艇词典》第二卷，第585—586页，第660页。莫里森，《海军史》第十二卷，第303页。

290. 莫里森，《海军史》第十二卷，第304—305页。

291. 杰弗里·G.巴罗，《美国海军对抗"神风"特攻》(The US Navy's Fight against the Kamikazes)，第399页。

292. 《舰艇词典》第二卷第391页、第三卷第586页、第八卷第266页。莫里森，《海军史》第十二卷，第304页。

293. 《舰艇词典》第六卷，第692页。

294. 《舰艇词典》条目中给出的各种日期并不完全相同。"彼得罗夫湾"号航母一直持续到10月28日，第二天则是"桑加蒙"号。后者在11月3与9日期间在马努斯，"桑提"号在马努斯停留的时间是10月31日至11月9日。

295. 雷蒙德·奥康纳，《第二次世界大战中的日本海军》（*Japanese Navy in World War II*），第125页。

296. 猪口力平、中岛正、罗杰·皮诺，《神风：二战中的"神风"特攻》（*The Divine Wind: Japan's Kamikaze Force in World War II*），第54—55页。

297. 猪口力平、中岛正、罗杰·皮诺，《神风：二战中的"神风"特攻》，第59—60页。

298. 菲尔德，《日本人在莱特湾》，第123页。杜尔，《日本帝国海军作战史（1941年至1945年）》，第326页。宇垣缠，《逝去的胜利》，第495—496页。

299. 莫里森，《海军史》第十二卷，第308页。

300. 宇垣缠，《逝去的胜利》，第496页。

301. 伊藤正德，《帝国海军的末日》，第154页。

302. 宇垣缠，《逝去的胜利》，第496页。

303. 伊藤正德，《帝国海军的末日》，第154—157页。

304. 伍德沃德，《莱特湾海战》，第201页。

305. 菲尔德，《日本人在莱特湾》，第126页。

306. 帕拉多斯，《联合舰队解密》，第686页。

307. 伍德沃德，《莱特湾海战》，第204页。

308. 菲尔德，《日本人在莱特湾》，第126页。霍伊特，《死亡丧钟》，第331页。帕拉多斯，《联合舰队解密》，第686页。

309. 菲尔德，《日本人在莱特湾》，第127页。

310. 伍德沃德，《莱特湾海战》，第200页。

311. 伍德沃德，《莱特湾海战》，第201页。

312. 莫里森，《海军史》第十二卷，第308页。

313. 霍伊特，《死亡丧钟》，第300页。

314. 伍德沃德，《莱特湾海战》，第204页。

315. 莫里森，《海军史》第十二卷，第309—315页。派遣了很多战斗机，但有两架在起飞时迷航。

316. 波尔玛，《图说航空母舰历史》，第402页。伍德沃德，《莱特湾海战》，第212页。

317. 伍德沃德，《莱特湾海战》，第213页。波尔玛《图说航空母舰历史》第402页指出这两次攻击共有10架飞机失踪。

318. 伍德沃德，《莱特湾海战》，第214页。

319. 菲尔德，《日本人在莱特湾》，第127页。伍德沃德，《莱特湾海战》，第214页。莫里森，《海军史》第十二卷，第310页。

320. 伍德沃德，《莱特湾海战》，第214页。

321. 千早正隆、阿部安雄，《战舰简介第22期：日本海军驱逐舰"雪风"号，1939—1970》。另见延丘拉等合著的《日本帝国海军战舰，1869—1945》第149页。

322. 莫里森，《海军史》第十二卷，第310页。

323. 莫里森，《海军史》第十二卷，第330页。

324. 伍德沃德，《莱特湾海战》，第220页。罗斯科，《二战中的美军驱逐舰行动》第432页给出了略有不同的数据。莫里森《海军史》第十二卷第330页只有两行文字记录整个行动，没有细节描述。

325. 目前尚不清楚哪些驱逐舰参与了此行动。伍德沃德《莱特湾海战》指出有3艘，罗斯科《二战中的美军驱逐舰行动》指出是第103驱逐舰分队的驱逐舰"米勒"号、"欧文"号（*Owen*）、"沙利文兄弟"号、"廷吉"号。毫无疑问，前两艘肯定参战了，后两艘则不能确定。而《舰艇词典》第七卷第124页、第202页表明它们没有为此事提供最低限度的相关战报，所以怀疑其是否充分发挥作用。

326. 伍德沃德，《莱特湾海战》，第221页。

327. 佐藤和正，《莱特湾海战》下卷，第299—336页。等松春夫2004年1月27日的电子邮件。

第七章

1. 比如卡特勒的书全名是《莱特湾海战，1944 年 10 月 23— 26 日，基于历史上对最伟大海战的最新研究成果之戏剧性战事全貌》。

2. 应该注意的是莫里森《海军史》第十二卷第306页记录的"埃弗绍尔"号击沉日军潜艇的日期有误。《舰艇词典》第二卷第387页、罗斯科《二战中的美军驱逐舰行动》第436—437页，以及保尔·H. 西尔弗索恩《第二次世界大战中的美国战舰》（*US Warships of World War II*）第174页、第398页指出，正确的击沉日期是1944年10月28日。

3. 海军历史部，《第 40 号战斗概要》，第102页。

4. 罗斯科《二战中的美军潜艇行动》第402—405页，以及海军历史部《第 40 号战斗概要》第113页。11月21日2时57分左右，"海狮"号通过艇艏发射管发射6枚鱼雷，从艇艉发射管发射3枚鱼雷。该潜艇确认其中一枚鱼雷击中"浦风"号，导致其立即发生爆炸。3枚鱼雷击中"金刚"号。后者继续留在队内，并且加速至18节，但后来不得不减速。"海狮"号尝试赶上，与两艘驱逐舰一起离开了支队。随后，"金刚"号瘫痪在海上，发生爆炸，并于5时24分沉没。宇垣缠《逝去的胜利》第520页称："金刚"号被两枚鱼雷击中，它的两个锅炉舱被海水淹没，航速降低到16节。向左横倾至15度时，该舰接到命令，与驱逐舰"矶风"号、"滨风"号一道前往台湾北部的基隆，但是"金刚"号在5时30分沉没。

   很容易让人忽略的是，在"金刚"号掉头后，"长门"号和"大和"号仅在"矢矧"号和一艘驱逐舰的护卫下继续返航。

   "金刚"号是唯一一艘战时被潜艇击沉的日本战列舰。

5. 这里使用的大多数材料都来自延丘拉等合著的《日本帝国海军战舰，1869—1945》第176—177页。关于潜艇可能的身份，还可以参考莫里森《海军史》第十二卷第306—307页及第342页，罗斯科《二战中的美军潜艇行动》第436—437页。

6. 莫里森，《海军史》第十二卷，第339页。

7. 莫里森，《海军史》第十二卷，第310页。

8. 菲尔德《日本人在莱特湾》第134页、莫里森《海军史》第十二卷第239页声称有四艘高速运输舰，但这似乎是错误的。

9. 伍德沃德，《莱特湾海战》，第228页。《海军捷号作战》第二卷，第56—57页、第486—490页。

10. 帕拉多斯《联合舰队解密》第 690—691页可以作为此事的信息基础，但应该指出的是，不同资料的描述存在一定的差异。

11. 猪口力平、中岛正、罗杰·皮诺，《神风：二战中的"神风"特攻》，第60—61页。

12. 莫里森，《海军史》第十二卷，第305页。

13. 《舰艇词典》第六卷，第692页。波尔玛，《图说航空母舰历史》，第402页。

14. 宇垣缠《逝去的胜利》第499页声称第一次攻击发生在8时34分，而第二次攻击是由50架飞机执行的。德·阿巴斯《海军的覆灭》第204页称日军舰船在8时34分遭到80架飞机的攻击。伊藤正德《帝国海军的末日》第169页表示，30架飞机在8时34分实施了攻击。这里使用的信息主要来自菲尔德《日本人在莱特湾》第132页。

15. 延丘拉等合著的《日本帝国海军战舰，1869—1945》第112页以及惠特利《巡洋舰百科全书》第187页称"能代"号被航母"大黄蜂"号和"黄蜂"号的舰载机击沉。海军历史部《第 40 号战斗概要》第104页注释15表示，根据战后的审讯，"能代"号在第二次攻击中被击中。

16. 莫里森，《海军史》第十二卷，第311—312页。

17. 莫里森，《海军史》第十二卷，第311页。

18. 菲尔德《日本人在莱特湾》，第133—134页。莫里森，《海军史》第十二卷，第238页。霍伊特《死亡丧钟》第327页称"潮"号从"阿武隈"号上救出了283名官兵。惠特利《巡洋舰百科全书》第162—164页声称，第77特遣舰队第4支队损失舰载机43架，而该著作第201页、第204页先后声称"阿武隈"号是一艘驱逐舰。

19. 巴罗，《美国海军对抗"神风"特攻》，第402页。

20. 讽刺的是，7月24日，在"霞"号沉没后，第38特遣舰队的舰载机在吴港击沉了重巡洋舰"利根"号和驱逐舰"滨风"号。

21. 菲尔德，《日本人在莱特湾》，第133页。M. J. 惠特利，《第二次世界大战中的驱逐舰：国际大百科》(Destroyers of World War Two: An International Encyclopedia，以下简称《驱逐舰百科全书》)，第204页。

22. 菲尔德，《日本人在莱特湾》，第134页。惠特利，《驱逐舰百科全书》，第202页。

23. 宇垣缠，《逝去的胜利》，第500页。

24. 海军历史部，《第40号战斗概要》，第105页。

25. 日本官方历史记载，该舰无法继续航行，不得不抛锚。

26. 显然，这个过程并不是很长，因为3艘油船和相对较少的军舰必须承担运油任务。见宇垣缠《逝去的胜利》第502页注释。

27. 宇垣缠，《逝去的胜利》，第508页、第510页。

28. 宇垣缠，《逝去的胜利》，第507页。

29. 宇垣缠，《逝去的胜利》，第510—511页。

30. 宇垣缠，《逝去的胜利》，第514页。

31. 卡特《第二次世界大战中的美国陆军航空队》(US Army Air Force in World War II)第500页、第504页称，这些空袭是由美国远东陆军航空队的解放者式和米切尔式轰炸机（参加轰炸的数量不明）实施的。

32. 宇垣缠，《逝去的胜利》，第517—518页。

33. 卡特，《第二次世界大战中的美国陆军航空队》，第489页。海军历史部《第40号战斗概要》第94页称，此事发生在10月27日，但这与忽然宣称英王乔治五世登陆码头的新闻一样荒谬。宇垣缠《逝去的胜利》第508页表明，在这次突袭中油船"能登吕"号被击伤。延丘拉等合著的《日本帝国海军战舰，1869—1945》第250页称，13个月前遭到严重破坏的油船"能登吕"号在这次袭击中再受重创，此后只剩下了储油功能，变成一个漂浮的储油罐。

34. 宇垣缠在11月13日的日志中提到了汪精卫的死（《逝去的胜利》第516页）。11月12日，英国东方舰队拥有3艘舰队航母、6艘护航航母、2艘战列舰、2艘重巡洋舰、5艘轻巡洋舰，以及19艘驱逐舰，相当于美军一个航母特遣支队。11月19日，东方舰队被撤编，护航、海岸防务、巡逻和两栖部队的任务由东印度舰队接替。见本书作者的《十二个方案的坟墓：英国海军计划与对日战争，1943—1945》第165—166页、第177—178页。

35. 海军历史部，《第40号战斗概要》，第99页。需要补充的一点是，在高温环境下发起登陆后，美军指挥官都很担心士兵会中暑，并且10月的最后几天莱特岛遭到台风袭击，风速达每小时70海里。参见《对日战争第二部分：1942年8月至1944年12月》一书第84页，由美国西点军校原军事艺术与工程系出版。

36. 莫里森，《海军史》第十二卷，第339—340页。

37. 帕拉多斯，《联合舰队解密》，第691—692页。

38. 见海军历史部《第40号战斗概要》第107—110页。

39. 阿兰·利文，《太平洋战争：日本对盟国》(The Pacific War: Japan vs the Allies)，第129页。

40. "曙"号和"秋霜"号被击沉，轻巡洋舰"木曾"号和驱逐舰"初春"号、"冲波"号幸存了下来。海军历史部《第40号战斗概要》第111页称美军在马尼拉共击沉18艘运输船和9万吨货船，因此马尼拉"失去作为增兵莱特岛的后方港口的作用"。这个论述还提及一个情况，两艘海军运输船、一艘商船，加上几艘战列舰沉没在马尼拉湾内，还有两艘商船和一艘驱逐潜艇沉没在海湾外。

41. 帕拉多斯，《联合舰队解密》，第691页。

42. 莫里森，《海军史》第十二卷，第351—352页。

43. 泰勒，《杰出的米切尔》，第267—277页。

44. 波尔玛，《图说航空母舰历史》，第404—405页。宇垣缠，《逝去的胜利》，第507—508页。

45. 延丘拉等，《日本帝国海军战舰，1869—1945》，第83页、第195页。ADM 199-493，第281页。海军历史部，《第40号战斗概要》，第106页。后两份资料称"那智"号被9枚鱼雷（美军共投射46条）、13枚1000磅炸弹、6枚250磅炸弹、16枚火箭弹击中，被炸成三段。显然，志摩结束陆上访问后准备回到他的旗舰，看着"那智"号沉没。同时，"曙"号和"冲绳"号也受到创伤。海军历史部《第40号战斗概要》称这些说法显然是夸大其词，并且在注释 2 中描述了他观察到的 11 月 5 日和 6 日在马尼拉湾沉没的相当数量的船舶，这在战后分析中未得到证实。尼米兹的报告指出，如果上述战绩是正确的，那就证明了"引信设置无效……以及……我们的飞机缺乏航空鱼雷"。

46. 莫里森，《海军史》第十二卷，第 354 页。

47. 《舰艇词典》第三卷，第 447 页。

48. 莫里森，《海军史》第十二卷，第 342 页。《舰艇词典》第一卷第 114 页、第二卷第 444 页。一架日军飞机与"企业"号擦身而过，结果"企业"号毫发无损，日机坠毁。见波尔玛《图说航空母舰历史》第 404 页。

49. 《舰艇词典》第二卷，第 125 页。

50. 莫里森，《海军史》第十二卷，第 344 页。

51. 《舰艇词典》第一卷，第 6 页。莫里森《海军史》第十二卷，第 344 页。结合这两个信息来源，袭击的时间大约在 13 时 44 分。该舰损失 23 名舰员。

52. 保尔·H. 西尔弗斯通（Paul H. Silverstone），《二战美国战舰》（*U.S. Warships of World War II*）第 395—398 页列出了被击沉的舰艇："阿布纳·里德"号（11 月 1 日）、"里德"号（1944 年 12 月 1 日）、"马汉"号（1944 年 12 月 7 日）、"科尔洪"号（USS Colhoun, DD-801）（1945 年 4 月 6 日）、"曼纳特·埃伯利"号（USS *Mannert L. Abele*, DD-733）（1945 年 4 月 12 日）、"普林格尔"号（USS *Pringle*, DD-477）（1945 年 4 月 16 日）、"利特尔"号（1945 年 5 月 3 日）、"卢斯"号（USS *Luce*, DD-522）（1945 年 5 月 3 日）、"莫里森"号（1945 年 5 月 4 日）、"德雷克斯勒"号（USS *Drexler*, DD-741）（1945 年 5 月 28 日）、"威廉·波特"号（1945 年 6 月 10 日）、"特威格斯"号（1945 年 6 月 16 日）、"卡拉汉"号（1945 年 7 月 28 日）。受重创的是"埃文斯"号、"哈格德"号、"休·哈德利"号（USS *Hugh W. Hadley*, DD-774）、"哈钦斯"号、"洛伊策"号、"莫里斯"号、"纽康姆"号、"肖"号、"舒布里克"号（USS *Shubrick*, DD-639）和"撒切尔"号。

53. 宇垣缠，《逝去的胜利》，第 507 页。

54. 莫里森，《海军史》第十二卷，第 347—348 页。惠特利，《巡洋舰百科全书》，第 260 页。海军历史部，《第 40 号战斗概要》，第 101—102 页。"雷诺"号受到重创，但是免于沉没。它于 11 月 11 日被拖到乌利西，然后返回美国进行维修，但直到战争结束才离开查尔斯顿船厂。见《舰艇词典》第六卷第 74 页。

"伊-41"享受到的成功喜悦是短暂的。该潜艇在 11 月 18 日被反潜巡逻飞机、护航驱逐舰发现，被击沉在萨马岛以东，见莫里森《海军史》第十二卷第 69 页，《舰艇词典》第四卷第 71—72 页。这是"尼古拉斯"号驱逐舰在离开乌利西前往帕索斯的科索尔水道途中被"伊-38"击沉六天之后。

顺带一提，在"伊-41"沉没两天后，一艘日军潜艇击沉了一艘美国舰船。有趣的是，这是"伊-36""伊-47"在乌利西附近放出的 5 艘袖珍潜艇中的一艘。在突入乌利西泊地后，一艘袖珍潜艇攻击了"密西西内瓦"号，另外两艘在试图攻击轻巡洋舰"比洛克西"号和"莫比尔"号时被击沉。见《舰艇词典》第四卷第 387 页，《海战年表，1939—1945：第二次世界大战海军历史》（*Chronology of the War at Sea 1939—1945: The Naval History of World War Two*）第 314 页。"密西西内瓦"号是唯一一艘被日本海军回天潜艇击沉的美军舰船。

埃德温·霍伊特《神风》（*The Kamikazes*）第 146—147 页宣称，袭击涉及大约 200 人，确定有三艘航母和两艘战列舰已经沉没。

55. 波尔玛，《图说航空母舰历史》，第 405—406 页。ADM 199/1493，第 281—283 页。如同"黄蜂"号及护航舰艇前往关岛、第 38 特遣舰队第 2 支队回到乌利西一样，"列克星敦"号在驱逐舰"希考克斯"号、"刘易斯·汉考克"号、"科洛汉"号（USS Colohan, DD-658）的护航下撤回了乌利西。

56. 莫里森，《海军史》第十二卷，第 357 页、第 408 页、第 409 页。罗斯科，《二战中的美军驱逐舰行动》，第 400—401 页。宇垣缠，《逝去的胜利》，第 508 页。惠特利，《巡洋舰百科全书》，第 184 页。"提康德罗加"号在 10 月 29 日抵达乌利西，后于 11 月 2 日作为第 38 特遣舰队第 3 支队的一员开展第一次作战行动。该部于 11 月 13 日至 14 日向乌利西回航，于 11 月 17 日抵达目的地，于 11 月 22 日再次起航，待完成任务后于 11 月 25 日返回乌利西。见《舰艇词典》第二卷第 182—184 页。

57. 《舰艇词典》，第二卷第 368 页、第三卷第 232 页。

58. 《舰艇词典》第三卷，第 47 页。海军历史部，《第 40 号战斗概要》，第 112 页。有趣的是，尼米兹在 11 月的报告（ADM199/1493第285页）中指出，"无畏"号的伤亡数据是45人阵亡、15人失踪、35人重伤、15人轻伤。

59. 莫里森，《海军史》第十二卷，第359页。这些飞机中有17架折损。

60. 《舰艇词典》第二卷，第4页。

61. 美军在11月24日实施轰炸，在11月26日实施近距空中支援。虽然战机已经进驻机场，但是这些攻击延迟了，显然是由于天气问题。11月25日，飞机数量达到182架，两周后增加至317架。

62. 这是几乎所有历史叙述都援引的一条线索。比如加农《重返菲律宾》第92页、卡特勒《戏剧性战事全貌》第264页。

第八章

1. 海军历史部，《第40号战斗概要》，第106页。美军统计的日机数据，取材于1944年10月的战斗报告 ADM 199.1493 的第201页。其中记载道，952架日军战机被击毁：60架是被第38特遣舰队的舰载机和舰船的防空火力击落的；547架是在地面上被摧毁的。这个数据并不包括那些被莱特岛上的美军防空火力击落的飞机，也不包括那些被第七舰队及其他舰只的舰载机和防空火力击落的飞机。能够确定的是，第38特遣舰队击落了239架日军飞机。

2. 这种说法比较粗略，由于美方损失了"普林斯顿"号、"甘比尔湾"号和"圣洛"号，两者的差距也是比较明显的。但是在1944年10月22至10月28日期间，美军下水或服役了3艘驱逐舰、1艘护卫舰、2艘扫雷舰、1艘潜艇、1艘武装货船和13艘运输舰。其中包括：10月22日下水的运输舰"奥卡卢萨"号（USS Okaloosa, APA-219）；10月25日下水的运输舰"伦威尔"号（USS Renville, APA-227）、"谢尔比"号（USS Shelby, APA-105）；10月26日下水的运输舰"布兰德"号（USS Bland, APA-134）、"奥卡诺根"号（USS Okanogan, APA-220）；10月27日下水的驱逐舰"邓肯"号、高速运输舰"巴尔达克"号（USS Balduck, APD-132）、运输舰"克伦肖"号（USS Crenshaw, APA-76）；10月28日下水的运输舰"博斯克"号（USS Bosque, APA-135）、"罗克布里奇"号（USS Rockbridge, APA-228）和武装货船"水蛇座"号（USS Hydrus, AKA-28）；以及在这期间下水的运输舰"格兰姆斯"号（USS Grimes, APA-172）。另外还包括：10月22日服役的高速运输舰"克罗斯利"号（USS Crosley, APD-87）、运输舰"德鲁"号（USS Drew, APA-162）；10月25日服役的驱逐舰"泽拉斯"号（USS Zellars, DD-777）、高速运输舰"林内斯"号（USS Ringness, APD-100）；10月26日服役的潜艇"菱鲆"号（USS Brill, SS-330）；10月27日服役的布雷舰"托尔曼"号（USS Tolman, DM-28）；10月28日服役的驱逐布雷舰[①]"艾伦·沃德"号（USS Aaron Ward, DM-34）、护卫舰"阿比林"号（USS Abilene, PF-58）、驱逐布雷舰"J.威廉·迪特"号（USS J. William Ditter, DM-31）。简单来说，我们只要记住日方将美军的运输舰作为打击目标，但是打击速度比不上美国的造舰速度就行了。日方在莱特湾或菲律宾地区获得的任何胜利，都无法改变这一重要事实。在整个10月中，战列舰"威斯康星"号（USS Wisconsin, BB-64）、轻巡洋舰"帕萨迪纳"号（USS Pasadena, CL-65）、"威尔克斯－巴里"号（USS Wilkes-Barre, CL-103）、护航航母"图拉吉"号（USS Tulagi, CVE-72），以及8艘驱逐舰、8艘护航驱逐舰和4艘潜艇加入了美国太平洋舰队。

3. 卡特勒，《戏剧性战事全貌》，第264页。伍德沃德，《莱特湾海战》，第234—235页。

4. 卡特勒在《戏剧性战事全貌》第263页讲到有人认为栗田是懦夫，但他并没有表示认同。

5. 乔治·M.赫尔，《第五星：全球战争时代的统帅》（The Fifth Star: High Command in an Era of Global War），第112页。波特，《"蛮牛"哈尔西》，第327页、第338页。惠勒，《金凯德》，第459页。

6. 波特，《"蛮牛"哈尔西》，第405页、第441页。惠勒，《金凯德》，第459—461页。

---

① 译注：该舰最早是驱逐舰（DD-773），在1944年7月19日重新定义为布雷舰（DM-34），但是船体仍然保留驱逐舰的样式，因此才有了"驱逐布雷舰"（Destroyer Minelayer）这个名称。

7. 卡特勒，《戏剧性战事全貌》，第 292 页。

8. 斯坦利·L. 福克，《关于莱特岛的决策》（*Decision at Leyte*），第 209—211 页、第 317 页。雷诺兹在《快速航母》一书第 281 页引用过此内容。

9. 海军历史部，《第 40 号战斗概要》，第 63 页。

10. 海军历史部，《第 40 号战斗概要》，第 65—66 页。

11. 威廉·莎士比亚，《威尼斯商人》（*The Merchant of Venice*），第一幕第三场。

12. 卡特勒，《戏剧性战事全貌》，第 288 页。波特，《"蛮牛"哈尔西》，第 340 页。

13. 霍伊特，《死亡丧钟》，第 127 页。

14. 波特，《"蛮牛"哈尔西》，第 171 页。

15. 伍德沃德，《莱特湾海战》，第 140 页。

16. 汉森·W. 鲍德温著，威廉·H. 霍南编，《20 世纪的伟大海战》（*Great Naval Battles of the Twentieth Century*），第 277 页的相关内容"莱特湾：金凯德对阵栗田……"中给出了 2803 人 这一阵亡数字。但是伍德沃德在《莱特湾海战》第 215—216 页给出的数字是：473 名人员阵亡、1110 人失踪、1220 人受伤。后者提供的这些数字在尼米兹的战斗报告（即 ADM 199.1493 的第 250 页）中有所提及。这些数字是依据第 77 特遣舰队第 4 支队第 1 分遣舰队和第 3 分遣舰队的单舰舰员损失得来的，并不能完全代表美军此时损失的所有舰员数量。有一个理所当然的假设是，剩余的伤亡一定来源于第 38 特遣舰队的航空兵和舰只的损失，但这种假设是错误的。因为从"普林斯顿"号和"伯明翰"号的情况来看，它们的伤亡总数超过了之前所述的"死亡 473 人、失踪 1110 人、受伤 1220 人"。这些数字的第二个令人生疑之处在于，为什么尼米兹要将第七舰队护航航母编队的统计数字加进来。数据整合如下：

部队 / 舰艇名称	死亡人数	受伤人数	失踪人数
第 77 特遣舰队第 4 支队第 3 分遣舰队			
"范肖湾"号（USS *Fanshaw Bay*，CVE-70）	4	4	12
"甘比尔湾"号（USS *Gambier Bay*，CVE-73）	23	160	97
"加里宁湾"号（USS *Kalinin Bay*，CVE-68）	5	55	—
"基特昆湾"号（USS *Kitkun Bay*，CVE-71）	1	16	—
"圣洛"号（USS *St. Lo*，CVE-63）	10	394	104
"白平原"号（USS *White Plains*，CVE-66）	—	13	—
"希尔曼"号（USS *Heermann*，DD-532）	5	9	—
"赫尔"号（USS *Hoel*，DD-533）	19	19	234
"约翰斯顿"号（USS *Johnston*，DD-557）	94	40	90
"丹尼斯"号（USS *Dennis*，DE-405）	6	19	—
"塞缪尔·B. 罗伯茨"号（USS *Samuel B. Roberts*，DE-413）	23	50	66
第 77 特遣舰队第 4 支队第 1 分遣舰队			
"桑提"号（USS *Santee*，CVE-29）	21	29	—
"索旺里"号（USS *Suwannee*，CVE-27）	100	106	74
总计	311	914	677

指名道姓地公布阵亡名单，而不是提供一组统计数据，这样的行为可能会令人反感。但是在"圣洛"号上阵亡的人员中，炮兵军官兼上尉阿提莫斯·J. 施耐尔（Cpt. Artemus J.Schnell）可能是莱特湾海战中唯一一位阵亡的美国陆军人员了。参见 ADM 199.1494 第 207 页。

17. 第六集团军的报告，第 43 页。加农撰写的《重返菲律宾》一书第 92 页有所引用。

18. 伍德沃德《莱特湾海战》一书第 235 页只提到了具有哈尔西性格的日本人，而未提到栗田健男。

19. 麦克阿瑟在其撰写的《麦克阿瑟的报告》第二卷第二部分第 401 页第 120 条脚注，提到日方的损失为 271000 吨，相当于日本帝国海军在太平洋战争中损失的 26.1%。此战的吨位统计数字大致相同，但根据我的计算，日方在整个太平洋战争中损失了 1026 艘舰艇，总吨位为 2310734 吨。若有错漏，敬请指正。

参考文献

一手资料

卷宗号 ADM 199/1493. 英国海军部战史战例及文件 . 第二次世界大战 . 美国太平洋作战战斗报告（ADM 199/1493. Admiralty: War History Cases and Papers.Second World War. U.S. operations in Pacific Ocean: Action Reports ）

※　第196至272页《1944年10月太平洋战区作战的战斗报告》（ Operations in the Pacific Ocean Areas, during the month of October 1944 ），太平洋舰队总司令、太平洋战区总司令1945年5月31日呈报：
- 第201页 第一章 导言 第二章 损失
- 第202页 第三章 北太平洋
- 第202至216页 第四章 中太平洋
- 第217页 第五章 南太平洋
- 第217至221页 第六章 潜艇与反潜作战
- 第222至224页 第七章 西南太平洋
- 第225至226页 第八章 后勤 附录 A 莱特湾海战，1944年10月24日至26日
- 第227至235页 第一部分 前序
- 第236页 第二部分 苏里高海峡、萨马岛及恩加诺角海战
- 第236至243页 苏里高海峡海战
- 第244至250页 萨马岛海战
- 第251至253页 恩加诺角海战
- 第254页 总结莱特湾海战
- 第255至257页 附录 B "普林斯顿"号、"伯明翰"号的灾难
- 第257至263页 附录 C 意见
- 第264至272页 照片

※　第274至318页《1944年11月太平洋战区作战的战斗报告》（ Operations in the Pacific Ocean Areas, during the month of November 1944 ），太平洋舰队总司令、太平洋战区总司令1945年6月1日呈报：
- 第277页 第一章 导言
- 第277至278页 第二章 损失
- 第279至298页 第三章 北太平洋
- 第298页 第四章 中太平洋
- 第298至303页 第五章 潜艇
- 第303至309页 第六章 西南太平洋
- 第310页 第七章 后勤
- 第311至315页 附录 A 菲律宾战役日军自杀飞机战术
- 第315页 附录 B 意见
- 第316至318页 照片

注：经查阅，该档案第176页之前（包含1944年2月至8月每月报告，见第97至195页），第319页之后（包含1944年12月至1945年8月每月报告，见第319至697页），似乎没有与莱特湾海战相关的内容。

卷宗号 ADM 199/1494. 英国海军部战史战例及文件 . 第二次世界大战 . 美国太平洋作战战斗报告 （ ADM 199/1494. Admiralty: War History Cases and Papers.Second World War. U.S. operations in Pacific Ocean: Action Reports ）

※ 第6页 《1944年10月24日 "普林斯顿" 号沉没报告》(*Report of the sinking of U.S.S. Princeton on 24 October 1944*)，1944年11月22日呈报

※ 第7至109页《美国菲律宾方面战斗报告，包括 "普林斯顿" 号的损失》(*Battle of the Philippines. U.S. Action Report, including loss of U.S.S. Princeton*)，1944年12月9日呈报

※ 第110至130页《第二次菲律宾海战，巡洋舰、驱逐舰扫荡失去动力的敌军战舰》(*Second Battle of the Philippines. Cruiser-destroyer sweep for crippled enemy warships*)，1944年10月19日呈报

※ 第131至157页《"加特林" 号1944年10月24日至27日西太平洋海域战斗报告》(*U.S.S. Gatling. Action Report. 24. -27 October 1944. Western Pacific*)，1944年12月5日呈报

※ 第158至189页《第38特遣舰队第3支队指挥官1944年10月24日至25日菲律宾方面海战的战斗报告》(*Battle of the Philippines. Action Report. Commander Task Group 38.3. 24–25 October 1944*)，1944年12月10日呈报

※ 第190至201页《第9战列舰分队司令1944年10月24日至25日菲律宾方面战斗报告》(*Commander Battle Division 9. Action Report. 24– 25 October. Philippines*)，1944年12月21日呈报

※ 第202至208页《"圣菲" 号1944年10月18日至30日菲律宾方面海战的前期报告》(*U.S.S. Santa Fe. Preliminary Action Report. 18-30 October 1944. Battle of the Philippines*)，1945年1月5日呈报

※ 第209至254页《"圣菲" 号1944年10月25日菲律宾方面的战斗报告》(*U.S.S. Santa Fe. Action Report. 18-30 October 1944. Battle of the Philippines*)，1944年12月9日呈报

※ 第255至265页《第13巡洋舰分队司令（ 坐镇 "圣菲" 号）1944年10月25日菲律宾方面的战斗报告》[*Commander Cruiser Division 13. (The Santa Fe) . Action Report. 25 October 1944. Philippines Area*]，1944年12月13日呈报

※ 第266至309页《"列克星敦" 号关于1944年10月24日在锡布延海、1944年10月25日在吕宋岛以东与敌军舰队遭遇战的战斗报告》(*U.S.S. Lexington. Action Report of the Engagement of enemy fleet within the Sibuyan Sea on 24 October 1944 and east of Luzon on 25 October1944*)，1944年12月23日呈报

※ 第310至317页《"亚拉巴马" 号1944年10月24日至25日菲律宾方面海战之棉兰老海战斗报告》(*U.S.S. Alabama. Action Report. Mindanao Sea. 24-25 October 1944. Battle of Philippines*)，1944年11月10日呈报

卷宗号 ADM 199/1495，英国海军部战史战例及文件 . 第二次世界大战 . 美国菲律宾苏里高海峡作战战斗报告 （ ADM 199/1495. Admiralty: War History Cases and Papers. Second World War. U.S. operations in the Surigao Strait, Pilippines: Action Reports ）

※ 第1至24页 《"博伊斯" 号1944年10月25日在苏里高海峡迎战日军部队的战斗》(*U.S.S. Boise. Action against Japanese force in Surigao Strait, 25 October 1944*)，1944年10月30日呈报

※ 第25至52页《"宾夕法尼亚" 号1944年10月24日至25日苏里高海峡的战斗报告》(*U.S.S. Pennsylvania. Action Report. 24-25 October 1944. Surigao Strait*)，1944年11月18日呈报

※ 第53至78页《"马里兰" 号1944年10月24日至25日苏里高海峡的战斗报告》(*U.S.S. Maryland. Action Report. 24-25 October 1944. Surigao Strait*)，1944年11月13日呈报

※ 第79至139页《"甘比尔湾" 号1944年10月20日至25日菲律宾地区的战斗报告》(*U.S.S. Gambier Bay. Action Report. 20-25 October 1944. Philippine Area*)，1944年11月27日呈报

※ 第140至155页《"凤凰城"号1944年10月25日在菲律宾苏里高海峡的战斗报告》（*U.S.S. Phoenix. Action Report. Surigao Strait.Philippine Islands. 25 October 1944*），1944年10月26日呈报

※ 第156至209页《"圣洛"号1944年10月25日萨马岛海战战斗报告》（*U.S.S. St. Lo. Action Report. Battle off Samar. 25 October 1944*），1944年11月25日

※ 第210至228页《第3战列舰分队司令1944年10月24日至25日苏里高海峡海战战斗报告》（*Commander Battle Division 3. Action Report. Battle of Surigao Strait.24–25 October 1944*），1944年11月24日呈报

※ 第229至237页《第77特遣舰队第3支队莱特岛战斗报告》（*Task Group 77.3.Leyte*），1944年11月3日呈报

※ 第238至253页《"密西西比"号1944年10月25日苏里高海峡海战战斗报告》（*U.S.S. Mississippi. Battle of Surigao Strait. 25 October 1944*），1944年11月21日呈报

※ 第254至260页《"马里兰"号1944年10月24日至25日在苏里高海峡的战斗报告》（*U.S.S. Maryland.Surigao Strait. Action Report. 24–25 October 1944*），呈报日期不明

※ 第261至275页《"纽康姆"号1944年10月24日至25日战斗报告》（*U.S.S. Newcomb. Action Report. 24 –25 October 1944*），1944年10月31日呈报

※ 第276至281页《"密西西比"号1944年10月25日苏里高海峡海战战斗报告》（*U.S.S. Mississippi. Battle of Surigao Strat. 25 October 1944*），1944年12月5日呈报

※ 第282至290页《"宾夕法尼亚"号苏里高海峡战斗报告备忘录》（*Endorsement of U.S.S. Pennsylvania's Action Report. Surigao Strait*），1944年11月24日呈报

※ 第291至298页《第77特遣舰队第2支队指挥官1944年10月24日至25日苏里高海峡战斗报告》（*Commander Task Group 77.2. Action Report. Battle of Surigao Strait. 24–25 October 1944*），1944年12月6日呈报

※ 第299至303页《第77特遣舰队第2支队第1分遣舰队指挥官"马里兰"号1944年10月24日至25日苏里高海峡战斗报告》（*Commander Task Unit 77.2. U.S.S. Maryland. Action Report. Surigao Strait*），1945年1月19日呈报

※ 第304至322页《"什罗普郡"号1944年10月25日苏里高海峡战斗报告》（*H.M.A.S. Shropshire. Battle Report of Action of 25 October 1944. Surigao Strait*），1944年11月4日呈报

※ 第323至338页《"基伦"号1944年10月25日苏里高海峡战斗报告》（*U.S.S. Killen. Action Report. Surigao Strait. 25 October 1944*），1944年10月28日呈报

※ 第339至355页《"什罗普郡"号1944年10月25日苏里高海峡战斗报告》（*H.M.A.S. Shropshire. Battle Report of Action of 25 October 1944. Surigao Strait*），1944年11月4日呈报

※ 第356至369页《"基伦"号1944年10月25日苏里高海峡战斗报告》（*U.S.S. Killen. Action Report. Surigao Strait. 25 October 1944*），1944年10月28日呈报

※ 第370至379页《"圣洛"号1944年10月25日菲律宾方面战斗报告、战损报告》（*U.S.S. St. Lo. Action Report. War Damage Report. 25 October 1944. Philippines*），1944年11月21日呈报

卷宗号 ADM 199/1505. 英国海军部战史战例及文件. 第二次世界大战. 美国菲律宾方面作战战斗报告（ADM 199/1505. Admiralty: War History Cases and Papers.Second World War. U.S. operations in the Philippines: Action Reports）

※ 第1至35页《第38特遣舰队第4支队1944年11月10日至22日攻击米沙鄢海域船舶、吕宋岛、雅浦岛的作战》（*Operations against shipping in Visayans and strikes against Luzon and Yap by Task Group 38.4 in the period 10–22 November 1944*），1944年11月24日呈报

※ 第36至79页《"企业"号1944年11月10日至22日的战斗报告》（*U.S.S. Enterprise. Action Report. 10–22 November 1944. Philippines*），1944年11月26日呈报

※ 第80至89页《"依阿华"号1944年11月14日至27日菲律宾地区战斗报告》(*U.S.S. Iowa. Action Report. 14–27 November 1944. Philippines Area*)，1944年11月28日呈报

※ 第90至99页《1944年11月2日至24日攻击菲律宾吕宋岛、奥尔莫克湾的报告》(*Report of action against Luzon and Ormoc Bay. Philippines Area. 2–24 November 1944*)，1944年11月25日呈报

※ 第100至117页《1944年11月5日至6日攻击马尼拉湾战斗报告》(*Action Report of Manila strikes，5–6 November 1944*)，1944年12月6日呈报

※ 第118至123页《1944年11月14日至30日菲律宾方面战斗报告》(*Report of Action. Philippines operations. 14–30 November 1944*)，1944年12月6日呈报

※ 第124至141页《"埃塞克斯"号1944年11月25日吕宋岛外战斗报告》(*Action Report 25 November 1944. Off Luzon. U.S .S. Essex*)，1944年12月24日呈报

※ 第142至147页《1944年11月25日吕宋岛空中突击战斗报告》(*Action Report of air strikes in Luzon. 5–6 November 1944*)，1944年11月8日呈报

※ 第148至158页《坐镇"圣菲"号的第13巡洋舰分队司令1944年11月25日航母对吕宋岛空中突击的战斗报告》(*Action Reports. Carrier air strikes on Luzon. 25 November 1944.Commander Cruiser Division 13 in the Santa Fe*)，1944年11月28日呈报

※ 第159至173页《第7战列舰分队（隶属第38特遣舰队第2支队）司令1944年11月吕宋岛地区的战斗报告》[*Action Report for November 1944. Luzon Area. Commander Battle Division 7 (Task Group 38.2)*]，1944年11月30日呈报

※ 第174至182页《坐镇"圣菲"号的第13巡洋舰分队司令1944年11月5日至6日航母对吕宋岛空中突击的战斗报告》(*Action Report. Air strikes on Luzon area. 5–6 November 1944. Commander Cruiser Division 13 in the Santa Fe*)，1944年11月21日呈报

※ 第183至186页《第38特遣舰队第2、第3支队航母1944年11月25日对菲律宾吕宋岛空中突击的战斗报告》(*Action Report of carrier air operations of Task Groups 38.2 and 38.3 against Luzon. Philippine Islands*)，1944年12月9日呈报

※ 第187至199页《1944年11月22日至12月2日吕宋岛战斗报告》(*Action Report. 22 November –2 December 1944. Luzon*)，1944年12月8日呈报

※ 第200至210页《"华盛顿"号1944年11月22日至12月2日战斗报告（菲律宾地区）》[*U.S.S. Washington. Action Report. 22 November to 2 December 1944. (Philippines Area)*]，1944年12月10日呈报

※ 第211至223页《"圣菲"号1944年11月25日吕宋战斗报告》(*U.S.S. Santa Fe. Action Report. 25 November 1944. Luzon*)，1944年12月9日呈报

※ 第224至第263页《第38特遣舰队第2支队1944年11月14日至27日吕宋战斗报告》(*Task Group 38.2. Action Report. 14–27 November 1944. Luzon*)，1944年12月13日呈报

※ 第264至281页《第38特遣舰队第3支队1944年11月13日至14日突击马尼拉湾战斗报告》(*Task Group 38.3. Action Report. Manila strikes. 13–14 November 1944*)，1944年12月26日呈报

※ 第282至285页《1944年11月7日至15日米沙鄢海域、吕宋岛中部战斗报告》(*Action Report. 7–15 November 1944. Visayas and Central Luzon*)，1944年11月15日呈报

※ 第286至295页《第38特遣舰队第1支队指挥官"约克城"号1944年11月11日至15日菲律宾地区战斗报告》(*Commander Task Group 38.1. U.S.S. Yorktown. Action Report. 11–15 November 1944. Philippines Area*)，1944年11月20日呈报

※ 第296至308页《第38特遣舰队第2支队指挥官1944年11月5日至6日吕宋岛战斗报告》(*Commander Task Group 38.2. Action Report 5–6 November 1944. Luzon*)，1944年11月16日呈报

※ 第309至340页《第38特遣舰队第1支队指挥官1944年11月5日至6日攻击吕宋岛机场的战斗报告》(*Commander Task Group 38.1. Action Report of Attacks on Luzon airfields. 5–6 November 1944*)，1944年11月29日呈报

经查阅得知，以下档案与莱特湾海战无关：

※ 卷宗号 ADM199/78《太平洋战区作战》(*Operations in the Pacific area*)
※ 卷宗号 ADM199/168《远东海军作战及日军在新加坡投降的报告》(*Naval operations in the Far East and surrender of Japanese Singapore: reports*)
※ 卷宗号 ADM199/461《1942年至1944年美国太平洋作战报告》(*U.S. actions in the Pacific: reports by U.S. officers，1942–1944*)
※ 卷宗号 ADM199/903B《1945年远东战争报告》(*War in the Far East: report.1945*)
※ 卷宗号 ADM199/78《1943年至1944年美国海军对日作战报告》(*U.S. naval operations against the Japanese: reports，1943–1944*)
※ 卷宗号 ADM199/1054《美国1944年至1945年登陆菲律宾报告》(*U.S. landings in the Philippines: reports. 1944–1945*)
※ 卷宗号 ADM199/1055《美国1944年至1945年登陆菲律宾报告》(*U.S. landings in the Philippines: reports. 1944–1945*)
※ 卷宗号 ADM199/1056《美国1944年至1945年登陆菲律宾报告》(*U.S. landings in the Philippines: reports. 1944–1945*)

　　以下档案内容尚未核查，但是包含两份相关的档案：第一份是《第8两栖登陆部队指挥官莱特湾作战报告》(*Leyte Operation. Action Report. Commander Amphibious Group 8*)，共34页，1944年11月29日呈报；第二份为《莱特湾（菲律宾方面）英国联合作战观察报告》[*Leyte (Philippines) Operation. British Combined Operations Observer Report*]，共106页，1944年11月8日呈报

※ 卷宗号 ADM199/1506《美军在吕宋岛、民都洛战斗报告》(*American operations in Luzon and Mindoro: Action Reports*)
※ 卷宗号 ADM199/1507《美军在吕宋岛、台湾岛、金兰湾等地作战的战斗报告》(*American operations in Luzon，Formosa，Camrahn Bay, etc. Action Reports*)
※ 卷宗号 ADM199/1512《美军在菲律宾（林加延、吕宋岛）、西贡等地作战的战斗报告》[*American operations in the Philippines (Lingayen，Luzon)*]
※ 卷宗号 ADM199/1523《1943年至1945年太平洋海军作战》(*Naval Operations in the Pacific，1943–1945*)。该档案包括1944年7月的每月报告（第70至118页），另有《第34特遣舰队指挥官"华盛顿"号1944年8月26日至10月6日西太平洋战斗报告》(*Commander Task Force 34. U.S.S. Washington.26 August 1944–6 October 1944*)，第167至171页，1944年11月29日呈报

二手资料

※ 海军历史部，卷宗号 ADM234.BR1736 (41)、ADM365.CB 3081 (30)，《第40号战斗概要：莱特湾海战，1944年10月23日—26日》(*Battle Summary No. 40. Battle for Leyte Gulf, 23rd–26th October 1944*)，伦敦：英国国防部海军参谋部，1947年出版
※ 罗伊·E. 阿普尔尔曼等人合著，《冲绳岛：最后的战斗》(*Okinawa: The Last Battle*)，收录于"二战中的美国陆军：太平洋上的战争"(*United States Army in World War II : The War in the Pacific*)这一目录下，华盛顿：美国陆军部军事历史部长办公室（现美国陆军军事历史中心），1948年出版
※ 汉森·W. 鲍德温 著，威廉·H. 霍南 编，"莱特湾:金凯德对阵栗田……"等内容，《20世纪的伟大海战》(*Great Naval Battles of the Twentieth Century*)，伦敦：罗布森书籍出版社，1993年出版

※　杰弗里·G. 巴罗 著，《美国海军对抗"神风"特攻》(The US Navy's Fight against the Kamikazes)，收录于《海军史新解：美国海军学院1991年9月11—13日举办的第10届海军史讨论会精选文档集》(New Interpretations in Naval History: Selected Papers from the Tenth Naval History Symposium Held at the United States Naval Academy, 11–13 September 1991)第398至418页，总编杰克·斯威特曼，马里兰州安纳波利斯：美国海军学院，1991年出版

※　查尔斯·贝特森 著，《对日战争简史》(The War with Japan: A Concise History)，伦敦：巴里和洛克力夫出版社，1968年出版

※　詹姆斯·H. 罗特、威廉·M. 罗特 合著，《海上巨人：二战中美日两国航母特遣舰队的发展与行动》(Titans of the Seas: The Development and Operations of Japanese and American Carrier Task Forces during World War Ⅱ)，纽约：哈珀出版社，1975年出版

※　克雷·布莱尔 著，《沉默的胜利：美国对日潜艇战争》(Silent Victory: The U.S. Submarine War against Japan)，费城：里宾科特出版社，1975年出版

※　齐格菲尔德·布雷耶 著，阿尔弗雷德·科迪译，《1905年至1970年的战列舰和巡洋舰：主力舰的历史演变》(Battleships and battle cruisers, 1905–1970: Historical development of the capital ship)，伦敦：麦克唐纳与简出版社，1973年出版

※　大卫·布朗 著，《神风》(Kamikaze)，纽约：书廊出版社，1990年出版

※　托马斯·B. 比尔 著，《海上力量之主：欧内斯特·金五星上将传记》(Master of Sea Power: A Biography of Fleet Admiral Ernest J. King)，波士顿：小布朗出版社，1980年出版

※　M. 汉姆林·加农 著，《莱特岛：重返菲律宾》(Leyte: The Return to the Philippines)，收录于"二战中的美国陆军：太平洋上的战争"(United States Army in World War Ⅱ : The War in the Pacific)这一目录下，华盛顿：美国陆军部军事历史部长办公室（现美国陆军军事历史中心），1954年出版

※　基特·C. 卡特、罗伯特·穆勒 合著，《二战中的美国陆军航空队：战斗年表，1941—1945》(U.S. Army Air Forces in World War Ⅱ : Combat Chronology, 1941–1945)，华盛顿：美国陆军部军事历史部长办公室（现美国陆军军事历史中心），1960年出版

※　沃雷尔·里德·卡特 著，《豆、弹以及黑油：二战中永不沉没的舰队后勤》(Beans, Bullets, and Black Oil: The Story of Fleet Logistics Afloat in the Pacific during World War Ⅱ)，华盛顿：美国海军部，1952年出版

※　罗杰·切斯诺 著，《插图百科：1914年至今的世界航空母舰》(Aircraft Carriers of the World, 1914 to the Present: An Illustrated Encyclopedia)，伦敦：武器与装甲出版社，1984年出版

※　罗杰·切斯诺、罗伯特·加德纳 合著，《全球战斗舰艇，1922—1946》(Conway's All the World's Fighting Ships, 1922–1946)，伦敦：康威海事出版社，1980年出版

※　千早正隆、阿部安雄 著，《战舰简介第22期：日本海军驱逐舰"雪风"号，1939—1970》(Profile Warship No. 22: I.J.N. Yukikaze: Destroyer 1939–1970)，温莎：简介出版社，1973年出版

※　杰罗米·B. 科恩 著，《日本的战时经济与重建》(Japan's Economy in War and Reconstruction)，明尼阿波利斯：明尼苏达大学出版社，1949年出版

※　托马斯·J. 卡特勒 著，《莱特湾海战，1944年10月23—26日，基于历史上对最伟大海战的最新研究成果之戏剧性叙事全貌》(The Battle of Leyte Gulf, 23–26 October 1944, The Dramatic Full Story, Based on the Latest Research, of the Greatest Naval Battle in History)，纽约：哈珀科林斯出版社，1994年出版

※　安德里厄·德·阿巴斯 著，安东妮·瑞蓬 译，《海军的覆灭：二战中日本天皇的舰队，1941—1945》(Death of a Navy: The Fleets of the Mikado in the Second World War, 1941–1945)，伦敦：罗伯特黑尔出版社，1957年出版

※　美国西点军校原军事艺术与工程系 著，《对日战争第二部分：1942年8月至1944年12月》(The War with Japan: Part Ⅱ –August 1942–December 1944)，纽约州西点：美国西点军校，1945年出版

※　W. D. 迪克森 著，《菲律宾海海战》(The Battle of the Philippine Sea)，伦敦：伊安·阿兰出版社，1975年出版

※ 《美国海军战斗舰艇词典》(*Dictionary of American Naval Fighting Ships*)第一卷至第八卷，华盛顿：海军部，1963年至1981年相继出版

※ 爱德华·J. 德瑞 著，《麦克阿瑟的超级部队：对日战争与解密，1942—1945》(*MacArthur's ULTRA: Code Breaking and the War against Japan, 1942–1945*)，劳伦斯：堪萨斯大学出版社,1992年出版

※ 保罗·S. 达尔 著，《日本帝国海军战史（1941—1945）》[*A Battle History of the Imperial Japanese Navy（1941–1945*)]，马里兰州安纳波利斯：海军学会出版社，1978年出版

※ 约翰·埃利斯 著，《冗长战争的一天：1944年10月25日这个周三》(*One Day in a Very Long War: Wednesday, 25 October 1944*)，伦敦：皮姆里科出版社，1999年出版

※ 斯坦利·L. 福克 著，《关于莱特岛的决策》(*Decision at Leyte*)，纽约：诺顿出版社，1966年出版

※ 乔治·费福尔 著，《冲绳岛之战：血与弹》(*The Battle of Okinawa: The Blood and the Bomb*)，吉尔福德：里昂出版社，2001年出版

※ 詹姆斯·A. 菲尔德 著，《日本人在莱特湾：捷号作战行动》(*The Japanese at Leyte Gulf: The Sho Operation*)，新泽西州普林斯顿：普林斯顿大学，1947年出版

※ 勒内·J. 弗兰西昂 著，《太平洋战争中的日军战机》(*Japanese Aircraft of the Pacific War*)，伦敦：帕特南出版社1970年出版

※ 福田幸弘 著，《联合舰队：塞班岛和莱特湾海战》(*連合艦隊—サイパン・レイテ海戦記*)，东京：时事通信社，1981年出版

※ 海军中将福留繁的陈述，《二战：旧日本海军军官言论集》(*World War Ⅱ: In the Words of Former Japanese Naval Officers*)第十章中的"台湾空战"部分，大卫·C. 埃文斯编著，马里兰州安纳波利斯：海军学会出版社，1986年出版

※ 哈利·A. 盖利 著，《贝里琉 1944》(*Peleliu 1944*)，马里兰州安纳波利斯：美国海洋与航空出版公司，1983年出版

※ 哈利·A. 盖利 著，《太平洋战事：从珍珠港到东京湾》(*The War in the Pacific: From Pearl Harbor to Tokyo Bay*)，加利福尼亚州诺瓦托：要塞出版社，1995年出版

※ 乔治·W. 加兰德、楚门·R. 斯特罗布里奇 合著，《西太平洋军事行动》(*Western Pacific Operations*)，二战美国海军陆战队官方战史第四卷，华盛顿：美国海军陆战队历史部，1971年出版

※ 小威廉·H. 加兹克、小罗伯特·O. 杜林 合著，《二战中的轴心国与中立国的战列舰》(*Battleships: Axis and Neutral Battleships of World War Ⅱ*)，马里兰州安纳波利斯：海军学会出版社，1985年出版

※ 乔治·M. 赫尔 著，《第五星：全球战争时代的统帅》(*The Fifth Star: High Command in an Era of Global War*)，康涅狄格州韦斯特波特：谱雷格出版社（现已被格林伍德出版社收购），1994年出版

※ 小威廉·F. 哈尔西、J. 布莱恩三世 合著，《哈尔西将军的故事》(*Admiral Halsey's Story*)，纽约：麦格罗希尔出版社，1947年出版

※ 桥本以行 著，H. M. 科尔格雷福 译，《沉没：1942—1945年的日军潜艇舰队往事》(*Sunk: the Story of the Japanese Submarine Fleet 1942–1945*)，伦敦：卡斯尔出版社，1954年出版

※ 林三郎 著，合作者埃尔文·D. 克克斯，《皇军：太平洋战争中的日本陆军》(*Kōgun: The Japanese Army in the Pacific War*)，巴尔的摩：海军陆战协会出版社，1959年出版

※ 格雷斯·珀森·海耶斯 著，《二战参谋长联席会议的历史：对日战争》(*The History of the Joint Chiefs of Staff in World War Ⅱ: The War against Japan*)，马里兰州安纳波利斯：海军学会出版社，1982年出版

※ 威尔弗雷德·J. 福尔摩斯 著，《双刃秘密：二战太平洋战场中的美军情报作战行动》(*Double-Edged Secrets: U.S. Naval Intelligence Operations in the Pacific during World War Ⅱ*)，马里兰州安纳波利斯：海军学会出版社，1979年出版

※ 史蒂芬·豪沃斯 著，《战争人物：二战中伟大的海军领袖》(*Men of War: Great Naval Leaders of World War Ⅱ*)，纽约：圣马丁出版社，1993年出版

※ 埃德温·P. 霍伊特 著，《莱特湾海战：日本舰队的死亡丧钟》(*The Battle of Leyte Gulf: The Death Knell of the Japanese Fleet*)，纽约：韦伯莱特和塔利出版社,1972年出版

※ 埃德温·P. 霍伊特 著,《神风》(*The Kamikazes*), 伦敦 : 霍克尔出版社, 1984年出版

※ 猪口力平、中岛正、罗杰·皮诺 合著,《神风：二战中的 "神风" 特攻》(*The Divine Wind: Japan's Kamikaze Force in World War II*), 马里兰州安纳波利斯 : 海军学会出版社, 1958年出版

※ 伊藤正德 著,安德鲁·Y. 黑田、罗杰·皮诺 合译,《帝国海军的末日》(*The End of the Imperial Navy*), 伦敦 : 韦登菲尔德与尼克尔森出版社, 1956年出版

※ 日本防卫厅防卫研修所战史室 著,《海军捷号作战》第一卷,《台湾空战》(*台湾沖航空戦まで*), 日本官修战史《战史丛书》第37卷, 东京 : 朝云新闻社, 1970年出版

※ 日本防卫厅防卫研修所战史室 著,《海军捷号作战》第二卷,《菲律宾外海海战》(*フィリピン沖海戦*), 日本官修战史《战史丛书》第56卷, 东京 : 朝云新闻社, 1972年出版

※ 汉斯格奥格·延丘拉、迪特尔·荣格、彼得·米夏埃尔 合著,《日本帝国海军战舰, 1869—1945》(*Warships of the Imperial Navy, 1869-1945*), 伦敦 : 武器与装甲出版社, 1977年出版

※ 大卫·卡恩 著,《解密者》(*The Code-Breakers*), 纽约 : 麦克米兰出版社, 1967年出版

※ 欧内斯特·金、沃尔特·缪尔·怀特希尔 合著,《舰队司令金：一本海军的纪录》(*Fleet Admiral King: A Naval Record*), 伦敦 : 艾尔与斯波蒂斯伍德出版社, 1953年出版

※ 海军少将小柳富次的陈述,《二战：旧日本海军军官言论集》(*World War II : In the Words of Former Japanese Naval Officers*) 第十一章中的 "莱特湾海战" 部分, 大卫·C. 埃文斯编著, 马里兰州安纳波利斯 : 海军学会出版社, 1986年出版

※ 埃里克·勒拉比 著,《总司令：富兰克林·德拉诺·罗斯福、他的副官以及他们的战争》(*Commander-in-Chief: Franklin Delano Roosevelt, His Lieutenants and Their War*), 纽约 : 哈珀出版社, 1987年出版

※ 阿兰·利文 著,《太平洋战争：日本对盟国》(*The Pacific War: Japan vs the Allies*), 康涅狄格州韦斯特波特 : 普雷格出版社, 1995年出版

※ 道格拉斯·麦克阿瑟 著,《麦克阿瑟上将的报告：西南太平洋战区中的日军行动》(*Reports of General MacArthur: Japanese Operations in the Southwest Pacific Area*) 第二卷第二部分, 华盛顿 : 美国国防部, 1966年出版

※ 唐纳德·G. 麦金泰尔 著,《莱特湾》(*Leyte Gulf*), 纽约 : 百兰坦出版社, 1973年出版

※ 威廉·曼切斯特 著,《美国的恺撒：道格拉斯·麦克阿瑟, 1880—1964)》(*American Caesar: Douglas MacArthur, 1880-1964*), 伦敦 : 哈金森出版社, 1979年出版

※ 弗朗西斯·E. 迈克莫提 著,《简氏战斗舰艇, 1943—1944 年》(*Jane's Fighting Ships 1943-1944*), 伦敦 : 桑普森·洛·马斯顿出版社, 1944年出版

※ 詹姆斯·M. 梅里尔 著,《属于水手的将军：威廉·F. 哈尔西传》(*A Sailor's Admiral: A Biography of William F. Halsey*), 纽约 : 托马斯·Y. 克洛威尔出版社, 1976年出版

※ 塞缪尔·E. 莫里森 著,《第二次世界大战美国海军史·第十二卷：莱特岛, 1944年6月至1945年1月》(*History of United States Naval Operations in World War II , Vol. XII : Leyte, June 1944-January 1945*), 波士顿 : 小布朗出版社, 1958年出版

※ 海军参谋部, 卷宗号 ADM234/379, BR 1735 (50) (6),《海军参谋史：二战中的对日作战》(*Naval Staff History: Second World War-War with Japan*) 第六卷《向日本推进》(*The Advance to Japan*), 伦敦 : 英国国防部海军参谋部, 1959年出版

※ 雷蒙德·奥康纳 著,《第二次世界大战中的日本海军》(*The Japanese Navy in World War II*), 马里兰州安纳波利斯 : 海军学会出版社, 1969年出版

※ 弗里斯特·C. 波格 著,《乔治·C. 马歇尔：折磨与希望》(*George C. Marshall: Ordeal and Hope*), 纽约 : 维京出版社, 1965年出版

※ 诺曼·波尔玛 著,《航空母舰：图说舰载航空兵及其对国际事件的影响》(*Aircraft Carriers: A Graphic History of Carrier Aviation and Its Influence on World Events*), 伦敦 : 麦克唐纳德出版社, 1969年出版

※ E. B. 波特 著,《阿利·伯克海军上将生平》(*Admiral Arleigh Burke: A Biography*), 纽约 : 兰登书屋, 1990年出版

※ E. B. 波特 著，《"蛮牛"哈尔西》(*Bull Halsey*)，马里兰州安纳波利斯：海军学会出版社，1985年出版

※ E. B. 波特 著，《尼米兹》(*Nimitz*)，马里兰州安纳波利斯：海军学会出版社，1976年出版

※ E. B. 波特 著，《海权力量：一部海军史》(*Sea Power: A Naval History*)，新泽西州恩格尔伍德克利夫斯：普林帝斯霍尔出版社，1960年出版

※ E. B. 波特、切斯特·W. 尼米兹 合著，《太平洋大胜利：海军与日本斗争》(*Triumph in the Pacific: The Navy's Struggle against Japan*)，新泽西州恩格尔伍德克利夫斯：普林帝斯霍尔出版社，1963年出版

※ E. B. 波特、切斯特·W. 尼米兹 编著，《伟大的海上战争：二战中的海战故事》(*The Great Sea War: The Story of Naval Action in World War II*)，伦敦：乔治·G. 哈拉普出版社，1961年出版

※ 约翰·帕拉多斯 著，《联合舰队解密：二战中的美国情报部门与日本海军之秘史》(*The Combined Fleet Decoded: The Secret History of American Intelligence and the Japanese Navy in World War II*)，纽约：兰登书屋，1995年出版

※ 克拉克·G. 雷诺兹 著，《快速航母：打造上天的海军》(*The Fast Carriers: The Forging of an Air Navy*)，马里兰州安纳波利斯：海军学会出版社，1992年出版

※ J. 罗韦尔、G. 许梅尔辛 合著，《海战年表，1939—1945》(*Chronology of the War at Sea, 1939- 1945*)中的二战海战史，马里兰州安纳波利斯：海军学会出版社，1992年出版

※ 查尔斯·F. 罗曼诺斯、莱利·桑德兰 合著，《二战中的美国陆军：中缅印战场——史迪威的指挥问题》(*United States Army in World War II : China-Burma-India Theater—Stilwell's Command Problems*)，华盛顿：美国陆军军史办公室,1956年出版

※ 西奥多·罗斯科 著，《二战中的美军驱逐舰行动》(*United States Destroyer Operations in World War II*)，马里兰州安纳波利斯：海军学会出版社，1953年出版

※ 西奥多·罗斯科 著，《二战中的美军潜艇行动》(*United States Submarine Operations in World War II*)，马里兰州安纳波利斯：海军学会出版社，1979年出版

※ 佐藤和正 著，《莱特湾海战》(*レイテ沖海戦*)上下卷，东京：潮书房光人新社，1998年出版

※ 保尔·H. 西尔弗索恩 著，《第二次世界大战中的美国战舰》(*US Warships of World War II*)，伦敦：伊安·阿诺出版社，1965年出版

※ 罗伯特·罗斯·史密斯 著，《菲律宾的胜利》(*Triumph in the Philippines*)，华盛顿：美国陆军部军事历史部长办公室(现美国陆军军事历史中心)，1963年出版

※ S. E. 史密斯 编著，《第二次世界大战中的美国海军》(*The United States Navy in World War II*)，纽约：威廉·莫罗出版社 1966 年出版

※ 伊安·斯图顿 著，《1906年至今的全球战列舰合集》(*Conway's All the World's Battleships: 1906 to the Present*)，伦敦：康威海事出版社，2000年出版

※ 杰克·斯威特曼 编著，《伟大的美国海战》(*Great American Naval Battles*)，马里兰州安纳波利斯：海军学会出版社，1998 年出版

※ 西奥多·泰勒，《杰出的米切尔》(*The Magnificent Mitscher*)，马里兰州安纳波利斯：海军学会出版社，1991年出版

※ 等松春夫、H.P. 威尔莫特 合著，《集聚黑暗：硝烟四起的远东和太平洋，1921—1942》(*A Gathering Darkness: The Coming of War to the Far East and the Pacific, 1921-1942*)，特拉华州威尔明顿：学术资源出版社，2004年出版

※ 约翰·托兰德 著，《崛起的太阳：日本帝国的衰退和没落 1936—1945》(*The Rising Sun: The Decline and Fall of the Japanese Empire 1936-1945*)，伦敦：卡斯尔出版社，1971年出版

※ 芭芭拉·W. 塔琪曼 著，《抵风之沙：1911—1945年史迪威和美国在中国的经历》(*Sand against the Wind: Stilwell and the American Experience in China, 1911-1945*)，伦敦：麦克米兰出版社，1971年出版

※ 宇垣缠、千早正隆 译，唐纳德·M. 戈德斯坦、凯瑟林·V. 迪伦 编著，《逝去的胜利：海军上将宇垣缠的日记，1941—1945》(*Fading Victory: The Diary of Admiral Matome Ugaki, 1941-1945*，即《战藻录》英译版)，匹兹堡：匹兹堡大学出版社，1991年出版

※　安东尼·J. 沃茨、布莱恩·G. 戈登 合著，《日本帝国海军》(*The Imperial Japanese Navy*)，伦敦：麦克唐纳出版社，1971年出版

※　杰罗德·E. 惠勒 著，《第七舰队的金凯德：托马斯·C. 金凯德海军上将传记》(*Kinkaid of the Seventh Fleet: A Biography of Admiral Thomas C. Kinkaid*)，华盛顿：海军历史中心（现海军历史与遗产司令部），1995年出版

※　M. J. 惠特利 著，《第二次世界大战中的战列舰：国际大百科》(*Battleships of World War II : An International Encyclopedia*)，伦敦：武器与装甲出版社，1998年出版

※　M. J. 惠特利 著，《第二次世界大战中的巡洋舰：国际大百科》(*Cruisers of World War II : An International Encyclopedia*)，伦敦：武器与装甲出版社，1996年出版

※　M. J. 惠特利 著，《第二次世界大战中的驱逐舰：国际大百科》(*Destroyers of World War II : An International Encyclopedia*)，伦敦：卡斯尔出版社，2000年出版

※　玛丽·H. 威廉斯 编著，《第二次世界大战美国陆军年表，1941—1945》(*United States Army in World War II : Chronology, 1941–1945*)，华盛顿：美国陆军部军事历史部长办公室（现美国陆军军事历史中心），1960年出版

※　H. P. 威尔莫特 著，《矛与盾：1942年2月至6月日本和盟国的太平洋战略》(*The Barrier and the Javelin: Japanese and Allied Pacifc Strategies, February to June 1942*)，马里兰州安纳波利斯：海军学会出版社，1983年出版

※　H. P. 威尔莫特 著，《战列舰》(*Battleship*)，伦敦：卡斯尔出版社，2002年出版

※　H. P. 威尔莫特 著，《十二个方案的坟墓：英国海军计划与对日战争，1943—1945》(*Grave of a Dozen Schemes: British Naval Planning and the War against Japan, 1943–1945*)，马里兰州安纳波利斯：海军学会出版社，1996年出版

※　H. P. 威尔莫特 著，《伟大的远征：第二次世界大战全史新解》(*The Great Crusade: A New Complete History of the Second World War*)，伦敦：迈克尔·约瑟夫出版社，1989年出版

※　H. P. 威尔莫特 著，《1944年6月》(*June 1944*)，马里兰州安纳波利斯：海军学会出版社，1996年出版

※　H. P. 威尔莫特 著，《第二次世界大战远东战场》(*The Second World War in the Far East*)，伦敦：卡斯尔出版社，1999年出版

※　H. P. 威尔莫特 著，《对日战争：相持阶段，1942年5月—1943年10月》(*The War with Japan: The Period of Balance, May 1942–October 1943*)，特拉华州威尔明顿：学术资源出版社，2002年出版

※　C. 范·伍德沃德 著，《莱特湾海战》(*The Battle for Leyte Gulf*)，纽约：麦克米兰出版社，1947年出版

※　威廉·T. 怀布拉德 著，《小巨人：对日作战的美军护航航母》(*The Little Giants: U.S. Escort Carriers against Japan*)，马里兰州安纳波利斯：海军学会出版社，1987年出版

※　吉村昭 著，《"武藏"号战列舰：世界上最大战舰的铸造和陨落》(*Battleship Musashi: The Making and Sinking of the World's Biggest Warship*)，伦敦：讲谈社国际分部，1999年出版

Sink'em All

SUBMARINE WARFARE IN THE PACIFIC

击沉一切
太平洋舰队潜艇部队司令
对日作战回忆录

查尔斯·A.洛克伍德——著 刘杨——译

★ ★ ★

关于二战期间潜艇部队在太平洋战场的作战情况，
从战事史实的准确详尽和作战技术的正确描述的角度来看，
这本《击沉一切》都是无可比拟的著作！

——切斯特·威廉·尼米兹
（Chester W. Nimitz，太平洋舰队总司令）

切斯特·威廉·尼米兹 推荐
（太平洋舰队总司令）

" 关于二战期间潜艇部队在太平洋战场的作战情况，
从战事史实的准确详尽和作战技术的正确描述的角度来看，
《击沉一切》都是无可比拟的著作！ "

太平洋舰队潜艇部队指挥官亲笔书写
"沉默的舰队" 经历的种种惊心动魄

作为部队指挥官，他了解艇长和艇员，
也掌握着丰富的原始资料，记述充满了亲切感和真实感

★ ★ ★

他用生动的文字将我们带入了狭窄的起居室和控制室，
并将艰苦冲突中的主要角色展现在读者面前

洛克伍德的处理方式总是具有暗示性，并且每一章都会引起轰动。
——《海军评论》（The Naval Review）